천도교 근대 민족운동 연구

김정인 지음

한울
아카데미

이 도서의 국립중앙도서관 출판시도서목록(CIP)은 e-CIP홈페이지(http://www.nl.go.kr/ecip)에서 이용하실 수 있습니다. (CIP제어번호 : CIP2009000020)

머리말

문득 왜 천도교라는 프리즘을 통해 근현대사를 보려 했는지 스스로에게 물어볼 때가 있다. 그건 역사학자로서 삶을 되짚어보게 하는 우문(愚問)이기도 하다. 흩어진 천도교 역사의 파편들을 모아 그 영광과 굴절의 궤적을 재현하는 작업은 희열과 회의가 교차하는 과정이었다. 묻혀 있던 유적(遺跡)을 발굴하여 복원하고, 그 복원의 체계와 논리를 계발하는 생산 과정은 행복한 기억으로 남아 있다. 하지만 그 마지막 방점이 "천도교는 왜 영락할 수밖에 없었나"에 찍혀야 한다는 것, 다시 말해 '실패한 역사'를 쓰고 있음을 자각할 때마다 스스로 나름의 변(辯)을 찾아야 했다.

천도교는 동학의 적통임을 자부하는 종교였다. 교리, 의례, 조직을 갖춘 근대 종교였다. 하지만 종교로서의 사회적 기능보다는 정치, 즉 민족운동에 더 충실했다. 민중은 그런 천도교에 환호했다. 천도교는 그렇게 식민지라는 역사적 조건이 배태한 민족주의 정서를 자양분으로 급성장했다. 주요 세력으로서 민족운동에서 좌와 우가 대립하거나 혹은 합작할 때 일정 지분을 갖고 나름의 역할을 수행했던 천도교. 근대에 탄생한 토착종교를 통념적으로 '민족종교'라고 부르는 것과 달리 천도교는 민족이라는 '장'에서 활약하며 민중에게 '한'풀이의 기회를 제공한 '운동권' 민족 종교였다. 하지만 제국주의 침략하에서 줄타기란 쉽지 않은 법이다. 천도교는 점차 민족성을 상실하면서 기득권에 집착하다가 급기야 변절하고 말았다. 식민치하에서 민중이 부여한 '해방 권력'을 포기하고 이등국민, 주구로서의 권력을 향유하고자 했다. 민족과 민중의 염원으로 꽃피운 천도교의 전성시대는 그렇게 민족을 배반하며 막을 내렸다.

물론 천도교 영락을 단순히 자신을 성원한 민중과 민족을 배반한 대가라고 평가하는 건 가혹하다. 변절과 배반의 궤적에도 불구하고 권력과 명예와 부를 거머쥐며 성공하고 부흥한 역사가 또한 우리의 부끄러운 현대사가 아니던가. 천도교가 그 대오에 합류하지 못했을 뿐이다. 어쩌면 천도교는 대표적인 분단의 희생양일지 모른다. 해방과 전쟁의 소용돌이 속에서 민족주의는 아예 숨 쉬기조차 어려웠던 남한과 사회주의의 길을 걷는 북한, 그 어디서도 천도교는 환영받지 못했다. 교(敎)와 정(政)의 줄타기 속에서 허물어진 종교로서의 정체성을 수습할 공간도 기회도 허락되지 않았던 것이다. 그리고 일제강점기 우리 역사에서 뚜렷한 족적을 남긴 천도교에 대한 기억도 희미해져갔다.

그 망각된 역사에 주목하게 된 것은 사회주의 운동사 관련 사료를 통해서였다. 1990년대 초는 근현대사 연구의 '붐'이 일기 시작한 시기였다. 그동안 방치되었던 근현대사 관련 사료들에 생명력을 불어넣으며 발굴과 분석의 열기가 한창이던 그 무렵, 사회주의 운동 관련 문건이 천도교를 비중 있게 다루고 있음을 발견할 수 있었다. 주요 세력이요 권력인 듯한데, 존재감이 느껴지지 않는 역사적 실체, 천도교에 대한 연구는 이런 의문에서 출발했다. 한 시대를 풍미했으나 곧 세(勢)를 잃고 소수자로 전락한 천도교의 망각된 기억을 재구성하는 작업은 20세기를 거치며 자라난 100년 목(木)인 근현대의 뿌리와 줄기의 상태를 살피고 가지의 뻗어남을 가늠하는 과정이기도 했다. 천도교 100년 성쇠의 역사는 곧 근현대사를 이해하고 성찰할 수 있는 창이었다.

이 책은 민족운동이라는 프리즘을 통해 천도교의 과거를 재구성한 것이다. 천도교의 민족운동은 광범위했고 역동적이었다. 좌와 우의 이념과 운동, 그리고 합작의 역사가 천도교의 운명을 이끌었고 또한 갈랐다. 천도교는 민족운동 진영의 일원으로 민족운동의 역사를 이끌어가던 주인공 중 하나였다. 그만큼 천도교의 친일은 변절로 받아들여졌고 해방 후에 재기가 어려울 만큼 여파가 컸다. 이러한 궤적을 복원한 이 연구가 천도교의 역사적 실체에 제대로 접근한 것인지는 지금도 염려되는 바다. 다행히 근현대사 연구 붐 속에서 천도교에 관심을 갖는 동학(同學)이 여럿 있어 자료를 공유하고 토론하고 연구 성과를 발표하는 작업이 함께 진행되어 이 책의 부족함을 메우는 데서 더 나아가 천도교 역사가 더욱 풍성하게 복원될 수 있었다. 이 기회를 빌어 그 분들께 감사드린다.

미력하나마 천도교 연구의 한 계단을 겨우 딛고 올라섰지만, 다음 계단을 오르는 일은 쉽지 않았다. 한참 시간이 지난 후 깨달았다. 그간의 작업이 '권력'으로서의 천도교의 실체를 규명하는 데 집중되었다는 사실을. 천도교의 권력자들, 즉 지도부의 행적을 좇아 그것을 통해 천도교의 역사를, 근현대의 역사를 재구성했던 것이다. 거기에는 천도교로 몰려들며 천도교의 민족운동에 열광하던 천도교인으로서의 민중의 목소리가 없었다. 근대화의 파고와 자주화의 격랑에 두려움 없이 맞서고자 했던 민중의 꿈은 물론 고단한 식민 현실을 감내하며 살아온 그들의 삶이 없었다. 그들은 그저 수치상으로 혹은 조직의 일원으로 존재할 뿐이었다. 이제 겨우 갈 길을 찾은 듯하다. 민중의 숨결이 느껴지는 역사를 쓰고 싶다. 민중이라는 집단 혹은 개개인의 눈과 맘이 되어 그들의 현실과 희망을 그려내고 싶다. 그들이 천도교를 선택한 이유와 현실적 삶 속에서 천도교가 갖는 의미가 무엇이었는지를 되묻고 싶다. 이제야 두 번째 계단을 오르게 된 것이 부끄러울 뿐이다.

그간 시간은 물론 공간조차 연구와 일상의 영역을 구분하지 않은 채 정신없이 내달렸다. 그건 나만의 독주로 가능한 일이 결코 아니었다. 이 길을 선택하고 살아오는 동안 앞길을 비춰주고 힘이 되어 준 선학, 동료, 후배, 그리고 가족에게 깊은 감사의 마음을 전한다. 게으른 덕에 늦어진 출간을 기다려준 도서출판 한울과 딱딱하기만 학술서의 교정과 편집에 애쓴 양은주 씨께도 감사드린다. 여러분 고맙습니다.

2009년 1월

김정인

차례

2부 | 천도교의 노선 갈등과 분화

3부 | 천도교 계파의 노선과 민족통일전선운동

4부 | 천도교의 친일화와 친일활동

서론

1. 문제의식

우리 근대사는 근대화와 자주화라는 시대의 과제를 수행하기 위한 고투로 점철된 역사였다. 근대화와 자주화를 추진하는 과정은 주체 혹은 이념에 따른 노선 분화를 추동했다. 3·1운동은 민족·민중의 존재와 가치를 확인하는 분기점이었다. 19세기 이래 근대화와 자주화의 대열에 동참했던 흐름은 민족주의라는 거대한 용광로 안에서 어우러져 강렬한 에너지를 갖는 이념과 세력으로 존재하고 있었다. 당시 사회주의는 적어도 한반도라는 토양에서는 신생의 '이데아'였지만, 반자본주의·반제국주의를 지향하는 생래적 기질은 망국의 식민지 현실에서 뜨거운 지지를 받게 된다. 지주·자본가가 아닌 농민·노동자 중심의 근대화를 지향하며 제국주의 타도의 기치 아래 민족해방운동을 추진했던 사회주의는, 곧바로 청년세대에게 중심적 대안 체제로 자리를 잡았다.

사회주의가 이념을 무기로 세력화에 매진하는 가운데, 세력으로서의 민족주의가 동요했다. 자주화를 포기하고 근대화에 방점을 두려는 분파가 등장한 것이다. 그들은 자본주의적 근대화를 추진한다는 점에서 사회주의와 대립했고, 자주화를 포기했다는 점에서는 자주화를 고수하려는 민족주의와 갈등했다. 당시 사회에서 자본주의 근대화를 선택한 타협적 민족주의는 강자였고, 자주화를 포기하지 않는 비타협적 민족주의는 약자였다. 강자는 끊임없이 일본 제국주의에 굴복하며 종속되어갔다. 약자를 버티게 하는 근기는 진정한 약자인 식민지 조선 민중의 독립 염원, 즉 이념으로서의 민족주의로부터 나왔다. 근대를 치열하게 살고자 했던 세력, 집단, 조직이라면 누구든 이와 같은 정치 판도를 벗어날 수 없었다. 누구보다도 뜨겁게 근대를 견뎌냈던 천도교 역시 예외일 수 없다.

19세기에 들어와 대내외적인 모순이 점증하면서 이에 대한 대응으로 위정척사·개화·동학의 세 조류가 등장했다. 위정척사는 자주화에, 개화는 근대화에 경도된 논리였다. 동학은 서도(西道)가 아닌 동도(東道)를 바탕으로 평등의 대동사회라는 근대적 이상을 달성하고 외세 침략에 대응할 수 있음을 천명하면서 전통적 의미의 도학(道學)으로 출발했다. 동학농민전쟁은 그러한 이상의 실천 무대였다. 세력으로서의 동학 지도부는 전쟁 패배 이후 자주화보다는 근대화 노선에 충실하고자 했다. 1905년 동학은 천도교라는 근대 종교로 거듭났지만, 정치세력으로서의 입지를 포기한 것은 물론 아니었다. 천도교는 종교세력과 정치세력으로서의 정체성을 모두 끌어안은 채 근대화를 추구했고, 자주와 종속의 줄다리기를 거듭하며 성장했다. 국망이라는 비극적 현실이 더없는 호기가 되었다. 민족주의에 대한 민중의 갈망은 천도교인의 폭발적 증가라는 현상을 낳았다.

천도교 지도부와 조직 전체가 3·1운동에 명운을 걸었다. 19세기 이래 두텁게 퇴적된 민족주의가 독립을 요구하는 민중 시위로 분출되던 그 시간, 그 장소의 한가운데 천도교가 있었던 것이다. 이후 사회주의가 등장하고 민족주의가 분화되는 최전선에도 항상 천도교가 자리하고 있었다. 사회주의 세력과 민족주의 세력이 민족통일전선을 형성하거나 분열할 때도 천도교가 그 중심에 있었다. 천도교는 민족진영에서 민족주의 세력의 일원으로 주도적 지위를 차지하고 있었지만, 점차 근대화에 경도되면서 민족주의 대열에서 이탈해갔다.

천도교는 무엇보다 일요일마다 기도하고 헌성하는 종교세력이었다. 하지만 천도교의 활동 범주는 늘 종교를 넘어서곤 했다. 국망의 허망한 현실에서 천도교로 몰려든 민중들 역시 천도교가 종교이자 대안의 정치체이기를 희구했다. 천도교가 민족진영에서 상당한 지분을 갖는 정치세력으로서 역할을 하게 된 것은 식민지 현실에서 안정적인 조직 기반을 확보하고 있어 지속적인 운동이 가능한 종교 조직이었기 때문이다. 다른 식민지의 경우에도 종교가 민족운동에서 일정한 역할을 수행하곤 했지만, 종교가 외곽 조직을 만들어 직접 정치활동을 하는 경우는 드물었다. 천도교의 궤적을 따라가면 당시 역사의 얼개가 그려질 만큼 천도교는 최전선에서 활약한 정치세력이었다. 그러므로 천도교의 과거에서 일제강점기 우리 역사의 특질을 해명할 수 있는 단서를 찾을 수 있을 것이다. 또한 다양한 이념과 세력이 혼재했지만, 직(織)과 곡(曲)이 분명했던 시대인의 고민도 읽을 수 있다.

2. 연구 동향

1990년대 초반까지 일제강점기 천도교의 동향과 민족운동에 관한 학계의 연구는 미진했다. 그 원인으로는 우선 서구적 근대화를 준거로 선진과 후진, 전통과 근대로 이분하는 서도서기론(西道西器論)에 근거한 역사 인식을 지적하지 않을 수 없다. 서구·문명·근대로 표상되는 기독교의 민족운동 관련 연구가 상대적으로 풍성했던 이유도 바로 여기에 있다. 더욱이 해방 후 남한의 주도층이 친미·반공·기독교의 삼각구도하에 형성되면서 기독교는 일제강점기 민족운동의 적통으로 확고한 지위를 누릴 수 있었다. 반면에 토착종교로서 중앙집권적 교권체제를 갖추고 독자적 정치세력화를 도모하면서 민족진영에서 활약하던 천도교의 역사는 친일 전력과 분단 모순에 짓눌려 영락의 길을 걸으면서 점차 잊혔다.

이 시기에 대한 성과로는 박현서의 3·1운동에서 천도교의 역할에 관한 연구가 거의 유일하다.[1] 천도교를 단편적으로 다룬 성과로는 천도교 신파 산하 단체인 조선농민사에 관한 지수걸의 연구와 일제의 천도교에 대한 탄압과 회유책을 다룬 강동진의 연구, 천도교의 문화운동론과 자치운동을 다룬 박찬승의 연구가 있다.[2] 이 연구들은 이후 천도교의 민족운동을 본격적으로 연구하는 데 실마리를 제공했다.

천도교 민족운동에 관한 연구가 본격적인 궤도에 오른 것은 1990년대 중반 이후다. 그것은 기존의 개화파·기독교·우파 중심의 민족운동사가 갖고 있는 이데올로기적 편향성을 극복하고자 사회주의에 대해 본격적인 연구를 시도했던 1980년대 중반 이후 근대사 학계의 흐름에 기인한 바 크다. 역설적이지만 사회주의 세력의 민족운동 관련 연구가 진전되면서 기독교와 함께 천도교가 민족주의 세력의 주도층이었다는 사실이 새삼 주목을 끌게 되었던 것이다.

또한 동학과 동학농민전쟁 관련 연구가 축적되면서 전쟁 패배 이후 동학의 동향이 주목받기 시작한 것도 일제강점기 천도교 연구에 자극제가 되었다. 이러한 관심이 반영된 성과로는 동학농민전쟁 이후 남북접

1) 박현서, 「삼일운동과 천도교계」, 『삼일운동50주년기념논집』(동아일보사, 1969).

2) 지수걸, 「조선농민사의 단체 성격에 관한 연구: 천도교청년당과의 관계를 중심으로」, ≪역사학보≫, 106(1985); 강동진, 『일제의 한국침략정책사』(한길사, 1984); 박찬승, 『한국근대정치사상사연구』(역사비평사, 1992).

을 중심으로 동학교단의 동향을 다룬 이영호의 연구, 동학의 서북 지방에서의 조직 재건에 주목한 조규태의 연구, 동학교단의 1904년 민회운동을 다룬 이은희의 연구, 그리고 1900년대 동학·천도교단의 정치 동향과 사상을 다룬 김경택의 연구가 있다.[3] 김도형은 동학 일파인 일진회의 친일정치론과 천도교의 문명개화론을 분석했다.[4] 또한 조규태와 김정인은 일진회와 시천교 분립으로 대표되는 동학 계열의 분화를 조명했다.[5] 이들 연구로 대한제국기 동학의 사상과 활동의 윤곽이 밝혀지면서 일제강점기 천도교에 접근하기가 한결 수월해졌다.

1990년대 중반부터 일제강점기 천도교의 동향과 민족운동을 다룬 본격적인 연구 성과가 등장했다. 우선 천도교의 동향과 민족운동의 연관성을 분석한 연구로는 1920년대의 두 차례에 걸친 신구분화와 민족운동의 관련성을 실증적으로 규명한 이용창의 연구와, 1910~1925년 천도교의 존재 형태와 활동에 대해 분석함으로써 1910년대 천도교가 민족진영의 주도 세력으로 성장했고 1920년대 민족주의·우파진영의 일원으로 활약했음을 규명한 김정인의 연구가 있다.[6]

---

3) 이영호, 「갑오농민전쟁이후 동학농민의 동향과 민족운동」, ≪역사와 현실≫, 3(1990); 이영호, 『동학과 농민전쟁』(혜안, 2004); 조규태, 「구한말 평안도 지방의 동학」, ≪동아연구≫, 21(1990); 이은희, 「동학교단의 '갑진개화운동'(1904~1906)에 대한 연구」(연세대 석사학위 논문, 1990); 김경택, 「한말 동학교문의 정치개혁사상 연구」(연세대 석사학위 논문, 1990).

4) 김도형, 「일제침략초기(1905~1919) 친일세력의 정치론 연구」, ≪계명사학≫, 3(1992); 김도형, 『대한제국기의 정치사상연구』(지식산업사, 1994).

5) 조규태, 「일제의 한국강점과 동학계열의 변화」, ≪한국사연구≫, 114(2003); 김정인, 「대한제국기·일제강점기 시천교의 존재양태와 활동」, ≪국사관논총≫, 103(2001).

6) 이용창, 「1920년대 천도교의 분규와 민족주의운동」(중앙대학교 석사학위 논문, 1993; 『한국근현대이행기연구』, 신서원, 2000에 재수록); 김정인, 「1910~25년

이처럼 민족진영에서 천도교의 위상과 역할을 검토하는 과정에서 천도교 내에 정치 지향을 달리하는 계파가 존재했다는 사실이 밝혀지면서 개별적으로 이들을 다룬 연구도 발표되었다. 조규태는 천도교 혁신파 조직인 천도교연합회와 천도교 구파 조직인 천도교청년동맹의 인물과 그 활동, 1920년대 천도교 신파의 문화운동을 실증적으로 분석했으며,[7] 민족협동전선체인 신간회에 참여한 천도교 구파의 활동도 규명했다.[8] 장석흥은 6·10만세운동 관련 연구의 일환으로 당시 활약했던 천도교 구파의 활동을 분석했다.[9] 이준식은 코민테른 문서를 활용해 천도교 혁신파 지도자 최동희의 민족운동을 분석했다. 성주현은 북한에서 출간된 사료를 활용해 조국광복회에서 활동한 천도교인의 활동을 분석했다.[10] 또한 천도교 청년단체의 활동과 만주와 상해에서의 천도교 민족운동을 조명했다.[11] 이들 연구는 1920년대 천도교의 민족운동의 구체적 실상을 규명하는 데 상당한 성과를 남겼다. 그러나 천도교의 행적

간 천도교 세력의 동향과 민족운동」, ≪한국사론≫, 32(1994).

7) 조규태, 「1920년대 천도교연합회의 변혁운동」, ≪한국근현대사연구≫, 4(1996); 조규태, 「천도교청년동맹의 조직과 활동」, ≪충북사학≫, 9(1997); 조규태, 『천도교의 문화운동론과 문화운동』(국학자료원, 2006); 조규태, 『천도교의 민족운동 연구』(도서출판 선인, 2006).

8) 조규태, 「천도교 구파와 신간회」, ≪한국근현대사연구≫, 7(1997).

9) 장석흥, 「천도교구파의 6·10만세운동」, ≪북악사론≫, 4(1997).

10) 이준식, 「최동희의 민족혁명운동과 코민테른」, ≪역사와 현실≫, 32(1999); 성주현, 「1930년대 천도교의 반일민족통일전선운동에 관한 연구」, ≪한국민족운동사연구≫, 25(2000).

11) 성주현, 「1920년대 경기지역의 천도교와 청년동맹 활동」, ≪경기사학≫, 4(2000); 성주현, 「일제강점기 천도교청년단체의 창립과 그 배경」, ≪문명연지≫, 17(2006); 성주현, 「1920년대 상해지역 천도교인의 활동과 민족운동」, ≪문명연지≫, 16(2005); 성주현, 「일제하 만주 지역 천도교인의 민족운동」, ≪동학학보≫, 5(2003).

만을 좇아 실증하는 데 치중해 민족운동사 전반의 흐름과 다소 괴리되는 분석을 내놓는 한계를 노출하기도 했다.

일제강점기 천도교의 동향과 민족운동에 관한 분석을 바탕으로 사상사적인 차원에서 천도교의 이념과 활동을 규명하려는 시도 역시 본격화되었다. 윤해동은 천도교 지도자 김기전의 문화운동론과 민족주의 분석을 통해 인내천사상의 반(半)종교성과 반(半)계몽성이 '근대' 수용의 파편성을 초래함은 물론, 종교성의 약화 현상과 정치로의 경도를 야기했으며 천도교 민족주의는 그 계급적 기반과 괴리되어 있다는 평가를 내렸다.[12] 정용서는 천도교 신파의 전위조직인 천도교청년당의 운동 노선과 정치사상 분석을 통해 천도교가 '성신쌍전(性身雙全)·교정일치론(敎政一致論)'의 논리에 따라 현실 사회를 개혁하고 새로운 사회를 건설하기 위한 목적으로 천도교청년당을 조직하고 활동했음을 밝혔다.[13] 김도형은 천도교 민족운동이 천도교가 교리를 체계화하고 이를 사회에 적용해 간 일종의 종교운동의 일환으로, 1920년대 이후 인내천론에 의거하여 현실 문제와 민족 문제를 인식하고 또 이를 사회에 실현시키는 과정, 곧 후천개벽운동이기도 했다는 점을 논증했다.[14] 허수는 천도교 이데올로그인 이돈화의 사상에 주목하여 그가 종교적 사회 개조의 이론화를 위해 정립한 '사람성(性)주의'가 천도교 문화운동론의 기초가 되었음을

---

12) 윤해동, 「한말 일제하 천도교 김기전의 '근대' 수용과 '민족주의'」, ≪역사문제연구≫, 창간호(1996).

13) 정용서, 「일제하 천도교청년당의 운동노선과 정치사상」, ≪한국사연구≫, 105(1999); 정용서는 계속해서 천도교청년당을 중심으로 천도교의 농업 문제 인식과 해방 후 활동 등에 천착한 연구 성과를 내고 있다. 정용서, 「1930년대 천도교세력의 농업문제 인식과 농업개혁론」, ≪동방학지≫, 117(2002); 정용서, 「북조선천도교청우당의 정치노선과 활동(1945~1948)」, ≪한국사연구≫, 125(2004).

14) 김도형, 「1920년대 천도교계의 민족운동연구」, ≪역사와 현실≫, 30(1998).

규명했다.[15] 이들 연구를 통해 천도교의 종교성과 정치적 지향 간의 연관성이 어느 정도 해명되었지만, 동학에서 천도교로의 사상적 변화의 계기적 특질 규명과 제반 정치·사회·종교사상과의 비교에는 상대적으로 소홀했다는 아쉬움을 남겼다. 천도교 민족운동에 관한 사실 규명과 함께 천도교 사상에 대한 검토 역시 일제강점기, 나아가 한국 근대사에서 천도교의 역할과 위상을 평가하기 위해 반드시 거쳐야 할 작업이다.

3. 연구 방법 및 구성

이 책은 일제강점기 천도교의 민족운동과 친일로의 방향 전환을 천도교의 성립과 분화 과정, 지도부의 정치노선, 교리체계의 변화 등에 초점을 맞추어 분석하고자 한다. 조선 말기·대한제국기 동학의 교리·조직·운동에서 출발해 일제강점 말기 천도교 지도부의 친일의 논리·조직·행각에 이르기까지 시계열적인 흐름을 좇아 계통적으로 분석한다. 일제강점기 천도교의 궤적을 단적으로 말하면, 문명화·근대화를 추종하던 동학 북접 지도부로부터 발원한 천도교 신파가 교단을 주도하면서, 자주화를 모색하던 소수파인 천도교 혁신파와 천도교 구파를 때로는 배제하고 때로는 견인하면서 자치와 친일 노선을 추구했다고 할 수 있다. 그 과정에서 종교로서의 천도교의 정체성은 손상을 입을 수밖에 없었다. 교정일치(敎政一致)와 교정분리(敎政分離)는 시의에 따라 정치적 진출과 종교적 은둔을 합리화하는 명분으로 이용되는 경우가 많았다. 인내천주

15) 허수, 「1920년 전후 이돈화의 현실인식과 근대철학 수용」, ≪역사문제연구≫, 9(2002); 허수, 「1920년대 전반 이돈화의 개조사상 수용과 사람性주의」, ≪동방학지≫, 125(2004); 허수, 「일제하 이돈화의 사회사상과 천도교: '종교적 계몽'을 중심으로」(서울대 박사학위 논문, 2005).

의(人乃天主義), 수운주의(水雲主義)는 독자적인 천도교 사상으로 성숙되기에 앞서 사상 투쟁과 사회 개조를 위한 정치사회적 구호로 활용되었다. 그러므로 변절의 대가는 가혹했고 친일 전력과 분단 모순을 극복할 여력은 소진되고 말았다.

이 책은 동학 창도와 동학농민전쟁, 진보회·일진회를 통한 민회운동과 시천교의 분화, 대한협회를 통한 정당운동과 문화계몽운동, 1910년대 천도교의 성장과 3·1운동 주도, 1920년대 전반기 문화운동과 두 차례에 걸친 분화, 1920년대 후반 민족통일전선운동 참여, 신구파 간의 분열과 합동을 거듭하며 진행된 1930년대 이후 친일로의 방향 전환 등 일련의 흐름을 다음과 같은 사안에 집중하여 살펴보고자 한다.

첫째, 민족진영의 일원인 천도교의 좌·우·중도로의 정치노선의 분화와 정치활동에 주목한다. 둘째, '동도주의'에서 출발한 동학이 문명개화를 표방하는 천도교로 방향을 전환하면서 '인내천주의·수운주의'를 제창하기까지의 사상적 계보에 주목한다. 셋째, 기호·호남·서북 등의 지역성과 천도교의 행보와의 연관성을 면밀히 분석한다. 넷째, 천도교의 갈등과 분화에 일제의 민족분열정책과 종교정책이 미친 영향을 여타 종교와 비교한다.

이러한 분석을 통해 천도교가 자주화가 전면에 부상하는 국권회복기에 탄생한 토착종교로서 민족주의에 기반을 두고 성장하여 3·1운동을 주도하고 민족통일전선운동에 참여했으나, 종국에는 민족자주노선을 포기하고 친일화해 결과적으로는 일제의 침략과 함께 흥하고 일제의 패망과 함께 망하고 만 이유를 규명하고 궁극적으로는 그 역사성을 평가하고자 한다.

천도교의 일제강점기 정치·사회적 비중을 반영하듯 당시의 공문서나 신문·잡지를 비롯하여 각종 논저에서 천도교를 언급한 부분은 무수히 많다. 천도교단이 상대적으로 풍부한 1차 자료들을 보존하고 있어 활용할 수 있었다.[16] 하지만 천도교에서 발간했던 ≪만세보≫, ≪천도교회월보≫, ≪신인간≫, ≪개벽≫, ≪당성≫, ≪동학지광≫ 등[17]의 기관지를 비롯하여 천도교단에서 보관 중인 법령집, 문서존안·일지류·직원록 등의 1차 사료를 본격적으로 활용한 연구는 그리 많지 않다.[18] 특히 일지류는 1930년대 이후 신파의 것이 주종을 이루는데, 매일의 공적 기록물이므로 사료로서의 가치가 매우 높다.

이 책의 자료 활용은 사료의 '작성 주체'에 유념하면서 천도교 관련 1차 자료인 기관지를 비롯한 천도교의 공식적인 간행물에 대한 일독과 분석에서 출발했다. 또한 천도교단이 보존하고 있던 일지류나 공문철 등 거의 활용된 적이 없는 자료들을 활용했다. 일제 측 자료는 물론 코민테른 자료 역시 신빙성이 검증되는 한에서 조심스럽게 인용하고자

---

16) 김정인, 「일제강점기 천도교사 관련 자료 연구」, ≪국사관논총≫, 77(1997) 참조.

17) 대표적인 기관지를 살펴보면 다음과 같다. ≪천도교회월보≫는 창간호부터 이후 천도교 구파로 분류되는 언론계 인사들의 주도로 발간되었다. 1920년 창간한 ≪개벽≫은 이후 천도교 신파로 분류되는 서북 출신 청년 지도자의 주도로 발간된 준기관지였다. 신구파 분화 이후 1926년 천도교 신파에 의해 기관지로 창간된 ≪신인간≫은 현재까지도 발간되는 최장수 월간지다.

18) 이 책에서 비중 있게 다룬 천도교사 관련 1차 자료는 다음과 같다. ① 일지류: 『도령실 일지』, 『일지』, 『성도관 일지』, 『시국대처부 일지』, 『경도관 일지』, 『본부 일지』, 『총부 일지』, 『교령실 일지』, 『현기관 일지』, 『의암성사병상 일지』, 『중앙종리원 포덕과 일지』 등, ② 공문서철: 『천도교종령집』, 『대발존안』 등, ③ 인명록: 『직원록』, ④ 간행물: 『천도교강습소규정』, 『천도교창건사』, 『천도교창건록』, 『천도교청년당소사』, 『천도교사전』, ⑤ 일기·문집류: 『소수선생 신유년일기』, 『황산집』, 『정용근전집』, 『일암집』, 『오지영전집』 등, ⑥ 잡지류: ≪만세보≫, ≪천도교회월보≫, ≪신인간≫, ≪개벽≫, ≪신여성≫, ≪별건곤≫, ≪혜성≫, ≪제일선≫, ≪조선농민≫, ≪농민≫, ≪당성≫, ≪동학지광≫, ≪천도교청년회회보≫ 등.

했다. 우리 측 자료를 검토하고 분석하는 과정에서 일제 측 자료의 경우 그 논조와 사실에 많은 왜곡과 변질이 자행되어 우리 역사의 실질(實質)과 실사(實事)에 접근해가는 데 상당한 장애가 될 수 있다는 점을 발견할 수 있었다. 이 책에서는 기존의 연구 성과들이 본의 아니게 곡해한 사실들을 바로잡아 서술하기는 했으나, 그 구체적 실례를 들어 일일이 반박하지는 않았다.

이 책에서 규명하려는 내용은 다음과 같다. 1부에서는 1905~1919년 천도교 문명개화노선의 정립과 문화계몽운동, 그리고 1910년대 교세 신장을 바탕으로 한 3·1운동에서의 활약을 살펴본다. 19세기 중반 종교적 계몽운동의 일환으로 창도된 동학의 사상·조직·운동의 변천과 동학 지도부의 분화 과정, 그 과정에서 동학의 '동도주의'에서 문명개화로 방향 전환을 꾀하며 탄생한 천도교의 문명개화론과 1904년 민회운동, 그리고 '합방론'을 둘러싼 갈등으로 일진회·시천교가 이탈하는 과정을 정리해본다. 그리고 보호국 체제하에서 대한협회를 통해 전개한 정권획득운동이 국망으로 좌절된 뒤 천도교가 1910년대의 급격한 교세 신장을 바탕으로 민족진영의 주류로 부상하면서 3·1운동을 주도해가는 과정을 살펴보고자 한다. 또한 천도교의 창건 과정에서 일본의 헌정체제와 민중종교가 미친 영향과, 인내천의 종지화를 통해 문명화·근대화를 추구하는 종교계몽운동을 전개한 과정을 고찰하고자 한다. 천도교 지도부가 3·1운동을 통해 대한제국기 이래 문명개화노선의 연장선상에서 체제 내적인 정치혁신을 추구한 반면, 천도교인들은 중앙집권적 교권체제를 망실한 '국체'의 대안체계로 인식하고 절대 독립을 열망하며 3·1운동에 헌신했다는 점을 규명하고자 한다.

2부에서는 1920년대 전반 근대화와 민족운동 노선을 둘러싼 갈등으로 야기된 두 차례에 걸친 천도교의 신구파 분화에 관해 규명하고자 한다. 1920년대 초반 자본주의 근대화 노선과 사회주의 근대화 노선을 둘러싼 천도교 지도부 간의 '좌우' 노선 갈등이 1922년 제1차 신구파 분화(혁신파 대 보수파)로 비화되고 결국 천도교 혁신파가 교단에서 이탈하게 되는 과정을 살펴볼 것이다. 그리고 이후 최린계가 교단을 장악하고 이종린계와 갈등하면서 타협적 우파와 비타협적 우파로 분화되고 이것이 제2차 신구파 분화(신파인 최린계 대 구파인 이종린계)로 비화되는 과정을 고찰하고자 한다. 이를 통해 혁신파와 보수파 간의 좌와 우를 지향하는 사상적 차별성과, 근대화·문명화를 추구하는 동질적 집단이면서도 민족문제에 대한 인식에서는 차이를 보인 신구파의 노선 갈등의 윤곽이 드러날 것이다. 특히 천도교 신파 계열인 천도교청년당을 중심으로 추진된 천도교만의 독자적 정치세력화의 특징과 자치운동과의 연관성에 대해 면밀히 살펴보고자 한다. 또한 천도교의 종지인 인내천을 정치·사회·경제를 아우르는 인내천주의로 체계화하고 그에 입각하여 전개한 문화계몽운동의 양상과 특징에 관해서도 고찰해본다.

3부에서는 1920년대 후반 계파별로 전개된 천도교 민족통일전선운동에 관해 분석한다. 각기 다른 인적·사상적·지역적 계보 및 민족운동 노선의 차이에 근거해 전개된 혁신파의 고려혁명당 건설, 신파의 조선농민사 조직, 구파의 신간회 참여 등을 통해 나타난 통일전선운동의 구체적 활동 양상을 고찰하고 그 특징을 추출해보고자 한다. 이를 통해 지금까지 사회주의계로 분류되었던 혁신파와 민족주의계로 분류되었던 구파가 중도 좌파와 중도 우파의 성향을 갖는 계파라는 점을 규명하고 일제강점기하에서 중도파의 존립 가능성을 조심스럽게 제기해본다. 또한 신파의 대중운동단체로 알려진 조선농민사가 초기에는 통일전선운동체로서의 성격을 갖고 있었다는 사실과 신간회 결성 이후 신파가 반신간회노선에 입각해서 전개한 활동에 관해서도 규명하고자 한다. 그리고 호남파(혁신파)·서북파(신파)·기호파(구파)로 불릴 만큼 강고했던 천도교 내 지역주의와, 민족 정서에 충실하려 했던 구파와 인류주의를 추종했던 신파 간의 인적·물적 기반의 차이에 대해서도 살펴보겠다.

4부에서는 1930년대 이후 천도교의 친일로의 방향 전환에 대해 알아본다. 우선 천도교 신파의 민족진영 이탈 과정을 천도교 신파의 동향과 좌파 언론과의 사상논쟁, 시중회 결성으로 나누어 살피고 그 사상적 귀결이라 할 수 있는 대동방주의와 신앙보국주의 등에 관해 살펴볼 것이다. 특히 1930년대 초반 천도교 신파와 좌파 언론 간에 치열하게 전개되었던 사상논쟁은 단순한 반종교투쟁이 아니라 천도교의 친일로의 방향 전환을 둘러싼 좌우투쟁이었다는 점을 규명하고자 한다. 그 과정에서 천도교가 이론적 무기로 사용했던 수운주의가 등장하는 과정도 정리해본다. 또한 신파를 필두로 민족진영을 이탈하여 중앙집권적인 전국 조직망을 활용해 조직적인 친일 행각을 펼친 천도교의 친일 조직과 행적에 대해서도 고찰해보겠다. 이러한 천도교의 친일 행각이 일제의 탄압과 감시 속에 자행되었다는 점과 일부 지도자와 교인의 저항으로 순탄하게 진행되지 못했다는 사실도 밝히고자 한다.

1부

천도교의 문명개화노선과 3·1운동

1장
천도교의 창건과 정치노선

1. 동학의 사상과 조직

1) 동학사상의 시대적 의미

19세기에 들어와 세도정권이 수립되고 사회 세력 간의 갈등이 심화되면서 변란과 민란이 계속되었고, 아편전쟁에서 청이 패하면서 대외적인 위기가 고조되었다. 이러한 혼란 속에 1860년 경주 출신의 포의한사(布衣寒士)[1] 최제우(崔濟愚)가 이란(離亂)으로 상징되는 민심 동요를 '오도(吾道)'의 수양을 통해 극복하고자 도학인 동학(東學)을 창도했다.[2] 여기

---

1) 「도덕가」, 『용담유사』 268쪽(이세권 편저, 『동학경전』, 정민사, 1986). 이하 『동경대전』과 『용담유사』의 쪽수는 이 책에 의거한 것임.

2) 19세기 유학자들이 『소학』의 내용을 대중화하여 사습(士習)을 개혁하고 조선의 역사로서 인륜의 보편성을 구현하고자 했던 시도 역시 유교의 대중화를 매개로 한 계몽운동의 일환으로 평가할 수 있다. 노관범, 「19세기 후반 청도 지역 남인 학자의 학문과 『소학』의 대중화: 진계 박재형의 『해동속소학』을 중심으로」, ≪한국학보≫, 104(2001) 참조.

서 '오도'란 유학이라는 큰 그릇에 불가와 선가의 전통은 물론 서학까지 회통한 자존과 주체의 '동도(東道)'를 의미한다.[3)]

이처럼 동도로서 대내외적인 위기에 대응하려는 계몽운동은, 18세기 이래 서민층의 괄목할 만한 사회적 성장에 힘입어 유학적 지식 기반이 점차 확산되면서 소위 향유(鄕儒)들이 본격적으로 등장하고 조선 고유의 문화가 창달되면서 조선색(朝鮮色)에 대한 자긍심이 고양되어가던 시대 조류를 배경으로 한 것이었다.[4)] 난도자·난법자가 설치고 지벌·문필이 있어야만 도덕군자로 행세할 수 있는 퇴락한 현실을 비판하고, 극복 대안으로 인의예지에 기반을 둔 도덕성 회복과 삼강오륜의 충실한 이행을 역설한 최제우를 사람들은 '진유(眞儒)'라 불렀다.[5)] 그는 윤강(倫綱)과 인의(仁義)는 유학의 핵심으로 변함없는 상도라는 확신을 갖고 있었다. 그리고 그러한 상도조차 지켜내기 어려운 현실에서는 늘 '수심정기(修心正氣)'하는 자기 수양이 필요하다는 것이 그가 수양도덕운동을 전개하게 된 이유였다.[6)]

---

3) 17세기부터 회자되던 『해동전도록(海東傳道錄)』을 통해 삼교회통을 추구한 사상가들의 면모를 알 수 있듯이 유불선 삼교회통의 전통은 19세기 이전에 이미 존재했다. 다만 19세기에 들어와서 유·불·선은 물론 서학까지 회통하고자 하는 경향이 새롭게 등장했을 뿐이다. 이에 대해서는 노대환, 『동도서기론 형성 과정 연구』(일지사, 2005) 제2장 참조.

4) 잔반인 최제우가 민중구제를 위한 계몽운동에 뛰어든 것은 사회적으로 경·향의 분기와 동요가 심화되는 가운데 재야 산림이나 경화사족 모두 서민층의 요구와 이해관계를 수렴하지 못하고 점차 지방사회의 현실로부터 괴리되어간 것과 무관하지 않을 것이다. 유봉학, 「경·향 학계의 분기와 경화사족」, 『조선후기 학계와 지식인』(신구문화사, 1998).

5) 오지영, 『동학사』(1939), 한국학문헌연구소 편, 『동학사상자료집(2)』(아세아문화사, 1978), 78쪽.

6) 최제우는 "인의예지는 옛 성현의 가르침이요 수심정기는 내가 새로 정한 것이다(「수덕문」, 『동경대전』, 43쪽)"라고 주장했다. 최제우는 「논학문」에서 '수심정

수양도덕운동의 일환인 동학은 유교적 수양론의 중심 개념인 성(誠)·경(敬)과 함께 '13자 주문(侍天主 造化定 永世不忘 萬事知)[7]만 지극히 외우는 심학에 충실하면 만권시서가 필요없다'며[8] 신(信)을 수양 덕목의 하나로 제시했다. 그리고 신심을 유지하기 위한 방편으로 불가로부터는 염주·송주(誦呪) 등을, 도가로부터는 선약·영부 등을 차용했다. 하지만 최제우는 영부도 주술보다는 성실과 도덕이 전제되어야 효험을 볼 수 있다고 훈유했다.[9]

최제우가 믿음의 대상으로 제시한 것은 서학으로부터 차용한 '천주'였다. 그런데 그는 유일신인 천주에 대한 신앙보다는 귀신을 매개로 사람과 하늘이 하나가 될 수 있는 천인합일을 더 강조했다.[10] 천과 인 모두 지기(至氣)에서 생기므로 서로 감응하고 합일할 수 있으니 누구나 '시천주(侍天主)'하면 성인이 될 수 있다는 것이다.[11] 결국 자신을 구원할 수 있는 것은 바로 '내 몸과 마음이 모시는 신', 즉 자성(自性)과 자심(自心)이라는 주장이다. 이는 수양을 강조하는 전형적인 자력 신앙

기(守心正氣)'라는 개념을 사용하기도 했다(『동경대전』, 25쪽). '修心正氣'가 아닌 '守心正氣'가 우리에게 더 익숙한 것은 이후 천도교가 교리 해설과 수양운동에서 후자를 부각시켰기 때문이다.

7) 「강령주」, 「본주문」, 『동경대전』, 57쪽.

8) 「교훈가」, 『용담유사』, 123쪽.

9) 「포덕문」, 『동경대전』, 15쪽; 일본에서도 18세기 초부터 교토 상인 이시다(石田梅岩)에 의해 석문심학운동(石門心學運動)이 제창되는 등 유학이 상인을 비롯한 서민들에게 널리 수용되어 불교, 신도, 도교 사상 등과 습합하면서 민중을 주체로 한 수양도덕운동이 전개되고 있었다. 이들도 근면, 검약, 효행, 겸양 등 통속도덕의 실천을 강조했다. 島薗進, 『현대일본종교문화의 이해』, 박규태 옮김(청년사, 1997), 82~87쪽.

10) 「도덕가」, 『용담유사』, 266, 268쪽.

11) 최제우는 『동경대전』의 「논학문」에 실린 주문에 대한 해석을 통해 지기론(至氣論)에 입각한 천인합일을 설명하고 있다.

의 논리라 할 수 있다. 여기에 내세관이 끼어들 여지는 없었다.

최제우가 주장했던 천인합일설은, 천덕과 합치되는 덕을 지닌 성인은 천과 하나라고 파악한 성리학은 물론 환인·환웅·단군의 가르침을 따르자는 삼신신앙에 기초한 신교(神敎)에서도 긍정하는 인식이었다.[12] 그런데 최제우의 천인합일설은 하늘이 우선하는 것이 아니라 사람에 하늘이 들어온다고 주장해 인본주의가 강조되는 것이 특징이었다. 동학의 2대 도주(道主)인 최시형(崔時亨)은 아예 인즉천(人卽天), 즉 '사람은 곧 하늘이다'이라며 인본주의적인 입장을 한층 강조하면서 '사람 섬기기를 하늘처럼 할 것(事人如天)'을 주장했다.[13] 그리고 경(敬)을 적극적으로 해석하여 경천(敬天)·경인(敬人)은 물론 경물(敬物)을 강조했다.[14] 이처럼 '천심즉인심'[15]을 주장한 동학은 최시형 단계에 이르면서 '신분·적서·노주(奴主)·남녀·노소·빈부의 차별을 넘어서서 모든 사람은 평등하다'는 절대평등의 선구로 이해되면서 민중적 지지 기반을 더욱 넓혀갈 수 있었다.[16] 오지영에 따르면 동학농민전쟁 당시 '동학군 내에는 귀천빈부·적서노주·내외존비의 차별이 없으며 동학군은 국가의 역적이요 유도(儒道)의 난적이요 부자의 강적이요 양반의 구적(仇敵)'이라는 평이 일반적이었다고 한다.[17] '상놈 된 한이 골수에 사무쳤던' 김구(金九)도 평등주의에 매료되어 동학에 입도했다.[18]

12) 조대현, 「동학과 풍류도의 관계」, ≪동학연구≫, 4(1999) 참조.

13) 동학종단협의회중앙총부, 『해월선생법설주해』(1978), 87쪽.

14) 『동학사』, 41쪽.

15) 「논학문」, 『동경대전』, 29쪽.

16) 신용하, 「동학의 사회사상」, 『한국근대사회사상사연구』(일지사, 1987), 160~163쪽.

17) 『동학사』, 130쪽.

18) 김구, 『백범일지』(범우사, 1984), 32~33쪽.

한편 최제우의 동학 창시는 서세동점에 대한 정신적 대응의 일환으로 서양 세력의 침략적 본성이 천주교와 깊이 관련되어 있다는 인식을 기반으로 한 것이었다.[19] 최제우는 서양 오랑캐가 승승장구하는 비결이 바로 무력이 아니라 서도·서학에 있다고 보았다.[20] 그에게 서도는 일단 모색의 대상이었다. 그러나 그는 서학 역시 천도를 따르는 것이기는 하지만 이치가 다를 수밖에 없으므로 "이 땅에서 태어나 이 땅에서 도를 얻은"[21] 우리는 우리나라, 즉 동국(東國)을 위한 학, 동학을 해야 살 수 있다는 결론에 도달했다. 1864년 경상감사 서헌순이 최제우를 심문하면서 동학이 무엇을 뜻하는지 묻자, 그는 "동학이라고 하는 것은 동국에서 취했다는 뜻이다"[22]라고 명쾌하게 답했다. 서세동점의 위기를 오도로서 대응하자는 최제우의 '동도주의'는 동도가 중화 문물을 유일하게 전승하고 있는 조선적 문명으로 어떤 문명보다 우월하다는 신념에 기반을 둔 것이었다.

이처럼 동학은 수양을 강조하는 계몽운동을 위해 창도되었지만, 궁극적으로는 보국안민·광제창생을 달성할 수 있는 후천개벽과 지상천국의

19) 19세기 중엽 서학·서도의 침범을 경계하며 이에 응전하려는 시도들이 다양하게 등장하고 있었다. 가령 1862년 경학자인 심대윤(沈大允)은 성리학의 대중화 추세에 부응하면서 『복리전서(福利全書)』를 지어 '욕(欲)'을 인간 조건의 기본으로 긍정하고 남과 더불어 복(福)과 이(利)를 추구할 것을 역설하면서 명리·충서·중용·삼강오상·근로사업 등으로 항목을 나누어 인도(人道)를 밝히고자 했는데 이 역시 서학에 대한 경학의 대응, 즉 서세동점의 조류에 대한 주체적 대응의 일환으로 평가받고 있다. 『복리전서』(奎12496); 임형택, 「19세기 서학에 대한 경학의 대응: 정약용과 심대윤의 경우」, 『실사구시의 한국학』(창작과비평사, 2000) 참조.

20) 「논학문」, 『동경대전』, 21쪽.

21) 「필법」, 『동경대전』, 83쪽.

22) 『고종실록』, 1년(1864) 2월 29일.

건설을 지향하고 있었으므로 '혹세무민'하는 사교(邪敎)·좌도(左道)라는 혐의에서 자유롭지 못했다. 또한 동학 그 자체가 봉건적·신분제적 사회 질서에 대한 비판의식과 외세의 위협에 대한 저항의식의 산물이기도 했으므로 동학 지도부가 사회 문제의 해결에 눈을 돌린다면 반봉건적인 투쟁에 가담하거나 민족적 항쟁에 투신할 가능성은 충분했다.[23)]

2) 동학의 조직과 분화

동학 창도 당시 최제우는 수양에 치중한 도학 체계 마련에 주력했다. 따라서 의례의 경우 입도와 관련된 포덕식·입도식·치제식(致祭式) 등과 제수식(祭需式)에 관한 최소한의 절차를 제시하는 데 그쳤다.[24)] 그런데 점차 포교 범위가 확대되고 입도인이 증가하자 1862년 12월 이를 관리할 목적으로 접주제(接主制)를 실시했다. 접주제는 각지에 접소를 설치하고 접주를 두어 관내 도인을 통화(統化)하는 제도이다. 먼저 경상도 지역을 중심으로 14곳에 접소가 설치되었고 16명의 접주가 임명되었다.[25)] 이 접주제는 인맥 위주인 기존 연원(淵源)을 사후 승인하고 이를 행정 구역 체계에 따라 접주를 중심으로 수직적으로 연결한 특징을 갖

23) 중국에서 태평천국운동을 주도한 것으로 알려진 배상제교(拜上帝敎) 역시 서양의 무력적 침공에 대한 정신적 대응의 일환으로 유학적 전통 위에 무속의 습합을 꾀하는 동시에 기독교를 독자적으로 이해하려는 노력의 소산이었다는 평가를 받고 있다. 그뿐만 아니라 동학과 마찬가지로 신 앞의 만민평등을 주장하고 지상천국을 건설하고자 하는 현세 종교로서의 특징을 갖고 있었다. 조병한, 「태평천국의 역사적 의미」, 『태평천국과 중국의 농민운동』(인간사, 1981), 20~27쪽.

24) 「의식」, 『동경대전』, 94~96쪽.

25) 이돈화는 『천도교창건사』에서 13곳에 접소가 설치되고 15명의 접주가 임명된 것으로 기록하고 있다. 이돈화, 『천도교창건사(1933)』, 한국학문헌연구소 편, 『동학사상자료집(2)』, 제1편, 42쪽.

고 있었다.[26)]

1864년 최제우 처형 이후 동학 도주에 오른 최시형은 피신 생활을 하면서도 통유(通諭)를 발하거나 통문을 돌리는 방식으로 접을 관리하면서 자신이 직접 포교에 나서 교세 신장을 주도했다. 의례의 경우 선도(仙道)의 복제를 참작한 복식을 제정하고 모든 제물을 청수(淸水)로 대신했으며 제수를 벽이 아닌 '나'를 향해 차리는 향아설위제(向我設位制)를 실시했다.[27)]

1880년대에 들어와 동학 교세가 삼남 및 강원 일대까지 뻗치면서 1884년부터는 포제(包制)가 시행되었다.[28)] 포는 연원 전체를 대표하는 기구이자 연원 내 여러 접을 지휘하는 상위 기관이었다. 포는 주로 매년 4회에 걸쳐 실시하는 기천식(祈天式), 최제우의 각도일, 탄신일, 기일 등의 행사를 주관하고 도주의 명령을 하달하는 행정 업무를 담당했다. 같은 해 10월에는 도주를 보좌하기 위한 교장(敎長)·교수(敎授)·도집(都執)·집강(執綱)·대정(大正)·중정(中正) 등을 배치하는 육임제(六任制)가 제정되었다.[29)]

---

26) 한우근, 「동학의 리더쉽」, ≪백산학보≫, 8(1970), 501~502쪽.

27) 『천도교창건사』, 제2편, 24쪽; 임운길, 「동학·천도교의 의례와 수행」, ≪동학연구≫, 4(1999).

28) 1884년 포제가 제정되었다는 사실은 "1884년 10월 28일 최제우 탄신일 기념제례에 각 포 두령 82명이 참석했다"는 『시천교종역사』의 기록을 통해 알 수 있다. 박정동, 『시천교종역사』, 제2편(1915), 동학농민전쟁백주년기념사업추진위원회 편, 『동학농민전쟁사료총서(29)』(사운연구소, 1996), 17쪽.

29) 육임제는 교(敎)와 집(執)과 정(正)이라는 세 가지 직분으로 구성된다. 교는 가르치는 직분이요, 집은 기강을 세우는 직분이요, 정은 자문하고 직언하는 직분이다. 여기에 위계질서를 부여하기 위해 1906년에 천도교에서 제정한 「天道教大憲」에서는 교는 1급으로, 집은 2급으로, 정은 3급으로 직급을 정하기도 했다. 표영삼, 「접포조직과 남북접」, ≪동학연구≫, 4(1999), 112~113쪽; 체제

1880년대 후반 호서·호남의 평야지대를 중심으로 본격적인 포교를 시작한 동학은 1890년대 초에 이르러 비약적인 교세 확대를 이루어냈다. 서북 지방 포교도 이때부터 시작되었다.[30] 교세 확대는 각 포에 육임소를 설치하고[31] 1893년 3월 보은취회를 기화로 대접주를 임명했으며, 이는 공식적으로 포의 이름을 제정하는 교단 정비로 이어졌다.[32] 이후 각 포에 대접주의 지시를 받아 업무를 보좌하는 수접주(首接主)가 임명되었고 사무 처리를 위한 접사(接司)가 설치되었다. 이 외에도 각 포의 관계를 조정하고 지도하는 편의장(便義長)을 도별로 배치하고 포 간의 갈등 및 동학교도와 다른 사람들과의 관계를 조정하는 도찰제(都察制)를 운영하면서 동학은 교단으로서의 면모를 일신해나갔다.

1890년대의 교세 확대는 동학 지도부 구성에 변화를 가져왔다. 호서·호남 지방의 교세가 기존의 영남·영서 지방을 능가하는 수준에 이르고 유학적 소양이 강한 손천민(孫天民) 등 향반 출신 소장 지도자들이 부상하면서 동학 교리를 유학적으로 해석하려는 경향이 강화되었다. 이들의 주도로 동학이 반주자학이 아니라 오히려 주자학을 보완하는 사상이라는 점이 부각되었고, 그러기에 최제우는 사문난적이 아니라는 주장이

정비와 함께 경전인 『동경대전』과 『용담유사』의 간행도 이루어졌다. 동학 지도자인 유시헌(劉時憲), 신시일(辛時一), 김연국(金演局) 등의 경제적 후원으로 1880년에 『동경대전』이, 1881년에 『용담유사』가 간행되었다. 오상준, 「본교역사」, ≪천도교회월보≫, 3월호(1912), 25~26쪽.

30) 서북 지방이란 관서(關西)인 평안남북도, 해서(海西)인 황해도, 관북(關北)인 함경남북도 등 5도를 통칭하는 용어이다. 최린, 「서북학회파란사」, ≪삼천리≫, 4월호(1930), 18쪽.

31) 『시천교종역사』, 제2편, 16~17쪽; 「본교역사」, ≪천도교회월보≫, 6월호(1912), 18쪽.

32) 『천도교서』, 『시천교종역사』, 『동학도종역사』, 『천도교회사초고』, 『동학사』 등에는 33개소에 설치된 포와 대접주의 이름이 등장한다.

제기되었다. 이 논리는 교조신원운동(敎祖伸寃運動)으로 현실화되었다.[33]

또한 포와 포, 접과 접 간에 경쟁이 발생하고 소장 지도자를 연원으로 하는 연비(聯臂)[34]가 증가하면서 호남 지역을 중심으로 하급 접주나 연비의 요구에 부응하여 독자적으로 활동하는 포나 접이 나타났다.

이러한 변화는 동학 지도부 내의 분화로 이어졌다. 동학농민전쟁 중인 1894년 8월 향후 노선을 둘러싼 갈등으로 동학은 호남에 기반을 둔 남접과 호서에 기반을 둔 북접으로 양분되었다.[35] 그런데 오지영은 남북접이 지방이 아닌 당파에 의해 갈린 것이라고 주장했다.[36] 최시형이 북접대도주(北接大道主) 혹은 북접법헌(北接法軒) 명의로 임명장을 발행하던 관행에 근거해 현상 유지를 원하던 최시형계를 북접으로, 정치 변혁을 도모한 전봉준계를 남접으로 부르게 되었다는 것이다.

동학농민전쟁 이후 피신 생활을 계속하던 최시형은 1896년 1월에 김연국, 손병희, 손천민에게 각각 구암(龜菴), 의암(義菴), 송암(松菴)의 도호를 내리는 공동전수식을 거행하고 3월에 지방 두령을 임명하면서 본격적인 조직 재건에 착수했다.[37] 1897년 7월에는 신흥 포교 지역인 황해도, 평안도 지방의 두목을 임명했는데 임명장 명의를 용담연원(龍潭淵源)으로 변경해 자신이 동학의 적자임을 천명했다. 그리고 그해 12월

33) 박맹수, 「동학의 교단조직과 지도체제의 변천」, 『1894년 농민전쟁연구(3)』(역사비평사, 1993), 336쪽.

34) 교인을 입도시킨 전도인을 천주(薦主)라 하고 입도한 교인을 피천인(被薦人)이라고 하는데, 피천인을 연비라고 한다.

35) 「전봉준공초」(1895년 2월 11일자), 『동학란기록(하)』, 536쪽; 『동학사』, 136쪽; 남접의 총지휘자격인 전봉준은 1891년 입도하여 김덕명(金德明) 대접주 휘하의 고부 접주로서 1892년 삼례취회 때부터 두각을 나타냈다고 한다.

36) 『동학사』, 136쪽.

37) 『천도교회사초고』, 한국학문헌연구소 편, 『동학사상자료집(1)』(아세아문화사, 1978), 474~475쪽.

24일 최시형은 손병희에게 북접대도주의 도통을 전수했다.[38)]

1898년 2월에 체포된 최시형이 6월에 처형되자 손병희, 손천민, 김연국 등 3인방은 교권은 물론 활동노선을 놓고 갈등했다. 김연국은 충남의 동학교도가 모두 자신과 연결되어 있다고 장담할 만큼 가장 강력한 세력 기반을 갖고 있었다.[39)] 교조신원운동 시절부터 종교활동에 전념할 것을 주장했던 온건파를 대표하는 김연국·손천민과 전봉준의 노선을 전폭적으로 지지하지는 않지만 동학농민전쟁 당시 북접의 통령(統領)으로 활약하면서 줄곧 교정쌍전(敎政雙全)을 추구했던 손병희 간의 갈등도 심각했다. 손병희는 최시형을 따라 죽자는 손천민의 주장을 제압해야 했으며 문명개화를 위해 미국을 유람하려던 계획도 김연국과 손천민의 만류로 일단 포기해야 했다.[40)] 손병희는 1899년 4월 충청도 해안지방을 기점으로 동학 조직 재건에 맹활약을 했던 박인호(朴寅浩)[41)]를 끌어들여 춘암(春菴) 도호를 내리는 조치 등을 통해 지도력을 확보해나갔으며 마침내 1900년 7월 풍기에서 거행된 설법식에서 법대도주(法大道主)에 추대되면서 교권 경쟁에서 승리할 수 있었다. 이 자리에서 손천민은 성도주(誠道主)에, 김연국은 신도주(信道主)에, 박인호는 경도주(敬道主)에 각각 임명되었다.[42)] 이로써 대도주인 손병희를 차도주(次道主) 3인이 보좌하는 북접의 지도체제가 확립되었다. 하지만 손천민이 설법식

38) 『천도교창건사』, 제2편, 80~81쪽.

39) 『사법품보』에서 동학농민전쟁에 참가했다가 체포된 동학교도의 진술을 살펴보면, 그들은 대체로 접주를 거쳐 상부에서는 김연국과 연결되는 경우가 가장 많았다고 한다. 이영호, 『동학과 농민전쟁』, 297쪽.

40) 『동학사』, 195쪽.

41) 이이화, 「박인호: 충청 해안지방 큰 지도자」, 『발굴 동학농민전쟁인물열전』(한겨레신문사, 1994) 참조.

42) 『천도교회사초고』, 496~498쪽.

직후 체포되어 처형당한 후, 북접 지도부는 손병희 계열과 김연국 계열의 양대 계파가 주축을 이루게 된다.[43]

동학농민전쟁 이후 북접 지도자들은 삼남 지방에서의 조직 재건과 서북 지방에서의 신흥 포교에 주력했다. 삼남 지방에서의 조직 재건은 손천민 등의 상층 지도부가 사령을 파견하여 휘하의 접주들을 결집시킨 뒤 포를 재건하는 방식을 취하거나 김학종(金學鍾), 김봉득(金鳳得), 김봉년(金奉年) 등 남접 계열의 지도자가 북접 교단에 귀의하는 과정을 통해 진행되었다.[44]

서북 지방에서는 삼남 출신 동학 지도자가 서북에서 피신 생활을 하면서 동학을 전파하는 경우도 있었지만, 주로 김유영(金裕永), 정기명(鄭基明), 문학수(文學洙) 등 황해도 출신의 북접 지도자들이 활발한 포교 활동을 전개했다. 또한 홍기조(洪基兆), 홍기억(洪基億), 임복언(林復彦), 나용환(羅龍煥), 나인협(羅仁協), 이두형(李斗珩) 등 평안도 출신 동학교도들이 직접 최시형을 찾아와 포교를 명목으로 임명장 발급을 요청하는 사례도 있었다. 손병희, 이종훈(李鍾勳), 이용구 등이 직접 서북 지방 포교에 나서기도 했다. 특히 이용구는 1897년부터 평안도 지방에서 동학 포교에 주력했는데, 최시형 사후에는 손병희의 명령에 따라 황해, 함경, 평안 등 서북 지방 동학 조직을 정비했다. 그 결과 서북 지방에서 동학 교세는 1900~1905년에 급증했다. 1902년부터 '도운'이 서북으로 옮겨가면서 수백 개의 포가 성립하더니 1903년에는 평안도가 동학의 확고부동한 성지로 부상했다.[45]

---

43) 김연국도 1902년에 체포되어 종신징역을 살다가 '일진회풍(一進會風)'에 특방되어 나왔다고 한다. 『동학사』, 172쪽.

44) 동학농민전쟁 이후 동학의 조직 재건에 관한 자세한 상황은 이영호, 『동학과 농민전쟁』을 참조.

45) 『천도교창건사』, 제3편, 28~29쪽; 서북 지방에서의 동학의 포교와 교세에

한편 남접은 전봉준, 김개남, 손화중 등 핵심지도부의 체포와 처형으로 구심점을 잃은 가운데 거의 와해되었지만 그들이 품고 있던 반봉건, 반외세의 지향은 이후 다른 형태로 표출되었다. 북접교단에 귀의하거나 전북 부안의 김여중(金汝仲)처럼 연락체계 정도를 유지하는 경우가 간혹 있긴 했지만, 대체로 남접의 '동학당'은 북접과 노선을 달리하고 있었다.

최시형이 사망하고 손병희가 북접을 장악하면서 남접의 독자적인 활동이 본격화되었다. 1898년과 1899년에는 남접을 계승한 영학당(英學黨)이 전라도 지역을 중심으로 반봉건·반외세 운동을 전개했다. 1900년에는 이관동(李關東)이 전라도에서 활약하면서 4월 8일을 기해 전주에서 외국인 배척운동을 일으키려다가 체포되었다. 같은 해 서정만(徐定萬), 정해룡(鄭海龍) 등도 경상도에서 척왜양을 앞세우며 일본에 황후시해의 책임을 묻는 반외세 봉기를 계획하다가 발각되었다. 이후에도 남접은 소백산맥을 중심으로 활약한 활빈당(活貧黨)에 합류하거나 의병항쟁에 참여하면서 반외세 민족운동을 지속해나갔다.[46]

이와 같은 사상·조직·노선을 둘러싼 동학 내 남북접 분화와 북접 내 잠재된 계파 간의 갈등은 이후 동학 내 각 계파·분파 간 합종연횡으로

관해서는 주로 평안도 지역을 분석한 조규태, 「구한말 평안도 지방의 동학」, ≪동아연구≫, 21(1990)을 참조.

46) 이영호는 북접 교단은 경제적으로 상승하는 계층을 흡수·포용한 것에 비해 남접은 빈농층을 비롯한 하층계층이 중심을 이루고 있었다고 주장하고 이러한 양 계열의 계급적 기반의 차이는 이들이 택했던 운동노선 및 방향과도 밀접한 관련성을 지니게 된다고 보았다. 즉, 북접 교단의 노선이 개화와 친일의 방향에서 계몽운동, 독립청원운동, 자치운동 등 민족개량주의 노선을 취했다면 남접의 동학농민들은 동학당, 영학당을 통한 반외세 민족운동을 전개하다가 의병전쟁에 합류했으며 이후 민족해방운동의 민중적 노선으로 계승되어갔다는 것이다. 이영호, 「갑오농민전쟁 동학농민운동의 동향과 민족운동」, ≪역사와 현실≫, 3(1990) 참조.

현실화되었다.

2. 문명개화노선의 정립과 천도교 창건

1) 문명개화노선의 정립

동학의 적통임을 자부하는 북접 대도주 손병희는 교권을 장악하자 문명개화노선(文明開化路線)으로의 방향 전환을 도모했다. 손병희가 방향 전환을 모색하게 된 직접적인 계기는 분명하지 않다. 하지만 동학농민전쟁 이후 서울이나 개항장인 원산, 또는 변경 도시를 배회하면서 시세의 추이를 탐색하고 동학 재건책 마련에 골몰했던 시기부터 방향 전환을 모색한 것만은 틀림없다. 그는 동학과 달리 합법적인 정치운동을 통해 근대화를 선도했던 독립협회의 경험에 주목했다.[47] 그가 내린 결론은 근대화를 지속적으로 추구하기 위해서는 대세에 조응하여 문명개화해야 한다는 것이었다.

손병희의 방향 전환은 직접 문명개화의 진수를 체득하려는 시도로 이어졌다. 그는 1901년 박인호, 이종훈, 홍병기(洪秉箕), 이용구 등 측근에게 교단을 맡기고, "외국을 유람하여 문명성질과 세계형편을 자세히 알고 현대문명을 수입할 필요가 있다"[48]며 외유를 단행했다. 미국행을

47) 1890년대 말 독립협회 간부들과 손병희 간의 교유관계는 아직 분명하게 밝혀진 바 없다. 다만, 손병희가 일본 망명 이후 독립협회 활동에도 참가했던 문명개화파와 교유하고 1904년 독립협회식의 민회운동을 추진한 것으로 보아 그가 동학의 부흥을 모색하면서 일찍부터 독립협회의 활동에 주목했을 가능성이 높다. 이러한 개연성은 박명규, 「동학사상의 종교적 전승과 사회운동」, 『한국의 종교와 사회변동』(문학과지성사, 1987), 78쪽에서 이미 지적된 바 있다.

놓친 손병희가 최종적으로 귀착한 곳은 일본이었다. 그는 1906년 1월 귀국할 때까지 이상헌(李祥憲)·이규완(李圭完)·손시병(孫時秉)·가와카미(川上又次) 등 여러 이름을 사용하면서 줄곧 일본에 체류했다.[49)]

손병희의 문명개화로의 방향 전환은 정치 방면으로의 적극적인 진출을 의미했다. 일본에 건너간 손병희는 반정부인사인 친일 망명정객들과 제휴했다. 손병희는 동학농민전쟁 당시 동학당초토사로 활동했던 조희문(趙義聞)과 접촉하고 그의 소개로 권동진(權東鎭), 오세창(吳世昌) 등의 망명정객과 교유했다.[50)] 무반 출신인 조희문은 갑오개혁의 실질적인 주모자로서 아관파천으로 일본에 망명한 정객이었다. 권동진 역시 무관으로 활동하다 을미사변에 연루되어 일본에 망명해 있었다.[51)] 오세창은 초기 개화파 지도자 오경석(吳慶錫)의 아들로 역과에 합격해 관리 생활을 영위하다 1902년 유길준(兪吉濬)이 일본 육군사관학교 출신 청년장교단체인 일심회(一心會)와 함께 계획했던 쿠데타에 연루되었다는 혐의를 받고 일본에 망명해 있었다.[52)] 망명객은 아니지만 1898년부터 일본에서 체류 중이던 양한묵(梁漢默)도 손병희와 어울렸다.[53)] 한때 정적이

48) 「본교역사」, ≪천도교회월보≫, 1월호(1915), 20쪽; 민영순, 「천도교육십일년 년보」, ≪천도교회월보≫, 4월호(1920) 참조.

49) 「이상헌에 대한 탐문서」, 『주한일본공사관기록(22)』(국사편찬위원회, 1997), 421쪽; 이광수, 「천도교대령 정광조 종횡관」, ≪동광≫, 1월호(1931), 15쪽.

50) 「정적으로 사우된 진기사」, ≪천도교회월보≫, 6월호(1922), 45쪽.

51) 細井肇, 『現代漢城の風雲と名士』(『구한말일제침략사료총서(12)』, 아세아문화사, 1910), 86쪽; 「신유년과 인물」, ≪개벽≫, 1월호(1921); 「실암 권동진 씨의 회고담」, ≪천도교회월보≫, 10월호(1932); 삼천리사, 『조선사상가총관』(1933), 2쪽.

52) 『現代漢城の風雲と名士』, 196~199쪽; 삼천리사, 『조선사상가총관』, 2쪽.

53) 전남 해남의 향반 출신인 양한묵은 1892년 탁지부 주사를 시작으로 관직생활에 종사하다가 1897년 사직하고 중국을 주유한 뒤 1898년부터 일본에 체류했다

던 동학 도주와 이들 문명개화파 정객들은 이때부터 동지가 되어 구본신참을 표방하며 자주적 근대화 노선을 추구하는 대한제국 정부와 투쟁한다.

일본 망명을 통해 문명개화의 실상을 목도하고 '친일' 문명개화파와 제휴하면서 문명개화노선에 본격적으로 합류한 손병희는 「명리전(明理傳)」(1903), 「삼전론(三戰論)」(1903), 「준비시대(準備時代)」(1905) 등의 논설을 발표해 동학교도에게 방향 전환의 정당성을 설유했다.

손병희는 「명리전」에서 문명개화의 당위성을 운수관으로 풀어갔다.[54] 그는 유학자들이 문명의 시원으로 여기는 삼황오제 시대를 "문물제도와 도덕이 완비된 문명의 성대(聖代)"라고 찬양하면서 이는 "순음(純陰)의 기가 작용한 선천(先天)의 운수에 의해 동양에 성인이 태어나 문명의 풍을 일으켰기 때문에 가능한 것이었다"고 주장했다. 그리고 "폭양(暴揚)의 기가 천하에 창명하여 대일변(大一變)·대일벽(大一闢)하는 운수에 따라 사람의 기가 장대해지고 지예(智睿)가 총명해진 오늘날에도 옛법 외에는 다시 궁구하지 않으려 하니 무슨 물리와 의견이 나올 수 있겠냐"고 개탄하면서 동양 문명의 몰락은 시운을 따르지 않아 상해(傷害)의 운수에 빠짐으로써 초래된 필연적인 사태라는 점을 강조했다. 그리고 이제 '오늘의 운수에 승세(乘勢)한 것은 재예(才藝)에 정통하고 기계가 편리하며 임금과 백성이 본분을 잃지 않고 지키며 공화 정치를 꽃피우는 서양'이라며 서구 자본주의야말로 현세에 부응하는 신문명임을 역설했다. 즉, 서구 자본주의 문명을 추종하는 것은 운수의 순환 법칙에 따르는 필연이라는 것이다. 이러한 운수관은 '서구 문명은 진보의 상징

고 한다. 최기영, 「한말 천도교와 양한묵」, ≪역사학보≫, 147(1995), 97쪽; 홍영기, 「지강 양한묵의 생애와 활동」, 『한국근현대사논총: 오세창교수화갑기념논총』(1995); 오재식 편술, 『민족대표33인전』(동방문화사, 1959), 163~164쪽.

54) 「명리전」, 『천도교창건사』, 제3편, 87~94쪽.

물로서 추종의 대상일 뿐 결코 경쟁 대상이 될 수 없다'며 사회진화론을 미개와 문명을 가르는 진보 원리로 수용했던 문명개화파 일반의 패배주의적 현실 인식의 동양적 재해석이라 할 수 있다.[55] 이처럼 손병희는 '동양과 서양의 문명이 번복하는 문명 전환의 시운을 맞아 세계 인류와 우리 민족·국가가 다함께 문명개화를 추구하지 않을 수 없다'는 논리로 문명개화로의 방향 전환을 정당화했다.

손병희의 이러한 문명전환의 논리는 「준비시대」에 드러난 그의 역사 인식에서도 드러난다.[56] 그는 단군·기자로부터 시작되는 우리의 역사를 거론하면서 적어도 "삼국시대까지는 우리나라가 부국·강국·문명국·자유국으로서의 위용을 갖추고 있었으나 그 이후로는 빈국·약국·몽매국·압제국으로 전락하고 말았다"고 주장했다. 특히 그는 조선시기의 물질적·정신적 유산 모두를 정체와 퇴행의 시각에서 파악하고 개항이 이러한 유치한 상태를 벗어나 "오늘의 부강문명국인 서구열강을 따라 배울 수 있는 일대 기회를 제공했다"고 주장했다. 하지만 묘당(廟堂)부터 여항(閭巷)까지 이러한 천재일우의 기회를 활용하지 못하고 수수방관하고 있음에 안타까움을 표시한다. 조선시기 역사를 퇴보적인 것으로 파악하고 유학적 전통을 부정하면서[57] 서구 문명의 발전상과 조선 문명의 정체성을 극단적으로 대비하는 자기비하적인 멸고창신(蔑古創新)의 역사인식은 조선 말기 이래 문명개화파의 그것과 일맥상통하는 것이었다.

55) 사회진화론의 수용 과정을 각각 경쟁과 진보에 강조점을 둔 계열로 나누어 분석한 연구 성과로는 김도형, 『대한제국기의 정치사상연구』의 2장을 들 수 있다.

56) 최기영·박맹수 편, 『한말천도교자료집(2)』(국학자료원, 1997), 285~357쪽에 수록.

57) 손병희는 우리나라 전래 학문은 모두 중국에서 빌려온 것으로 오늘날에는 쓸모가 없는 것이라고 주장했다. 「준비시대」, 19~20쪽.

이처럼 자신의 전통과 정체를 몽매의 역사로 치부하고 이를 시급히 청산하고자 하는 패배주의적 역사인식이 문명개화로의 전향을 더욱 용이하게 만들었던 것이다.

그렇다면 손병희가 문명개화로의 방향 전환을 통해 달성하고자 했던 국가개혁의 내용은 어떤 것이었을까. 손병희는 「준비시대」에서 국가개혁의 강목으로 부·국·문명·자유를 제시했다. 우리가 추구해야 하는 국가는 곧 부강한 문명국·자유국이어야 한다는 것이다.[58] 손병희가 주목한 것은 서양의 입헌제였다. 늘 정부의 탄압에 시달려온 동학 도주에게 동양의 정치는 '임금이 백성 보기를 노예같이 하며, 백성이 임금 보기를 범의 위세같이 하는'[59] 가정(苛政)과 압정(壓政)일 뿐이었다. 이에 비해 서양의 입헌제는 군민공치(君民共治)의 문명정체(文明政體)라는 것이다. 그러면서도 손병희는 국권수호에는 민권보다 군주권의 향배가 더 중요하다는 인식을 갖고 있었다. 대한제국기에 등장한 입헌제 구상은 원칙적으로는 민권을 강조하면서도 군주권의 위상과 역할에 더 많은 관심을 보이는 공통점을 갖고 있었다.[60] 이러한 인식에는 외견상 입헌제를 추구하면서도 군주주권론에 입각해 있는 일본 메이지헌법의 영향이 적지 않았다. 전제(專制)와 민약(民約)을 절충하여 천황 휘하에서 국가 권력을 일원화하고자 하는 일본식 입헌군주제가 시대에 조응하는 동시에 국권을 수호할 수 있는 가장 현실적인 방안으로 수용되고 있었던 것이다.[61]

손병희가 정치개혁의 일환으로 입헌제와 함께 제안한 것은 향자치(鄕自治)였다.[62] 여기서 향은 대정부 - 지방정부(도·군) - 면의 행정체계에서

58) 「준비시대」, 19쪽.

59) 「명리전」, 『천도교창건사』, 제3편, 89쪽.

60) 김도형, 『대한제국기의 정치사상연구』, 100~101쪽.

61) 최기영, 「헌정연구회의 설립과 입헌군주론의 전개」, 『한국근대계몽운동연구』(일조각, 1997), 176쪽.

최말단인 면을 가리킨다. 손병희는 향회는 물론 향장을 우두머리로 하는 향무소를 향에 설치하여 지적·호적·민업(民業)·도로·수세·소학교 유지·위생·징병·향유 재산 관리·공동묘지 등에 관한 사무를 담당하도록 하고 운영을 위해 향세를 거둘 것을 제안했다. 그리고 향회는 소국회, 향무소는 소정부, 향장은 소총리 대신이니 향정치가 국가 정치의 기초가 될 수 있다고 주장했다.

이러한 향자치론은 군까지는 관치행정에 의해 운영하고 면 이하 단위에서만 자치를 실시하는 방안으로 관치보조적인 성격이 농후했다. 이는 유길준 등 개화파의 제안으로 1895년에 공포되었으나 아관파천으로 실시되지 못했던 「향회조규」와 「향약판무규정」이 규정한 지방자치 방안과 거의 흡사했다. 이 조규와 규정은 징세를 담당하는 지방 행정 실무자를 서리층에서 향반층으로 교체하고 향반의 민권만을 인정한 가운데 그들을 개화정권의 지지 기반으로 확보하는 데 주안점을 둔 것이었다.

손병희의 향자치제는 이처럼 개화파가 구래의 향회와 향약의 전통 위에 관치 보조적인 일본의 정촌제(町村制)를 차용하여 구상했던 지방자치 논의의 연장선상에 있는 것이었다.[63] 손병희의 향자치 구상은 동학교도이자 신흥 향반인 진보회(進步會)·일진회(一進會)의 지회원과 구향(舊鄕) 간의 향권 투쟁에 이념적·실천적 준거로 작용했다.[64]

---

62) 「준비시대」, 30~72쪽.

63) 이상찬, 「1906~1910년 지방행정제도 변화와 지방자치론의」, ≪한국학보≫, 42(1986) 참조; 일본의 정촌제는 대규모 정촌합병책에 의해 새로운 통일적 질서를 마련한 위에서 기생지주와 상인자본을 주체로 운영되던 관치적 성격의 지방자치체였다. 原口清, 「明治憲法體制の成立」, 『岩波講座 日本歷史(15)』(岩波書店, 1976), 168~169쪽.

64) 김종준, 「진보회·일진회 지회의 활동과 향촌사회의 동향」, ≪한국사론≫, 48(2002) 참조; <표 1-1>에서도 알 수 있듯이 진보회와 일진회 간부 중 농민이 차지하는 비중은 어느 단체보다도 높았지만 전직 관리·진사·사인의 비율도 51%

〈표 1-1〉 진보회 및 일진회의 임원 구성(1904년 11월)

구분	전직 관리	진사	사인	농민	상인	합계
진보회	22	4	403	316	138	883
일진회	21	2	26	-	-	49

자료: 국사편찬위원회(1997), 489~501쪽.

손병희는 정치개혁 방안과 함께 경제개혁 방안도 제시했다. 그가 볼 때 우리나라는 열강에게 관세권, 철도부설권, 광산개발권 등의 이권을 탈취당하여 재원 고갈로 고통 받는 가난한 나라였다. 그는 절약과 근면을 강조하면서 2,000만 동포가 끼니마다 한 숟가락씩 절약하고 근면하게 일하여 매일 동전 한 닢씩을 저축하면 1년에 몇 억 원이 모여 국부의 원천이 될 수 있다고 주장했다. 이는 국채보상운동의 발상과 비슷하다고 할 수 있다. 식산흥업의 방안으로는 부민의 자본과 가난한 이들의 성금을 모아 식산회사를 설치할 것과 서생의 유학(遊學)을 통해 선각의 학문과 기술을 배워 이를 농·공·상업 발달의 기초로 삼을 것을 제안했다.[65] 손병희의 식산흥업론이 추구하는 지향점은 '부민부국'이었다. 손병희의 이러한 경제개혁 방안은 대한제국 정부가 광무개혁의 일환으로 적극적인 식산흥업을 추진하던 시점에 제기된 것이었다.

현실적으로 종속적 자세를 취하더라도 근대화가 시급하다고 본 손병희의 안목으로는 대한제국 정부가 자주화와 근대화를 동시에 추구하던 1900년대 초엽은 심각한 국가적 위기 시대일 뿐이었다. 그는 천황을 정점으로 신민(臣民)이 일사불란하게 근대화를 추진하는 것 같았던 일본을 목도하면서 '국민의 단결만이 국가적 위기상황을 극복할 수 있다'고

에 달한다. 이들이 양 단체의 주도권을 장악했을 가능성은 매우 높다. 동학의 지도부에서 향반이 차지하는 비중 역시 높았을 것으로 추정된다.

65) 「명리전」, 『천도교창건사』, 제3편, 92~94쪽.

진단한다. 그렇다면 국민 단결을 도모할 수 있는 획기적인 방안은 무엇일까. 손병희는 「삼전론」[66]에서 다음과 같은 주장을 개진했다.

> 어느 나라든지 각각 국교가 있어서 한결같이 주장하는 것이 개명문화라. 대개 먼저 개명한 도로써 저 개명하지 못한 나라에 가서 그 덕을 행하여 그 백성을 교화하면 민심의 돌아가는 바가 물이 아래로 내려가는 것 같으니라. (중략) 그러므로 세계각국이 각각 문명의 도를 지켜서 그 백성을 보호하고 그 직업을 가르치며 그 나라로 하여금 태산과 같이 평안하기에 이르렀으니 이것이 '도 앞에 대적이 없다'는 것이 아니고 무엇이겠는가?[67]

서구와 일본에서 기독교와 신도(神道)가 백성의 문명교화를 담당한 것처럼 우리도 그러한 역할을 담당할 국교를 수립하자는 것이다. 구체적으로는 문명개화로 방향 전환한 동학을 합법화하고 나아가 국교화하여 부강한 문명국으로 나아가기 위한 국민 단결의 발판으로 삼자는 것이었다.

---

66) 의암손병희선생기념사업회, 『의암손병희선생전기』(1967), 171~180쪽; 「삼전론」은 문명국으로의 진입을 위해서는 도전(道戰)·재전(財戰)·언전(言戰), 즉 도덕·산업·외교 분야에서 발군의 노력이 있어야 한다는 주장을 담고 있다. 여기서 도전이란 백성을 도덕으로 교화하여 보국안민의 계책을 마련하기 위한 싸움을, 재전이란 농공상업의 발전을 도모하여 침략을 막고 국가를 부강케 하기 위한 싸움을, 언전이란 지략 있는 인재를 양성하여 외교적 담판을 제대로 수행하기 위한 싸움을 의미한다. 『천도교창건사』, 제3편, 82~86쪽; 손병희에 의해 일본 유학생에 선발되었던 이광수는 「나의 고백」이라는 글에서 자신의 지적 성장에 「삼전론」이 미친 영향에 관해 언급하고 있다. 이광수, 『이광수전집(13)』(삼중당, 1971), 181쪽.

67) 『의암손병희선생전기』, 177쪽.

당시 국교문제를 거론한 것은 동학 지도부만이 아니었다. 국교문제에 먼저 관심을 보인 것은 대한제국 정부였다. 대한제국은 정부 수립 직후부터 국민교화와 국민계몽을 위한 국교·종교의 정립을 모색하고 있었다. 고종황제는 1899년 4월 유교 진흥에 대한 조서를 반포하고 대한제국의 종교는 유교임을 천명하는 윤음을 내리는 등 유교의 국교화를 추진하고 있었다.[68)]

한편 이 시기에는 서도인 기독교의 국교화를 희망하는 기독교 지도자들도 있었다. 이승만(李承晩)은 1904년에 집필한 『독립정신』을 통해 유교는 시변(時變)하는 인도에 불과한 것이므로 "우리나라도 지극히 광대하고 장원한 천도인 기독교를 만사의 근원으로 삼아 상등문명국과 동등한 지위를 확보할 것"을 제안했다.[69)] 이승만 주장의 요체는 전 국민이 기독교로 개종하여 '전반서화(全般西化)'를 위해 노력해야 완전한 문명개화를 이룰 수 있다는 것이었다.[70)]

이처럼 동도적 기반 위에서 서도화를 추구하는 동학을 국교화하자는 주장은, 유교에 입각한 동도를 국교화하려는 정부의 입장이나 기독교에 입각한 서도를 국교화하자는 기독교인의 제안과는 분명한 차별성을 갖고 있었다. 더욱이 동학의 방향 전환에는 일본에 체류하던 손병희가 목도하고 체득한 일본 메이지정부의 문명개화정책과 그 조류의 영향이 다분하다는 점에서도 양자와는 더욱 뚜렷한 차별성을 보이고 있었다. 동학의 방향 전환이 천도교 창건을 통한 '종교개혁'으로 구체화되면서 그러한 특질은 더욱 분명하게 드러나게 된다.

---

68) 「輔仁社規範」, 상백 古061 B636b(규장각 소장).

69) 이승만, 『독립정신』(국민정신진흥회, 1904; 1946년 재출간), 251쪽.

70) 장규식, 『일제하 한국 기독교민족주의 연구』(혜안, 2001), 106쪽.

2) 천도교의 창건과 조직 정비

을사늑약 체결 직후인 1905년 12월 1일 ≪제국신문(帝國新聞)≫과 ≪대한매일신보(大韓每日申報)≫에는 천도교 대도주 손병희의 명의로 천도교의 창건을 알리는 광고가 게재되었다. 교당 건축을 빌미 삼아 천도교 창건을 천명한 이 광고는 신교의 자유를 내세워 천도교의 합법화를 정당화했다. 동학 지도부가 이 시점에서 과감하게 천도교의 창건을 선언한 것은 일제가 비호 세력이 되어줄 것이라는 신뢰가 작용했기 때문이었다. 예상대로 정부는 아무런 조치도 취하지 않았다. 천도교 창건과 정부의 묵인 과정을 거쳐 동학의 합법화가 이루어진 셈이었다. 1906년 1월에는 불법 단체의 수괴였던 손병희와 국사범인 권동진, 오세창 등이 천도교인의 열렬한 환영 속에 당당하게 귀국했다.

천도교의 창건은 종교적 차원에서 문명개화로의 방향 전환을 천명한 것이었다. 손병희는 「명리전」에서 천도의 의미를 다음과 같이 설명했다.

> 사람은 곧 天人이고 道는 곧 天道다. 천도의 본성을 지킬 수 있는 사람이면 때가 다르고 도가 달라도 智謀가 서로 비치고 의사가 서로 같아 서로 하나의 이치에 도달한다.[71]

즉, 최제우가 '천도는 같아도 이치가 다르다'는 이유로 정체성·개별성을 중시하며 서학에 대응하는 '동국의 학=동학'을 창도한 것과는 달리 손병희는 '천도의 본성을 지킬 수 있는 천인이면 도가 달라도 하나의 이치에 도달할 수 있다'며 보편성을 강조했다.

손병희는 귀국 직후 천도교중앙총부를 설치하고 체제 정비에 착수했

71) 「명리전」, 『천도교창건사』, 제3편, 89쪽.

다. 먼저 총 36장과 부록으로 구성된 「천도교대헌」을 반포했다.[72] 그리고 중앙총부를 설치하고 고문실(顧問室)·현기사(玄機司)·이문관(理文觀)·전제관(典制觀)·금융관(金融觀)·서응관(庶應觀) 등의 부서를 설치했다. 교단 지도부는 대도주 이하 성도사(誠道師)·경도사(敬道師)·신도사(信道師)·법도사(法道師) 등의 도사, 교장·교수·도집·집강·대정·중정 등의 육임, 대교령·중교령·소교령 등의 연원 대표로 구성되었다. 이러한 간부 구성은 동학의 기존 조직을 그대로 추인하여 제도화한 것에 불과했다. 전국적으로는 대교구·중교구·소교구가 설치되었다. 중앙총부의 임원은 대도주가 특선하지만 각 교구의 임원은 해당 교구 의회에서 공개채용하도록 했다.

체제 정비의 가장 큰 난관은 난마처럼 얽힌 연비를 장악하는 문제였다. 최종 목표는 교단을 행정 기구인 교구와 교화 기구인 연원으로 이원화하여 운영하는 데 있었다. 손병희의 외유로 인한 공백과 이용구 등 일진회계와의 갈등이 연원 정비의 악조건으로 작용했다. 손병희는 일종의 헌금인 신분금을 매월 연비를 통해 금융관에 납부하도록 한 뒤 연비 대표자인 교령에 대한 포섭에 나섰다. 1906년 2월 교령을 통해 교인 자격증인 교빙(敎憑)을 발급한 뒤,[73] 3월 3일 72개의 대교구를 설치하고 연원 대표인 교령을 교구장에 임명했다.[74] 그리고 이들로 하여금 자신

72) 조기주 편저, 『천도교종령집』(천도교중앙총부출판부, 1983), 13쪽; 『천도교종령집』(이하 '『종령집』')은 천도교단이 기왕에 소장하고 있는 공문들을 묶은 『천도교회공문존안』의 일부를 활자화한 것이다. 이 책에서는 이 존안의 원문과 종령집을 비교·대조하여 인용했지만, 인용주는 『종령집』으로 통일하고자 한다. 한편 이 책에서 인용하는 「천도교대헌」(1906)은 최기영·박맹수 편, 『한말천도교자료집(2)』에 실려 있다.

73) 「종령 제9호(1906.2.20)」, 『종령집』, 17쪽.

74) 「종령 제15호(1906.3.3)」, 『종령집』, 22~23쪽; 「천도교구」, ≪황성신문≫, 1906년 3월 16일.

들이 관리하던 연비의 문첩, 율문, 재정, 서무 관련 업무를 중앙총부에 보고하도록 했다. 마침내 1907년 5월 교구장과 교령의 역할 분담이 이루어지면서 교무행정 기구인 교구와 정신교화 기구인 연원제에 입각한 이원적 조직 체계가 완비되었다.[75]

1908년 11월에는 기존의 연비를 폐지하고 자신의 의사에 따라 자신이 속할 연원을 정하고 또한 다수 지지자를 단합하여 스스로 연원의 대표가 될 수 있도록 문호를 개방했다. 이는 기존의 연비제를 무력화시키고 새로이 형성되는 연원을 바탕으로 연원제를 운영해나가면서 중앙지도부의 장악력을 제고하려는 의도에서 나온 것이었다.[76] 이러한 과정을 거쳐 1909년 1월 새로운 연원제가 제정되었고[77] 5월에는 연원 대표자들이 도훈(道訓, 연비 1,500호), 교훈(敎訓, 연비 300호), 봉훈(奉訓, 연비 30호) 등에 정식 임명되었다.[78] 이로써 손병희는 4년 여에 걸친 노력 끝에 연원 조직을 완전히 장악하면서 명실상부한 교주로 군림할 수 있었다. 연원을 바탕으로 한 교주와 교인, 그리고 교인 상호 간의 유대는 강력한 것이었다.

이러한 천도교 조직의 정점에는 바로 대도주 손병희가 있었다. 「천도교대헌」 1장은 대도주에 관한 장으로 내용은 다음과 같다.

---

75) 교령은 종신직으로 천주에 대한 성념(誠念)과 성적(誠迹) 및 사회에 관한 교화(教化)와 개치(改治)를 담당하도록 했으며 교구장은 임면직으로 교무를 담당하도록 했다. 「종령 제67호(1907.5.17)」, 『종령집』, 61~63쪽; 교령은 교구장을 감독하는 대교령과 교구장을 보좌하는 교령으로 나뉘었다. 「종령 제69호(1907.5.18)」, 『종령집』, 63쪽; 자격 요건은 대교령은 연비 1,000인, 교령은 연비 300인이었다. 「종령 제7호(1907.11.29)」, 『종령집』, 77~83쪽.

76) 「종령 제16호(1908.11.23)」, 『종령집』, 96쪽.

77) 「종령 제22호(1909.1.26)」, 『종령집』, 99쪽.

78) 「종령 제31호(1909.5.6)」, 「종령 제32호(1909.6.21)」, 『종령집』, 105~106쪽.

제1조 천(天)의 영감으로 계승함.

제2조 도(道)의 전체를 통리함.

제3조 교(敎)를 인계에 선포함.

여기서 하늘의 영감으로 계승된 신성불가침의 절대군주에 해당되는 이는 손병희 자신이었다. 1907년에 반포된 교리서 『대종정의』는 대신사(大神師) 최제우, 신사(神師) 최시형에 이어 손병희를 "해월선사(海月神師)의 종적(宗嫡)"[79]이며 천명(天明)·천덕(天德)·천강(天剛)한 성인(聖人), 즉 성사(聖師)로 추앙했다.

손병희의 카리스마는 교권을 둘러싼 갈등을 무마하기 위해 대도주직을 김연국(1907)과 박인호(1908)에게 넘긴 후에도 '천도교의 실질적 교주는 손병희'라는 일반적인 인식에 아무런 동요가 일어나지 않았을 만큼 대내외적으로 확고부동했다. 민중은 손병희를 교주라는 종교적 이미지보다는 동양적 위인으로서의 자태와 품격을 갖춘 풍운아로 인식하고 있었다.[80]

천도교는 개인이 아닌 가장 중심의 가족(戶)을 기본 단위로 교단을 운영했다. 손병희의 카리스마는 곧 가군(家君)인 가장에 대한 가솔의 절대 복종으로 각인되고 있었다. 일찍이 동학 지도자들은 부화부순(夫和婦順)을 강조하며 가정의 소중함과 화목을 역설해왔다. 가(家)·가정(家政)의 강조는 조선 후기 이래 사회경제적 변동 과정에서 형성된 역사적 산물이다. 이 시기에는 소농경리의 확대와 상공업의 발달에 힘입어 부부가족을 주축으로 가호를 구성하는 소가족제가 확산되어가고 있었다.[81]

79) 「대종정의」, 8쪽.

80) 백대진, 「천도, 시천 양교의 내부를 해부하여 공평을 촉함(완)」, ≪반도시론≫, 2월호(1918), 34쪽.

81) 김정인, 「동학·동학농민전쟁과 여성」, ≪동학연구≫, 11(2002), 194~195쪽.

종교 의례 역시 가족 단위의 신앙생활 위주로 정비되었다. 신앙생활은 매일 아침밥을 짓기 전에 식구 수대로 한 사람에 한 숟가락씩 곡식을 담아 성미그릇에 넣는 일부터 시작된다. 성미제(誠米制)라고 부르는 이 제도는 1906년 교당 건축비를 모금하기 위한 임시방편으로 마련된 것이었지만,[82] 1907년부터는 신분금을 대신하는 상시적인 헌금 제도로 정착했다.[83] 이렇게 모은 쌀이나 잡곡은 환전하여 각 교구에 헌납했다. 통상적으로 1/2은 중앙총부에서, 1/2은 해당 교구에서 소비했다. 밤 9시가 되면 가장을 중심으로 청수를 앞에 놓고 심고(心告)를 한 뒤 주문을 105회 묵송하고 다시 기도하고 청수를 나누어 마시는 의례를 거행했다. 이때 청수기를 받들고 주문을 외우고 교리를 해석하는 의례를 주관하는 사람은 가장이었다.[84] 일요일이면 가족 모두 정갈한 옷차림으로 시일성화회(侍日聖化會)에 참석했다. 시일성화회에 참가한 천도교인들은 설교를 듣고 주문을 외웠으며 『대종신약(天宗新藥)』을 펼쳐 놓고 '하늘님의 덕'과 같은 천덕송을 불렀다.[85] 그리고 ≪천도교회월보≫ 언문부에 실린 「본교역사」·「동경대전」·「교리문답」 등을 교재로 천도교 역사와 교리를 공부했다.

그런데 대부분이 농민층인 천도교인이 양력을 기준으로 그것도 7일 단위로 일주일을 계산하는 기독교적인 시간관념에 따라 시일식에 참석하기란 쉽지 않은 일이었다. 교단 측에서는 시일, 즉 일요일을 계몽하기 위해 ≪천도교회월보≫에 음력과 양력 일자를 표시한 일요일표를 게재했다. 천도교의 이러한 일상의례는 기독교적 의례와 동학 전래의 청수·

82) 「종령 제4호(1906.2.10)」, 『종령집』, 13쪽.

83) 『동학사』, 203~204쪽.

84) 「종령 제29호(1906.6.15)」, 『종령집』, 32쪽.

85) ≪천도교회월보≫, 10월호(1910), 45~46쪽에 『천종신약』, 제1장 「하늘님의 덕」 악보가 실려 있다.

심고·주문 등을 절충한 것이었다.[86]

천도교의 각종 기념일은 천도교인의 결속력을 강화하는 역할을 했다. 1909년 10월 공포된 공식 기념일로는 천일(4월 5일, 최제우 득도일), 지일(8월 24일, 최시형 승통일), 인일(12월 24일, 손병희 승통일), 교일(12월 1일, 천도교 공포일), 제1대 기도일(3월 10일, 최제우 순도일), 제2대 기도일(6월 2일, 최시형 순도일) 등이 있었다.[87] 천도교는 각종 기념일에 성대한 행사를 열어 유대를 강화하는 동시에 대외적으로는 교세를 과시했다. 중앙총부의 경우, 기념일마다 경향 각지에서 올라온 수천 명의 교인들이 기념식을 거행한 뒤 종로를 행진하며 '천도교 만세'를 외치고 동대문 밖 상춘원(常春園)에서 열리는 원유회에 참가하는 성대한 기념행사를 개최했다. 지방에서도 기념일이면 명절처럼 집집마다 음식을 장만해 잔치를 벌였다.

이처럼 교단 체제 정비는 대도주·교주를 정점으로 가족을 기본 단위로 천도교인의 일상생활까지 규제할 수 있는 중앙집권체제를 갖추고, 교주와 가장의 권위를 일체화시켜 결속력을 강화하는 방향으로 진행되었다. 체제 정비의 전범(典範)은 일본의 신도국교화운동이었다. 메이지 정부가 주도한 신도국교화운동은 문명개화정책의 추진에 절대적으로 요구되는 국민 단결을 도모하기 위해 일본 전래의 신도를 국교화하고 모든 종교를 그 휘하에 두고자 하는 목적에서 추진되었다. 일본의 종교

86) 천도교는 천일기념과 지일기념일도 1909년부터 양력으로 환산해 기념했다. 「종령 제24호(1909.2.3)」, 『종령집』, 100~101쪽; 가령 최제우의 득도일인 천일기념일의 경우 실제로는 음력 4월 5일이지만, 양력 4월 5일에 기념식을 거행했다. 다른 기념일의 경우도 마찬가지였다. 하지만 천도교를 제외한 동학계 종교들은 음력으로 기념했다. 천도교인의 경우는 일반인들과 달리 설도 양력으로 쇠었다. 『소수선생 신유년일기』, 1921년 2월 8일자.

87) 「종령 제37호(1909.10.26)」, 『종령집』, 109~110쪽.

단체들은 ① 경천애인(敬天愛人)을 근본으로 삼을 것, ② 천리인도(天理人道)를 밝혀나갈 것, ③ 황상(皇上)을 받들고 조지(朝旨)를 준수할 것 등의 내용을 담은 「삼조규칙(三條教則)」에 근거해 대교원-중교원-소교원에 교도직(教導職)을 파견하여 황도(皇道)를 선전하는 국민교화운동에 참여해야 했다.[88] 신도국교화운동은 친신(親神)으로서의 천황의 절대적 권위에 입각한 가족국가의 완성을 선언한 1889년의 「메이지헌법」 반포로 완성되었다.[89] 이처럼 천도교의 체제 정비는 국민교화를 위해 일본식 '동도'인 신도를 선양하는 동시에 서도서기(西道西器)의 문명개화적 근대화 노선을 추구하던 일본 메이지유신의 영향하에서 추진된 것이었다. 즉, 천도교 지도부의 종교 방면의 문명개화노선은 '일본적 서구'를 추구하는 특징을 갖고 있었다.

3) 종교계몽운동

1905년 이후 여러 계통에서 국권회복운동의 일환으로 종교 창설을 모색하고 있었다. 그들은 민족문제·사회문제 해결에는 정신교화, 즉 종교가 근간이 되어야 한다는 인식을 갖고 있었다. 1909년 나철(羅喆), 오기호(吳基鎬) 등이 대종교(大倧教)를 창설했다. 대종교의 교리는 단군을 비롯한 삼신의 가르침을 따르자는 것으로 우리의 오랜 민간신앙이던 신교를 현대적으로 발전시킨 것이었다.[90] 또한 같은 해에 박은식(朴殷

88) 일본 메이지기 종교제도의 변천에 관해서는 豊田 武,『日本宗教制度史の研究』(1938)를 참조할 것.

89) 천황의 신성불가침성은 「메이지헌법」 제1조(대일본제국은 만세일계의 천황이 이를 통치한다)와 제3조(천황은 신성하여 침범하지 못한다)에 명시되어 있다. 송병기 편,『통감부법령자료집(上)』(대한민국국회도서관, 1972), 234쪽.

90) 한영우,「민족주의 사학의 성립과 전개」,『한국민족주의역사학』(일조각, 1994),

植), 장지연(張志淵) 등의 개신 유학자·변통론자들은 맹자의 민본사상과 양명학의 치양지설(致良知說)을 근간으로 마련한 대동사상(大同思想)의 선양을 주장하는 대동교(大同敎)를 창설했다.[91] 이처럼 국망이 현실화되어가는 시점에서 단군신앙·유학 등 동도의 선양을 내세우는 대종교와 대동교가 창설된 것은 서구 문명과 일본 제국주의의 위압에 짓눌린 우리의 혼과 얼, 다시 말해 국수(國粹)를 놓고 그들과 벌여야 했던 치열한 사상투쟁이 본격적으로 시작되었다는 것을 의미한다.[92]

이와는 대조적으로 천도교의 창건과 종교계몽운동은 국권회복을 전면에 내세운 것도, 변통론적인 사고에 기반을 둔 것도 아니었다. 그것은 문명개화를 통해 서구적 기준에 걸맞은 종교인을 양성하기 위한 문화계몽운동의 일환이었다. 천도교인이라면 신앙심이 돈독한 종교인으로서의 품성은 물론이요, 도덕적·윤리적 결함이 없는 사회인이자 의무를 다하는 국민으로서의 자격도 겸비해야 했다. 천도교 간부에게는 사회문명이 주요 업무의 하나로 부여되었고,[93] 천도교인에게는 계주(戒酒)·계치(戒侈)·계색(戒色)이 요구되었으며,[94] 사회적으로 풍기와 공공질서를 문란하게 하면 교적에서 제명되었다.[95] 윤리 규범으로는 오륜을 연상케 하는 효부모(孝父母), 부부화락(夫婦和樂), 골육친목(骨肉親睦), 경장로(敬長

9~14쪽.

91) 유준기, 『한국근대유교개혁운동사』(도서출판 삼문, 1994), 95쪽; 노관범, 「1875~1904년 박은식의 주자학 이해와 교육자강론」, ≪한국사론≫, 43(2000), 130~132쪽; 김도형, 「장지연의 변법론과 그 변화」, ≪한국사연구≫, 109(2000), 92~97쪽.

92) 이 시기 국수 인식에 대해서는 이지원, 『한국근대문화사상사 연구』(혜안, 2007) 제2장을 참조.

93) 「종령 제19호(1909.1.18)」, 『종령집』, 98쪽.

94) 「종령 제31호(1906.6.19)」, 『종령집』, 33쪽.

95) 「종령 제61호(1910.9.1)」, 『종령집』, 125~126쪽.

老), 교도필신(交道必愼), 공애필박(公愛必博) 등이 권장되었다.[96] 또한 천도교인은 국가의 법률을 신수(信守)하고 국민으로서의 의무를 다해야 했다.[97] 동학 시절부터 권장되었던 성(誠)·경(敬)·신(信)과 더불어 대한제국기에 들어와 수양 덕목에 법(法)이 추가된 것도 사회인과 국민으로서의 소양을 겸비할 것을 강조하기 위함이었다.[98]

천도교 지도부가 추구했던 근대 종교의 이미지는 손병희가 일본에 체류할 당시 형성되었을 가능성이 높다. 그들은 특히 자생 종교로 출발했지만 메이지정부의 종교정책에 순응하여 국민교화를 담당하는 국가 공인의 교파신도(教派神道)로 발전하고 있던 천리교(天理教), 금광교(金光教) 등에 주목했을 것이다. 교파신도는 '현세이익성(現世利益性)과 자주자재(自主自在), 일신교적(一神教的) 보편성(普遍神)과 구제관념(救濟觀念)·인간변혁과 생활법률·심(心)의 변혁'을 추구했다는 점에서 동학·천도교와 기맥이 통할 가능성이 높았다.[99]

천도교의 종교계몽운동은 교리서 발간, 교리강습소 운영, 기관지 발간 등을 통해 전개되었다. 우선 천도교는 교리서 발간을 통해 교화와 계몽을 선도하는 동시에 교리의 체계화를 시도했다.[100] 교리서의 편찬

96) 「종령 제33호(1909.7.30)」, 『종령집』, 107쪽.

97) 「종령 제10호(1906.2.22)」, 『종령집』, 18쪽; 「警告(1906.10.5)」, 『종령집』, 42~43쪽.

98) 「天道教門」, ≪만세보≫, 1907년 4월 20일자.

99) 安丸良夫, 「天皇制下の民衆と宗教」, ≪岩波講座 日本歴史≫, 16(1976) 참조.

100) 천도교 창건 이후 1910년대 초까지 발간된 교리서를 살펴보면, 천도교전(天道教典)·천도교지(天道教志)·교우자성(教友自省)·천도태원경(天道太元經)이 1906년에, 성훈연의(聖訓演義)·삼수요지(三壽要旨)·대종정의(大宗正義)·관감록(觀感錄)·천도교문(天道教門)·현기문답(玄機問答)·동경연의(東經演義)·천약종정(天約宗正)이 1907년에, 도경(道經)·무체법경(无體法經)·후경(後經)이 1912년에, 신언(神言)·몽학필독(蒙學必讀)이 1913년에 발간되었다.

에 참여한 이는 김연국, 박인호, 양한묵, 오세창, 권동진 등으로 '문명파'가 다수를 차지하고 있었다.[101] 이 중에서 교리서 편찬을 주도한 이는 양한묵이었다. 교리서들은 천도교 중앙총부 명의로 출간되었지만 실제로는 양한묵이 편술한 것이 대부분이었다.[102]

이 시기 천도교리에 관련해서 주목해야 하는 사실은 인내천(人乃天)이 천도교의 종지로 확정된 것이다. 인내천은 1907년 발간된 「대종정의」에 처음으로 등장한다. 여기서 최제우 사상의 요지로 부각된 인내천을 『무체법경』은 '사람의 마음이 곧 하늘'이라는 뜻으로 해석하면서, 특히 '아심(我心)'을 강조했다.[103] "아심이란 천지만물과 고금세계를 스스로 마름질하는 하나의 조화옹으로 심(心)의 바깥에는 천(天)도 이(理)도 물(物)도 조화(造化)도 없다"는 것이다.[104] '아심아시(我心我侍)'를 위한 실천 덕목으로는 자심자성(自心自誠)·자심자경(自心自敬)·자심자신(自心自信)·자심자법(自信自法) 등을 제시했다.[105] 이를 통해 수양을 통한 자력 신앙의 배가가 강조되고 있었음을 알 수 있다.

그런데 이 시기 천도교리에서는 시천주(侍天主)가 아닌 시천(侍天)이 강조되고 있었다. '시천'은 1899년 손병희 명의로 발간된 『각세진경』에 처음으로 등장한다. "만물이 각기 그 성을 갖추고 있으며 만물이 각기 그 심을 지니고 있는데 그 성과 심이 하늘에서 나왔기 때문에 하늘을 모신다"는 것이다.[106] '천주'에서 주(님)의 탈락은 '하느님'에서

101) 『종령집』, 19쪽.

102) 「천도교문」, 「성훈연의」, 「삼수요지」, 「대종정의」, 「관감록」, 「신언」 등이 대표적인 사례라 할 수 있다. 『천도교회사초고』, 515, 521~522쪽.

103) 「무체법경」, 45쪽; 『한말천도교자료집(1)』, 427쪽.

104) 「무체법경」, 44쪽.

105) 「무체법경」, 20쪽.

106) 최동희, 「천도교의 근대사상 수용」, ≪한국사상≫, 13(1975), 284쪽.

의지적인 성격을 제거하려는 의도에서 비롯되었다. 나아가 사람은 곧 '천인(天人)'이라는 '인시천인(人是天人)'의 주장이 등장했다.107) 하늘은 일기(一氣), 이(理), 정신(精神) 등으로 풀이되었다. 이렇게 되면 '천'은 철학적인 만물의 근원에 불과할 뿐 종교적인 외경의 대상이 될 수는 없었다. '시천이 재심(在心)'이니 '마음이 하늘이면 사람마다 성인이 될 수 있다'는 것이 1910년대까지 통용되던 인내천의 요체였다.108)

이처럼 '천주'가 아닌 '천'을 신앙으로 대상화하고 그 '천심'이 바로 '인심'이라며 '심'의 수양을 강조하면서 인내천을 종지화했던 흐름은 최시형 시절 이후 교리에 대한 유학적 해석이 강화되었던 추세에 따른 것이기도 했지만, 신도(神道)를 포기하지 않으면서 동시에 문명개화를 추구하고자 했던 메이지유신의 사상적 모색이 끼친 영향도 있었다. 가령 양한묵의 경우, 서양 철학에 대해 상당한 관심을 갖고 인내천의 서양 철학적 해석을 시도하면서도 실제로는 유학적 해석을 더욱 강화하여 면모를 일신하려는 모순적인 자세를 보였다. 그러므로 그는 인내천을 천도교 종지로 부각시키는 데는 기여했지만, 체계적인 이론화에는 성공할 수 없었다.

한편 1908년부터 각 교구나 전교실에 설치된 교리강습소는 국망 이후 교세 신장과 함께 급속히 확산되어 1910년대 중반에 이르면 전국적으로 700여 개를 상회할 만큼 성황을 이루게 된다.109) 천도교리만 가르

---

107) 「명리전」, 『천도교창건사』, 제3편, 89쪽.

108) 「종령 제29호(1906.6.15)」, 『종령집』, 32쪽.

109) 중앙총부에 설치된 교리강습소는 원장에 권동진, 상임강사에 양한묵이 각각 임명되었다. 지방교구에 설치된 교리강습소는 일련번호를 붙였다. 평북 의주교구 제1강습소를 시작으로 제745강습소까지 설치된 것을 확인할 수 있다. 정주(28), 구성(19), 선천(19), 용천(16), 창성(15), 상원(14), 북청(13), 의주(12), 벽동(12), 태천(12) 등의 순으로 서북 지방에 밀집되는 양상을 보였다. 성주현, 「천도

치는 것이 아니라 '신지식을 배양하기 위한' 보통학교 수준의 교육을 실시한 점이 성공의 비결이었다. 본과 3년, 특별과 2년, 속성과 3개월 과정이 설치되어 천도교리 외에도 수신·조선어·한문·일본어·산술·역사·이과·도화(圖畵)·농업·창가·체조 등 보통학교가 개설하고 있던 교과목을 그대로 가르쳤던 것이다.[110] 교리강습소는 천도교 종교계몽운동의 주 무대이자 근대인·근대 종교인의 산실이었다.

교리강습소에는 교인들에게 문자와 교리와 지식을 가르칠 교사가 필요하기 마련이다. 1909년 천도교는 사범강습소를 설치하고 각 교구에서 선발된 25세 이상의 청년들에게 1년 과정의 교서(敎書)·내외국지지·내외국역사·산술·법학통론·경제학·물리학·생리학·작문·체조 등 중등학교와 동일한 수준과 내용의 교육을 실시했다.[111] 사범강습소는 천도교가 1910년 12월 보성중학교를 인수할 때 교육 과정이 동일하다는 이유로 병합되었다.[112] 1912년 1월에는 별도의 교리 교육과 사범 양성을 위해 종학강습소(宗學講習所)를 설치하고 교서·작문·강해(講解) 등의 과목을 가르쳤으나 10개월 만에 문을 닫고 말았다.[113]

천도교 최초의 기관지는 1906년 6월 17일에 창간된 ≪만세보≫이다.[114] 하지만 ≪만세보≫의 경우, 종교계몽보다는 '인민을 문명으로

교강습소규정부소칙」, ≪新人間≫, 5월호(2002), 104~105쪽.

110) 교리강습소의 설치 목적은 '교인자제로 하여금 교리를 강습하여 도덕의 본지를 확립하고 과학을 연습하여 보통지식을 배양'하는 데 있었다. 천도교중앙총부, 『천도교강습소규정』(1911) 참조.

111) 「종령 제23호(1909.1.30)」, 『종령집』, 100쪽.

112) 「중앙총부휘보」, ≪천도교회월보≫, 12월호(1910) 참조.

113) 「중앙총부휘보」, ≪천도교회월보≫, 12월호(1911); 「종령 제94호(1911.1.19)」, 『종령집』, 145쪽; 「종령 제98호(1912.10.11)」, 『종령집』, 148쪽.

114) ≪만세보≫의 사장은 오세창, 주필은 이인직이었다. 1907년 경영난으로 이완용 내각의 기관지로 매도되어 ≪대한신문≫으로 개호되었다. 수춘학인(차상찬),

인도하기 위한' 일반적 의미의 문명개화·문화계몽에 더 많은 지면을 할애했다.[115] 1910년 8월 25일에 창간된 기관지 ≪천도교회월보≫[116]는 '교리의 발명과 학술기예의 발전'을 목적으로 하고 있었다. 창간 초기에는 일반교양을 위한 논설이 다수를 차지했으나 1912년부터는 일반논설이 점차 사라지면서 명실상부한 종교계몽운동의 선전지로 자리매김할 수 있었다. 1911년 7월호부터는 일반 교인에 대한 종교계몽을 강화하려는 목적에서 순 한글의 「언문부」가 신설되었다.

≪천도교회월보≫를 통한 종교계몽운동은 천도교의 근대성을 널리 선전하는 것에서부터 시작되었다. 천도교 이론가들은 '초매시대(草昧時代)'와 '문명시대'의 종교를 비교하고[117] "천도교의 원질(原質)은 진신(眞信)이지 미신이 아니다"[118]라고 주장하면서 천도교가 '시대추이와 함께 가는 종교'라는 점을 널리 선전했다. 천도교는 '구습관·구사상을 심두(心頭)에 머무르지 않도록 하는 진정한 심학'이라는 것이다.[119]

≪천도교회월보≫는 발매 금지·압수·발행 정지 등 일제 당국의 간섭과 탄압에도 불구하고 1910년대 내내 꾸준히 발간되었다. ≪천도교회월보≫는 산간벽지의 천도교인이 교주 손병희 및 다른 지방에 살고 있는 천도교인과 소통하고, 문명의 이기를 접할 수 있는 공간이었다. ≪천도교회월보≫는 출판의 자유마저 박탈당한 암울한 현실에서 천도

「조선신문잡지연혁발달사」, ≪별건곤≫, 7월호(1930), 26쪽.

115) ≪만세보≫의 문명개화·문화계몽 관련 글에 관한 분석은 김정인, 「만세보를 통해서 본 천도교의 정치개혁론」, ≪동학연구≫, 13(2003)을 참조.

116) ≪천도교회월보≫는 일제 당국의 불허로 발간이 늦추어지다가 국망 직전에 창간되는 비운의 역사를 안고 출발했다. ≪신한민보≫, 1910년 6월 22일자.

117) 녹여자, 「초매시대 종교와 문명시대 종교설」, ≪천도교회월보≫, 9월호(1910).

118) 이준석, 「미신해」, ≪천도교회월보≫, 1월호(1911).

119) 宋啓源, 「道有心學」, ≪천도교회월보≫, 11월호(1912).

교인에게 제공되는 유일한 지적 자산이었으므로 그들의 세계관·역사인식·사회인식·민족의식에 미친 영향은 상당한 것이었다.[120)]

천도교의 창건과 중앙집권적 교권체제의 구축, 그리고 종교계몽운동은 천도교가 종교로서의 정체성을 확보하기 위한 여건을 마련하는 과정이었다. 이 도정에서 동학적 기반을 포기하지 않은 채 서도로의 방향 전환을 추구하는 절충주의적 태도를 보인 것은, 민족문화의 토대 위에서 토착 종교로 출발한 생래적 특질과 함께 교(敎)는 신도를 취하고 정(政)은 문명개화를 추구한 일본 메이지유신의 영향 때문이라 할 수 있다.

120) ≪천도교회월보≫도 스스로를 "비록 벽항궁촌에 들어앉아서도 능히 세계만국 형편과 좋은 의견을 들어서 내 몸에 유익함이 많은 고로 월보란 것은 세계사람의 눈과 귀이라 칭함이 확실한 말이로다. 아무것도 듣지 못하던 자로 하여금 능히 세계 일을 듣게 하고 아무것도 보지 못하던 눈으로 하여금 능히 천하만국 형편을 보게 하며 우매한 자로 하여금 능히 개명하고 게으른 자로 하여금 능히 부지런하게 하니 이는 실로 풍속과 인정과 지식을 개량하는 큰 기관"으로 자임했다. 중고산인, 「월보기념에 대하여」, ≪천도교회월보≫, 8월호(1912).

2장
대한제국기 정치세력화와 정치 투쟁

1. 진보회 및 일진회의 민회운동

1900년대 초 손병희를 비롯한 동학 지도부는 동학의 합법화와 국정 개혁을 요구하는 정치투쟁을 전개했다. 동학 지도부는 정치 방면으로의 진출을 교정일치의 논리로 합리화했다.[1] 당시 일본에 망명해 있던 손병희는 문명개화파 망명정객들과 제휴해 대한제국 정부에 저항하는 반정부투쟁을 전개했다. 손병희는 망명정객 다수가 일본에 결집해 있었으므로 정치 변혁도 일본의 비호 아래 이들이 주도할 것으로 기대했다고 한다.[2]

당시 일본에서는 권동진, 오세창을 비롯하여 박영효, 이진호, 조희문, 조희연 등 정변이나 쿠데타에 연루되어 망명한 문명개화파 인사들이 일본 정계나 군부 지도자들과 교류하면서 재기를 도모하고 있었다.[3]

---

1) 손병희에 따르면, 교정일치란 "정신교화를 존중히 아는 동시에 물질적 제도를 또한 중대시하여 그 양자를 병행케 함"을 이른다. 『천도교창건사』, 제3편, 67쪽.

2) 권동진, 「가경할 과단성」, ≪천도교회월보≫, 6월호(1922), 26쪽.

3) 권동진, 「한말 인물의 회상」, ≪삼천리≫, 5월호(1934); 康成銀, 「20世紀初頭に

게다가 량치차오, 쑨원, 루쉰 등 청의 개혁적 지식인들도 정부의 탄압을 피해 일본에 망명해 있었다.[4] 일본 정부는 청국과 대한제국의 국사범인 그들을 적극적으로 보호해주었다. 대한제국 정부가 수차례에 걸쳐 송환을 요청했지만 일본 정부는 번번이 거부했다. 이들 재일 망명객들은 점차 일본식의 근대적 사유와 삶의 방식에 익숙해져갔으며 "서양의 침략을 막고 꿈속을 헤매는 이웃들을 깨운" 일본을 맹주로 동양의 평화를 수호하자는 동양평화론을 스스럼없이 받아들이고 있었다.[5] 손병희에게도 일본은 조선의 든든한 동맹 세력이요 형제국이었다.[6]

동학 지도부의 정치투쟁은 우선 대한제국 정부에 국정쇄신을 호소하는 상소운동으로 시작되었다. 손병희는 동학 간부인 이인숙(李仁淑)을 통해 1903년 의정대신 윤용선(尹容善)과 법부대신 이윤용(李允用) 앞으로 정치개혁을 요구하는 상소문을 올렸다.[7] 그 요지는 국회를 설립하고 종교를 반포하며 재정을 정리하고 정치를 개선하며 유학을 장려하자는 것이었다.[8] 이들 상소문에서 손병희는 특히 민심의 통합과 민력의 결집

おける天道教上層部の活動とその性格」, ≪朝鮮史研究會論文集≫, 24(1987), 157쪽; 「본교역사」, ≪천도교회월보≫, 2월호(1915), 16~17쪽.

4) 일본에 망명한 중국 정객과 지식인들의 행적은 비교적 소상히 밝혀진 바 있으나, 조선인 망명객들이 구체적으로 어떤 활동을 전개했는지에 대해서는 소략한 내용만이 밝혀졌을 뿐이다. 조선인 망명객과 중국인 망명객 간의 상호교류에 대해서도 전혀 알려진 바가 없다. 그러나 1900년대 국내 지성계 및 언론계에 미친 량치차오의 영향력을 고려할 때, 상호교류가 어떤 식으로든 진행되었을 가능성이 높다.

5) 대한제국기 재일 망명객·유학생을 포함한 문명개화론자의 일본관에 대해서는 권태억, 「자강운동기 문명개화론의 일본 인식」, ≪한국문화≫, 28(2001) 참조.

6) 동학·천도교 지도자들의 일본관에 대해서는 김도형, 「문명개화론자의 문화계몽운동과 사상」, 『대한제국기의 정치사상연구』, 73~77쪽을 참조.

7) 『천도교창건사』, 제3편, 36~42쪽; 천도교교사편찬위원회, 『천도교백년약사(상)』(미래출판사, 1981), 343~344쪽.

을 위해서는 종교의 반포가 시급하다는 점을 강조했다. 이를 통해 정치 투쟁의 일차적 목표가 동학의 합법화·국교화에 있었음을 알 수 있다.

1904년 러일전쟁이 발발하자, 손병희는 일본의 승전을 예상하고 곧바로 일본 육군성에 1만 원이라는 거액을 헌납했다. 국내의 동학교도에게는 일본군을 원조할 것을 지시했다.[9] 일본이라는 동맹 세력이 동학의 유력한 후원자가 되어줄 것이라 기대했기 때문이다.[10] 손병희는 일본 당국과 밀약을 맺고 일본을 도와 러시아를 치고, 친러 정부를 타도하여 정권을 쟁취한 후 정치개혁을 실시한다는 구상을 갖고 있었다. 하지만 당시 일본 정부는 자신들과 접촉하려는 이상헌이 손병희라는 사실을 알고 있었으며,[11] 그가 반일·친러의 성향을 갖고 있을지 모른다고 의심하고 있었다.[12]

한편 동학 지도부는 1904년 독립협회의 민회운동 방식을 도입해 그해 9월 이용구로 하여금 진보회를 조직케 하고 경향 각지에서 시위운동을 전개했다. 손병희는 당시 진보회원들에게 "일거에 10만 교도를 경사에 집중시켜 3개월 내로 정부개혁을 단행하도록 촉구하되 만일 고종황제가 불응하는 경우에는 폐혼입명까지도 주저하지 말라"[13]고 지시했다. 민회운동이 궁극적으로는 정부 전복까지 모의하면서 출발했음을 알 수 있다. 진보회의 정치개혁 주장이 담긴 4대 강령은 다음과 같다.[14]

---

8) 「戒東學之說」, ≪황성신문≫, 1903년 7월 29일자.

9) 『천도교창건사』, 제3편, 43쪽.

10) 「이상헌의 신상조사의뢰건(1904)」, 『주한일본공사관기록(22)』(국사편찬위원회, 1997), 441쪽; 야뢰, 「갑진혁신운동의 전말」, ≪천도교회월보≫, 1월호(1932); 渡邊彰, 『天道教と侍天教』(1919), 30쪽.

11) 최기영, 「한말 동학의 천도교로의 개편에 관한 검토」, ≪한국학보≫, 76(1994), 97쪽.

12) 朝鮮總督府警務局, 『天道教概論』(1930), 9쪽.

13) 김병제, 「진보회와 일진회」, ≪혜성≫, 1월호(1932).

1. 황실을 존중하고 독립기초를 공고히 할 것.
2. 정부를 개선할 것.
3. 군정·재정을 정리할 것.
4. 인민의 생명재산을 보호할 것.

이상의 4대 강령의 내용으로는 진보회가 요구한 정치개혁이 대한제국 정부의 근대화 노선과 어떠한 차별성을 갖고 있는지를 분명하게 알 수 없다. 평안남도 대접주였던 나인협은 ≪대한매일신보≫에 민회운동의 취지를 알리는 다음과 같은 광고를 실었다.

> 이런 고로 팔도에 유지한 자가 공론하되 회사를 황성에 설립하고 팔도 인민이 단회(團會)하야 타국 문명개화를 본받아 한일청 삼국이 동양을 평화하야 국가를 공고케 하고 대신과 수령의 포학한 정사를 없게 하고 인심을 부지할 뜻으로 통기가 있는 고로 이같이 회집하니 대한이 개명하면 아국강토를 방어할지라.[15]

즉, 전 인민이 단결하여 선진국의 문명개화를 따라 배우면 부패한 정치를 일소하고 독립을 보전할 수 있으므로 정치개혁을 요구하기 위해 민회운동을 시작했다는 것이다. 후대의 기록이지만, 서북 출신의 천도교 지도자인 박달성(朴達成)은 민회운동을 "개명을 선창하면서 진보를 주장하며 일진(一進)을 목적하여 밖으로 문화를 수입하며 안으로 동족의 각성을 계발하기에 분투노력함으로써 우리도 남과 같이 잘살고 우리 사회도 문명사회로 만들기 위한 대중적 혁신운동이었다"고 평가했다.[16]

---

14) 김병제, 「진보회와 일진회」.

15) ≪대한매일신보≫, 1904년 9월 14일자.

〈표 1-2〉 각 도별 진보회원의 수(1904년 11월 현재)

지역	경기	충북	충남	전북	전남	경북	경남	강원	황해	평남	평북	함남	함북	합계
인원수(명)	4,980	300	200	22,180	810	-	1,400	2,960	6,255	48,850	13,593	9,240	-	110,768

자료: 국사편찬위원회(1997), 501~502쪽.

손병희가 진보회에 걸었던 기대는 16만 원이라는 거액을 결성 자금으로 내놓을 만큼 컸다.[17] 그러나 1904년 초부터 계획했던 민회운동은 단체 명칭을 대동회(大同會) → 중립회(中立會) → 진보회(進步會)로 거듭 바꿔야 할 만큼 출발이 순탄하지 못했다. 내부적으로도 김연국계는 비협조적인 태도로 일관했다.[18] 시위운동 역시 그들을 '개화한 동학당'·'동학여당(東學餘黨)'·'동학비적(東學匪賊)'으로 파악하며 위험시했던 정부의 강경 탄압으로 난관에 봉착했다.[19] 또한 문명개화를 상징하는 진보회원의 흑의단발(黑衣斷髮)은 민회운동에 대한 대중적 거부감을 확산시키고 있었다.[20] <표 1-2>는 일본이 조사한 각 도별 진보회원의 수

16) 박달성, 「천도교의 60년 위사」, ≪천도교회월보≫, 4월호(1920).

17) 「팔면으로 관한 비범의 인」, ≪천도교회월보≫, 6월호(1922).

18) 조규태, 「일제의 한국강점과 동학계열의 변화」, ≪한국사연구≫, 114(2001), 195쪽.

19) 이은희, 「동학교단의 '갑진개화운동'(1904~1906)에 대한 연구」(연세대 석사학위 논문, 1990) 참조; 정부는 1904년 9월 20일과 22일에 동학의 금지와 집회 해산에 관한 조칙을 내렸다. ≪구한국관보≫, 1904년 9월 22일자, 9월 24일자, 11월 1일자; 최기영, 「공진회와 반일진회운동」, 『한국근대계몽운동연구』(일조각, 1997), 129쪽.

20) 단발의 경우, 일진회의 친일 행각으로 인해 일반적으로 개화보다는 친일의 상징으로 인식되면서 의병들이 삭발한 사람을 불문곡직하고 살해하는 경우가 종종 발생했다고 한다. 「죽을뻔 살뻔 은도시대의 험관난경」, ≪신인간≫, 7월호(1928).

이다. 전북을 제외하고는 함남, 평남, 평북, 황해 등 서북 지방에 회원이 밀집된 양상을 보이고 있다.

진보회의 활동 중 주목해야 할 것은 그들이 일본동맹론에 입각하여 일본군을 보조할 것을 주창하고 실천한 사실이다. 당시 충북의 동학 조직에 보낸 방문에는 "일본이 승전하여 황인종이 부지할 사세이니 이를 위한 정치개혁, 문명 진보, 외교의 방침을 확정하자"는 공공연한 주장도 등장하고 있었다.[21]

이러한 진보회의 일본동맹론과 그 실천 활동을 방조한 단체가 바로 일진회였다. 1904년 8월 송병준(宋秉畯)을 주축으로 독립협회 출신 윤시병(尹始炳), 유학주(兪鶴柱), 염중모(廉仲模) 등이 결성한 일진회는 진보회와 동일한 내용의 4대 강령을 내세우며 결성되었다.[22] 지방에서는 지역에 따라 9월 말부터 일진회와 진보회라는 명칭이 혼용되고 있었다. 이러한 진보회와 일진회의 공동보조는 송병준이 일본에 건너가 손병희에게 동학과 국내 개화파 간의 협력을 제안하고 손병희가 이를 수용하면서 형성된 것이었다.[23] 양자가 일종의 역할 분담을 한 셈이었다. 진보회가 지방에서 정치개혁을 촉구하는 시위를 전개했다면, 일진회는 중앙에서 일제의 비호 아래 정부를 압박하는 데 치중했던 것이다.[24] 정부의

---

21) 「동학방문」, ≪대한매일신보≫, 1904년 9월 21일자.

22) ① 황실을 존중하고 국가 기초를 공고케 할 것, ② 인민의 생명재산을 보호케 할 것, ③ 정부개선 정치를 실시케 할 것, ④ 군정·재정을 정리할 것으로 되어 있다. 李寅燮, 1911, 『元韓國一進會歷史』, 1904년 8월 22일자; 京城憲兵分隊 編纂, 『一進會略史』(1910), 9쪽. 진보회의 4대 강령과 비교해보면 ①항의 '독립기초'가 '국가기초'로 되어 있고 ②·③·④항은 순서만 다르다. ≪황성신문≫, 1904년 8월 22일자에는 일진회의 4대 강령이 ① 제실(帝室)을 안녕케 할 것, ② 정부를 개혁할 것, ③ 인민의 생명재산을 보호할 것, ④ 군정과 재정을 정리할 것 등으로 소개되어 있다.

23) 岩井敬太郎, 『顧問警察小誌』(韋書房有限會社, 1909), 92쪽.

진보회 탄압의 강도가 날로 더해가자 일진회는 "지방에서 인민들이 지방관의 탐학을 이기지 못해 시정개선을 요구하는 것"이라며 강력하게 항의하기도 했다.[25] 일진회와 진보회는 1904년 12월 공식 합병했다.

이처럼 상소운동, 외세 활용, 민회운동 등 여러 방식을 동원한 동학의 합법화와 국정개혁을 요구하는 정치투쟁은 사실상 실패하고 말았다. 재야단체인 일진회를 통해 정치적 발판을 확보한 것이 유일한 성과였다. 일진회가 1905년 11월 5일 대한제국이 일본에게 외교권을 위임해야 한다는 선언서를 전격 발표한 뒤,[26] 11월 17일 을사늑약이 체결되었다. 일진회는 조직 개편을 단행하여 이용구를 신임 회장으로 추대했다.[27] 일진회의 이러한 정치 행보와 국내 동학교단의 관리 책임을 맡고 있는 이용구의 정치적 부상은 손병희에게 타격이었다. 일제의 주구로 전락한 일진회의 행보는 동학교도의 반발을 야기할 가능성이 컸으며 이용구가 점차 자신의 통제를 벗어나고 있었기 때문이다. 손병희는 을사늑약의 체결로 자신과 문명개화파 인사들의 신변 안전을 보장받을 수 있게 되자 곧바로 귀국을 준비했다. 그는 귀국에 앞서 동학에 입도한 권동진, 오세창, 양한묵 등의 문명개화파와 함께 동학 개편 방안을 마련했다. 그것은 단순한 개조를 넘어 천도교의 창건으로 가시화되었다. 손

24) 김경택, 「한말 동학교문의 정치개혁사상연구」(연세대 석사학위 논문, 1990) 참조.

25) ≪원한국일진회역사≫, 1904년 10월 25일자.

26) 일진회 주장의 핵심은 '일본 천황이 조칙으로 한국의 독립 보호 및 강토 유지를 세계에 공포한 바 있으므로 외교권을 일본에 위임하여 일본의 지도하에 국가의 독립 및 안녕과 행복을 유지해야 한다'는 것이었다. 이 선언서에 대한 각계의 반발과 저항은 격렬했다. 일진회가 각 정치·사회단체와 신문사·학교 등에 보낸 선언서들은 반송되거나 불살라졌다. 西尾陽太郎, 『李容九小傳』(葦書房, 1978), 66쪽.

27) 『원한국일진회역사』, 1905년 12월 22일자.

병희는 1905년 12월 '교가 정의 본위'임을 천명하면서 천도교를 창건하고 귀국을 단행했다.

2. 일진회 및 시천교 세력의 이탈

1906년 1월 손병희가 귀국할 무렵에는 이미 친일정권이 수립된 상태였고 재야 세력으로는 일진회와 헌정연구회(憲政硏究會)가 상쟁하고 있었다.[28] 귀국 직후 손병희는 우선 김연국을 대도주 바로 아래 직위인 성도사에 임명하여 김연국계를 포용하고자 했다.[29] 이후 그의 관심은 오로지 일진회에 대한 통제권 장악에 있었다. 손병희는 일진회 간부를 회유하기 위해 일진회에 1,000원을 기부하고,[30] 이용구와 송병준을 현기사 고문과 직원에 임명했다.[31] 1906년 6월에는 이용구를 전제관장에, 송병준을 고문실 고문에 각각 임명했다.[32] 그해 7월 송병준은 다시 재정을 담당하는 중책인 금융관장에 임명되었다.[33]

그런데 일진회 간부들은 노골적인 부일 행각을 일삼으며 천도교의

28) 헌정연구회는 이준(李儁), 윤효정(尹孝定) 등 반일진회계인 구독립협회 관계자, 연동교회 신자들을 주축으로 하는 국민교육회(國民敎育會), 반일진회단체인 공진회(共進會) 등이 반일진회의 기치하에 결성한 정치단체였다. 정치 지향적인 전직 관료 출신들이 많은 까닭에 당시 헌정연구회는 정계 진출과 관직 획득을 위한 포석으로 이해되었다고 한다. 최기영, 「헌정연구회의 설립과 입헌군주론」, 『한국근대계몽운동연구』(일조각, 1997) 참조.

29) 「종령 제7호(1906.2.10)」, 『종령집』, 14~15쪽.

30) 『원한국일진회역사』, 1906년 2월 2일자.

31) 「종령 제8호(1906.2.10)」, 『종령집』, 15~16호

32) 「종령 제28호(1906.6.14)」, 『종령집』, 31~32쪽.

33) 「종령 제32호(1906.7.24)」, 『종령집』, 34쪽.

종교활동에 큰 의미를 부여하지 않았다.[34] 이용구조차 손병희의 일진회 장악에 협조하지 않았다. 게다가 손병희의 측근인 권동진, 오세창, 양한묵 등은 벼락출세를 한 송병준과 같은 부일배와 어울리는 것을 꺼렸다. 양한묵의 경우는 반일진회계의 결집체인 공진회와 그 후신인 헌정연구회의 결성과 운영에 적극적으로 참여하는 등 일진회에 대한 태도가 매우 강경했다.[35] 오지영은 이러한 형국을 다음과 같이 술회하고 있다.

> 천도교 중앙총부 안에는 내지(일본: 인용자)로부터 선생과 같이 나온 오세창, 권동진, 양한묵 등 일파와 일진회 골자인 이용구, 송병준 일파와 비개화파인 김연국 일파가 한곳에 섞여 있어 외면으로는 비록 번번한 듯하나 그 내막에 있어서는 옹치격으로 원수와 같이 되어 있었던 터이다. 오월이 동주하고 빙탄이 상합되었나니 그것이 어찌 장구할 수 있으랴. 권오일파는 이송파를 가리켜 일진회원이라고 지목하고 김파를 가리켜 딴파라고 예시하며 이송파는 왈 우리 일진회가 아니면 너의 문명파나 완고당이 어찌 능히 출두하였겠느냐 하는 것이며 김파는 왈 저것들은 다 일진회 떨기들이라고 하는 것이었다. 갑론을박에 서로 헐뜯으며 알력이 무상(無常)하여 그 점(漸)이 날로 자라 장래의 삼분천지(三分天地)를 만들고 말았다.[36]

34) 순암, 「의암성사와 이용구와의 극적 장면」, ≪천도교회월보≫, 12월호(1931) 참조.

35) 최기영, 「한말 천도교와 양한묵」, ≪역사학보≫, 147(1995) 참조; 당시에는 문명개화파 인사들의 천도교 입교가 활발하게 이루어지고 있었다. 헌정연구회의 회장이던 장기렴과 사무원이었던 최강(崔岡), ≪제국신문≫ 사장 출신의 이종일(李鍾一), 『월남망국사』의 저자인 현채(玄采) 등도 천도교 창건 무렵 영입되어 천도교 간부로 활약했다.

36) 『동학사』, 199쪽.

즉, 당시 천도교 내에서는 오세창·권동진·양한묵 등의 '문명파', 이용구·송병준 등의 '일진회파', 김연국 등의 '완고당' 등 3파 간의 상쟁이 치열하게 전개되고 있었다.

결국 손병희는 일진회를 장악하려던 계획을 반년 만에 포기하고 회교동망을 막는다는 이유를 들어 1906년 8월 말부터 일진회 세력을 도려내기 시작했다. 일진회 배척의 조짐은 8월 27일 송병준이 금융관장에서 해임될 때부터 나타나기 시작했다.[37] 손병희는 일진회 축출로 동요할지 모르는 교인 단속을 위해 교당의 건축비를 마련한다는 명목으로 각 지방에 순독(巡督)을 파견했다. 전라남북도에는 김연국, 경상남북도에는 홍병기, 충청남북도에는 박인호, 경기·강원에는 이종구가 파견되었는데, 일진회원이 밀집된 평안·황해·함경 등 서북 3도의 경우에는 손병희가 양한묵과 함께 직접 나섰다.[38] 8월 31일 교인들에게 "민회에 입회한 교인은 중앙총부에 입회목적을 보고하라"는 지시를 하달했다.[39] 그리고 9월 5일 교인들에게 "지금부터 교인은 교를 종으로 삼고 민회와 서로 혼력하지 말라"며 교정분리를 천명하고 다음과 같은 지시를 내렸다.[40]

1. 민회에 입회하고자 하는 교인은 이름과 사정을 중앙총부에 통지할 것.
2. 교직을 갖고 민회에 입회하는 자의 교무 겸직을 금할 것.
3. 민회에 들어가 교규를 위반하는 자는 교헌에 의거해 처리할 것.

천도교 간부나 교인 모두 일진회에 참여하는 것을 불허하겠다는 것이다. 그리고 다음 날로 이용구를 전제관장에서 해임했다.[41] 교정분리의

37) 「종령 제38호(1906.8.27)」, 『종령집』, 37쪽.
38) 「종령 제39호(1906.8.31)」, 『종령집』, 37~38쪽.
39) 「종령 제40호(1906.8.31)」, 『종령집』, 38쪽.
40) 「종령 제41호(1906.9.5)」, 『종령집』, 38~39쪽.

원칙을 위배하고 일진회에 잔류한 교단 간부들도 해임했다.[42] 마침내 9월 20일에는 일진회파 간부 62명을 출교시켰다.[43] 그리고 기관지인 ≪만세보≫를 통해 천도교는 곧 일진회요 일진회가 곧 천도교라는 일반인의 오해를 불식하기 위한 선전에 나섰다.[44]

출교당한 일진회 지도자들은 곧바로 교우동지구락부(敎友同志俱樂部)를 결성하고 나서 1907년 4월 5일 시천교(侍天敎)를 창건했다.[45] 시천교와 일진회는 "정당사회는 양이요 도덕사회는 음이라. 음양으로 쌍견쌍비(雙肩雙飛)의 양륜공전(兩輪共轉)하여 정당도덕 양 사회가 함께 나아가가 위한" 교정쌍전의 일체(一體)로 간주되었다.[46] 이용구는 연원을 활용해 천도교인의 시천교로의 이적을 유도했다. 서북 지방 동학 재건의 일등 공신인 이용구를 좇아 일진회에 가입하거나 시천교에 입교한 이는 무려 20만 명에 달했다고 한다.[47] 시천교는 동학의 서자라는 인식을 불식시키고 동학의 적통을 확보하기 위해 정부를 상대로 최제우와 최시형의 신원운동을 전개했다. 1907년 5월 송병준이 이완용 내각의 농상공부대신으로 입각하면서 본격화된 신원운동은 그해 7월 17일 양 교주에 대한 특사신원이 법부대신 조중응(趙重應)의 이름으로 관보를 통해 공표되면서 결실을 맺게 된다.[48]

---

41) 「종령 제42호(1906.9.6)」, 『종령집』, 39쪽.

42) 「종령 제44호(1906.9.17)」, 『종령집』, 40~41쪽.

43) 『동학사』, 200쪽; ≪황성신문≫, 1906년 9월 21일자.

44) 「천도교와 일진회」, ≪만세보≫, 1906년 9월 25일자.

45) 박정동, 『시천교종역사』(1915), 14~15쪽; 백대진, 「천도, 시천 양교의 내부를 해부하여 공평을 촉함(1)」, ≪반도시론≫, 11월호(1917), 19쪽.

46) 강필도, 『동학도종역사』(1922), 동학농민전쟁백주년기념사업추진위원회 편, 『동학농민전쟁사료총서(29)』(1996), 420쪽.

47) 경성헌병분대 편찬, 『일진회약사』(1910), 14쪽.

48) 『시천교종역사』, 제3편, 15쪽; 시천교는 최제우-최시형으로 이어지는 종통을

일진회의 축출과 시천교의 창건으로 천도교는 인적·물적 기반에 타격을 입게 된다. 서북 세력이 빠져나가면서 72개였던 대교구는 수원·여주(경기), 홍성·청주·은진(충청), 진주·성주(경상), 강진·광주·남원·전주·익산·태인(전라), 회양·철원(강원), 서흥·송화(황해), 정주·초산·평양·의주(평안), 북청·장진(함경) 등 23개로 줄었고 주로 삼남 지방에 집중되었다.[49] 그런데 호서 지방에 연원 기반을 갖고 있던 김연국계가 문명파가 간부직을 장악하자 이에 반발해 1908년 1월 시천교로 이적했다.[50] 시천교는 김연국에게 교주 자리인 대예사(大禮師)을 내주었다.[51] 이후 일진회·시천교 간부들은 합방청원운동을 주도하면서 더욱 노골적인 친일의 길로 나섰다.[52] 일진회·시천교의 친일 행각의 배후에는 통감부 촉탁이자 일진회 고문인 우치다 료헤이(內田良平)와 시천교 고문이자 일진회 상담역을 맡았던 일본 조동종(曹洞宗) 승려인 다케다 한시(武田範之)가 있었다.[53] 특히 다케다는 『시천교종(侍天敎宗)』, 『시천교종지(侍天敎宗旨)』

둘러싼 천도교와의 투쟁에서 우위를 확보하려는 노력의 일환으로 최제우의 고향인 경주 구미산과 최제우가 처형당한 대구 장대 등을 매입하고 1910년 10월에는 경주 시내 서봉총 옆에 2층 목조 대교당을 낙성했다. 최정간, 『해월 최시형가의 사람들』(웅진출판, 1994), 151~152쪽.

49) 「종령 호외(1906.12.6)」, 『종령집』, 49쪽.

50) 손병희는 시천교가 이탈한 후 교내 단결을 위해 1907년 8월 26일 김연국에게 대도주 직을 전수했다. 「종령 제76호(1907.7.26)」, 『종령집』, 70~71쪽. 김연국에 이어 박인호가 대도주직을 승계했다. 「선수문(1908.1.18)」, 『종령집』, 85쪽.

51) 박정동, 『시천교종역사』, 제3편(1915).

52) 일진회의 문명개화론·합방론과 문명개화운동에 관해서는 김도형, 「일제침략초기(1905~1919) 친일세력의 정치론 연구」, ≪계명사학≫, 3(1992) 참조.

53) 우치다 료헤이와 다케다 한시는 동학농민군과 제휴하여 '조선문제'를 해결하고자 한 낭인집단인 천우협(天佑俠) 출신들이었다. 1905년 통감부가 설치되고 이토 히로부미가 초대 통감으로 부임할 때, '한국국상조사촉탁(韓國國狀調査囑託)'으로 동행한 흑룡회(黑龍會)의 우치다는 이용구, 송병준과 꾸준히 접촉하면

등 시천교 경전은 물론 일진회의 '한일합방운동'과 관련된 대부분의 문서를 작성했다고 한다.[54]

손병희와 일진회 결별의 빌미를 제공한 것은 대동합방론(大東合邦論)이었다. 즉, '합방'이라는 민감한 정치 사안을 놓고 손병희를 비롯한 문명파와 일진회파가 노선을 달리했던 것이다. 일본 우익인 다루이 도키치(樽井藤吉)가 제안한 대동합방론의 핵심 주장은 서양의 침략 세력에 맞서 우선 일본과 한국이 합동하여 대동국(大東國)이라는 합방국을 세우고 다시 중국과 합종하여 남양제도를 포함한 대아시아 연방을 실현하자는 것이었다.[55] 일진회는 자신들이 새로운 합방국의 집권 세력이 되겠다는 일념으로 합방론을 수용했고 문명파는 이를 거부했던 것이다.[56]

서 일진회에 대한 영향력을 확보해나갔다. 우치다가 초빙한 흑룡회 회원이자 조동종 현성사(顯聖寺) 주지인 다케다(武田)는 1906년 12월 19일에 조선에 들어왔다. 강창일, 『근대 일본의 조선침략과 대아시아주의』(역사비평사, 2002), 234~235쪽.

54) 최병헌, 「일제의 침략과 불교: 일본 조동종(曹洞宗)의 武田範之와 圓宗」, ≪한국사연구≫, 114(2001), 100~106쪽; 서문조차 다케다가 저술한 『시천교종지』(1907)는 동학의 21자 주문을 해설한 것인데, 불교적 색채가 농후하다. 『시천교종』의 경우에는 '시천교가 유(儒)의 실력과 불(佛)의 혜광과 선(仙)의 단정(丹精) 3도의 합충(合充)'으로 '사람의 야심을 개량하고 문명에 진보하게 한다'고 주장하고는 있었지만 상대적으로 불교와 선교가 차지하는 비중이 높아 이 시기 천도교리가 성리학적·유학적 틀 내에서 철학화하려는 경향과는 대별된다.

55) 樽井藤吉, 『大東合邦論』(1893; 『覆刻大東合邦論』, 1995 所收); 旗田巍, 「대동합방론과 樽井藤吉」, 『일본인의 한국관』(일조각, 1983) 참조.

56) 한명근, 「일진회의 대일인식과 '政合邦'論」, ≪숭실사학≫, 14(2001) 참조; 이용구가 대동합방론에 공감한 시기에 대해 이용구의 아들 이석규(大東國男)는 청일전쟁 직후라고 주장했고 니시오(西尾陽太郎)는 러일전쟁기에 대동합방론에 시사 받아 합방을 구상하게 되었다고 주장했다. 大東國男, 『李容九の生涯』(時事通信士, 1960), 40쪽; 西尾陽太郎, 『李容九小傳』, 33쪽.

3. 천도교 지도부의 정치개혁론

보호국 체제가 출범하면서 정국은 격렬하게 요동치고 있었다. 대한제국의 자주적 근대화가 좌초되고 종속성이 강화되면서 종속적 근대화를 추구하는 문명개화노선과 의병투쟁으로 분출된 자주화노선이 정면으로 충돌하고 있었다. 천도교를 창건하고 귀국한 손병희를 비롯한 지도부는 독립협회의 문명개화노선의 충실한 계승자로 통감부가 주도하는 근대화, 즉 시정개선에 적극 개입하면서 정치개혁의 주도 세력으로의 부상을 도모하고 있었다.

천도교 지도부는 부강 문명국인 서구 열강을 따라잡기 위해서 야만을 탈피하고 문명을 추구하자는 문명지상주의를 지향했다. "지구상 인류된 자가 구미의 문명을 흡수치 못하면, 즉 야만"[57]이며 "우리 국민도 그 문명에 욕화(浴化)하여야 자립력을 얻고 생계도 해결할 수 있으며 국가의 진보가 가능하다"[58]는 것이 그들의 인식이었다. 부강 문명국에 도달하기 위한 지침으로는 "교육으로 경을 삼고 재용(財用)을 쌓는 경제로 위를 삼는" 실력양성론을 제시했다. 실력양성의 실질적인 성과를 얻기 위해서는 장기간의 인고가 필요하다는 지적도 잊지 않았다.[59]

이러한 준비론적 시각에서 종속성은 문제가 되지 않았다. 문명의 늪에 깊이 빠지면서 제국주의의 침략성을 간과하는 우를 범하고 말았던 것이다. 천도교 지도부는 국제 정세에 대해 낙관하고 있었다. '우리나라가 비록 미약하고 쇠약하지만 만국의 문명이 공법을 무시하지 못하고 조약을 감히 위반하지 못함으로 간신히 강자의 병탄을 면하고 있다'는

57) 「雜類誤世」, ≪만세보≫, 1906년 7월 3일자.

58) 「행세꾼」, ≪만세보≫, 1906년 7월 7일자.

59) 「인내」, ≪만세보≫, 1906년 8월 16일자.

것이다. 세계는 화기로 가득 차고 동양도 화국(和局)이라는 것이 그들의 세계 인식이었다.[60]

일본관 역시 투철하지 못하기는 마찬가지였다. 천도교 지도부는 청일전쟁과 러일전쟁을 통해 우리와 순치 관계에 있는 일본이 우리나라의 독립 유지를 선포했는데 이는 식언이 아닐 것이라는 신뢰를 갖고 있었다.[61] 우리나라가 일본의 보호력을 이용하여 국가 실력을 양성하여 후일 자강력을 얻으면 일본은 스스로 물러날 것이라는 희망도 피력했다.[62] 그들에게 일본은 무담보 차관을 제공하면서까지 대한제국의 부강을 돕는 조력자요 보호자이지, 결코 침략자가 아니었다.[63]

이처럼 종속성을 감수한 근대화 노선은 의병투쟁무용론으로 귀결되었다. 이러한 논리는 약육강식·우승열패의 사회진화론의 연장선상에 있었다. "소국이 병란을 한번 일으키면 이익은 강국에 돌아가고 화는 약국이 받는다. 우리나라의 재원과 우리 국민의 단체력으로 세계의 강국과 전쟁을 일으켜 수삼 년간 계속 할 능력이 없다"는 것이다.[64] 천도교 지도부는 의병을 국가의 죄인,[65] 즉 완고·수구로 비판하면서 천도교의 정치개혁노선을 진보주의라 불렀다.[66] 그들에게 진보란 보호국 체제하에서 내정개혁·실력양성을 추구하는 것을 의미했다.

천도교 지도부는 정부와 관리들이 이러한 진보사업에 적극성을 보이지 않는다며 비판했다. 관리들에게는 고식병이라는 고질병이 있어 정치

60) 「導迎和氣」, ≪만세보≫, 1907년 1월 24일자.

61) 「餞送田中特使」, ≪만세보≫, 1907년 1월 31일자.

62) 「의병(속)」, ≪만세보≫, 1906년 6월 29일자.

63) 「학교확장비지출결의」, ≪만세보≫, 1906년 7월 31일자.

64) 「의병」, ≪만세보≫, 1906년 6월 28일자.

65) 「의병(속)」, ≪만세보≫, 1906년 6월 29일자.

66) 「大雨將至」, ≪만세보≫, 1906년 7월 4일자.

개선에 관심이 없고[67] 삼분오열하여 당파를 이루고 세권을 쟁탈하면서 국사를 도외시하고 자기의 영욕에만 집착한다는 것이다.[68] 그리고 이런 정부는 "선정부(善政府)도 아니요 악정부(惡政府)도 아니며 우왕좌왕하는 춘몽정부에 불과하다"며 혹평했다.[69]

천도교 지도부는 국정개혁의 동력을 정부가 아니라 사족·평민을 아우르는 국민에서 구했다. 부강한 국가를 건설하기 위해서는 '국민다운' 국민의 분발이 요구된다는 것이다. '국민다운' 국민의 필수 조건으로는 애국심을 강조했다. 그들이 보기에 인민에게는 애국심이 절무한데, 그것은 조선시기 정치의 차별성·억압성에서 발원한 것이었다. 그리고 진정한 애국의 길은 실력양성에 노력하여 대한제국 독립의 기초를 자담하는 데 있다고 주장했다.[70] 진보의 길이 곧 애국의 길이라는 것이다.

이처럼 천도교 지도부는 정치개혁을 촉구하면서도 당시 정부와 정권에 대해 강한 불신을 갖고 있었다. 그들은 근대화의 주역이 될 수 없는 완고당·수구 세력이라는 것이다.

천도교 지도부는 ≪만세보≫ 지면을 활용하여 구체적인 정치개혁안을 제시했다. 우선 대의제를 모색했다. 그들이 보기에 상·하의원을 설치하고 전국적으로 대의사(代議士) 선거를 실시하여 국회를 소집하고 국가대사를 의결하는 권한을 주어 전국 여론을 채용하는 대의제의 실시는 이미 세계적인 추세였다.[71] 그들은 대의제의 정당성을 인민의 언권이 없어 국권이 쇠약해진 모순적 현실에서 구했다. 이러한 대의제 실현에 대한 요구는 군주전제권에 대한 비판과 직결되어 있었다.

67) 「고식병」, ≪만세보≫, 1907년 2월 6일자.

68) 「정부책임」, ≪만세보≫, 1907년 1월 12일자.

69) 「춘몽정부」, ≪만세보≫, 1907년 5월 14일자.

70) 「애국심(속)」, ≪만세보≫, 1906년 7월 28일자.

71) 「언로」, ≪만세보≫, 1906년 8월 11일자.

그런데 천도교 지도부는 대의제를 주장하는 동시에 시기상조론을 제기했다. 대의사를 선거하여 국회에 의결할 권한을 주어 전국 여론을 채용할 필요는 절실하지만, 지금은 인민이 미개하므로 10년 후에야 창설할 수 있을 것으로 예상했다.[72] 그때에 이르러 여론도 일고 신문도 흥하여 박론(博論)이 점차 많아지고 이로서 인민 지식이 발달하여 정부 권한과 인민 자유가 상호 대등해지면 정부도 악정을 감행하기 어려워 부득이 대의제를 실시하지 않을 수 없게 된다는 것이다.

대의제의 차선책으로는 중추원의 개혁을 주장했다. 중추원이란 본래 정부와 인민이 함께 대의를 결의하며 여론을 취하는 기구인데, 개설된 이래 의관을 파는 데 골몰했을 뿐이라는 것이다. 이는 중추원이 대한제국 황실 권력의 지지 기구로 전락했다는 비판이기도 했다.[73] 통감부가 중추원 개량에 나서자 천도교 지도부는 이를 환영했다. 특히 종래에는 의관에 주로 관료층이 임명되었으나 이때부터 정치운동가, 사회유지, 지방유지, 외국 유학생 등도 포함된다는 것에 환호했다.[74] 천도교 지도자 권동진도 1907년 10월 중추원 부참의에 임명되었다.[75]

대의정치는 곧 정당정치다. 천도교 지도부는 신분제에 입각한 조선시기 이래의 사색당파를 정당으로 인식했다. 그들이 보기에 공정성을 상실하고 전제를 통해 민인 탄압에 앞장섰던 이들 정당은 극복 대상일 뿐이었다. 그들이 구상하는 정당은 기존의 당색과 무관한 신흥 정치세력을 중심으로 여론 정치를 실천하는 정치 단체를 의미했다.

인사 문제에서도 구세력은 청산의 대상이었다. 천도교 지도부는 정부

72) 「언론(속)」, ≪만세보≫, 1906년 8월 12일자.

73) 한명근, 「개화기 중추원의 정치적 기능(1894~1904)」, ≪숭실사학≫, 9(1996) 참조.

74) 「중추원」, ≪만세보≫, 1906년 12월 25일자.

75) 「신유년과 인물」, ≪개벽≫, 1월호(1921).

인사에서 친인척 관련 밀실 인사 혹은 측근 인사가 이루어지면 가차 없이 비판하고 공격했다. 이 모두가 천거제를 악용한 인사라는 것이 그들의 판단이었다. 또 완고당으로서 미신을 타파하지 못하고 문명적 경쟁에서 낙오하여 국가를 패망으로 이끈다며 유림에 맹공을 퍼부었다. 특히 최익현을 정면 공격하여 관심을 모았다. 편견에 찬 사림을 선동하여 잘못된 길로 인도하고 죄 없는 인민을 유인하여 사지로 몰아넣고 있다는 것이다. 나아가 그의 의병봉기는 불충에 해당되는 것으로 국가 운명을 재촉하고 국민을 암흑·부패·멸망에 빠뜨릴 것으로 단언했다.[76)]

천도교 지도부는 수구를 대신할 진보의 상징으로 '개화당=문명개화파'를 내세웠다. 부강에 성공한 나라들은 완고당을 소탕하고 개화당이 문명적으로 만기(萬機)를 일신하는 데 성공한 반면에, 우리나라에서는 오히려 개화당이 참살당하여 여력이 없는 까닭에 국정이 쇠퇴를 면치 못하고 있다는 것이었다.[77)] 하지만 이제는 개화의 시대를 맞아 개화당이 마땅히 박수갈채를 받아야 한다고 주장했다.[78)] 천도교 지도부는 문명개화파를 일류 인사라고 지칭했다.[79)] 그들은 새로운 단체를 조직하여 공익상의 경쟁을 벌이고 있는 신인들이었다.[80)] 또한 그들은 민족의 지식이 열리고 인민이 점진하고 국민이 진보하는 가운데[81)] 부패한 정치를 대혁신할 수 있는 담력과 용기, 그리고 염치를 갖춘 인물들이었다.[82)]

---

76) 「解紛議」, ≪만세보≫, 1906년 7월 3일자.

77) 「해분의」, ≪만세보≫, 1906년 7월 3일자.

78) 「신내각」, ≪만세보≫, 1907년 5월 29일자.

79) 「時態」, ≪만세보≫, 1906년 12월 7일자.

80) 「경쟁」, ≪만세보≫, 1906년 12월 22일자.

81) 「진보정도」, ≪만세보≫, 1906년 10월 31일자; 「문명점진」, ≪만세보≫, 1907년 3월 30일자; 「下進而上退(속)」, ≪만세보≫, 1907년 5월 10일자.

82) 「廉防」, ≪만세보≫, 1906년 8월 14일자; 「膽勇無一人」, ≪만세보≫, 1907년

그리고 선진 학문을 습득하고 있었으며[83] 그 대표적인 인물이 윤치호였다. 그를 "학문이 고명하여 우리나라 청년 후진의 제일 표준될 만한 개명인"으로 추켜세우기도 했다.[84]

1906년 당시 천도교의 문명개화파를 대표하는 정치세력은 일진회였다. 결별 직전까지 천도교는 일진회를 발판으로 정치개혁의 돌파구를 마련하려는 강한 의지를 갖고 있었다. 정치개혁과 정권획득을 추구하는 정당으로서의 일진회는 2,000만 동포를 대표하는 조직이었고, 일진회를 이끌어온 송병준은 "5백년 전제정치하에 자유권이라는 주의를 알지 못하던 전국 동포에게 민권을 창도한 이"였다.[85] 하지만 결별 이후 일진회에 대해서는 "정부 행정이 정리되어가니 불필요하다"[86]며 불용론으로 맞섰다.

일진회와 결별했으나 천도교 지도부의 정치활동의 목표는 변함없었다. 보호국 체제하에서 정권을 장악하여 서구 문명국을 전범으로 한 시정개선을 단행한다는 것이었다.

4. 대한협회를 통한 정당운동

천도교의 정치활동은 1907년 11월 대한자강회(大韓自强會)[87]를 모체

1월 9일자.

83) 「엽관자」, ≪만세보≫, 1907년 2월 20일자.

84) 「郵書」, ≪만세보≫, 1906년 7월 14일자.

85) 「송병준」, ≪만세보≫, 1906년 8월 30일자.

86) 「천도교와 일진회」, ≪만세보≫, 1906년 9월 25일자.

87) 대한자강회는 헌정연구회를 모체로 기독교청년회와 ≪황성신문≫, 인사들이 결합한 정치단체였다. 대한자강회는 정치투쟁의 대중적 기반을 확보하기 위해

로 결성된 대한협회(大韓協會)를 통해 재개되었다. 대한협회는 윤효정 등 대한자강회 계열과 김가진(金嘉鎭) 등 전직 고위 관료 및 천도교 지도부가 주도했던 정치단체였다. "정치·교육·산업을 강구하여 사회지식을 발달시키며 신진덕성(新進德性)을 도야하며 전국(全國) 부력(富力)을 증진하여 국민적 자격을 양성한다"[88]는 취지로 발족한 대한협회의 위상을 천도교 지도자들은 정당으로 이해하고 있었다. 오세창은 대한협회가 "스스로 여론을 대표한다는 책임감을 갖는 순수 정당"이라고 주장했다.[89] 대한협회에 관여한 대부분의 인사들도 역시 대한협회를 민권당(民權黨), 민정당(民政黨)이라고 부르며 정당임을 자임하고 있었다고 한다.[90] 윤효정은 대한제국이 나아갈 길은 "선진문명국의 지도에 의하여 국사를 정리하고 인문을 장려하여 이후로 국민이 협동일치하여 문명을 흡수하고 시정을 개선하여 국부국강을 증진하며 열국과 어깨를 나란히 하는 것"이고 이를 선도하는 정당인 대한협회의 사명은 "국법범위를 불탈(不頉)하며 문명궤도를 실천하여 국가진운(國家進運)을 계도하는 데 있다"고 주장했다.[91]

일진회처럼 지회를 설치했다. 그리하여 약 33개의 지회에 2,000여 명 이상의 회원을 확보하는 성과를 올렸다. 유영렬, 「대한자강회의 애국계몽사상과 운동」, 『대한제국기의 민족운동』(일조각, 1997).

88) ≪대한협회회보≫, 4월호(1908).

89) 오세창, 「대조적인 관념」, ≪대한협회회보≫, 8월호(1908).

90) 대한협회 총무인 윤효정도 "정당을 통해서만 국민의 여론을 정치·사회에 실행시킬 수 있다"며 대한협회를 정당으로 인식하고 있었다. 윤효정, 「대한협회의 본령」, ≪대한협회회보≫, 4월호(1908), 45쪽; ≪대한협회회보≫, 편찬원 김성희(金成喜)는 대한협회가 "정당으로 장래 국회의 대표요 전일 헌정연구의 결과"라고 자부하고 있었다. 김성희, 「정당의 사업은 국민의 책임」, ≪대한협회회보≫, 5월호(1908), 21~22쪽; 일진회 역시 대한협회와 함께 재야 정당으로 인식되고 있었다. ≪신한민보≫, 1909년 9월 29일자.

대한협회는 1909년 11월 4만 9,028명에 달하는 회원을 확보한 단체로 성장했다.[92] ≪대한협회회보≫에 회원 명부나 현황이 실린 87개 지회를 살펴보면, 대한협회 지회는 전북 18개, 경북 12개, 경남 12개, 평북 10개, 함남 8개, 전남 6개, 제주 5개, 경기 4개, 충남 4개, 평남 3개, 황해 3개, 함북 2개 순으로 일진회와는 달리 서북보다는 삼남 지방을 중심으로 분포하는 양상을 보였다.[93]

보호국 체제로 대한제국 정부가 무력화되면서 대정부투쟁이 더 이상의 의미를 갖지 못하게 되자, 천도교 지도자를 비롯한 대한협회 간부들은 보호국 체제하에서의 정권획득을 도모하는 활동에 전념했다. 대한협회의 활동 중 가장 큰 비중을 차지한 것은 일진회를 비판·공격하는 일이었다.[94] 대한협회는 일진회를 매국당으로 부르며 송병준의 비리를 공개하거나 일진회 지회 지도자들을 군수에 등용하지 말라고 정부에 압력을 가하는 등 끊임없이 일진회를 공격했다.[95] 그 덕분에 대한협회는 배일파 혹은 배일당으로 인식되면서 여타 계몽운동 세력의 지지를 확보할 수 있었다.[96] 천도교 역시 중앙과 지방에서 적극적으로 합방반대운동에 참여함으로써 일진회 시절부터 들어왔던 '매국적(賣國賊)'이라는 오명을 간신히 벗을 수 있었다.[97]

---

91) 윤효정, 「대한협회의 본령」, 47~48쪽.

92) 「大垣丈夫의 言動에 관한 件」(1909년 12월 20일), 『통감부문서(8)』(국사편찬위원회, 1998), 166쪽.

93) 유영렬, 「대한협회의 애국계몽사상」, 「대한협회지회의 조직과 활동」, 『대한제국기의 민족운동』 참조.

94) 이태훈, 「한말 대한협회 주도층의 국가인식과 자본주의 근대화론」, ≪학림≫, 21(2002), 99쪽.

95) 「실암 권동진씨의 회고담」, ≪천도교회월보≫, 11월호(1932).

96) 釋尾春芿, 『朝鮮併合史』(1926), 429쪽; ≪신한민보≫, 1910년 5월 11일자.

97) 「일진회의 한일합병성명발표후의 의주지방 동정에 관한 보고 건」(1909년 12

대한협회와 일진회 간의 정치투쟁은 정국의 주도권을 장악하려는 양대 재야 세력의 쟁투에만 그치는 것이 아니었다. 양자 간에는 정치노선의 차이가 뚜렷했다. 대한협회는 일본의 지도에 의한 문명화, 즉 일본을 맹주로 하는 동맹론을 주장했지만, 일진회는 대동합방론에 찬동하고 있었다. 이러한 노선 차이는 양 단체를 지도하는 일본인 고문의 성향과도 밀접한 관련이 있었다. 대한협회의 고문은 오가키 다케오(大垣丈夫)로 손병희는 일본 체류 시절부터 그와 가까이 지냈다고 한다.[98] 그는 즉시 병합에 반대하면서 일본을 맹주로 하는 삼국동맹설을 주장하고 있었다.[99] 1909년 9월 이완용 정권 타도를 명목으로 일진회, 대한협회, 서북학회 3파 간 연합이 추진될 때 "3파 제휴는 일한합방을 목적으로 한 것이 아니라 양국 협약의 정신을 표준하여 일본의 선량한 지도부액(指導扶腋)을 믿고 인정하여 실력을 양성하여 훗날의 자치를 기도하기 위한 것"이라는 내용으로 발표된 대한협회의 성명서를 작성한 이도 오가키였다고 한다.[100] 일진회와 시천교의 고문인 우치다와 다케다는 합방론자였다. 그들은 일진회 측에 한국이 자발적으로 통치권을 위임하는 분위기를 조성할 것을 요구했다.[101]

천도교 지도자로는 오세창(부회장), 권동진(실업부장), 이종일(지방부장), 최재학(崔在學, 평의원), 장효근(張孝根), 이종린(李鍾麟), 장기렴(張基濂) 등

월 9일), 『통감부문서(8)』, 80~81쪽; 「一進會ニ於テ日韓合邦宣言書發表セル關シ民心ニ及ホシタル影響ニ付狀況報告」(1909년 12월 10일), 『통감부문서(8)』, 94쪽; 「天道教徒秘密決議ノ件」(1909년 12월 18일), 『통감부문서(8)』, 154쪽.

98) 「성사의 환원에 대한 사회 각 방면의 감상」, ≪천도교회월보≫, 6월호(1922).

99) 大垣丈夫, 「告韓國諸君子書」, ≪황성신문≫, 1906년 2월 26일자; 池川英勝, 「大垣丈夫について」, ≪조선학보≫, 117(1985) 참조.

100) ≪대한민보≫, 1909년 11월 30일자; ≪황성신문≫, 1909년 11월 30일자.

101) 강창일, 『근대 일본의 조선침략과 대아시아주의』, 234~235쪽.

이 대한협회 임원으로 활약했다. 김안실(金安實), 오지영, 권병덕(權秉悳), 최석련(崔碩蓮), 양한묵, 민영순(閔泳純) 등 천도교 중진급 간부는 물론 경성과 지방 교인 중에 회원으로 활동한 이도 적지 않았다. 일제 당국은 천도교의 대한협회 참여를 일진회-시천교의 상호 관계와 동일한 것으로 파악하고 있었다.[102] 천도교는 인적 활동과 함께 매월 활동비로 50석을 지원하고 회관 건축비로 300석의 기부를 약속하는 등 대한협회 재정의 일익을 담당했다.[103] 권동진은 일본을 오가면서 일본 정부와의 교섭을 맡았다.[104] 또한 천도교는 회보인 ≪대한협회회보≫와 기관지인 ≪대한민보(大韓民報)≫의 재정과 경영을 책임졌다. ≪대한민보≫의 경우 오세창은 사장으로, 장효근은 발행 겸 편집인으로, 이종린은 논설인으로 활약했다.

이처럼 천도교 지도부는 대한협회를 통해 보호국 체제하에서의 정권 획득을 도모했다. 이는 일본 제국주의의 지배를 받는 보호통치하이긴 하지만 정당정치와 정권참여를 통해 자신들도 통감부가 주도하는 시정개선에 참여하여 "조선의 근대화·조선인의 근대화"의 주역이 될 수 있다는 자신감에서 발원한 것이었다.[105] 즉, 선진 문명국인 일본의 지도에

---

102) 「天道教主 孫秉熙 一進會의 侍天教에 對抗하여 天道教를 大韓協會의 主教로 推進 件」(1909년 2월 22일), 『통감부문서(6)』, 35쪽.

103) 「天道教ト大韓協會」(1909년 3월 13일), 『통감부문서(6)』, 88쪽; ≪신한민보≫, 1909년 4월 14일자에는 백미 500석으로 보도되었다. 천도교는 1908년 초 함북의 삼수, 갑산, 문천의 일진회원 대부분과 단천의 2,150명 일진회원이 탈퇴하고 천도교에 입교하는 등 서북의 일진회원들이 다시 천도교에 귀의하기 시작하면서 차츰 곤궁한 처지에서 벗어나 대외적인 활동에 자금을 제공하는 재정적 여유를 되찾을 수 있었다. ≪대한매일신보≫, 1908년 2월 13일, 2월 29일자; ≪공립신보≫, 1908년 4월 1일자.

104) ≪신한민보≫, 1910년 6월 22일자.

105) 권태억, 「1904~1910년 일제의 한국침략구상과 '시정개선'」, ≪한국사론≫,

의한 종속적 발전을 추구했던 것이다. 천도교 지도부처럼 자주화를 유예하고 근대화에 몰두하는 '입헌개혁파'106)의 정치노선은 신채호, 박은식, 장지연 등과 같은 개신 유학자를 주축으로 자수자강(自修自强)을 강조하면서 '선독립 후실력양성론'을 내세웠던 ≪황성신문≫·≪대한매일신보≫ 계열이나, '선실력양성 후독립론'의 노선을 추구하면서도 끝내 친일을 거부하면서 실력양성의 실효를 거둔 바 있는 신민회 계열의 계몽운동과는 그 궤도를 달리하는 것이었다.107) 하지만 대한협회를 통한 정당활동도 오세창이 '동양의 문명 선도자'108)라 극찬했던 일본에 의해 자행된 강제병합으로 무용지물이 되고 말았다.

31(1994) 참조.

106) 月脚達彦, 「愛國啓蒙運動の文明觀·日本觀」, ≪朝鮮史研究會論文集≫, 26(1989) 참조.

107) 박찬승은 천도교 지도부를 보호정치하에서의 실력양성을 주장하면서 궁극적으로는 정치권력에 참여하는 것을 목적으로 했던 권력 지향적인 대한협회 계열에 포함시켰다. 반면 ≪황성신문≫, ≪대한매일신보≫ 계열을 다시 세분하여 유교개혁을 주장하면서 점진적인 문명개화를 통한 실력양성을 주장하던 ≪황성신문≫ 계열과 실력양성만이 아니라 민족의식의 고취, 독립전쟁의 모색을 주장하던 ≪대한매일신보≫ 계열로 나누고 있다. 또한 신민회의 경우도 단계론적인 준비를 주장한 우파와 직접적인 국권회복운동을 주장한 좌파로 분화된다고 보았다. 박찬승, 『한국근대정치사상사연구』, 28~29쪽, 115쪽.

108) 오세창은 일본의 보호통치를 병이 심각한 한국을 문명 선도자인 일본이라는 의사가 치료하는 과정이라고 평가했다. 오세창, 「대조적인 관념」 참조.

3장
천도교의 성장과 3·1운동

1. 대안의 '소국(小國)' 천도교로의 집결

국망 직후 대한협회와 일진회를 비롯한 모든 정치단체는 해산되었지만 종교단체인 천도교와 시천교는 겨우 명맥을 유지할 수 있었다.[1] 1909년 12월 5일 일진회가 「한일합방에 대한 성명서」를 발표한 이후 증가하던 일진회원의 퇴회입교 현상은 일진회가 해산 당하자 더욱 현저해졌다.[2] 그것은 곧 서북에서의 교세 만회로 이어졌다. 갈 곳을 잃은 지식인들도 속속 천도교로 모여들었다. 최린(崔麟)은 1910년 10월 손병희를 찾아왔다. 그는 천도교에 입교하게 된 이유를 다음과 같이 말했다.

---

1) 일진회는 조선총독부에 의해 1910년 9월 19일에 해산되었다. ≪신한민보≫, 1910년 10월 19일자; 자칭 '100만'을 호언하던 일진회의 해산 당시 회원 수를 살펴보면 서울 3,200명, 충청남북도 2,307명, 경상남북도 2,065명, 전라남북도 1,073명, 강원도 4,009명, 함경남북도 1만 4,565명, 황해도 7,467명, 평안남북도 9만 3,079명, 서간도 78명 등 총 14만 751명으로 서북 지방에 집중되어 있었다. ≪매일신보≫, 1910년 9월 29일자.

2) ≪신한민보≫, 1910년 5월 11일, 10월 19일자.

> 천도교로 말하면 나는 그 교리가 어떠한지 또한 그 조직이 어떠한지를 자세히 알지를 못했다. 그러나 나는 천도교에 대하여 특수한 흥미를 가지고 있었다. 왜냐하면 천도교는 조선의 피와 조선의 뼈와 조선의 혼으로서 탄생한 조선산이라는 것과 동학 이래 혁명정신이 충족하다는 것과 보국안민·포덕천하·광제창생이란 정치적 이념이 원대하다는 것 등이었다.[3)]

> 야소교는 좋으나 서양인의 세력 밑이라 까닥 잘못하면 서양인의 노예생활을 하기 쉽기 때문에 기독교인이 되지 않고 조선인이 창설한 종교요 동학 이래 빛나는 역사를 갖고 있으며 단순한 천당구가나 극락행을 목적하는 집단이 아니라 불우한 인물들이 많이 모인 단체이기에 천도교에 입교했다.[4)]

이처럼 동학혁명의 기억과 함께 정서적으로 박래품인 기독교를 수용하기 어려웠던 지식인과 민중에게 천도교는 위안과 희망의 전도사로 받아들여졌고, 그것은 폭발적인 입교 선풍을 몰고 왔다. 1910년에 총 2만 7,760호가 입교한 것에 비해 1911년에는 1월부터 2월까지 1만 2,581호, 3월부터 4월까지 1만 3,519호가 입교해 불과 4개월 만에 전년도 입교자 수를 넘어섰다. 5월 한 달 동안에만 무려 1만 4,107호가 입교하는 등 천도교인은 국망을 기점으로 급증하는 양상을 보였다. 1911년에 입교한 총 호수는 16만 6,314호에 달했다. 일진회·시천교 관련자의 천도교 귀의 현상과 함께 강릉에 사는 최경준(崔京準)의 경우처럼 서교에서 천도교로 개종하는 이들도 나타났다.[5)] 평북 선천군의

3) 최린, 「자서전」, 『여암문집(상)』(여암선생문집편찬위원회, 1971), 175~176쪽.

4) 최린, 「파란중첩 오십년간」, ≪삼천리≫, 9월호(1929).

5) 「교중휘보」, ≪천도교회월보≫, 3월호(1913).

경우 1912년 무렵 절반 이상의 인구가 천도교를 믿게 되었다고 한다.[6] 함남 함흥군의 경우 1915년 기독교인이 584명, 시천교인이 679명인 것에 비해 천도교인은 3,414명에 달했다.[7] 이처럼 천도교는 주로 평안·황해·함경의 서북 지방에 80% 이상의 교인이 편중되는 특징을 보였다. 1911년 초 성미 납부 성적이 양호한 곳으로 포상 받은 46개 교구 중 31개가 서북 지방에 위치해 있었다.[8] 1914년 7월 군 단위 교구를 관리·감독하기 위한 대교구를 전국적으로 설치했을 때도 35개 대교구 중 20개가 서북 지방에 위치해 있었다.[9]

1910년대 후반에 들어와서는 집단적으로 혹은 개인적으로 천도교에 귀의하는 시천교인이 증가했다. 당시 천도교의 부흥과는 대조적으로 시천교는 위축되어가고 있었다. 1912년 이용구 사망 이후 송병준이 교권을 장악하자, 이에 반발한 '완고파' 김연국계는 1913년 시천교총부(侍天教總部)를 설립하여 이탈했다. 그리고 김연국계였던 권병덕은 최유현(崔琉鉉)에게 시천교총부의 2인자 자리를 빼앗기자 호서 지방에 기반을 둔 자신의 추종자들을 이끌고 나와 1915년 5월 중앙시천교회(中央侍天教會)를 설립했다.[10] 그렇지만 1년 만인 1916년에 천도교로 귀의해 참회식을 거친 뒤 간부로 복귀했다.[11] 이에 고무된 손병희는 일진회

6) 「지방교황」, ≪천도교회월보≫, 3월호(1912).

7) ≪매일신보≫, 1915년 8월 10일자.

8) 「중앙총부휘보」, ≪천도교회월보≫, 3월호(1911).

9) 「중앙총부휘보」, ≪천도교회월보≫, 7월호(1914).

10) ≪시천교회종보≫, 9월호(1915), 56~65쪽; 김연국의 시천교는 1925년 교명을 상제교(上帝教)로 바꾸고 충남 논산을 중심으로 활동했다. 1934년 8월 말 일제의 당국 조사에 따르면, 상제교는 7,250명의 교도를 갖고 있었다. 村山智順, 『朝鮮の類似宗教』(1935), 184~187쪽; 이 시기 전후 시천교 동향은 김정인, 「대한제국기·일제강점기 시천교의 존재양태와 활동」, ≪국사관논총≫, 103(2003) 참조.

11) 「중앙총부휘보(언문부)」, ≪천도교회월보≫, 8월호(1916); 권병덕, 「참회록」,

간부에게 내렸던 출교 처분을 취하했다.[12)]

가파른 상승세는 차츰 둔화되었지만 천도교세는 1910년대 내내 꾸준히 배가되는 양상을 보였다. 박은식은 천도교의 이러한 교세 신장에 대해 "신도가 날마다 증가하여 300만을 헤아린다. 그 발전의 신속함은 거의 고금의 종교계에 일찍 없는 일이다"라고 평가했다.[13)] 박은식이 '300만'이라고 한 천도교의 실제 교인 수에 대해 일본인 다케우치(竹內錄之助)가 발행하던 ≪반도시론(半島時論)≫은 천도교가 제공한 자료에 근거해 1916년 7월에 107만 3,408명인 것으로, 미국에서 발간되던 교포신문 ≪신한민보≫는 1918년 2월에 108만 2,936명인 것으로 각각 발표했다.[14)]

이러한 교세 신장은 각 교구나 전교실의 교당 건축 붐으로 이어졌다.[15)] 천도교인이 사는 마을에서 궁을기(弓乙旗)를 게양한 천도교구나 전교실을 발견할 수 있게 된 것은 1910년대에 등장한 새로운 풍경이었다. 평북 구성군에 사는 김태보가 자비로 성화실 한 채를 건축했다거나,[16)] 평남 성천군에 사는 최지봉이 초가삼간과 두 칸짜리 건물을 부인 성화회에 기부했다[17)]는 등의 사례들이 ≪천도교회월보≫, 「언문부」에 넘쳐났다. 서북 지방에서는 동네 전체가 천도교 공동체를 형성하고 살아가는 모습도 어렵지 않게 발견할 수 있었다. 어느 군인지는 알 수

≪천도교회월보≫, 1월호(1917).

12) 「중앙총부휘보」, ≪천도교회월보≫, 2월호(1917).

13) 박은식, 『한국독립운동지혈사(1920)』, 상권(서문당, 1973), 126쪽.

14) 백대진, 「천도, 시천 양교의 내부를 해부하여 공평을 촉함(2)」, ≪반도시론≫, 1월호(1918), 54쪽; ≪신한민보≫, 1919년 5월 22일자.

15) ≪매일신보≫, 1914년 6월 20일자.

16) 「지방소식」, ≪천도교회월보≫, 1월호(1914).

17) 「지방소식」, ≪천도교회월보≫, 7월호(1914).

〈표 1-3〉 1916년 7월 현재 천도교인 수

도별	경기	충남	충북	전남	전북	경남	경북	황해	평남
교구 수	23	11	9	23	18	8	5	18	20
신도 수	47,507	16,219	12,238	55,925	68,905	7,714	3,603	65,113	215,451
도별	평북	함남	함북	강원	서간도	임강현	북간도	화룡현	연길부
교구 수	21	16	7	18	2	1	1	1	1
신도 수	341,139	118,149	29,358	47,173	16,520	426	13,638	4,682	9,648

자료: 白大鎭(1918), 54쪽.

없지만 황해도의 전통적 중인촌이던 고사동(古沙洞)의 경우 천도교인 일색의 마을로 변모되었다고 한다.[18]

천도교는 국망을 기점으로 중앙집권적인 교권체제를 더욱 강화하는 쇄신을 단행했다. 개정판 「천도교대헌」에 따르면 천도교단은 행정·사법·입법의 삼권을 갖춘 국가체제와 유사한 구조를 갖고 있었다. 행정기구로는 중앙에 중앙총부를, 군 단위에 교구를, 면 단위에는 전교실을 각각 설치했다. 1914년에는 군 단위 교구의 상위 기관으로 대교구를 설치했다. 중앙총부에는 현기관(玄機觀), 공선관(共宣觀), 전제관(典制觀), 금융관, 감사원, 총인원(叢仁院) 등의 행정부서를 설치했다. 또한 사법권에 해당하는 징벌과 심판 절차를 제정했다. 견책부터 출교까지 징벌의 범위를 제시하고 이를 심판할 수 있는 기구를 양조(兩造)와 단조(單造)로 나누어 마련했다. 그리고 사회(司會), 관회(觀會), 부회(部會), 총회(總會), 교구회(敎區會) 등 각 기관별로 의사결집기구인 의회를 설치했다. 이와 함께 정신 교화를 강화하고 교세 신장을 반영하기 위한 연원제의 재정비를 단행했다. 연비 5,000호에 도령 1인, 1,500호에 도훈 1인, 300호에 교훈 1인, 30호에 봉훈 1인을 각각 배치했다.[19]

18) 명호, 「압박의 속에서 일어나」, ≪천도교회월보≫, 9월호(1922).

중앙집권적 교권의 중심에는 여전히 카리스마적 권위를 갖는 손병희가 있었다. 최재학이 1913년 천도교혁신회를 결성하여 손병희의 언행 불일치와 난도, 음질, 패행, 사치 등 8가지 비행을 지적하면서 반손병희파의 결집을 시도했으나 실패했다.[20] 오히려 천도교혁신회의 행각이 천도교를 박멸하려는 일제의 사주에 의한 것으로 인식될 정도였다.[21] 3·1운동 당시에도 손병희가 체포되었다는 소식에 분개하여 혹은 '만세운동이 성공하면 손병희가 대통령에 취임할 것'이라는 기대감을 갖고 시위에 참가한 천도교인이 상당수에 달했다고 한다.[22]

천도교의 각종 기념식은 이러한 교세 신장을 반영하듯 성대히 치러져 세간의 화제를 모았다.[23] 가령 1916년 천일기념일에 상춘원[24]에서 개최된 원유회에는 기생 40~50명, 광대 4~5명, 악공 10여 명이 동원되었고 명월관을 비롯한 시내 유명 요리점에서 만든 도시락, 술, 과실 등이 제공되었는데 천도교인뿐 아니라 구경꾼까지 몰려들어 일대 장관을 이뤘다고 한다.[25] 지일기념일에는 한강에서 40~50척의 배를 동원

---

19) 「종령 제97호(1912.3.21)」, 『종령집』, 147~149쪽.

20) 渡邊彰, 『天道教と侍天教』(1919) 39~40쪽; 천연자(이종일), 「대소위혁신회문답」, ≪천도교회월보≫, 9월호(1913); 『현기관 일지』, 1913년 8월 8일자; ≪매일신보≫, 1913년 8월 9일, 24일, 27일자.

21) ≪신한민보≫, 1913년 10월 11일자.

22) 한국역사연구회·역사문제연구소 엮음, 『3·1민족해방운동연구』(청년사, 1989), 280~281쪽.

23) 해마다 기념일에 각 지방 교인들이 상경하는데 "철도나 윤선이 있어 교통이 편리하나 빈한한 교인들은 여비를 마련하기 곤란하여 수십 일을 걸어서 올라왔다"고 한다. 중고산인, 「기념식에 대한 취지」, ≪천도교회월보≫, 4월호(1912).

24) 상춘원은 좀 더 넓은 장소에서 기념축제를 즐기기 위해 동대문 밖 박영효의 정원을 매입하여 장만한 장소로 1915년 12월 17일에 낙성식을 치른 뒤 천도교의 주요 연회장으로 활용되었다. 「중앙총부휘보」, ≪천도교회월보≫, 8월호, 12월호(1915).

하고 기생, 광대, 악공을 부르고 요리점 음식을 주문하여 즐기는 선유회를 개최하기도 했다.[26]

천도교는 교세가 확장되는 가운데 종전대로 가부장 중심의 가족을 단위로 교단을 운영해갔다. 1910년 9월 1일자로 반포한 「가정규칙」은 "가장(家長)은 가군(家君)이니 가솔(家率)들은 그에게 복종해야 하며 개인 자격의 입교를 용납하지 않을 것이니 가족단위로 입교하고 또 포교하라"는 내용을 담고 있었다.[27] 또한 "가족이 불화하여 온 식구가 믿지 않고 혼자만 믿는 경우 불완전한 교인으로 인정하여 교인명부인 「천민보록(天民寶錄)」에서 삭제한다"며 가족 단위로 포교를 더욱 강화하는 방침을 마련했다.[28]

천도교는 가족 단위로 운영되는 일상의례를 충실히 하기 위한 덕목으로 치성을 강조했다. 절망적인 현실을 이겨내며 살아가기 위해서는 자포자기하지 않고 자신의 마음을 지키려는 마음공부, 즉 수양·수련이 반드시 필요하며 여기에는 하늘과 감응하기 위한 노력, 바로 치성이 요구된다는 것이다. 1910년대 「언문부」에 가장 많이 등장하는 단어가 바로 '마음'과 '정성'이다. 마음으로 마음을 다스리고 마음을 굳게 지키고 마음을 통일하고 마음을 잘 먹어야 하는데, 그것은 마음이 복을 심는 밭으로 천수와 천복이 내 마음에 있고 내 마음을 속이면 그것이 곧 하늘을 속이는 것이 되기 때문이며 지극한 정성은 하늘을 감동시키므로 곧 정성은 '복을 사는 대금'이라는 요지의 주장들이 자주 등장했다.[29]

---

25) 「중앙총부휘보」, ≪천도교회월보≫, 4월호(1916).

26) 「중앙총부휘보」, ≪천도교회월보≫, 8월호(1914).

27) 「종령 제62호(1910.9.6)」, 『종령집』, 125~126쪽.

28) 「중앙총부휘보」, ≪천도교회월보≫, 3월호(1915); 1920년대에도 가족 단위의 입교가 주를 이루었지만 개인 입교도 점차 증가하는 추세를 보였다. 「勿驚! 六十日間七千戶突破」, ≪신인간≫, 4월호(1928).

마음과 정성에 대한 집착은 당시 조선인의 절박한 심정을 대변하는 것이라 할 수 있다.

그런데 천도교는 정성·치성을 강조하는 동시에 영적(靈迹)을 정성과 치성에 대한 보답이라며 널리 선전했다. 영적은 "천령인성지상합(天靈人誠之相合)"[30]으로 치성에 대한 보답이며 부적에 해당하는 영부는 "인수(人壽)로 천수(天壽)의 영약(靈藥)을 얻는 것"[31]이라며 각지에서 경험한 영적을 수집해 언문부 「영적실기」난을 통해 소개했다.[32] 영적을 수집할 때는 증거물과 함께 증빙을 위해 해당 교구 임원 3인의 연서를 첨부하도록 했다.[33] 가장 많이 소개된 것은 여름철 청수 그릇에서 얼음이 솟는 현상이었다. 치성을 다했더니 성미의 분량이 갑자기 늘었다는 사례도 자주 등장했다. 강서(降書)의 현상도 소개되었다.

강서의 사례 중에는 평남 성천군에서 "청수를 모시던 서조화가 홀연히 몸이 떨리며 글씨를 쓰고 싶은 고로 종이를 펴고 붓을 들매 복희씨의 하도팔괘와 문왕의 육십사괘 그림을 완연히 그려냈다"[34]는 내용처럼

29) 김영륜, 「마음으로 마음을 다스릴 것」, ≪천도교회월보≫, 8월호(1910); 박명선, 「지극한 정성은 하늘을 감동함」, 12월호(1910); 김병렬, 「재앙과 복은 내 몸에서 구함」, 7월호(1911); 이영근, 「정성은 참된 마음으로 드릴 일」, 6월호(1912); 황재국, 「정성은 복을 사는 대금」, 11월호(1912); 오지영, 「마음을 잘 먹어야 할 일」, 12월호(1914); 홍순덕, 「마음은 복을 심는 밭」, 10월호(1916); 「복은 네 마음에서 구하라」, 5월호(1918) 등.

30) 김희봉, 「영적」, ≪천도교회월보≫, 1월호(1911).

31) 최동오, 「오교의 삼칠영부」, ≪천도교회월보≫, 2월호(1911).

32) ≪천도교회월보≫, 1915년 8월호에는 「일반동덕의 주의」라는 제목하에 "영적은 진실로 하느님 감화로 특별히 보이심이요 무신(無信)한 일이 아니라"며 영적의 모양과 실적을 보내달라는 광고가 실려 있다.

33) 「중앙총부휘보」, ≪천도교회월보≫, 3월호(1911); 「특별고백」, ≪천도교회월보≫, 2월호(1913).

34) 「영적실기」, ≪천도교회월보≫, 3월호(1916).

민간 신앙적 요소를 강조하는 경우도 있었다. 이와는 반대로 경남 언양군 신화리에 사는 신종철의 경우처럼 "원래 편지 한 장 만들지 못하고 반줄 글을 쓰지 못하는 이가 기도한 효과로 하느님의 감응을 받아 붓을 들고 종이를 펴고 글을 지어 썼는데 그 글이 사리에 합당하고 문법이 정정했다"며 치성으로 문명화도 가능하다는 것을 암시하는 경우도 있었다.[35]

치성으로 병을 치료한 사례도 자주 등장했다. 평남 순천군에 사는 박인화처럼 질병이 있는 이들에게 영부를 소복(燒服)하도록 한 뒤 지성으로 심고하여 병을 치유하거나 함남 영흥군에 사는 임씨 부인처럼 하루 7번씩 청수를 올리는 치성 끝에 영통력을 얻어 한조각 부도와 주문으로 침, 오줌, 머리털 등을 이용하여 병자를 치유하는 의인이 되어 천도교인을 끌어모으는 사례 등이 소개되었다.[36]

천도교 지도자들은 교인들에게 지극한 정성만 있으면 영적을 경험할 수 있다고 독려했다.[37] 오지영은 영적의 미신성에 대한 사회적 논란을 의식하면서 "영통력은 실제로 존재하며 이는 정신의 비상현상이요 심령의 통일작용"이라고 해명했다.[38]

이처럼 스스로를 '시대와 공보(共步)하는 문명시대의 신종교'로 선전하면서 교인에게 '윤리와 도덕에 힘쓸 것'[39]을 강조하던 천도교가 영적을 널리 선전하는 다소 이율배반적인 태도를 취하고, 또한 교인들이 이를 거부감 없이 수용한 것은 아마도 끝없는 절망 속에서 기적을 바라

35) 「교중휘보」, ≪천도교회월보≫, 3월호(1913).

36) 「중앙총부휘보」, ≪천도교회월보≫, 7월호(1911); 「중앙총부휘보」, ≪천도교회월보≫, 2월호(1912).

37) 윤형삼, 「정성이 지극하면 영적을 볼 일」, ≪천도교회월보≫, 6월호(1916).

38) 이돈화, 「영통력이 사실됨을 해명함」, ≪천도교회월보≫, 10월호(1912).

39) 이종일, 「윤리와 도덕에 힘쓸 일」, ≪천도교회월보≫, 3월호(1916).

는 당시 민중들의 독특한 시대 정서 때문일 것이다. 영적에 대한 선전은 대내외적인 격변의 조짐이 나타나기 시작하는 1917년 말 이후 더 이상 등장하지 않는다. 하지만 이러한 행위는 일제 당국에 손병희를 '최면술객', '일대괴물', '과대망상에 빠진 정신병자'인 사이비교주로, 천도교를 '혹세무민의 사기집단'으로 비방할 수 있는 빌미를 제공했다.[40)]

이처럼 절대군주정과 흡사한 천도교를 경계하지 않을 수 없었던 일제 당국은 조선총독부 기관지 ≪매일신보≫를 통해 천도교의 교주는 왕이고 중앙총부는 정부 형태를 모방한 유민구락부(遊民俱樂部)라고 힐난했다.[41)] 일제 당국의 우려대로 국권이 상실되고 모든 정치사회단체가 해산된 가운데 천도교의 전성시대가 도래하는 기이한 현상은 동학의 적자임을 자임하는 천도교의 역사적 공적에서 '정통성'을 발견하고 손병희를 수반으로 하는 중앙집권적 교권체제를 '대안의 망명정부=소국(小國)'으로 받아들인 그야말로 민중의 절박한 선택의 산물이었다.

무단통치하에서 이러한 천도교의 성장이 순조롭게 이루어진 것은 물론 아니었다. 국망을 전후한 시기에 일제는 조선인의 '혼'마저 늑탈하기 위해 기성 종교의 친일화를 유도하고 있었다. 유교의 경우 대동학회(大東學會)를 모체로 1909년 설립된 공자교(孔子教)와 1911년 「경학원규정(經學院規程)」에 의해 성균관을 대신해 설립된 경학원이 친일화의 본산 역할을 했다. 경학원은 각 종교단체에서 교도직을 파견해 국민교화운동을 수행하던 일본의 대교원(大教院)과 같은 역할을 담당하는 기구였다.[42)] 경학원은 대표인 대제학(大提學)을 조선총독이 임명하는 등 조선총독의 지휘·감독을 받아야 했으며 경비도 조선총독부로부터 조달받았

40) ≪매일신보≫, 1913년 1월 9일, 1914년 8월 19일, 1917년 12월 22일자.

41) ≪매일신보≫, 1911년 10월 11일자.

42) 강위조, 『일제통치하 한국의 종교와 정치』(대한기독교서회, 1977), 91~92쪽.

다. 향교의 경우 1910년 제정된 「향교재산관리규정」에 의거해 향교 재산을 부윤이나 군수가 관리하도록 했다.[43] 불교는 1911년의 「사찰령」과 1912년의 「본말사법」 제정을 통해 삼십본산체제(三十本山體制)를 마련하여 조선총독부 직할 체제하에 두었다. 「사찰령」은 조선총독부의 첫 종교규제 법령이었다. 그 요지는 사찰의 병합·이전·폐지·명칭 변경·사찰 소속의 재산 처분에 총독의 허가가 필요하다는 것이었다.[44] 기독교의 경우는 동양전도관(東洋傳道館)을 설치하고 일본 기독교의 전파를 통한 친일화를 유도했다.[45] 또한 선교사에게는 엄격한 정교분리 원칙을 요구하면서 일제의 조선 지배에 대한 어떠한 간섭도 용납하지 않을 것임을 공언했다.[46]

하지만 천도교는 조선총독부의 입장에서 보면 종교를 빙자한 정치결사체인 '유사 종교'이므로 친일 세력을 부식할 필요 없이 직접적인 감시와 탄압이 가능했다.[47] 천도교의 감시와 탄압에는 통감부령으로 공포한 「보안법」(1907년)과 「집회 취체에 관한 건」(1910년) 등이 적용되었다.

1910년 9월 이교홍(李敎鴻), 김완규(金完圭) 등 천도교월보 사원 4명이 '한일병합'에 반대하는 편지를 각국 영사에게 보내고 성원을 요청하는 사건이 발생했다. 일제 당국은 이를 빌미로 천도교 간부들을 체포, 구금했다. 그리고 천도교의 조직·운영·재정·간부의 신상·교인의 동태 등에

43) 최영성, 『한국유학사상사Ⅴ: 근·현대편』(아세아문화사, 1997), 231쪽; 유준기, 「1910년대 전후 일제의 유림 친일화정책과 유림계의 대응」, ≪한국사연구≫, 114(2001).

44) 정광현, 「일제의 종교정책과 식민지 불교」, 『한국근대 민중불교의 이념과 전개』(한길사, 1976), 258~272쪽.

45) 한석희, 『일제의 종교침략사』(기독교문사, 1990) 참조.

46) 윤선자, 『일제의 종교정책과 천주교회』(경인문화사, 2001), 52~57쪽.

47) 조선총독부, 『조선총독부시정연보(1911)』(국학자료원, 1983), 77쪽.

대한 심문을 실시하고 앞으로는 정치적으로 불온한 행동과 의사 표현을 하지 않겠다는 선서를 하게 한 후 석방했다.[48] 또한 1911년에는 천도교의 재원인 성미제를 폐지하라고 압박했다.[49] 데라우치 마사타케(寺內正毅) 총독이 직접 손병희를 불러 순수한 종교로의 체질 개선을 강요하기도 했다.[50] 천도교 간부 및 교인들에 대한 일제 당국의 탄압에 대해 박은식은 다음과 같이 기록하고 있다.

> 종교단체라는 것을 부인하면서 날마다 경찰을 파견하여 중앙총부와 각지의 교구를 감시하며, 달마다 재무·회계의 장부를 보고하게 하여 없는 흠을 억지로 찾아내어 다수 징벌을 행한다. 교회의 주요한 인물은 날마다 그들의 정찰과 속박을 받는다. 지방교도의 심상한 출입도 구금당하여 곧 노예나 가축 따위의 대우를 받는다. 교인이 비교인과 소송하는 일이 있으면 사리의 옳고 그름을 불문하고 반드시 교인을 패소시켰다.[51]

천도교는 일제 당국의 탄압을 무마하기 위한 '친일'활동에 나섰다. 우선 메이지신궁의 건축비로 1,000원을 기부했다.[52] 1912년 7월 메이지 천황이 사망하자 손병희와 권동진이 조선총독부를 찾아가 직접 조의를 표하기도 했다. 1912년 11월에는 "문명이 야만을 통치하고 선정이

48) ≪매일신보≫, 1910년 9월 18일자.

49) ≪매일신보≫, 1911년 4월 23일자; 이때 성미제는 일단 폐지되었으나 1914년부터는 다시 무기명성미제를 실시할 수 있게 된다. 「종령 제105호(1914.3.25)」, 『종령집』, 154쪽.

50) 『의암손병희선생전기』, 258~264쪽; ≪신한민보≫, 1913년 10월 11일자.

51) 박은식, 『한국독립운동지혈사(1920)』, 상권, 126쪽; 교주인 손병희조차 수시로 헌병대나 경찰 당국에 호출 당하곤 했다. ≪매일신보≫, 1911년 4월 2일자; 1916년 3월 31일자; ≪신한민보≫, 1911년 5월 10일자.

52) 「중앙총부휘보(언문부)」, ≪천도교회월보≫, 7월호(1916).

악정을 개량하는 것은 인민의 복이다. 우리가 천황폐하의 신민이 된 이래 학정을 일삼은 관리와 더러운 정치가 사라지고 좋은 제도와 법이 생겨나니 우리 교인은 그 은택에 감사하는 선량한 백성이라"며 식민통치를 찬양하고 천도교의 본무는 종교 사업임을 천명하는 종령을 반포하기도 했다.[53] 이러한 천도교의 친일을 교인들은 물론 세간에서도 존립을 위한 최소한의 필요악으로 인식하고 있었다. 민중들은 메이지 천황이 사망하자 송병준이 직접 동경으로 건너가 영결식에 참석하고 교단 차원에서 별도의 봉도식을 거행하는 법석을 떨었던 시천교의 노골적 친일 행각[54]과, 생존을 위한 천도교의 소극적 친일 행위를 분별하고 있었다.

이러한 노력에도 불구하고 일제 당국은 1915년 8월 16일 「포교규칙」 공포를 통해 천도교를 공인종교가 아닌 유사 종교로 분류하고, 조선총독부 학무국이 아닌 경무국에서 관할하도록 했다.[55] 「포교규칙」은 모든 종교 행위를 행정기구를 통해 감독·감시하며 통제하기 위한 목적에서 제정된 것이었다.[56] 이 「포교규칙」은 일본에서 1899년 귀족원에 제출되었다가 보류되었던 「종교단체법」을 그 모체로 하고 있었다.[57]

---

53) 「중앙총부휘보」, ≪천도교회월보≫, 11월호(1912); 「종령 제100호(1912.11.7)」, 『종령집』, 149~150쪽.

54) 「휘보」, ≪시천교월보≫, 7월호(1912); ≪매일신보≫, 1912년 9월 3일자.

55) ≪조선총독부관보≫, 1915년 8월 16일자.

56) 조선총독부령으로 공포된 「포교규칙」은 「사찰령」 및 「경학원규정」보다 훨씬 강력한 종교규제 법령이었다. 일제 당국은 「포교규칙」을 공포하는 날 「신사사원규칙」을 함께 공포했다. 이는 신도로서 다른 종교를 규제하겠다는 의도가 담긴 것이었다. 윤선자, 『일제의 종교정책과 천주교회』, 72~73쪽.

57) 박승길, 「일제 무단 통치 시대의 종교 정책과 그 영향」, 『현대 한국의 종교와 사회』(1992, 문학과지성사).

2. 실력양성을 통한 근대적 주체 형성

1910년대 천도교는 근대인·문명인을 양성하기 위한 실력양성운동을 전개했다. 천도교는 민중들에게 "문명시대에 신학문과 도덕에 힘쓰기 위해서는 천도교에 입교하라"고 선교했다.[58] 문명화의 담론은 마음과 정성을 강조할 때도 등장한다. "문명한 사람도 마음이 어두워지면 도로 야만한 사람이 되고 야만한 사람도 마음이 밝아지면 문명의 사람이 되나니 마음이 정성으로 세상을 통하게 하면 세상은 자연 문명된다"는 것이다.[59]

천도교인에게는 신앙심이 돈독한 종교인으로서의 품성은 물론이요, 도덕적·윤리적 결함이 없는 사회인으로서의 자격이 요구되었다. 사회적으로 풍기와 공공질서를 문란하게 하면 금성의 교인 이치영의 경우처럼 패행을 이유로 출교시켰다.[60] 윤리 덕목으로는 부모에게 효도하고 형제간에 우애 있고 부부간에 화순하며 친척 간에 돈목하고 붕우 간에 신의가 있어야 함을 강조했다.[61] 또한 천도교인은 국가의 법률을 신수(信守)하고 국민으로서의 의무를 다해야 했다. 이천의 교인 박근호처럼 국법을 범한 이도 출교 대상이었다.[62] 그런데 당시 시천교는 친일 종교답게 더욱 적극적인 태도로 국법 준수와 국민 의무 이행을 강조하고 있었다. "국법과 종교는 간격이 없으니 종교인들도 국가 법률에 복종해야 하는데 국민이 국법을 어기는 것은 자제가 부형을 거스르고 교도가 사장(師長)을 거스르는 것과 마찬가지로 천심을 거역하는 것"이라며 친

58) 홍순덕, 「포덕에 대하여」, ≪천도교회월보≫, 12월호(1915).

59) 이봉강, 「문명과 야만이 곧 사람의 마음」, ≪천도교회월보≫, 1월호(1915).

60) 「중앙총부휘보」, ≪천도교회월보≫, 3월호(1911).

61) 오지영, 「포덕할 방침」, ≪천도교회월보≫, 4월호(1913).

62) 「중앙총부휘보」, ≪천도교회월보≫, 2월호(1919).

일을 천심을 따르는 행위로 미화했다.[63)]

천도교가 근대적 주체로 가장 먼저 주목한 대상은 청년이었다. 천도교는 1908년부터 천도교 청년 세대의 근대화·문명화를 위한 실천의 장이라 할 수 있는 교리강습소를 각 지방교구에 설치했다. 700여 개가 넘게 전국적으로 설립된 교리강습소는 기독교계 사립학교와 구래의 서당과 경쟁하며 성장을 거듭했다. 황해도 황주 구림면 화동리 강습소의 경우 "예수교 학교와 한문학당이 있어 종교의 증강과 학교 경쟁이 날로 심한 가운데 강사 이세룡의 열성으로 교리강습소 학생 수가 10여 명에서 30여 명으로 증가했다"고 한다.[64)] 교리강습소에서는 천도교리만이 아니라 보통교육에 준하는 교육도 실시했다.

천도교의 청년교육은 민족을 대상으로 한 학교교육으로 확대되었다. 손병희는 "문명학술을 배우게 함이 국가장래를 위해 크게 유익하다"[65)]며 1900년대 초 두 차례에 걸쳐 일본에 60여 명의 유학생을 파견하면서 일찍부터 교육운동에 뛰어들었다.[66)] 귀국 후에는 재정난에 처한 여러 학교에 찬조금을 기부했다.[67)] 이러한 손병희의 교육운동에 대해 ≪황

63) 「공시 제7호」(1911. 3. 17), ≪시천교월보≫, 4월호(1911); 「丈席垂敎」, ≪시천교월보≫, 5월호(1911).

64) 「지방소식」, ≪천도교회월보≫, 1월호(1914).

65) 『천도교창건사』, 제3편, 29쪽.

66) 1901년 10월 원산항을 통해 잠시 귀국했던 손병희는 1902년 3월 직접 학생 24명을 일본으로 데려가 나라현에서 일본어를 익히게 한 후 그해 6월에 교토부립제일중학교에 입학시켰다. 1904년에는 학생 40여 명을 도쿄의 각종 학교에 입학시켰다. 당시 유학생 중에는 이광수를 비롯하여 천도교 지도자로 활약하게 될 정광조(鄭廣朝), 이인숙, 황석교(黃錫翹), 오상준(吳尙俊) 등이 포함되어 있었다. 민영순, 「천도교61년연보」, ≪천도교회월보≫, 4월호(1920).

67) 1906년 3월 보성학교에 지화(指畵) 80원, 합동소학교(蛤洞小學校)에 40원을 기부하는 한편, 시내 23개 학교에 20원에서 80원까지 학교 규모와 사정에 따라

성신문≫은 「사손병희씨 열의교육(謝孫秉熙氏 熱意敎育)」이라는 논설을 게재하여 애국지사라는 찬사를 보내기도 했다.[68] 1910년대에 들어와 천도교는 학교 경영에 직접 뛰어들었다. 당시 가장 비중 있는 사립 교육기관이었던 보성학원(普成學園)의 보성전문학교·보성중학교·보성소학교가 재정난으로 폐교 위기에 처하자 1910년 12월 이를 인수했다.[69] 동덕여학교(同德女學校)를 비롯하여 서울의 문창학교(文昌學校)·보창학교(普昌學校), 대구의 일신여학교(明新女學校) 등도 인수했다.[70] 손병희의 고향인 청주에는 종학학교(宗學學校)를 설립했다. 서울의 양덕여호보통소학교(養德女湖普通小學校)·오성학교(吳星學校), 대구의 교남학교(嶠南學校)와 청주 청북학교(靑北學校)의 경영에 관여한 기록도 남아 있다.[71] 선천교구의 보명학교(普明學校)처럼 지방교구가 직접 사립학교를 설립·운영하는 경우도 있었다. 그런데 천도교는 기독교와는 달리 교단이 경영하거나 지원하는 학교에서 천도교 관련 종교교육을 실시하지 않았다.

1910년대 천도교가 근대인·문명인 양성을 위해 주목한 또 다른 대상은 여성이었다. 여성 천도교인들에게 가정 내 종교활동의 주역이 될 것[72]을 요구하는 동시에 적극적인 사회 진출을 독려하면서 그들을 포덕

차등을 두어 기부했다. 곧이어 흥화학교(興化學校)와 광명학교(光明學校)에 각각 30원을, 석촌동소학교(石村洞小學校)에 15원을 기부했다. 『의암손병희선생전기』, 281쪽.

68) ≪황성신문≫, 1906년 2월 14일자.

69) ≪매일신보≫, 1910년 12월 23일, 24일자; 一天道敎通, 「현대조선의 위대한 종교적 세력을 가진 천도교」, ≪반도시론≫, 10월호(1918), 29쪽; 천도교는 보성학원 경영에 많은 정성을 기울였다. 1914년 8월에 신축 교사를 완공하고 수시로 교직원을 보강하는 등 10여 년 경영에 20여 만 원의 거액을 투자했다고 한다.

70) 「중앙총부휘보」, ≪천도교회월보≫, 12월호(1910).

71) 『의암손병희선생전기』, 291쪽; 『현기관 일지 1911~1913』 참조.

72) 천도교는 "수도의 근본이 바로 부인의 내수도(內修道)에 있으니 부인들이 앞장

을 담당하는 전교사에 임명했다.[73] 그리고 여성계몽의 일환으로 문맹을 탈피하기 위한 한글 공부를 장려했다.[74] "신사(최제우·최시형)의 유훈과 성사(손병희)의 말씀을 잘 배우고 도덕과 지혜를 넓혀 하늘이 주신 우리의 자격과 권리를 잃지 말아야 하기 때문에 언문을 배워야 한다"는 것이다.[75] 또한 "여자들아, 정성으로 전진하기를 남자에게 조금도 양보 맙시다. 여자는 뒤에 서고 남자는 앞섬은 천도의 정한 바가 아니로구나"라는 후렴구를 갖고 있는 「여자교우전진가」를 지어 부르도록 했다.[76]

천도교는 ≪천도교회월보≫의 「언문부」를 통해 여성계몽에도 앞장섰다. 우선 여성들이 미신을 숭배하는 과거의 습속에서 벗어날 것을 요구했다. "우리 동덕 자매들이 여자의 신분으로 정성된 마음으로 옛 습관을 개량하지 못하고 무당이나 판수에게 문복하거나 우상이나 성황에게 복을 비는 것은 한울의 죄인"이라는 논리를 내세웠다.[77] 여성계몽이 필요한 이유로는 "집이 화순하고 산업이 흥왕하고 자손이 출중한 집은 부녀가 유한정정하고 근간치 않는 자 없다"는 점을 내세웠다.[78] 천도교가 구상하는 근대 여성의 역할을 짐작케 하는 대목이다. 문명국의 아이 낳고 기르는 법을 소개한 것도 같은 맥락에서 이해할 수 있다.[79] 그리고 여성계몽의 궁극적 지향점은 남녀동등, 즉 평등의 실현에

서서 주문과 정수를 정성 들여 시행하고 성미를 정성스럽게 뜰 것"을 주문했다. 윤응규, 「수도의 근본이 내수도에 있음」, ≪천도교회월보≫, 3월호(1913).

73) 1910년 8월 남양군에 3인, 김제군에 4인, 정주군에 3인, 선천군에 15인, 평강군에 3인의 여성들이 새로 전교사에 임명되었다. 「중앙총부휘보」, ≪천도교회월보≫, 1910년 8월호; 이후에도 여성 전교사는 계속 증가했다.

74) 「종령 제58호(1910.7.16)」, 『종령집』, 123~124쪽.

75) 허영, 「부인계에 대하여」, ≪천도교회월보≫, 2월호(1916).

76) 정윤석, 「천도교철산구부인강도회에 대하여」, ≪천도교회월보≫, 9월호(1916).

77) 홍순덕, 「동덕부인께 경고」, ≪천도교회월보≫, 2월호(1916).

78) 연연자, 「여자교육에 힘쓸 일」, ≪천도교회월보≫, 2월호(1913).

있음을 강조했다.

> 문명한 나라 사람은 남녀가 동등권이 있답니다. 여자의 지각이 남자와 같고 학문이 남자와 같고 사람자격이 같은 고로 우리 조선여자는 학문이 없고 마땅히 행할 의무를 알지 못하고 책임도 알지 못하여 사람자격이 없는 고로 권리도 동등이 되지 못하였습니다. 여자의 의무는 의무대로 복종하고 여자의 책임은 책임대로 부담하여 자격 있는 사람 권리 있는 사람이 되어 남녀동등의 대접을 받아 봅시다.[80)]

또한 언문부는 「부인교리문답」을 연재하여 여성들의 교리 공부를 도왔고 「부인의 정성과 권능」, 「부인언행록」, 「부인의 직업」, 「모범할 부인」 등의 난을 마련하여 지속적으로 여성 교양 교재를 제공했다.[81)]

이러한 계몽에만 그친 것이 아니라 1918년에는 용산교구(龍山教區) 내에 용산부인기업소(龍山婦人機業所)를 설치하여 여성의 식산을 유도했다.[82)] 천도교의 여성계몽에 대한 여성 교인들의 호응도 상당했다. 1913년 4월 철산군 교구에서 개최한 강연회에 100여 명의 남성이 참석한 반면 여성은 200~300명이나 참석해 성황을 이루었고, 여자강습소 설치를 위한 의연금 모집에도 적극 동참했다고 한다.[83)] 철산에서는 1915

79) 「아이 기르는 법」, ≪천도교회월보≫, 6월호(1912); 연연자, 「아이 기르는 이야기」, ≪천도교회월보≫, 12월호(1912), 1월호(1913).

80) 용산교구 어떤 부인, 「우리의 가정」, ≪천도교회월보≫, 10월호(1917).

81) 「부인교리문답」은 ≪천도교회월보≫, 1917년 1월호부터 1918년 4월호까지 몇 번의 누락은 있었지만 꾸준히 연재되었다. 소래원, 「모범할 부인」, ≪천도교회월보≫, 6월호(1917); 김봉국, 「부인의 정성과 권능」, ≪천도교회월보≫, 3월호(1918); 용산교구 어떤 부인, 「부인의 직업」, ≪천도교회월보≫, 8월호(1918); 信天翁, 「부인언행록」, ≪천도교회월보≫, 10월호(1918).

82) 「용산부인기업소」, ≪천도교회월보≫, 8월호(1918).

년에도 '선천적 옛 습관을 타파하여 후천적 새 정신을 가다듬고 여자를 교육하여 문명의 신지식을 양성한다'는 취지하에 부인강도회가 개최되었다.[84)]

한편 천도교는 「언문부」를 통해 일반 천도교인에게 근대인·문명인의 삶과 상식을 소개하면서 근대화를 촉구했다. 우선 근대인이라면 무엇보다도 문맹을 탈피해야 한다는 것이 그들의 생각이었다. 이를 위해 한글 공부를 강조하는 논설이나 언문의 의미를 해석한 해설 기사를 실었다.[85)] 1917년에는 "부인사회와 노동사회의 학문과 지식을 넓히기 위하여"[86)] 「언문풍월」이라는 난을 신설하여 글제와 운자를 주고 작문시를 공모하여 시상하는 행사도 마련했다. 1917년 3월호에는 달이라는 글제와 '갈·날·살'이라는 운제가 주어졌는데 황해도 봉산에 사는 이상혁이 "등불 같은 저 빛깔 둥그렇다 보름날 구름 속에 싸이면 한울 낯의 주름살"이라는 작시로 특등을 차지하기도 했다.

근대인에게 요구되는 중요한 덕목 중 하나는 위생이었다. "사람마다 위생에 크게 주의하여 나의 신체부터 강건하게 하고 집안 식구로부터 전국 동포의 행복을 온전하는 것이 가하다"는 이유에서였다. "먹는 물을 취택할 것, 공기 좋은 것을 취할 것, 음식을 정결히 먹을 것, 거처를 청결하게 할 것, 운동을 잘하여 음식도 잘 소화하게 하고 혈맥도 유통하게 할 것, 수목을 많이 심어 좋은 공기의 재료를 만드는 것" 등을 권장했다.[87)] 위생의 강조는 단순한 계몽의 차원에 그친 것이 아니라 구체적인 실천으로 이어졌다. 1914년 천도교는 반제(飯制)의 개량을 시도했다.

83) 「地方教事」, ≪천도교회월보≫, 4월호(1913).

84) 정윤석, 「천도교철산구부인강도회에 대하여」.

85) 천연자, 「언문 뜻 해석」, ≪천도교회월보≫, 12월호(1913).

86) 「광고」, ≪천도교회월보≫, 4월호(1917).

87) 연연자, 「위생에 힘쓸 일」, ≪천도교회월보≫, 8월호(1912).

천도교인은 "조석으로 밥 먹는 규모를 고쳐 통밥제도를 시행한다"는 종령이 반포되었다. "문명국에서는 한 가지를 먹은 후에 또 다른 것을 먹고 남은 것은 버리는 것이 풍속이니 우리도 전죽이나 반찬을 한 그릇에 담고 각각 공기에 덜어 먹는다는 것이다." 이처럼 "천도교인은 문명의 선구자이니 밥 먹는 법을 개량하는 것은 당연한 일"이라는 것이었다.[88]

근대인으로서 갖추어야 할 생활상식으로는 주로 식산흥업과 자연과학에 관한 것이 소개되었다. 농민이 다수인 천도교인은 식산을 위한 신농법·현대농법에 상당한 관심을 갖고 있었다. 특히 과수재배법, 수목재배법, 양돈업 등 상업적 농·축산업과 농업기계에 대한 관심이 지대했다.[89] 또한 자연과학적 상식으로는 「지구문답」[90]을 비롯하여 「공기의 이치」, 「수증기의 변화」, 「화산」, 「석유」 등의 난이 마련되었다.[91]

사회 변화에 맞추어 알아야 할 생활 상식으로는 철도시간표, 가감승제와 같은 산술, 소포우편요금, 금전송부, 저금법 등이 소개되었다. 가정생활에서 꼭 필요한 구급단방도 소개되었는데, 이는 여전히 관습에 의존하는 경향이 컸다. 가령 토사곽란으로 기함하여 죽은 자는 오랜 골패나 투전을 삶아 입에 넣어주면 회생한다고 소개하고 있다.[92]

이처럼 천도교인도 개항 이래의 외세 침탈과 서구 문물의 유입으로

88) 「중앙총부휘보」, ≪천도교회월보≫, 1월호(1915).

89) 편집실, 「농양에 시비방법」, ≪천도교회월보≫, 1910년 8월호(이하 괄호 안에 연월 표시); 장두병, 「삼림의 효용」(1910년 11월호); 김달현, 「양돈학」(1911년 2월호); 「수목과 과목의 이익」(1912년 2월호); 「농사의 기계 발달」(1912년 9월호); 「고구마와 낙화생의 이익」, 「돼지 기르는 이야기」(1912년 11월호); 연연자, 「꿀벌 기르는 이야기」(1913년 2월호, 3월호).

90) 연연자, 「지구문답」, ≪천도교회월보≫, 1월호(1912).

91) ≪천도교회월보≫, 2월호(1912).

92) 「급히 죽은 사람 살리는 법」, ≪천도교회월보≫, 6월호(1912).

본격화된 삶의 변화를 받아들이고 종교라는 보호막으로 무단통치의 엄혹한 현실을 견뎌내며 진전을 시도하고 있었다. 근대적 주체로서 청년과 여성이 성장하고 있었고 식산과 교육을 통한 근대화가 진행되고 있었던 것이다.

3. 3·1운동의 주도

천도교는 3·1운동의 준비와 초기 단계에서 각계의 독립운동 움직임을 하나로 결집하고 운동의 원칙을 마련했으며, 전국적 조직을 이용해 시위를 조직하고 운동자금을 제공하는 등 주도적인 역할을 수행한 '독립 소요의 중핵'이었다.[93]

1910년대 무단통치하에서 민족운동에 대한 공개적인 논의는 전혀 불가능했다. 하지만 민족진영 지도자들은 국내외를 불문하고 외교론·실력양성론·무장투쟁론에 이르기까지 다양한 운동 방략을 모색하고 있었다. 문명파가 주도하는 천도교 지도부는 앞에서 살펴보았듯이 대한제국기 이래의 실력양성노선에 입각해 교육운동에 주력했다. 그들은 일단 무단통치하에서는 천도교를 보존하는 것이 최선책이라는 준비론적인 인식을 갖고 있었다.

한편 천도교 내에는 소수파지만 천도교가 무장투쟁 등을 통한 항일운동에 뛰어들 것을 요구하는 지도자도 있었다. 최시형의 장남인 최동희(崔東曦)의 경우, 손병희에게 제1차 세계대전 와중인 1916년에 항일운동 전개를 요구했으나 거절당했다.[94] 종전 직후인 1918년에도 항일운동

---

93) 朝鮮總督府警務局, 『天道教概論』, 10쪽.

94) 최정간, 『해월 최시형가의 사람들』, 168~169쪽.

을 촉구하는 천도교 내부의 요구가 있었다고 한다.[95] 손병희는 준비론적 방략을 고수하면서 제1차 세계대전의 추이를 예의 주시하고 종전이 가까워지자 천도교 간부를 실무 능력이 있는 중진급으로 대거 교체했다.[96] 이러한 세대교체 결과 손병희의 사위로 당시 35세였던 정광조가 중앙총부를 관장하는 대종사장에 임명되면서 차세대 지도자로 부상했다. 또한 손병희는 제명된 교인에 대한 대사면을 실시하는 등 천도교인의 결속력 강화에 주력했다.[97]

천도교 지도부가 3·1운동을 주도한 정치적 배경으로는 우선 윌슨의 민족자결주의의 영향을 들 수 있다. 민족자결주의가 패전국의 식민지에만 적용된다는 사실을 잘 알고 있었지만 이로 인한 민심의 동요에 주목하지 않을 수 없었다. 이때부터 손병희, 권동진, 오세창, 최린 등 천도교 지도부는 대중화·일원화·비폭력의 3대 운동 원칙을 마련하고 각계의 동조자를 규합하기 위한 활동에 들어갔다.[98] 당시 국내에서는 정치결사가 허용되지 않고 종교활동과 교육활동만이 가능했던 까닭에 이승훈(李昇熏), 한용운(韓龍雲), 송진우(宋鎭禹), 현상윤(玄相允) 등 주로 종교계 및 교육계 인사들과 접촉했다. 이 과정에서 도쿄에서 「2·8독립선언서」가 발표되고 고종황제가 사망함으로써 '모종의 운동'을 모의할 만한 객관적 조건은 더욱 성숙되어갔다. 천도교 지도부는 운동 방략으로 기독교

95) 朝鮮總督府警務局, 『天道教概論』, 210쪽.

96) 대종사장은 홍병기에서 정광조로, 현기관장은 오세창에서 김영륜(金永倫, 39세)으로, 전제관장은 권동진에서 황석교(黃錫翹, 38세)로, 금융관장은 오영창에서 노헌용(盧憲容, 52세)으로 각각 교체되었다. 이종린은 "신진용의 명민한 수완과 예리한 지략과 신선한 학문에 기대를 건다"는 소감을 피력했다. 이종린, 「사관원 경질에 대하여」, ≪천도교회월보≫, 1월호(1917).

97) 「중앙총부휘보」, ≪천도교회월보≫, 4월호(1918); 「종령 제119호(1918.4.4)」, 『종령집』, 165쪽.

98) 『의암손병희선생전기』, 325~326쪽.

계 일부가 요구한 독립청원이 아닌 독립선언을 선택했다.[99] 그들은 '국내에서 조선민족의 민족자결선언이 발표되면 파리강화회의에서 조선문제가 논의될 것'으로 예견했다.[100] 또한 천도교인을 동원한 전국적 시위운동을 준비했다. 이처럼 기독교계·불교계와 제휴하여 독립선언을 준비하고 학생계의 시위운동을 지원하는 대외적인 교섭을 주로 담당한 이는 당시 보성중학교장인 최린이었다.[101]

천도교는 조직적으로 3·1운동에 참여했다. 당시 「독립선언서」에 서명한 33인의 대표 중 천도교인은 모두 15명이었다. 이들은 천도교를 이끄는 핵심 간부들로 각 기관이나 연원 대표의 자격으로 서명에 참여했다. 손병희는 천도교 기관의 총대표로, 권병덕은 천도교중앙총부 대표로, 최린은 보성학교 대표로, 이종일은 천도교월보사 대표로 참여했다. 그리고 중앙교단의 원로인 장로 이종훈, 홍병기와 도사 권동진, 오세창, 양한묵, 임예환, 홍기조, 나용환, 나인협, 김완규, 박준승 등이 서명에 참여했다. 손병희는 간부들이 체포될 경우 천도교 자체가 와해될 것을 우려하여 도사 오영창, 대도주 박인호, 대종사장인 정광조 등을 서명에서 제외시켜 천도교 보전의 책임을 맡겼다.[102] 이들 3인은 평소

99) 오화영, 이갑성, 박희도 등 서울 기독교계 지도자들은 열강이 일본에 압력을 넣으리라는 것을 기대할 수 없고, 또 일본도 그런 압력을 받아 어쩔 수 없이 조선을 독립시켜줄 위치에 있지 않으므로 일본 정부에 청원을 하는 것이 더 효과적이라고 생각하고 있었다. 市川正明 編, 『삼일독립운동(2)』(1983), 203쪽.

100) 국사편찬위원회, 『한민족독립운동사자료집(11): 삼일운동I』(1990), 152쪽.

101) 3·1운동 모의에서의 천도교 지도부의 활약은 최린의 자서전(『여암문집(상)』, 179~204쪽)과 박현서, 「삼·일운동과 천도교계」, 『삼·일운동50주년기념논집』(동아일보사, 1969)을 참조할 것.

102) 손병희는 1919년 2월 28일 박인호에게 '세계적인 평등 기운하에서 우리 동양 민족 공동의 행복과 평화를 위해 계속 침묵할 수 없어 정치 방면에 잠시 투신하기로 했으니 그대는 간부들과 함께 교무에 전념하고 망령되이 행동하지 말라'며

에도 정치활동에는 별 관심을 보이지 않고 종교활동에 더 큰 비중을 두었던 인물들이었다. 「독립선언서」에 서명한 15명의 천도교 지도자는 동학농민전쟁, 1904년의 민회운동, 대한협회 또는 일본 유학생 단체의 간부로 활약한 정치 경력을 가진 인물들이었다. 이와는 대조적으로 기독교 측 서명 인사 중 이승훈을 제외한 나머지 15명은 정치 경험이 거의 없는 종교 지도자들이었다.

3·1운동의 주모자인 손병희, 오세창, 권동진, 최린 등의 천도교 지도부는 독립선언을 통해 무엇을 얻고자 했던 것일까. 감옥에 갇혔을 때 "가장 그리웠던 것이 예전의 조선이었다"[103]는 최린은 재판 과정에서 그 동기와 목적에 관해 다음과 같이 토로했다.

> 나는 조선이 병합될 당시에 있어서는 일러전쟁의 당연한 결과로서 부득이한 일이라고 생각했다. 그것은 당시 조선정치는 대단한 악정이어서 도저히 조선의 안정과 행복을 유지할 수 없는 상태였으므로 병합에는 불찬성이었지만 하는 수 없는 걸로 생각하고 있었는데 병합 후 10년간의 정책을 보면 일본 정치가는 선정을 표방하면서 동화주의를 부르짖고 있으나 실제는 이와 틀린다. 그 예로서 경제상으로는 일본에 이롭고 조선에 해로운 주의요 정치상으로 보면 일본을 귀히 여기고 조선을 천대하는 주의이고 나라를 팔고 부를 취한 자에게는 조선귀족이라는 특별한 대우를 주는 동시에 인간으로써 그들만큼 비열한 자가 없음에도 불구하고 이들을 조선인민의 모범으로 함으로써 선량한 인민의 감정을 해하고 있는 것

천도교에 닥칠 위기를 지혜롭게 극복할 것을 부탁했다. 그러나 서명에 참가하지 않았던 박인호, 오영창, 정광조 등의 천도교 간부 대부분도 독립운동 자금을 모집했다는 혐의로 곧 체포되고 말았다. 한국학문헌연구소 편, 『정용근전집(중)』(아세아문화사, 1990), 474~475쪽.

103) 최린, 「옥중회상기」, ≪혜성≫, 3월호(1931).

> 이다. 그리고 지방인민에게 압제를 가하여 일본의 순사나 헌병을 범보다 도 무서운 것으로 생각케 함으로써 동화보다도 위협으로 조선을 다스리자는 목적이므로 나는 이때 조선을 일본으로부터 분리하여 조선인에게 독립을 주어 동양평화를 실현코자 하는 것이다. 그것은 첫째 조선민족의 생존권 확장, 둘째 일본정부의 이때까지의 조선에 대한 정책의 잘못을 회오케 하고 셋째 세계평화를 부르짖는 열국의 동정을 얻기 위함인 바 현재의 일본정부의 정책을 배척하기 위하여 이 운동을 일으키게 된 것이다. 그리고 나의 진정은 일본과 일본인을 배척함은 아니다. 장래 동양전체의 행복을 유지 증진하는 데는 일본과 제휴하지 않으면 안되겠다고 생각하고 있는 것이다.[104]

손병희, 권동진, 오세창 등이 밝힌 동기와 목적 역시 대동소이했다. 그들은 국망은 대한제국 정부의 악정에서 비롯된 당연한 결과이지만 그 이후 조선총독부조차 언론·출판·집회·결사의 자유를 억압하고 친일귀족을 통치의 파트너로 대우한 것은 조선인의 정서에 배치된다는 불만을 토로하며 일본 정부의 안이한 식민정책에 대한 반성을 촉구했다. 재판 과정에서 손병희는 병합 후 조선인에게 항상 압박만 가하고 관리로 채용하지 않는 정치적 차별을 문제 삼았다.[105] 오세창도 정치적 불평등과 부자유를 언급하면서 '총독정치를 반대하는 것은 아니지만 조선인에게 좀 더 자유를 주고 평등한 대우를 해달라'는 희망을 피력했다. 특히 그는 교육·출판·언론·집회의 자유를 허용해줄 것을 요구했다.[106] 권동진은 일본 통치의 문제점으로 교육제도 자체의 차별, 헌병의 탄압,

104) 「삼·일운동 재판 기록」, 『여암문집(하)』, 253~254쪽.

105) 국사편찬위원회, 『한민족독립운동사자료집(11): 삼일운동 I』, 289쪽.

106) 국사편찬위원회, 『한민족독립운동사자료집(11): 삼일운동 I』, 278쪽.

일본인의 이민으로 인한 조선인의 피해 등을 거론했다.[107] 양한묵은 '한일합병에 반대하지는 않으나 일본 정부의 원조하에 자립하는 것이 좋다'며 자치를 요구했고 이종일은 '연방제는 수용할 수 있으나 식민지배는 불만'이라고 토로했다. 하지만 심문과 재판 과정에서 김완규, 나용환, 나인협, 박준승, 임예환 등 주로 연원 기반을 갖고 있는 지역 지도자들은 '기회가 온다면 다시 독립투쟁을 하겠다'고 당당하게 밝혀 중앙 지도부와 대조를 이뤘다.[108]

이처럼 손병희와 문명파로 대표되는 천도교 지도부는 표면적으로는 독립선언과 시위운동을 통해 절대독립과 국권회복의 당위성을 주장했지만, 실질적으로는 일본의 직접 지배에서 자치 혹은 보호국 체제하의 간접 지배로 전환할 것을 일본 정부에 촉구하고 그것이 불가능하다면 최소한 조선인에 대한 동등한 대우와 정치활동 공간을 확보한다는 현실적 목표를 갖고 있었다.[109] 그들은 조선총독부의 '식민지 근대화' 주장에 대해서는 어떠한 이의도 제기하지 않았다. 오히려 손병희는 동학농민전쟁에서 자신이 봉기한 이유는 척양척왜가 아니라 신정부 수립과 악정 개선에 있었다고 주장하면서 일제 당국과 자신은 근대화의 동반자라는 점을 상기시켰다. 문명개화·근대화를 최대 강령으로 내세우는 손병희를 비롯한 문명파의 입장에서 볼 때, 3·1운동은 일본 식민지 체제하에서의 정치활동 공간 확보를 위한 '민회운동'의 재현이었다. 그러므

107) 국사편찬위원회, 『한민족독립운동사자료집(11): 삼일운동 I 』, 274쪽.

108) 김삼웅 엮음, 『33인의 약속: 처음 밝히는 33인의 재판기록과 그후 이야기』(산하, 1997) 참조.

109) 3·1운동 재판에서 '33인 민족대표'의 변호사로 선임되었던 일본 법학자 하나이(花井卓藏)는 그들이 요구한 것은 자치였으며 일부 행정에 대한 불평 및 일부 선인에 대한 불평이 「독립선언서」를 통해 분출된 것이라고 주장했다. 「花井 박사의 손병희 변론 연설」, ≪삼천리≫, 5월호(1934).

로 그들은 3·1운동이 폭력시위를 불사하며 거족적 민족운동으로 확산된 데 당혹감을 감추지 못했다. 3·1운동이라는 거족적인 민족운동의 도화선을 제공했던 천도교 지도부의 이러한 개량주의적인 정치 성향은 이후 천도교 주류의 자치운동과 친일활동을 통해 더욱 분명하게 표출되었다.

한편 천도교는 「독립선언서」와 ≪조선독립신문≫을 제작·배포하여 시위의 전국적인 확산에 기여했다. 보성사(普成社)[110]에서 인쇄한 2만 1,000매의 「독립선언서」 배포의 총책임자는 오세창이었다. 이종일은 청색의 종잇조각을 갖고 오는 이에게 「독립선언서」를 건네주는 임무를 맡았다. 이 중 2,000매는 기독교 측의 함태영(咸台永)에게 전달되었고 나머지는 전국의 천도교구에 배포되었다. 오세창과 이종일이 '33인 민족대표'의 일원으로 체포된 3월 1일 이후 「독립선언서」의 지방 배포를 책임진 천도교 지도자는 이경섭(李景燮, 황해), 김상열(金商悅, 평안), 인종익(印宗益, 충청·전라), 안상덕(安商悳, 강원·함경) 등이었다. 지방의 대교구에 비치된 등사기도 「독립선언서」를 재인쇄하거나[111] 독자적인 신문,

110) 보성사는 천도교가 보성학교를 인수할 때 같이 인수한 인쇄소다. 보성사는 1919년 2월 27일 시간당 3,000매를 인쇄하는 기계 5대를 사용해 「독립선언서」를 인쇄하고 3월 1일 아침에는 ≪조선독립신문≫을 인쇄하는 등 3·1운동 발발 과정에서 중대한 사명을 수행했지만 그해 6월 28일 방화로 추정되는 화재로 소실되고 말았다. ≪신인간≫, 3월호(1988), 76쪽.

111) 천도교 평양 대교구의 경우는 중앙총부로부터 「독립선언서」 1,500매를 받아 다시 수천 장을 더 인쇄하여 그중 기독교에 1,500장(또는 7,500장이라고도 함)을 보냈다고 한다. 한편 천도교와 기독교가 연합시위를 전개한 경우 '천도교인은 독립선언서를 인쇄하고 야소교인은 태극기를 만들었다'(진주, 횡성) 혹은 '야소교인은 태극기를 나눠주고 천도교인은 독립선언서를 배포했다'(남원, 안악, 황주, 사리원)는 기록이 여러 지역에서 발견되고 있다. 「3·1운동과 천도교 지방교구의 활동」, ≪신인간≫, 3월호(1988).

〈표 1-4〉 3 · 1운동 당시 천도교인의 시위운동 지역

구분	군명
경기도	이천, 강화, 수원, 평택, 인천, 광주, 양주, 가평, 시흥, 부천
황해도	수안, 곡산, 장연, 안악, 은율, 황주, 겸이포, 신계, 재령, 송화, 평산, 금천, 사리원, 연백, 신천, 해주, 옹진
평안남도	평양, 성천, 양덕, 맹산, 덕천, 영원, 안주, 평원, 순천, 강서, 용강, 진남포, 중화, 강동
평안북도	의주, 용천, 철산, 선천, 정주, 영변, 태천, 운산, 귀성, 삭주, 창성, 벽동, 초산, 위원, 강계
함경남도	함흥, 원산, 정평, 영흥, 홍원, 북청, 이원, 단천, 풍산, 갑산, 삼수
함경북도	길주, 경성, 부령, 성진
강원도	평강, 철원, 금화, 화천, 양구, 회양, 통천, 춘천, 횡성, 홍천, 원주, 정선, 삼척
경상북도	김천, 경주
경상남도	언양, 부산, 마산, 진주, 고성, 함안
충청북도	청주, 영동, 진천, 괴산, 음성, 충주, 제천
충청남도	대전, 논산, 부여, 청양, 홍성, 예산, 서산, 아산, 공주
전라남도	장흥, 완도, 진도
전라북도	전주, 임실, 남원, 순창, 정읍, 익산, 함열

자료: 이병헌(1959) 참조.

삐라 등을 제작하는 데 활용되었다.112)

3·1운동 당시 천도교 지도부가 일시에 모든 교인을 총동원하지는 않았으나 중앙총부 - 대교구 - 교구 - 전교실의 행정망과 연원제를 통해 서울과 각 지방의 시위 소식은 궁벽 산촌의 천도교인에게까지도 빠르게 전파되었다.113) 그 소식은 곧 조직적인 시위를 촉발시켰다.

112) 3·1운동에서는 간단한 구호를 적은 전단, 시위 계획, 투쟁 방침을 알리는 격문, 전통적인 연락망인 사발통문, 일본인을 위협하는 경고문·협박문에서부터 각지의 투쟁 속보를 알려주는 신문에 이르기까지 다양한 매체가 시위에 동원되었다. 일제 당국도 '오늘날 소요에 관해 민심을 자극한 것은 선동적 문서의 배부'라는 점을 인정했다. 한국역사연구회·역사문제연구소, 『3·1민족해방운동 연구』(1989), 236쪽.

3·1운동 당시 천도교인이 시위를 전개한 지역을 도별로 분류하면 <표 1-4>와 같다. 3·1운동에서 천도교의 활약이 두드러진 지역은 천도교인 밀집 지역인 황해도·평안남북도·함경도 등 서북 지방이었다. 이 지역은 천도교인과 기독교인이 조직적으로 시위를 촉발하면서 3·1운동의 초기 단계에 선도적 역할을 수행한 곳이기도 하다.[114] 평안북도의 경우에는 3~4월에 발생한 136회의 시위 중 천도교와 기독교가 전혀 관련되지 않은 경우는 두 번에 불과했다고 한다.[115] 또한 3월 1일 서울과 동시에 독립선언식과 만세시위를 전개한 6개 지역 중 원주를 제외한 평양, 진남포, 안주, 의주, 선천 등은 모두 평안도에 속하는 지역이었다.[116] 그중 평북 선천에서 천도교가 주도한 만세시위의 양상은 다음과 같다.

> 선천의 경우 3월 1일 오전 9시 천도교구에서는 한현태(韓賢泰)·이군오(李君五)·계연집(桂淵集) 등이 모여 서울서 김상열이 독립선언서를 가지고 온다는 것을 알고 기다리던 중에 오후 1시에 선언서가 도착하자 곧 자전거로 시내에 배포하였는데 야소교에서는 신성학교(信聖學校) 생도 수백 명과 여학생 30여 명이 선언서를 배포하고 태극기를 자전거 앞에 달고 시내를 돌면서 만세 부르기를 동원했다. 이날 오후 2시 천도교인과 야소교인 수천 명과 일반시민 수천 명이 합쳐서 만세를 부르는 한편 군청 앞에서 독립연설을 하다가 해산을 당하였는데 30여 명이 검거되었다.[117]

---

113) B. 윔스, 『동학백년사』(서문당, 1955), 154쪽.
114) 「3·1운동과 천도교 지방교구의 활동」, ≪신인간≫, 3월호(1988) 참조.
115) 국사편찬위원회, 『한민족독립운동사(3)』, 315쪽에서 재인용.
116) 한국역사연구회·역사문제연구소, 『3·1민족해방운동연구』, 265쪽.
117) ≪신인간≫, 3월호(1988), 45쪽.

즉, 선천의 천도교 지도자들은 중앙교단의 지시로 3월 1일의 시위를 준비했으며, 서울과 마찬가지로 선천의 기독교 세력과의 연대하에 진행했다. 비폭력이라는 원칙도 고수했다. 선천의 경우가 3·1운동 초기 서북 지방에서 천도교인이 주도한 만세시위의 전형이라 할 수 있다. 물론 황주나 수안의 천도교인들처럼 헌병 분대나 헌병주재소 습격을 주도하거나 계획하면서 폭력시위를 선도하는 경우도 있었다.[118]

천도교가 3·1운동에 많은 액수의 자금을 동원할 수 있었던 것은 '교회를 보호하고 유지하는 물질적 혈맥'인 성미제 때문이었다. 1910년대의 교세 신장은 곧 성미 액수의 증가로 이어졌다. 그런데 교인들이 성미라 해서 쌀을 직접 내지 않고 이를 당시 곡가로 환산하여 돈을 냈기 때문에 미가의 변동과 천도교 재정은 밀접한 상관관계를 갖고 있었다. 1918년에 일본에서 쌀 폭동이 일어나면서 일본과 조선의 미가가 2~3배나 올랐다. 이러한 미가 폭등으로 쌀을 돈으로 환전한 현금을 받던 천도교 재정이 풍족해졌다. 1918년 봄 중앙교당 신축 기금 명목으로 거둔 돈만 해도 30만여 원에 달했으며,[119] 천도교중앙총부로 매달 올라오는 성미액은 5,000~6,000원이었다고 한다.[120] 3·1운동 당시 천도교중앙총부는 부동산으로는 가옥 40여 채, 동산으로는 현금 13~14만 원을 가지고 있었다고 전해진다.[121] 천도교의 풍부한 자금은 3·1운동 추진의 동력이 되었다. 손병희는 기독교계 지도자들이 가족생계자금으로 요구한 5,000원을 즉각 제공했으며 상해로부터 잠입한 김철(金澈)에게 3만 원을 주어 김규식의 파리강화회의행을 지원하기도 했다.[122]

118) 「반도강산을 뒤흔든 독립시위운동의 소식」, ≪반도시론≫, 4월호(1919).

119) ≪매일신보≫, 1919년 1월 14일자.

120) 백대진, 「천도, 시천 양교의 내부를 해부하여 공평을 촉함(1)」, 44쪽; 일천도교통, 「현대조선의 위대한 종교적 세력을 가진 천도교」, 29쪽.

121) 이병헌, 『삼일운동비사』(1959), 83~84, 831쪽.

국내외적으로 만세시위가 확산되면서 여러 단체에서 천도교에 자금을 요청했다.[123] 그러나 천도교단의 재산은 3·1운동 발발 직후 일제 경찰에 의해 압수된 상태였다. 천도교 간부들은 특별성미금을 걷어 자금을 조달하는 방안을 강구했다. 각 교구에서는 3월과 4월에 걸쳐 특별성미금이 모금되었다. 강계의 경우, 대교구장인 이정화(李晶和)는 1919년 3월 5일 상경했다가 박인호에게 급히 운동자금을 거두라는 명령을 받았다. 그는 교인들에게 모금한 돈과 중앙교당 건축비 명목으로 받아두었던 헌금을 모두 합하여 1만 7,765원 60전이라는 거액을 마련했다. 그리고 이 중 1만 원을 중앙총부로 보내고 나머지는 강계 지역의 시위자금으로 사용했다.[124] 그러나 자금 모집이 곧 일제 경찰 당국 망에 포착되어 1919년 5월 중앙교단 간부 전원과 각 지방 교단 간부 및 교인 등 총 159명이 경찰에 체포되고 말았다.[125]

민중의 자발적인 시위 참여로 3·1운동이 거족적 민족운동으로 승화되면서 손병희는 명실상부한 민족 지도자로 추앙받게 된다. 3·1운동 직후 임시정부수립운동에서 그는 대통령으로 거론되고 있었다. 천도교 지도자 이종일은 ≪조선독립신문≫을 통해 손병희를 대통령으로 하는 임시정부 수립을 선포했으며[126] 상당수의 천도교인은 '만세운동이 성

---

122) 이병헌, 『삼일운동비사』, 358쪽.

123) 국외 운동단체와의 연락은 의주교구장 최석련과 선천 대두목 이군오(李君五)가 맡았다. 이들은 중국 안동(安東, 지금의 단둥)에 삼산상회(三山商會)를, 대련(大連)에 대신상점(大新商店)을 열어 연락처로 활용했다. 신숙, 『나의 일생』(일신사, 1956), 65쪽.

124) 편집실, 「강계교구 모금사건」, ≪신인간≫, 3월호(1978); ≪동아일보≫, 1920년 5월 2일자.

125) 국사편찬위원회, 『한민족독립운동사자료집』(1989), 9권 및 10권 참조.

126) 고정휴, 「3·1운동과 천도교단의 임시정부 수립 구상」, ≪한국사학보≫, 3·4 합본호(1998).

공하면 손병희가 대통령에 취임할 것'이라는 기대감을 갖고 시위에 참가했다고 한다.127) ≪신한민보≫ 1919년 4월 5일자에는 손병희를 대통령으로 하는 대한공화국 임시정부 각료 명단이 다음과 같이 발표되기도 했다.

> 만주에 있는 각 단체 대표자들을 소집한 후에 대한공화국 임시정부 내각을 조직하였습니다. 대통령 손병희, 부통령 박영효, 국무경 이승만, 내무경 안창호, 탁지경 윤현진, 법무경 남형우, 군무경 이동휘, 강화전권대사 김규식.

천도교 관련자들이 비밀리에 조직한 전단정부라는 설, 현순·이광수 등이 상해 임시독립사무소에서 조직한 정부라는 설, 노령·간도에서 조직한 정부라는 설 등128)이 분분한 대한공화국 임시정부에서 박영효, 이승만, 안창호, 이동휘, 김규식 등을 내각으로 거느린 대통령에 손병희가 추대되었다는 사실은 당시 민족진영에서 그의 위상이 확고했음을 의미한다.

동학 지도부가 동도주의에서 '일본적 서구'를 지향하는 문명개화로의 방향 전환을 추구하면서 천도교를 창건하고 민회운동과 정당운동에 매진했던 정치활동의 제1막은, 1910년대 천도교의 성장과 실력양성운동을 기반으로 그들이 주도한 3·1운동에 의해 일단락되었다. 종교단체로 존립하면서도 끊임없이 대안 정치세력으로의 부상을 도모했던 천도교 지도부의 정치적 성향은 천도교가 성장하는 데 일익을 담당하기도

127) 한국역사연구회·역사문제연구소, 『3·1민족해방운동연구』, 280~281쪽.

128) 정병준, 「1919년 이승만의 임정 대통령 자임과 '한성정부' 법통론」, ≪한국독립운동사연구≫, 16(2001) 참조.

했지만 위기를 초래하는 원인을 제공하기도 했다. 3·1운동에서 이러한 모순적 현실이 그대로 드러났다. 일제의 탄압으로 천도교는 다시 한 번 존폐의 위기에 처하지만, 3·1운동에서의 활약 덕분에 정치적 위상과 사회적 영향력은 일층 제고할 수 있었다.[129] 일제 당국은 기독교·불교·신도를 종교로 공인했지만, 이제 조선인에게 '민족의 3대 종교'는 기독교, 불교 그리고 천도교였다.

129) 미국에서 발간되던 ≪공립신보≫와 그 후신인 ≪신한민보≫는 천도교와 손병희를 사이비이고 사교주라며 백안시했다. 손병희가 지방 순회 중 철산의 천도교인에게 폭행당하는 사건이 발생했는데, 당시 이 사건을 다룬 ≪공립신보≫의 1908년 4월 22일자 기사 제목은 「혹세무민 왜 하였던고」였다. 천도교가 성미제를 실시하자 '양민의 고혈을 말리는 것'으로 혹평하기도 했다(≪신한민보≫, 1909년 4월 14일자). 그런데 이러한 논조는 3·1운동 관련 기사를 다루는 시점부터 완전히 바뀌어 천도교를 민족운동의 선도자로 인정하게 된다.

2부 천도교의 노선 갈등과 분화

1장
근대화 노선을 둘러싼 갈등과 분화

1. 천도교청년회의 문화계몽운동

1) 천도교청년회의 창립과 활동

3·1운동 이후 일제 당국은 무단통치를 문화통치로 개변하면서 언론·출판·집회·결사의 자유를 제한적으로 허용했다. 이는 민족진영 지도자를 체제 내로 흡수하기 위한 고도의 민족분열책이었다. 3·1운동을 통해 비로소 "민족·국권·자유·단결을 자각한"[1] 조선인은 이러한 객관적 여건의 변화를 십분 활용했다. 회사를 발기하고 신문·잡지를 간행하고 각종 단체를 결성해 맹렬히 유신을 추구했다.[2] 이러한 시대 조류를 당대인들은 "약자인 조선이 자강불식함으로써 실력상으로 강자와 더불어 병립하기 위한 문화운동"이라고 명명했다.[3] 문화운동의 중심 기관은

---

1) 동관생(이성태), 「A와 B의 문답」, ≪개벽≫, 3월호(1925).

2) 박달성, 「庚申의 暮와 余의 감상」, ≪천도교회월보≫, 12월호(1920).

3) 김기전, 「鷄鳴而起하여」, ≪개벽≫, 1월호(1921).

'인습의 압박과 시세의 구애'를 딛고 우후죽순처럼 들어선 청년회였다.

한편 천도교 지도자 대부분은 3·1운동을 주도한 혐의로 체포·투옥되었고 지방에서 만세시위에 참가했던 천도교인들도 적지 않은 피해를 입었다. 만세시위에 대한 일제 헌병의 보복으로 수원 제암리에서는 기독교인 12명과 함께 천도교인 25명이 희생되었다.[4] 일제 당국은 천도교단의 재산을 압수했고 교구와 전교실을 폐쇄하기도 했다. 그리고 천도교를 분열시키기 위해 청림교(青林敎), 제우교(濟愚敎) 등 동학 계열의 종교단체 창설을 유도하고[5] ≪매일신보≫를 통해 천도교인의 탈교 기사를 내보내어 위기상황을 조장했다.[6] 설상가상으로 민중이 3·1운동 이후 좌절감에 못 이겨 의지할 곳을 찾으면서 곳곳에서 신종교가 발흥하고[7] 정감록 등의 비기류가 번성하는 가운데, 보천교가 천도교를 능가한다는 평을 들을 정도로 급속히 성장하면서 천도교의 주요 세력 기반인 서북 지방을 잠식해 들어오고 있었다.[8]

조선총독부는 천도교에 대한 혹독한 탄압과는 달리 기독교에 대해서는 회유정책을 구사했다. 「사립학교규칙」의 반포로 금지되었던 종교의례와 교육을 기독교계 학교에 허용했으며 1919년 4월에는 「포교규칙」을 개정해 교회 설립을 허가제에서 신고제로 변경했다. 그와 동시에 일제 당국은 1920년 조선총독부 내 학무국 산하에 종교과를 신설하고

4) 성주현, 「수원지역의 3·1운동과 제암리 학살사건에 대한 재조명」, 『수원문화사연구』, 4(2001) 참조.

5) ≪신한민보≫, 1923년 5월 3일자; 강동진, 『일제의 한국침략정책사』, 391쪽; 윤정란, 「일제시대 청림교의 활동과 성격」, 『일제강점기의 민족운동과 종교』(국학자료원, 2002) 참조.

6) ≪매일신보≫, 1919년 6월 19일자.

7) 이돈화, 「최근 조선에서 일어나는 각종의 신현상」, ≪개벽≫, 6월호(1920).

8) 조선총독부 경무국, 『最近における朝鮮治安狀況』(1933), 115쪽; 김정인, 「1920년대 전반기보천교의 부침과 민족운동」, ≪한국민족운동사연구≫, 29(2001) 참조.

기독교계를 장악하려는 계획을 조심스럽게 추진해나갔다. 천주교의 경우는 재단법인 설립을 허가했다.[9] 불교의 경우 중앙집권화를 꾀하고 친일주의자에게 운영을, 일본인에게 상담역을 맡긴다는 방침이 수립되었다.[10]

천도교 지도부는 정치·사회 방면으로 적극 진출한다는 정공법으로 위기를 돌파해나갔다. 그들은 3·1운동이 방방곡곡으로 확산되어가던 1919년 4월 천도교인에게 내린 포교문에서 '세계의 사조가 점차 인내천주의에 근접하고 사인여천주의(事人如天主義)에 밀접하고 있으므로 천도교인이 나서서 정의인도·평등자유를 실행하는 방법을 개조해야 한다'고 역설하며 계속 정치적·사회적 활동에 정진할 것임을 천명했다.[11] 그리고 1910년대까지 유학생 파견, 학교와 교리강습소 운영 등 교육활동을 통한 문화계몽운동·실력양성운동으로 양성한 청년 지도자들이 활동 전선에 등장하기 시작했다. 원로급 지도자 대부분이 3·1운동으로 영어의 몸이 되면서 30대의 대종사장 정광조가 이끄는 천도교 내 세대교체가 비교적 순조롭게 진행되었기 때문이었다. 천도교는 3·1운동으로 고양된 정치적·사회적 위상을 배경으로 민족진영의 주도권을 확보하는 데 누구보다도 적극적이었다.

1919년 9월 2일 정도준(부장), 김옥빈·박달성·이두성(이상 간무원), 박래홍·손재기·방정환·이돈화·황경주·최혁·박용준(이상 간의원) 등의 청년 지도자들을 주축으로 천도교청년교리강연부(天道敎青年敎理講研部, 이하 '강연부')가 결성되었다.[12] 강연부는 안으로는 신앙의 정독(精篤)과 단

9) 『조선총독부시정연보(1921)』, 175~180쪽.

10) 강동진, 『일제의 한국침략정책사』, 391쪽.

11) 「천도교포교문」, ≪천도교회월보≫, 4월호(1919).

12) 「교리강연부의 第一例會觀」, 「천도교청년교리강연부의 설립」, 「강연부취지서」, ≪천도교회월보≫, 10월호(1919); 1919년 12월 강연부의 지부는 진남포(51명),

결의 견고를, 밖으로는 사상의 고취와 문화의 촉진을 추구한다는 목적을 갖고 있었다. 강연부는 1920년 1월 15일부터 4월 1일까지 회원을 대상으로 한 천도교청년임시교리강습회를 개최했는데, 200여 명이 참가해 성황을 이뤘다.[13] 강습회의 목적은 교리의 난의문답(難疑問答), 사회교육적 실지 견습, 친목, 청년 종교심의 발흥을 진작하는 데 있었다.[14]

강연부는 1920년 4월 25일 천도교청년회로 확대·개편되었다. 당시는 전국적으로 청년회 결성 붐이 일고 있었다.[15] 천도교청년회는 포덕부(布德部)·편집부·지육부(智育部)·음악부·체육부·실업부 등의 부서를 갖추어나갔다. 지회는 1921년 3월 전국적으로 76개가 설립되었다. 평북 15개, 평남 10개, 함남 10개, 황해 8개, 전북 6개, 전남 5개 순으로 서북 지방과 호남 지역에 편중되었다. 최전성기에는 200여 지회에, 8,000여 회원을 갖고 있었다고 한다.[16] 천도교청년회 활동 자금은 천도

진주(79명), 정평(28명), 박천(20명), 청주(35명), 강동군 삼등(25명), 강동(154명) 등에 설치되었고 회원 수는 경성 본부의 200명을 합쳐 560명 정도였다. 隱名生, 「쾌히 교리강연부에 응하라」, ≪천도교회월보≫, 12월호(1919); 천도교리강연부의 설립과 활동에 관해서는 조규태, 『천도교의 문화운동론과 문화운동』(국학자료원, 2006), 제1장 1절 참조.

13) 이돈화, 「천도교청년임시교리강습회에 취하여」, ≪천도교회월보≫, 2월호(1920).

14) 강습회 개최 목적 중 주목할 만한 내용은 친목에 관한 것이다. 천도교 내에는 지역적 기반에 따라 서북파, 기호파, 호남파 등이 존재했는데, '남인은 남인의 인습이 있고 북인은 북인의 인습이 있어 서로 자기의 인습을 고집하고 아시피비(我是彼非)하는 편견을 갖고 있어 친목도모를 위해 강습회를 개최했다'는 것이다. 천도교 내 지연에 기반을 둔 파벌을 감지할 수 있는 대목이다. 이돈화, 「천도교청년임시교리강습회에 취하여」 참조.

15) 「천도교청년교리강연부의 명의개정」, ≪천도교회월보≫, 5월호(1920), 114쪽.

16) 김병준, 「지상천국의 건설자 천도교청년당의 출현」, ≪천도교회월보≫, 10월호(1923).

교단 보조금과 함께 각 지부의 의무금으로 충당되었다.17)

이러한 조직력을 바탕으로 천도교청년회는 1920년대 초반 문화운동의 선도자로 부상했다. 천도교청년회는 문화운동의 이념을 생산·전파하는 '신문화선전의 봉화' 역할은 물론이요, 이를 구현하기 위한 문화계몽운동에 솔선수범했다. 천도교청년회는 문화계몽운동의 중요성을 다음과 같이 밝히고 있다.

> 인간사회의 일체 승패득실은 각기 자체의 의식 정도의 고하를 따라서 생겨나는 성과이다. 사상의 신구, 시대의 고금, 방법의 우열 등의 관계도 적지는 않으나 인간사회의 근본향상은 창생급(蒼生級)의 의식적 각성과 문화적 향상에 있는 것이다.18)

이처럼 '창생의 의식적 각성과 문화적 향상'을 도모하기 위해 천도교청년회가 가장 역점을 둔 것은 언론활동이었다. 이는 1910년대까지 주로 교육활동에 매진했던 천도교 문화계몽운동의 초점이 변화했음을 의미한다. 천도교청년회는 1920년 6월 대중적인 월간잡지 ≪개벽(開闢)≫을 창간했다.19) ≪개벽≫은 "허다한 군소잡지가 조출모몰(朝出暮沒)하

---

17) 1920년 12월~1921년 3월의 수입을 살펴보면 지회에서 보낸 의무금이 1,866원이고 천도교단의 보조금이 1,100원 등이었다. ≪천도교청년회회보≫, 3(1920), 6~9쪽.

18) 천도교청년당, 『천도교청년당소사』(1935), 19쪽.

19) 강연부 출범 당시부터 논의되었던 민중교화를 위한 언론사 설립과 잡지 발간은 박천(博川)의 천도교인 최종정(崔宗禎)과 변군항(邊君恒)의 기부금 덕분에 개벽사의 설립과 ≪개벽≫의 발간으로 현실화될 수 있었다. ≪개벽≫은 총 72호를 발행하는 동안 발행금지 34회, 정간 1회, 벌금 1회를 당했으며 1926년 8월 1일자로 발행 금지되어 강제 폐간되었다. 개벽사는 ≪개벽≫ 외에 1922년 6월 ≪부인≫을 창간하고(1923년 9월 1일 발행된 18호부터 ≪신녀성≫으로 이름

고 창간호가 거의 폐간호가 되는"[20] 당시 척박한 언론계의 현실에서 '잡지의 모반(母盤)' 또는 '잡지계의 패왕'으로 불릴 만큼 절대적 권위를 갖고 여론을 선도했다.[21] 천도교청년회 지도자들은 ≪개벽≫의 창간호에서 "개조와 진보의 새 시대에 눈을 뜨고 귀를 열어 세계를 보고 들을 것"[22]을 촉구하며 자신들이 사회 개벽을 위한 본격적인 문화계몽운동에 뛰어들었음을 선언했다. 이돈화, 김기전, 박달성 등 천도교청년회 간부들은 ≪개벽≫에 실명·이명·무기명으로 다량의 논설을 집필하면서 문화운동의 이론가로 명성을 날렸다.

천도교청년회는 ≪개벽≫을 통한 계몽활동과 함께 전국 순회강연을 실시했다.[23] 천도교청년회는 1920년 4월부터 약 1년간 총 34회의 강연계획을 세우고, 163개의 시·군을 순회하면서 강연회를 실시하여 총 7만 4,000여 명의 청중을 동원했다. 연사로는 정도준, 이돈화, 김기전, 박달성, 이두성, 방정환, 이병헌, 박사직, 강인택 등이 활약했다. 강연 제목은

을 바꿈), 같은 해 9월에는 출판부를 신설하여 일반 사상서류의 출판을 개시했다. 이후에도 ≪어린이≫(1923년 창간), ≪별건곤≫(1926년 창간), ≪학생≫(1929년 창간) 등을 발간하면서 1920년대 잡지계를 주도했다. 「개벽사약사」, ≪별건곤≫, 7월호(1930).

20) 「만십주년기념축사」, 「개벽시대를 추억하며」, ≪별건곤≫, 7월호(1930).

21) 1921년 10월부터 일제 당국으로부터 시사문제를 다루어도 좋다는 허가를 받아 민족운동과 관련된 좌우 진영의 글을 본격적으로 게재하면서 당대 최고의 간행물이라는 평판을 듣게 되었다. M. 로빈슨, 『일제하 문화적 민족주의』(나남, 1990), 93~95쪽.

22) 「세계를 알라」, ≪개벽≫, 6월호(1920).

23) 당시 강연운동은 일종의 유행병처럼 전국적으로 퍼져나가고 있었다. 연일 천도교청년회 강연단을 비롯하여 기독교의 기독교강연단, 학생계의 학생강연단, 각지 청년단체의 청년강연단이 '풍동운흥(風動雲興)의 세(勢)'로 전국을 누비며 민중의 근대적 각성을 촉구하는 강연을 실시하고 있었다. 이돈화, 「경신년을 보내면서」, ≪개벽≫, 12월호(1920).

「세계평화와 천도교의 본래주의」(정도준), 「현대사조와 인내천」(이돈화), 「세계의 진평화(眞平和)는 인내천주의다」(방정환), 「시대적 신도덕과 오인의 자각」(강인택), 「자아를 각하라」(김위제), 「금후의 세계와 인생」(박달성), 「분기점에 입(立)한 오인」(박사직), 「조선청년의 사명」(김기전) 등이었다. 신사조·신조류 속에서 천도교의 인내천주의가 시대를 선도할 수 있는 현대적 이념이라는 점을 선전하고 환기시키는 데 강연 목적이 있었음을 알 수 있다.

1921년 2월에 설립된 천도교청년회 동경지회도 1921년 6월 18일부터 2개월간 '조선민족에게 교리를 선전하고 문화발전을 증진한다'는 목적하에 유학생 순회강연대를 파견하여 전국순회강연을 실시했다. 연제는 「신문화의 건설과 우리의 사명」(전민철), 「신문화의 흡수와 조선청년의 소화」(김홍식), 「조선의 문화와 천도교」(차용복) 등으로 문화와 신문화가 중심 화두였다.[24)]

그런데 이 시기 천도교청년회의 문화계몽운동 중 주목할 만한 활동은 당시까지 누구도 계몽 대상으로 주목하지 않았던 어린이를 대상으로 한 소년운동이었다. 1920년경 안변소년회, 왜관소년회, 진주소년회 등 지방에서 소년운동이 태동하기는 했지만, 조직과 재정 면에서 전국적인 파급력을 갖는 소년운동의 효시는 1921년 5월 1일 김기전·방정환[25)] 등의 주도로 천도교청년회 산하에 결성된 천도교소년회라고 할 수 있다. 천도교소년회의 목적은 지덕체를 겸비한 쾌활한 소년을 만드는 것이었다. 회원 자격은 7~16세의 소년·소녀에게 주어졌으며 유락부, 담론부, 학습부, 위열부(慰悅部) 등의 부서가 설치되었다. 회원 수는 1921

24) 「지방통신」, ≪천도교회월보≫, 7월호·8월호(1921).

25) 서울 상인 집안 출신의 방정환은 1917년 4월 8일 손병희의 3녀인 손용화(孫溶嬅)와 결혼했다.

년 10월 현재 370여 명에 달했다. 천도교소년회는 창립 직후 방정환과 이돈화가 연사로 나서 「내일을 위하여」, 「10년 후의 조선을 잊지 말라」, 「신조선과 소년회」라는 연제로 전국순회강연을 실시했다.[26] 1922년부터는 5월 첫째 주 일요일을 '어린이날'로 제정하고 다채로운 행사를 펼쳐 소년운동과 어린이에 대한 민족적·사회적 관심을 불러일으켰다. 1923년 3월에는 방정환을 주간으로 월간잡지 ≪어린이≫를 창간해 언론을 통한 소년계몽에도 나섰다.[27] 이처럼 천도교의 소년운동은 천도교가 민족적 역량을 제고할 수 있는 계층·계급·성별 조직 운동에 주목하면서 가장 먼저 조직한 부문운동이었다.[28]

천도교청년회는 경제적 실력양성운동도 추진했다. 1921년에 실업부를 설치하고 무궁사(无窮社)를 창립했다. 천도교청년회는 1921년 4월 개최한 제3회 정기총회에서 실업부를 설치할 것을 결의하고 실업부 임원으로 황경주(부장), 이달녀, 정남규(부원)를 선출했다.[29] 그리고 첫 번째 사업으로 자본금 30만 원의 유한책임조합인 무궁사를 설립할 것을 결의했다. 그해 12월 25일 무궁사발기인총회를 열어 정도준, 김옥빈, 박사직 등을 창립위원으로 선출했다. 사우는 천도교인으로 제한하고 회원 1인당 1원 이상의 자금을 출자하도록 했는데 발기인은 163명이었고 인수구금수(引受口金數)는 1만 2,250구였다.[30] 천도교청년회원이 대

26) 윤석중, 「천도교소년운동과 그 영향」, ≪한국사상≫, 12(1974), 462~463쪽.

27) 김정의, 「소년회운동」, 『한국소년운동사』(1992); 이기훈, 「1920년대 '어린이'의 형성과 동화」, ≪역사문제연구≫, 8(2002).

28) 천도교청년회는 또 하나의 부문운동으로서 여성운동에도 관심을 보였다. 천도교 여성운동단체는 지방부터 결성되기 시작하여 1924년 천도교내수단을 창립하기에 이른다. 조규태, 『천도교의 문화운동론과 문화운동』, 제4장 2절 참조.

29) ≪천도교청년회회보≫, 12월호(1921), 3, 13쪽.

30) ≪천도교청년회회보≫, 12월호(1921).

부분인 사우들의 1인당 평균 출자액은 50구였으며 최시형의 장자인 최동희는 무려 1,000구를 내놓았다고 한다.[31)]

1922년 1월 23일 창립위원회를 개최한[32)] 무궁사는 다음해인 1923년 2월 1일부터 영업을 시작했던 듯하다.[33)] 중앙에 회사를 설치하고 각 지방에 지사와 출장소를 두어 '교회의 제반물품은 우리 교회 내부에서 지변(支辨)하도록 한다'는 무궁사의 창립 목적에서 알 수 있듯이 천도교청년회는 천도교의 전국 조직을 활용한 소비조합을 구상했던 것으로 보인다.[34)] 즉, 천도교 지도부는 자본가 계층과 기독교계가 주도한 물산장려운동에 조응하면서 중앙집권적 조직을 활용한 경제적 실력양성운동을 추진하고자 했던 것이다.[35)]

2) 천도교 문화계몽운동론

(1) 이돈화의 인내천주의

천도교청년회는 문화계몽운동의 이념으로 인내천주의를 선전하고 이에 대한 사회적 동의를 확보하는 데 주력했다. 인내천주의를 체계화하고 선전하는 데 앞장선 이는 이돈화였다. 그는 1910년대부터 인내천주의의 이론 정립에 관심을 갖고 ≪천도교회월보≫를 통해 여러 편의

---

31) 「중앙총부휘보」, ≪천도교회월보≫, 2월호(1922).

32) ≪천도교청년회회보≫, 9월호(1922), 11쪽.

33) ≪천도교회월보≫, 1월호(1923) 광고.

34) 임천, 「臨事實踐의 거듭」, ≪천도교회월보≫, 9월호(1921); 강인택, 「천도교청년회 실업부에 대하여」, ≪천도교회월보≫, 12월호(1921).

35) 물산장려운동 역시 소비조합운동을 지향하면서 소비자의 조선 물산 애용과 생산자의 생산 장려를 고취하는 선전계몽운동을 중심으로 전개되었다. 방기중, 「1930년대 물산장려운동과 민족·자본주의 경제사상」, ≪동방학지≫, 115(2002).

글을 발표한 바 있었다.[36] 또한 일본인 다케우치(竹內錄之助)가 발행하던 월간잡지 ≪반도시론≫의 1918년 5월호부터 1919년 3월호까지 총 9회에 걸쳐 「천도교의 역사급기교리(歷史及其敎理)」라는 장문의 논설을 발표한 적도 있었다. ≪개벽≫의 1920년 7월호부터는 총 9회에 걸쳐 「인내천의 연구」를 연재하여 인내천주의의 사회적 확산에 주력했다.

이돈화는 1907년 교리서 『대종정의』에서 최초로 등장한 인내천이라는 종지를 화두로 천도교리의 체계화를 시도했다. 이를 체계화하고 집대성한 것이 『인내천요의(人乃天要義)』(1924)다.[37] 이돈화의 인내천주의의 특징은 '신은 사람 속에 내재한 것이지 결코 초월적인 존재가 아니다'라는 동학 이래의 인간중심주의·인간지상주의를 계승하고, 나아가 인간의 본성에 대해 탐구하고 있다는 점이다.[38] 그것은 "현대신앙은 종교와 과학은 물론 철학을 동시에 만족시키는 진리를 갖추어야 한다"[39]는 인식에서 서양 철학의 존재론을 수용하는 방식을 취했다.

이돈화는 사람의 본성을 사람성(性)무궁주의와 사람성(性)자연주의라

36) 「인내천」, ≪천도교회월보≫, 7월호(1911); 「개조와 종교」, ≪천도교회월보≫, 12월호(1919); 「현대사조와 사인여천주의」, ≪천도교회월보≫, 3월호(1920); 「자기해방과 인내천주의」, ≪천도교회월보≫, 6월호(1920).

37) 김도형, 「1920년대 천도교계의 민족운동연구」, ≪역사와 현실≫, 30(1998), 217쪽.

38) 동양실주인, 「만인주시의 홍미 중에 쌓인 금후의 천도교」, ≪개벽≫, 10월호(1922); 김기전의 경우는 신을 내재한 존재가 아니라 부재하는 허위라고 주장했다. 즉, 신이란 일신이건 다신이건 사람이 조작한 허위이므로 신에 복종하며 신에 구원을 얻고자 하는 것은 노예 되기를 자청하는 노예적 추태이자 자기의 힘을 무시하는 의뢰 행위라고 비판했다. 김기전, 「청천백일 하에서」, ≪개벽≫, 8월호(1921); 이러한 관점은 곧 수양, 즉 자력 신앙을 강조하는 방향으로 귀결된다. 소춘(김기전), 「종래의 영육분류관을 배제함」, ≪천도교회월보≫, 10월호(1920).

39) 야뢰(이돈화), 「인내천의 연구」, ≪개벽≫, 7월호(1920), 66~67쪽.

는 개념으로 표현했다. 사람성무궁주의는 '사람은 무궁성을 가졌으므로 사람의 본질은 영원 진화하는 것으로 사람성은 항상 불완전으로부터 완전에 나아가기 위하여 부단한 창조운동을 한다'는 주의이며 사람성자연주의는 '사람은 사람으로의 자연에 돌아가자'는 주의로 부연하자면 '사람이 가지고 있는 온통의 미덕 그대로 사람 자기들이 체득하고 응용하라'는 것이었다. 미덕으로는 정의인도·평등자유·박애자비 등이 제시되었다. 그런데 이돈화는 이러한 미덕을 '계급적·차별적 관념으로 파악하는 것은 사람성의 본능을 소극적으로 멸살하는 것으로 사람성자연주의에 위배된다'고 주장했다. 그는 '사람은 자기의 진가를 바로 알고 자신이 우주와 더불어 근저가 같고 신(神), 불(佛)과 더불어 그 의지가 같다는 것을 깨달은 후에야 자신의 활동에 근기와 취미가 있게 될 것'이라며 사람은 인간으로서의 예지와 능력에 대한 철저한 신뢰를 바탕으로 진보와 진화의 동력이 될 수 있다는 인간지상주의를 강조했다.[40] 이처럼 보편적 자아로서의 개체의 사람성을 강조하는 그의 사람성주의는 계급·민족을 뛰어넘어 인간의 보편적 속성에 강조점을 두는 인류주의로 확장될 소지를 다분히 갖고 있었다.

이돈화는 인내천의 신앙적 요소로 다음 세 가지를 제시했다.[41]

1. 한울님을 바르게 믿을 것.
2. 사람을 바르게 알고 바르게 섬길 것.
3. 세계를 바르게 알고 바르게 조직할 것.

---

40) 이돈화, 「시대정신에 합일된 사람성주의」, ≪개벽≫, 11월호(1921); 김도형, 「1920년대 천도교계의 민족운동연구」, 216~217쪽.

41) 이돈화, 『인내천요의』(1924), 29쪽.

1·2항이 시천주·사인여천에 현대적 해석을 가한 것이라면, 3항은 기성 종교가 천국·극락세계·선경을 내세로서 동경했지만 천도교는 그러한 이상향을 지상에 건설하고자 하는 신종교라는 점을 강조하기 위해 이돈화가 제시한 것이라 할 수 있다. 그는 논증을 위해 '향상'과 '진보'를 화두로 하는 진화론을 끌어들인다. "조선(祖先)들이 동경한 세계는 내세가 아니라 장래 도달할 만한 인류의 전도를 동경한 것이며 이제는 향상과 진보의 과정을 거쳐 지상에 실제의 천국을 건설할 여명기가 왔다"는 것을 자각하자는 것이다.[42] 이돈화는 천도교가 위안의 종교도, 천당·지옥의 미신으로 인심을 현혹하는 종교도, 우언비사(寓言鄙辭)로 아녀자의 심리를 유악(柔握)하게 하는 기성의 종교도 아닌 '주의의 종교'라는 점, 즉 '인내천의 주의에 의지하여 만사를 인내천의 원리로 실행케 하는 종교'라고 점을 분명히 했다.[43]

또한 이돈화는 '인내천주의는 유불선을 합일했다'는 종래의 주장에 덧붙여 서양 철학체계의 양대 주축인 '유물론과 유심론을 포용했다'고 주장했다. "현재의 세계사상이 정신과 물질의 양극단에 병립하여 각각 기일(其一)을 잡고 타일(他一)을 배척함은 모두 중화(中和)의 진리를 잃은 것으로 천도는 본래 유물도 아니요, 유심도 아니요, 물심 양자를 천도 그 스스로의 가운데 포용하였다"[44]는 것이다. 결국 요지는 인내천주의에 입각한 천도교는 모든 종교를 통일할 수 있는 '최후종교'로서 '물심(物心) 양자(兩者)의 병행개벽', 즉 정신적 수양과 물질적 개혁을 동시에 추구한다는 것이었다. 다시 말해, 인내천주의는 종교사상일 뿐 아니라 포덕천하 광제창생을 통한 지상천국 건설을 이상으로 하는 사회사상이

42) 이돈화, 『인내천요의』, 44~47쪽.

43) 야뢰, 「생각나는대로」, ≪천도교회월보≫, 8월호(1922).

44) 이돈화, 『인내천요의』, 21쪽.

라는 것이다. 이처럼 이돈화가 1920년대 초반 주창한 인내천주의는 유난히 사회적 실천을 강조하는 특징을 갖고 있었다.

그런데 이돈화의 인내천주의는 그야말로 '배구취신(排舊取新)'의 신철학이었다. 구학의 철저한 부정을 통한 신학 수용이었던 것이다. 인내천주의를 논증하는 개념과 방법론이 철저하게 서양 철학에 근거하고 있었다. 그것은 "보수를 대표하는 노년의 사상과 진보를 대표하는 청년의 사상, 즉 노소의 사상의 차이가 현격"[45]한 시절이었던 만큼 구학과는 격절된 새로운 인식의 지평에서 '인내천'이 개조·혁신된다는 것을 의미했다. 이돈화는 인내천주의를 입증할 수 있는 것이라면 가리지 않고 '대욕주의(大慾主義)'와 '대식주의(大食主義)'의 견지에서 받아들였다.[46] 사회진화론, 사회유기체론, 니체의 강력주의, 톨스토이의 박애주의 등 근대 서양 철학의 조류가 인내천주의라는 용광로 속에 던져졌다.[47]

그런데 이돈화는 서구의 철학적·사상적 조류는 물론 동양의 그것까지 일본 철학계·사상계라는 프리즘을 통해 접근하고 있었다. 가령 구로이와(黑岩周六)의 '범신론(汎神論)에 입각한 최후종교론'[48]뿐만 아니라 다카하시(高橋亨)[49]의 '유불선삼교합일설'[50]도 인내천주의를 설명하는

45) 박사직, 「조선사회의 수양문제」, ≪개벽≫, 7월호(1920).

46) 창해거사(이돈화), 「외래사상의 흡수와 소화력의 여하」, ≪개벽≫, 11월호(1920); 창해거사, 「대식주의를 논하노라」, ≪개벽≫, 1월호(1921). 당시 중국과 일본에서 환영받던 서구 사상가로서 ≪개벽≫을 통해 소개된 이로는 니체, 칸트, 루소, 제임스, 포이어바흐, 러셀, 카펜터 등이 있는데, 이들은 주로 김기전에 의해 소개되었다.

47) 황문수, 「야뢰에 있어서의 인내천사상의 전개」, ≪한국사상≫, 12(1974); 최동희, 「천도교의 근대사상수용」, ≪한국사상≫, 13(1975); 황문수, 「이돈화의 신인철학사상」, 『박길진박사고희기념한국근대종교사상사』(원광대학교출판부, 1984); 황선희, 『한국근대사상과민족운동 I : 동학·천도교편』(혜안, 1996) 참조.

48) 야뢰, 「인내천의 연구(속)」, ≪개벽≫, 12월호(1920).

데 원용되었다. 그가 인용한 네커리를 비롯한 신칸트철학의 실재론 역시 일본 철학자를 통해 받아들였을 가능성이 크다. 이처럼 이돈화의 인내천주의가 일본의 서구 철학·사상 조류에 기반을 두어 논증되었다는 사실은, 천도교가 추구하는 '근대성'이 제도는 물론 교리와 신앙의 측면에서도 여전히 일본의 경험과 현실로부터 자유롭지 못했음을 의미한다.

한편 인내천주의는 동서양 사상의 회통(會通)을 선언한 덕분에 늘 '동서양의 사상을 혼용한 절충주의에 불과하다'는 비판을 감내해야 했다. 특히 최남선(崔南善)은 "천도교는 유도 불도 선도 아닌 조선의 고유한 조선심(朝鮮心)에서 나온 것이니 외래사상을 흡수하지 않을 수도 없지만 그것과 바꾸어서는 안 된다"[51]고 하여, 서도·서학에 근거해야 근대성을 확보할 수 있다는 강박 관념에서 벗어나지 못하던 이돈화의 인내천 연구에 일침을 놓았다.[52]

---

49) 다카하시는 천도교에 관한 글을 남기지는 않았는데, 천도교단의 일지에 따르면 경성제국대학 교수 재임 당시 때때로 천도교당을 방문하여 간부들과 대화한 것으로 되어 있다. 『중앙종리원포덕과 일지』, 1927년 6월 13일자; 『천도교중앙종리원서무과 일지』, 1928년 1월 30일자.

50) 이돈화, 「인내천의 연구」, ≪개벽≫, 7월호(1920), 70쪽; 다카하시의 논문은 「조선에 대한 삼교합일론의 역사」라는 제목으로 ≪반도시론≫, 10월호(1918)에 게재되어 있다.

51) 최남선, 「좀 더 교의를 표명하시오」, ≪신인간≫, 1월호(1928), 14쪽; 허수는 이돈화가 1920년대 전반에 인내천이라는 종교적 보편주의를 바탕으로 제1차 세계대전 후 풍미한 개조사상의 정신주의·도덕주의를 결합하여 사람성(性)주의라는 사회사상을 마련했다고 보았다. 이 사람성주의가 천도교 문화운동론의 이론적 기초였고 나아가 천도교청년당의 정치사상인 '범(汎)인간적 민족주의'의 사회사상적 토대가 되었다는 것이다. 허수, 「1920년대 전반 이돈화의 개조사상 수용과 '사람性주의'」, ≪동방학지≫, 125(2004).

52) 천도교의 근대성에 대한 강박증은 외래종교인 기독교가 근대와 선진의 상징으

(2) 문화계몽운동론

문화운동의 이념으로 인내천주의를 선전하는 한편, 천도교청년회는 ≪개벽≫을 통해 문화계몽운동의 구체적인 실천 방안도 제시했다.[53] 그들에게 문화운동은 '신문명의 확립을 요구하는 발동이요 완전한 인류의 생활을 기성(期成)하는 원동(原動)'이었다.[54] 여기서 신문명이란 서구 자본주의 문명을 일컫는다. 신문명·신세계·신사조·신생활에 대한 갈망은 전통과 과거, 그리고 거기에 긴박된 조선의 현실에 대한 부정을 수반했다. 그들에게 과거의 종교·윤리·도덕·철학 등은 모든 것이 모순이요 피상이요 외적이요 공상이요 이론일 뿐이었다.[55] 그뿐 아니라 그들이 보기에 조선인은 경제관념이 희박하고[56] 유교생활 전통에서 비롯된 명

로 인식되고 있는 것과 무관하지 않다. 민중들이 볼 때 분명 기독교는 제국주의의 비호 속에서 전래되었지만, 모든 제도나 교육에서 새로움을 맛보게 해준 근대문명의 사도였다. 김신도, 「조선사회와 기독교」, ≪신여성≫, 2월호(1925), 57쪽; 또한 1920년대에 들어와 '100만'의 종교단체로 급성장한 보천교가 좌파로부터 사이비종교로 지탄받으면서 반종교투쟁의 대상으로 전락하고 만 현실은 동일한 토착종교인 천도교로 하여금 민중들에게 근대적·보편적 종교의 이미지를 심어주어야 한다는 조급증을 갖게 만들었다. 천도교는 종교와 미신이라는 다분히 문명개화적인 이분법적 잣대로 보천교와의 차별성을 부각시키는 데 주력했다. "보천교는 조선사회의 병적 결함을 대표하는 것으로 정치적 미신에 기반해 있는 바, 미신이라 하면 미개와 야만을 의미하는 것으로 깨끗한 민족이 되기 위해서는 도깨비 같은 미신의 깍지를 해탈해야 한다"는 것이다. 일기자, 「미신의 감투를 벗으라」, ≪개벽≫, 1월호(1921); 저암(이돈화), 「암영 중에 묻혀 있는 보천교의 진상」, ≪개벽≫, 8월호(1923).

53) 1920년대 전반기 문화는 물론 민족, 계급 관련 담론 생산에서 주도적 역할을 했던 ≪개벽≫의 위상에 관한 분석은 김정인, 「≪개벽≫을 낳은 현실, ≪개벽≫에 담긴 희망」, ≪역사와 현실≫, 57(2005) 참조.

54) 신식, 「문화의 발전 및 그 운동과 신문명」, ≪개벽≫, 8월호(1921).

55) 정창선, 「과도기에 선 나의 신운동」, ≪개벽≫, 3월호(1921), 61쪽.

56) 김기전, 「경제적 관념의 희박을 是憂하노라」, ≪개벽≫, 2월호(1921).

예심·권리심·당쟁심을 폐기하지 못해[57] 현대문명을 향유하기엔 여전히 자격 미달인 민족이었다.

그러므로 가장 시급한 문화운동은 민족개조운동이었다. 이돈화는 최우선으로 개조해야 할 민족성은 도덕성이라고 보았다.[58] 하지만 '속문명'[59]인 민족개조에는 적지 않은 시간이 요구되었다. "지금 당장 조선은 살 길을 찾기 위한 겉문명도 시급했다." 천도교청년회 지도자들이 볼 때 조선이 시급히 해결해야 할 2대 현안은 교육문제와 농촌문제였다. 교육문제는 '조선의 문명화·조선인의 문명인화'를 위해 절실한 문제였다. 농촌문제는 천도교인의 대다수가 농민이고 일제의 수탈농정으로 농민들의 처지가 더욱 열악해지면서 그만큼 절박한 문제가 되었다.

교육문제에 관해서 박달성은 '문명의 영광'을 누리기 위해서는 '편협적·반시대적·야매적·보수적 교육을 탈피하여 보편적·시대적·문명적 교육을 실시해야 한다'는 주장을 내세웠다. 구체적 방안으로는 군·면·리마다 교육회를 조직하여 학교를 하나씩 설립할 것과 개량서당을 활용할 것을 제안했다.[60] 천도교는 이처럼 세계·보편·선진을 추구하는 교육방향을 제시하고 계몽할 수는 있었지만, 재정적 곤란으로 학교 경영은 점차 위축되어갔다. 천도교가 자랑하던 보성학원은 3·1운동 이래 상시

57) 김기전, 「우리의 사회적 성격의 일부를 고찰하여서 동포형제의 자유처단을 촉함」, ≪개벽≫, 10월호(1921).

58) 이돈화, 「생활의 조건을 본위로 한 조선의 개조사업」, ≪개벽≫, 9월호·10월호(1921); 이돈화, 「여론의 도」, ≪개벽≫, 3월호(1922); ≪개벽≫, 5월호(1922)에 이광수의 장문의 논설인 「민족개조론」을 게재한 것 역시 민족개조운동을 위한 계몽적 실천의 하나였다.

59) 大喝生, 「좀 그러지 말아 주셔요」, ≪개벽≫, 6월호(1920).

60) 박달성, 「시급히 해결할 조선의 이대문제」, ≪개벽≫, 6월호(1920); 박달성, 「세계와 공존키 위하여 교육문제를 재거(再擧)하며 위선(爲先) 서당개량을 절규함」, ≪개벽≫, 11월호(1920).

적인 재정난으로 결국 1924년 경영권이 조선불교총무원으로 넘어갔다.[61] 학교 경영에서의 중도 하차는 기독교계가 꾸준한 학교 경영을 통해 사회 주도층을 배출했던 것과 대비해볼 때, 천도교의 장래에 적지 않은 부정적인 영향을 미쳤다고 볼 수 있다.

농촌문제에 관해서 박달성은 '노동문제니 공산문제 하는 것도 농촌을 위해서 일어난 문제'라고 주장하면서 지주의 각성을 촉구했다. '자본가, 즉 지주가 개량을 해야 하는 바 잉여물 전부를 농촌개량이나 빈민구제에 이용하는 각성이 필요하고 지주는 소작료제를 크게 고쳐 소작인의 보수를 7할 이상 되게 해야 한다'는 것이다. 농민들에게는 쟁의가 아니라 농회 결성을 통해 문제 해결에 나설 것을 촉구했다.[62] 김기전은 '농민운동은 곧 농촌에서의 노동운동이며 문화운동은 도시가 아닌 농촌을 기점으로 해야 한다'며 문화운동의 시야를 농촌으로 확대할 것을 주장했다.[63] 김기전도 가장 심각한 농촌문제가 지주소작 관계의 악화라는 박달성의 주장에 동의하면서 그 해결 주체로 농촌 청년의 역할에 주목하여 농촌청년회를 설립할 것을 제안했다. 그는 또한 농촌 개선에 필요한 교육·오락·산업의 방향을 설정하는 동시(洞是)의 필요성을 강조했다.[64] 그런데 그가 주장하는 동시의 사례는 일본의 농본주의 운동의 사례와 매우 흡사한 것이었다.[65] 당시 여러 계통의 지식인들이 농촌문

---

61) 보성80년사편찬위원회, 『보성80년사』(동성학원, 1986), 312~316쪽.

62) 박달성, 「시급히 해결할 조선의 이대문제」; 박달성, 「세계와 공존키 위하여 교육문제를 재거하며 위선 서당개량을 절규함」.

63) 김기전, 「농촌개량의 긴급동의」, ≪개벽≫, 11월호(1920), 18쪽.

64) 김기전, 「농촌개선에 관한 도안」, ≪개벽≫, 12월호(1920); 묘향산인, 「농촌청년회의 설립을 촉함」, ≪개벽≫, 1월호(1921).

65) 윤해동, 「한말 일제하 천도교 김기전의 '근대' 수용과 '민족주의'」, ≪역사문제연구≫, 창간호(1996), 244쪽.

제의 심각성에 주목하고 그 해결책을 제시했는데,[66] 박달성이나 김기전의 제안은 계몽적이고 개량적인 수준에 머무르는 것으로 농민조직을 결성하는 단계까지 나아가지는 않았다.

천도교청년회의 문화계몽운동은 주로 언론활동을 통해 교육문제와 농촌문제에 관한 계몽에 주력하는 특징을 보였다. 교육문제는 재정 곤란을 이유로 실천에 나서지 못하고 농촌문제는 여전히 계몽하는 수준에 머물렀지만, 식산흥업의 차원에서 산업화·공업화가 아닌 농촌문제를 더 심각하게 고민했다는 것은 천도교가 농민적 기반 위에 존립한다는 특질을 여실히 보여주는 실례라 할 수 있다.

천도교청년회 지도자들이 문화계몽을 통해 추구한 신인간상은 '자주자립의 인간으로 실제적 지식을 갖고 있어야 하며 세계적 지식을 통한 인물이면서 신념이 견고한 인물'이었다. 그러나 이돈화는 영웅적 이미지의 신인간이 아니라 평범한 각개의 신인물이 각 방면에서 배출되기를 열망했다.[67] 김기전은 개조의 출발점에서는 '유식자·유산자가 가진 바의 지식과 재산을 민중과 더불어 운용해야 한다'며 유식자·유산자의 반성과 순교자적인 정열을 요구했다.[68]

이처럼 천도교청년회의 문화계몽운동론은 대한제국기 이래 실력양성론을 내용으로 하는 문명개화노선의 연장선상에 놓인 것이었다. 이에 기반을 두어 전개된 천도교 문화계몽운동은 교육 방면의 활동에 치중했던 이전과는 달리 언론을 통한 계몽활동에 주력하고 농촌문제에 대한 해결을 고민하면서 독자적인 경제적 실력양성운동을 추진하고, 소년운동·부인운동 등을 통해 활동 범위를 넓혀가는 특징을 보였다.

66) 일제강점기 농업문제 인식과 그 해결책에 대해서는 김용섭, 「일제강점기의 농업문제와 그 타개방안」, 『한국근현대농업사연구』(일조각, 1993) 참조.

67) 이돈화, 「신시대와 신인물」, ≪개벽≫, 8월호(1920).

68) 기전, 「먼저 유식유산자측으로부터 반성하라」, ≪개벽≫, 6월호(1922).

2. 1922년 혁신파의 이탈

1) 교단 민주화를 둘러싼 보수 · 혁신의 대립

1920년대 초반 문화운동과 계급운동의 여파로 사회 전반에 민주주의, 특히 자유와 평등을 구가하는 시대 풍조가 확산되면서 천도교 내에서도 '중앙집권에서 지방분권으로', '독재에서 중의(衆議)로', '차별에서 평등으로' 방향 전환을 촉구하는 혁신운동이 일어났다. 혁신운동의 중견급 지도자로는 최동희[69]를 중심으로 결집한 윤익선, 이상우, 오지영 등이 있었다. 최동희는 손병희를 비롯한 원로급 지도자들이 3·1운동으로 투옥된 상황에서 교단 운영 전반을 책임지고 있는 대종사장 정광조를 견제할 수 있는 유일한 인물이었다.[70]

한편 3·1운동 이후 조선 사회에는 본격적으로 사회주의 사상이 도입되고 서울청년회를 비롯한 사상단체들이 결성되면서 기존의 문화운동이 사회주의로 무장한 좌파진영의 도전을 받기 시작했다. 천도교청년회

---

69) 최동희는 일본 와세다 대학 정경학부를 졸업하고 1913년 잠시 전제관(典制觀) 직원으로 근무하는 등 천도교단 운영에 관여하다가 손병희의 준비론적 민족운동 방략에 반기를 들고 1917년 연해주로 망명했으며 러시아혁명의 영수 레닌을 만난 적이 있는 경력의 소유자였다. 그는 귀국한 뒤 천도교단 운영에 관여하며 젊은 청년 지도자들에게 상당한 영향력을 미치고 있었다. 최동희가 귀국한 것은 일본에서 친분이 있던 사이토 총독을 설득시켜 3·1운동으로 투옥 중인 손병희를 보석으로 출옥시키려는 교단의 요청 때문이었다고 한다. 최정간, 「비운의 혁명가로 살다 간 동학교주의 아들」, ≪사회평론≫, 3월호(1992); 손병희는 1920년 11월 20일 병보석으로 출감했다. ≪신한민보≫, 1920년 12월 2일자.

70) 정광조 역시 최동희로 쏠리는 천도교인들의 기대감을 의식하지 않을 수 없었으므로 총독 접견, 경성유지신년회 등 대외활동을 수행할 때는 늘 최동희를 대동하곤 했다. 『소수선생 신유년일기』, 1921년 1월 2일, 1월 15일자.

내에도 계급운동에 관심을 갖거나 동조하는 지도자들이 등장하기 시작했다. 김봉국(金鳳國), 이동구(李東求), 이동락(李東洛), 송헌(宋憲), 강인택(姜仁澤) 등으로 대표되는 청년 지도자들이 혁신운동에 동참했다.

최동희는 1919년 11월 일시 귀국할 때부터 천도교의 제도혁신·인물선택·교육장려·해외포교·재정정리 등을 주장하는 혁신운동을 계획했으나, 그에게 교단의 주도권이 넘어갈 것을 우려한 정광조를 비롯한 천도교 간부들의 견제로 번번이 좌절했다. 최동희는 1920년 말부터 '시대의 요구와 정의의 공론'이라는 취지를 내세우며 본격적으로 지지세력을 규합해나갔다. 5개월 여에 걸친 최동희의 노력은 1921년 4월 6일 개최된 부구총회(部區總會)에서 결실을 맺게 된다.[71] 부구총회에서 「천도교대헌」 개정, 의사기관 확장, 연원누폐 개량 등의 요구조건을 담은 혁신안이 통과되었던 것이다.[72]

혁신운동의 일환으로 제일 먼저 1921년 7월 26일 의사기관인 의정회(議正會)에 관한 규정이 반포되었고 전국적으로 60개 구역에서 의정원(議正員) 선거가 실시되었다.[73] 의정원 선거는 여성에게도 참정권을 부여하고 빈부에 관계없이 18세 이상의 교인 누구에게나 1표를 부여하는 보통선거 방식을 채택했다.[74] 공선된 60명의 의정원 중 1/3 정도는 중

71) 부구총회는 1914년 대교구를 반포하면서 대교구에서 의사원 1인을 공선하여 중앙에 상주시키기 위해 마련한 제도였다. 「중앙총부휘보」, ≪천도교회월보≫, 9월호(1914).

72) 『소수선생 신유년일기』, 1921년 4월 6일자.

73) 「중앙총부휘보」, ≪천도교회월보≫, 8월호(1921), 104~105쪽.

74) 의정회는 교호(敎戶) 수 500호를 1개 선거구로 하여 의정원 1인을 무기명 투표로 선출하는 방식으로 치러졌다. 500호 미만의 교구는 몇 개 교구를 합하여 1개 선거구가 되며 500호 이상 되는 교구는 비록 1만 호가 될지라도 1개 선거구에 불과했다. 피선거권은 만 25세 이상의 모든 남녀에게 주어졌다. 「종령 제123호(1921.7.26)」, 『종령집』, 168~170쪽.

앙에서 명망과 영향력을 갖고 있는 소장급 지도자들이었다.75) 천도교청년회 간부 박사직은 의정회의 설치를 "자기 스스로의 의견과 자기 스스로의 지식으로서 자기에게 속한 모든 문제를 해결하려는 일반민중의 의사추향을 따라 천도교도 민중적 기관을 조직한 것"으로 평가했다.76)

최동희는 대도주 박인호, 대종사장 정광조, 도사인 오영창 등 중앙교단 간부가 주축이 된 보수파가 혁신운동을 방해하자77) 이를 무력화시키기 위해 중앙의 원로와 지방의 유력 천도교 지도자들을 하나로 묶는 (가칭) 교우구락부의 결성을 모의했다.78) 최동희가 교우구락부의 강령으로 계획했던 항목은 다음과 같다.79)

· 장실(丈室) 지교(旨敎)하에서 신앙을 돈독히 하며 규제를 각수(恪守) 할 것.
· 종문동덕(宗門同德)의 우의를 친밀히 하여 덕업을 상려하며 환난을 상구할 것.

75) 「중앙총부휘보」, ≪천도교회월보≫, 10월호(1921), 109~110쪽.

76) 박사직, 「천도교의정회의 제일회 개회에 제(際)하여」, ≪천도교회월보≫, 9월호(1921).

77) 최동희는 교주 박인호가 신력(信力)은 있으나 사물에 몽매하며 무정견한 인물이라고 평하며 늘 불신감을 감추지 않았다. 또한 대종사장인 정광조에 대해서는 혁신운동을 공개적으로 비판하지는 않지만, 배후에서 반대운동을 도모한다는 의구심을 갖고 있었다. 그는 이들을 비롯하여 중앙교단 간부를 중심으로 결집한 보수파를 고립화시키는 것이 혁신운동 성공의 관건을 쥐고 있다고 보았다. 경성교구의 의정원 선거는 9월 18일에 실시되었는데 혁신파에서 내세운 윤익선이 탈락하고 보수파에서 내세운 최준모가 당선되었다. 『소수선생 신유년일기』, 1921년 8월 16일자.

78) 『소수선생 신유년일기』, 1921년 8월 27일, 9월 6일자.

79) 『소수선생 신유년일기』, 1921년 10월 16일자.

· 신구사상의 충돌을 조화하며 시대의 이세(理勢)에 순응할 것.

· 공평한 여론을 존중히 하며 미혹한 유언을 방지할 것.

이에 따르면 교우구락부의 조직은 장로·도사에 해당되는 원로부터 천도교청년회를 이끄는 청년 지도자 모두를 결집시켜 결속력을 강화하고자 하는 목적을 갖고 있었다. 네 번째 항의 경우 최동희 자신을 둘러싼 유언비어에 대해 추호도 동요하지 말 것을 당부하는 내용이기도 했다. 교우구락부의 결성은 최석련, 이군오, 김진팔 등 서북 지방의 유력한 지도자들과 중앙총부의 공선관장(共宣觀長)인 김영륜의 지지를 확보하면서 점차 가시화되었다.

교우구락부는 결성 과정에서 청년 지도자를 제외한 장로·원로급 및 중앙총부 간부만으로 구성하자는 보수파와 타협해 당초의 취지는 다소 손상되고 말았지만, 1921년 10월 30일 종법회(宗法會)로 공식 출범할 수 있었다. 이즈음 3·1운동으로 투옥되었던 천도교 원로들이 잇달아 출옥했다.[80] 종법회는 출옥한 장로 및 도사와 중앙총부의 간부를 망라하면서 전도사회(傳道師會)로 개칭되었다.[81] 홍병기, 홍기조, 나인협, 나용환, 임예환 등 서북 지방 출신 장로와 도사들이 혁신운동을 적극 지지하고 나섰다. 이때부터 전도사회가 혁신운동의 중추기관 역할을 하게 된다. 최동희, 윤익선, 오지영, 정계완, 김영륜, 손재근 등 혁신파 중진들

---

80) 1921년 11월 4일에 이종훈, 홍병기, 나용환, 나인협, 박준승, 임예환, 홍기조, 권병덕, 김완규 등 9명이 출옥했고(≪동아일보≫, 1921년 11월 5일자), 12월 22일에는 최린, 오세창, 권동진, 이종일 등 4명이 출옥했다(≪동아일보≫, 1921년 12월 23일자). 양한묵은 옥사했다.

81) 「종령 제125호(1921.11.30)」, 『종령집』, 170~171쪽 이종린, 「近히 조직된 천도교전도사회」, ≪천도교회월보≫, 11월호(1921); 「중앙총부휘보」, ≪천도교회월보≫, 12월호(1921).

은 전도사회의 강력한 지지하에 제1회 의정회에 제출할 혁신안을 마련했다.

전도사회에서 대체적으로 합의한 개혁안을 살펴보면 중앙기구는 종법원(宗法院), 종무원(宗務院), 종의원(宗議院)으로 3권이 분립하는 방향으로 개편하고 교주선거제를 실시하며 연원제를 개정하는 것을 주요 골자로 하고 있었다. 일체를 중앙총부로 보내던 연성미의 경우 1/3을 지방교구에서 사용하도록 하여 지방교구의 재정 자립도를 높이는 방안도 포함되었다. 이러한 천도교 개혁 방안은 교주선거제를 실시하고 종무원은 행정을, 종의원은 입법과 예산 심의를, 종법원은 교화를 담당하는 종교기구의 3권 분립을 추구한다는 점에서 공화제로의 제도혁신을 의미하는 것이었다. 이러한 공화제의 원칙에 따른 개혁안은 절대군주체제와 흡사한 기존 보수파의 입장에서 볼 때 혁신파가 교단의 주도 세력을 전복하고 그 권력을 장악하려는 음모일 뿐이었다. 그들은 혁신파가 상당수의 지방 천도교인과 여론의 지지를 받고 있다는 현실을 인정하고 대의기구인 의정원 설치에는 동의했으나, 교주선거제와 연원제 개정에 대해서는 정면으로 반대하고 나섰다.[82)]

1921년 12월 10일 개회한 제1회 의정회는 초반부터 혁신파와 보수파의 대립으로 팽팽한 긴장감 속에 진행되었다. 우선 의정회의 의장과 위원 선거부터 양측은 치열한 대결을 펼쳐 보수파가 내세운 최준모가 의장으로, 혁신파가 내세운 조인성이 부의장에 각각 당선되었다. 위원으로는 혁신파의 김봉국과 보수파의 정윤석이 각각 피선되었다. 규제 개정을 위한 특별위원으로는 최안국, 김교경, 박승룡(朴承龍), 조기주(趙基周), 이동구, 신태순(申泰舜), 김상열, 이동락, 백인옥(白仁玉), 김이선(金履善) 등이 선출되었다.[83)]

---

82) 『소수선생 신유년일기』, 1921년 12월 9일자.

12월 13일 혁신파는 전도사회의 후원으로 간친회를 개최했다. 간친회는 보수파는 물론 천도교청년회 간부 등 100여 명이 참여한 자리였는데, 공개적으로 교단 민주화 방안의 취지를 설득하고 병석의 손병희가 혁신안이 시대에 순응한 개혁안이라며 찬동을 표시하면서 대세는 일단 혁신파 쪽으로 기울었다.[84] 보수파와 혁신파의 타협으로 신헌제정기초위원회(新憲制定起草委員會)가 새롭게 구성되었는데 위원으로는 나용환, 정계완, 오지영, 권병덕, 최동희, 윤익선, 유재풍, 이인숙, 정광조 등이 선출되었다. 보수파로는 이인숙, 정광조만이 참여했을 뿐이다. 마침내 12월 17일 의정회에서 가결된 제도 개혁안의 골자는 다음과 같다.[85]

1. 천도교대헌은 천도교종헌(天道教宗憲)이라 칭함.
2. 대도주는 교주라 칭하여 공선함.
3. 중앙총부 사간원제(司觀院制)를 고쳐 3원(종법원, 종무원, 종의원)을 치(置)함.
4. 연원제는 개정하여 용담연원하에 귀의하고 연원록을 고쳐 교적이라 함.

이처럼 교주선거제 실시, 연원제 폐지, 중앙기관의 '3권 분립' 등을 내용으로 공화제를 지향하는 「천도교종헌」은 가히 혁명적인 조치였다.[86] 「천도교종헌」의 제정을 위한 기초위원도 김교경, 김봉국, 박승룡,

83) 「천도교의정회 제1회 회록」, ≪천도교회월보≫, 1월호(1922), 120~123쪽.
84) 박사직, 「천도교양차분규비화(1)」, ≪신인간≫, 7월호(1930).
85) 「천도교의정회 제1회 회록」, 121~122쪽.
86) 연원제의 집단 이기주의적 폐해는 오지영이 일찍부터 제기해온 문제였다. 오지영, 「용담연원」, ≪천도교회월보≫, 3월호(1917); 「용담연원하에 있는 교우들」, ≪천도교회월보≫, 4월호(1918); 원암(오지영), 「세계는 반드시 도덕으로 개조

신태순, 조기주 등 혁신파 일색으로 선출되었다. 이들이 마련한 「천도교종헌」은 12월 23일 의정회에서 가결되었고 1922년 1월 17일에 공식 반포되었다.87) 「천도교종헌」의 제1조는 '천도교는 천도교인의 전체의사로 차(此)를 호지함'이라 하여 교권은 천도교인으로부터 나온다는 점을 분명히 명시하고 있다.88) 혁신파의 교단 핵심부로의 진출은 교화를 담당하는 종법원의 주도권을 장악하는 것에서부터 시작되었다. 1월 17일 임명된 종법사(宗法師) 18명 중 혁신파 혹은 혁신운동의 동조자는 이종훈, 홍병기, 이병춘, 임예환, 홍기조, 정계완, 나인협, 권병덕, 오지영, 윤익선, 박봉윤, 김문벽 등 13명에 달했다.89)

천도교의 혁신은 교단 안팎에서 상당한 반향을 불러일으켰다. 천도교단 내에서는 오지영, 김봉국 등의 혁신파는 물론 이돈화·김병준 등 천도교청년회 간부들도 천하중론을 존중하는 평등적·공화적 색채를 갖고 있다며 일제히 환영했다.90) ≪동아일보≫는 "종래 독재제에서 계급제도를 타파하고 단순을 위주로 하여 일반 의사를 존중한 중의제로의 개

하리라」, ≪천도교회월보≫, 6월호(1920); 원암, 「연원문제」, ≪천도교회월보≫, 2월호(1921); 당시 연원제의 폐해는 연원 관계로 차별을 두어 종무 처리 시에도 아시피비의 야심을 가리는 파당 싸움으로까지 번지는 양상을 보였다고 한다. 청룡산인, 「포덕천하의 도정에 입(立)한 동덕제위에게 고함」, ≪천도교회월보≫, 10월호(1920).

87) 「종령 제126호(1922.1.17)」, 『종령집』, 172쪽.

88) 「천도교종헌초안」.

89) 「중앙총부휘보」, ≪천도교회월보≫, 2월호(1922); 나머지 5명은 권동진, 오영창, 이인숙, 이돈화, 정광조 등이었다.

90) 이돈화, 「신기원을 획(劃)한 우리 교의 신면목」, ≪천도교회월보≫, 1월호(1922); 오지영, 「천도교지신면목」, ≪천도교회월보≫, 1월호(1922); 김병준, 「우리 교회의 제도개선에 대하여」, ≪천도교회월보≫, 2월호(1922); 갑산초부, 「천도교의 발전책에 대한 여의 관견」, ≪천도교회월보≫, 2월호(1922); 김봉국, 「우리 교회 신제도에 대한 문답」, ≪천도교회월보≫, 3월호(1922).

혁"[91]이라며 격찬하고 나섰다. 많은 정치사회단체들이 결성되고 '데모크라시의 시대'라고 떠들기는 해도 아직 절차 민주주의에 익숙하지 않은 사람들에게 천도교의 혁신운동은 시대의 진보를 체감케 하는 것으로 국내외적으로 많은 지지를 받았다.[92]

그런데 보수파는 대세에 밀려 합법적인 절차에 입각한 '혁명'을 용인했으나 기득권을 위협받는 지경에 이르자, 병석의 손병희를 설득했다. 일제의 감시와 탄압에 시달리고 있는 상황에서 교주선거제와 연원제의 폐지는 교단 존립의 구심력을 파괴하는 것으로 시기상조라는 것이었다. 손병희가 시기상조론에 동의하면서 순항하던 혁신운동에 제동이 걸리기 시작했다. 전도사회가 나서서 손병희를 설득했지만, 손병희는 자신의 권위에 도전하는 것으로 받아들이고 오히려 「천도교대헌」체제로의 복구를 명령하는 강경한 입장을 취했다.[93] 하지만 혁신운동에 대한 여론의 지지에 고무된 상당수의 의정원들이 혁신파에 가담해 손병희의 권위에 도전했다. 전도사회도 혁신운동의 지속적인 추진을 다짐하는 회맹식(會盟式)을 가졌다.

혁신파 대 보수파의 파쟁이 격화될 조짐을 보이자, 오세창·권동진·최린 등이 중재를 자임하고 나섰다. 최동희는 특히 최린에게 상당한 기대를 걸었다.[94] 그는 3·1운동의 실질적 주모자이자 천도교 차세대 지도자로 주목받고 있는 최린이 수완을 발휘한다면 보수파와의 절충을 통해 혁신운동을 계속 추진할 수 있을 것이라고 예견했다. 그런데 그의 기대와는 달리 최린을 비롯한 오세창, 권동진 등이 결국 중재 노력을 포기한

91) ≪동아일보≫, 1922년 1월 17일자.

92) ≪신한민보≫는 천도교의 개혁을 "시대진보에 따라 독재제에서 중의제로 면모를 일신한 것"으로 평가했다. ≪신한민보≫, 1922년 2월 16일자.

93) 『동학사』, 220쪽.

94) 『소수선생 신유년일기』, 1921년 12월 30, 31일자.

채 보수파에 가담하고 말았다. 게다가 전도사회의 도사들까지 돌연 보수파에 가담했다.[95]

이처럼 혁신파의 원로뿐 아니라 중도파까지 혁신의 대세를 거부하고 보수파에 가담하게 된 것은 혁신파의 사회주의적 경향 때문이었다. 일본 당국은 1921년 11월 개최될 예정이었던 워싱턴회의에서 조선 문제가 언급될 것으로 기대하는 민족진영의 움직임을 예의 주시하지 않을 수 없었는데, 특히 '조선에서 제일 교도가 많고 또 금전이 많은 천도교' 간부들을 불러 현혹되지 말 것을 경고하고 감시했다.[96] 그런데 워싱턴회의에 조선 문제가 상정될 것이라는 기대가 여지없이 무너지면서 사실상 독립을 포기한 민족주의 진영은 경제적 실력양성운동에 매진하기 시작했다.[97] 사회주의 진영은 대중운동으로의 적극적인 진출을 통해 돌파구를 찾고자 했다. 게다가 1922년 벽두에 동아일보계를 중심으로 추진되던 '김윤식사회장(金允植社會葬)'이 공산주의 그룹의 공개적 반대로 좌절되면서 민족주의 진영은 심하게 동요하고 있었다.[98] 그것은 본격적인 좌우분화의 전조였다.

천도교 혁신운동의 주모자 최동희는 1919년 6월에 러시아로부터 모종의 지시를 받고 독립운동을 위해 귀국한 혐의로 체포당한 경력을 갖고 있었다.[99] 그는 1920년 9월에도 대구에서 최완(崔浣), 이근호(李根浩)

---

95) 지방의 천도교 지도자들도 자신 휘하에 있는 연원이 부정되고 그 때문에 성미를 거두지 못해 재정적 압박을 받게 될 것을 우려하면서 혁신운동에 반대하고 나섰다. 김병준, 「우리 교회의 제도개선에 대하여」, ≪천도교회월보≫, 2월호(1922).

96) ≪조선일보≫, 1921년 9월 2일, 9월 3일자.

97) 박찬승, 「일제하 국내 우파진영의 민족주의」, 『한국근대사와 민족주의』(집문당, 1997), 98~99쪽.

98) 박종린, 「'김윤식사회장' 찬반논의와 사회주의세력의 재편」, ≪역사와 현실≫, 38(2000) 참조.

등을 만나 '만주에 중립국을 건설하고 조선의 독립을 도모할 것, 노국 과격파와 서로 결탁해 무력침입을 할 것, 조선인 경찰 관리를 매수할 것' 등을 모의했다는 혐의로 체포당한 그야말로 위험인물이었다.[100] 석방된 뒤에도 김한(金翰), 박일병(朴一秉), 원우관(元友觀), 주종건(朱鍾健) 등 각종 노동단체나 사상단체에서 활동하는 좌파 지도자들과 자주 만났고 때로는 그들을 식객으로 거두어주고 있었다.[101] 혁신파 소장그룹의 김봉국, 이동락, 이동구, 송헌 역시 천도교청년회 내 급진적인 성향을 대표하는 인물들이었다. 그들은 비록 좌파 그룹에 직접 가담해 활동하지는 않았지만, 3·1운동으로 인한 옥고의 고통이 채 가시지 않은 천도교 지도자들에게는 점차 부담스러운 존재가 되어가고 있었다.

혁신파와 보수파의 대립은 1922년 4~5월에 들어 파국을 향해 치달았다. 박인호가 의정회의 후신인 종의원의 상임위원으로 선출된 김봉국과 조인성의 중앙교단 상주를 허락하지 않자, 혁신파는 4월 5일 임시종의회를 개최하고 교주불신임을 결의했다. 그리고 용담연원연합경전연구소(龍潭淵源聯合經典硏究所)[102]에 종의사후원회(宗議士後援會)를 설치

99) ≪신한민보≫, 1919년 7월 24일자.

100) 경상북도경찰부, 『고등경찰요사』(1934), 199~200쪽.

101) 원우관, 김한, 박일병은 1920년 3월 서울에서 결성되고 1921년 5월에 부활한 '조선공산당'의 핵심 성원이었다. 또한 1922년 1월에는 3인 모두 '최초의 공개적 사상운동단체'인 무산자동맹의 결성에 참가했다. 대종교인인 박일병은 1913년 최재학이 주도한 천도교혁신회의 일원으로 손병희퇴진운동을 전개한 경력의 '기피' 인물이었다. 원우관은 함경도 원산 출신으로 1911년 천도교중앙총부 현기관 서계원으로 근무한 경력의 소유자였다. 천연자, 「對所謂革新會問答」, ≪천도교회월보≫, 9월호(1913); 『현기관 일지』, 1911년 3월 15일자.

102) 용담연원연합경전연구소는 천도교에서 재원을 제공하여 최제우를 교조로 하는 천도교, 시천교, 청림교, 제우교, 제화교, 인천교 등 동학계 종교단체들이 매주 토요일마다 모여 경전을 연구하던 곳이었다. 천도교와 송병준계 시천교

한 뒤,[103] 그 명의로 교주 및 중앙총부의 현 간부와는 모든 관계를 단절한다는 내용의 공함을 지방교구에 발송했다.

마침내 4월 12일 보수파의 주도로 「천도교대헌」 체제로의 복귀를 골자로 한 손병희의 친명서(親命書)가 발표되었다.[104] 하지만 친명서는 천도교인의 동요를 더욱 부추기고 말았다. 결국 보수파는 '친명서는 시대의 정도에 따라 개정한 종헌이 미비하여 손병희의 명으로 다시 정정하기 위한 조처에 불과한 것'이라고 해명해야 했다.[105] 궁색해진 보수파는 조인성과 김봉국을 '종헌과 종규에 따라 임시 종의회를 개최하지 않았다'는 명목으로 제명했다. 또한 이종훈, 홍병기, 정계완, 오지영 등도 '종의사후원회를 조직하여 교단의 중심(衆心)을 현혹케 하고 교회의 체면을 손상시켰다'는 명목으로 교적에서 제명했다.[106] 수습책의

및 김연국계 시천교가 함께 모여 만든 포덕연구부가 용담연원연합경전연구소의 전신이다.

103) 혁신파가 주도하는 종의사후원회에 대해 천도교청년회 간부 박사직은 "아직까지 천도교의 경험지식이 부족하여서 천도교적 의식은 없어 가지고 오직 평등이니 자유니 하는 표어 밑에서 함부로 날뛰는 청년들, 즉 기미운동 바람에 입교한 청년 인사 수십 인이 호상집응된 것"이라고 주장했다. 박사직, 「천도교양차분규비화(2)」, ≪신인간≫, 8월호(1930).

104) 이 친명서에 따르면, 교주는 종신직으로 한다는 조항이 새로 삽입되었고 종법원, 종무원, 종법사, 종무사, 포덕사라는 명칭은 모두 폐지되었으며 종법사로 통일되었던 장로·도사·도훈·교훈·봉훈 등의 명칭도 복구되었다. 그리고 이러한 종헌 개정의 권한은 종의원이 아니라 각과 주임에게 위임되었다. 「경고 제5호(1922.4.12)」, 『종령집』, 176~177쪽; 『의암성사병상일지』, 1922년 4월 5일자; 『정용근전집(상)』, 350쪽.

105) 지방 천도교인들의 동요는 성미와 천도교청년회비의 불납으로 이어져 천도교단의 재정 압박은 더욱 가중되었다. 김병준, 「송구영신」, ≪천도교회월보≫, 1월호(1922); 김홍식, 「지방에 계신 동덕에게 근고하노라」, ≪천도교회월보≫, 9월호(1922).

일환으로 이들의 출교를 주동한 이는 최린, 권동진, 오세창 등 3인이었다고 한다.[107]

혁신파의 투지와 비판적 여론에 밀린 보수파는 천도교인을 설득하기 위해 ≪천도교회월보≫를 통해 혁신파에 대한 총공세를 전개했다. 혁신파는 "가슴 속에 현대사조도 인내천도 없는 사람"[108]으로 매도되었고 "근래 소위 민족을 위하느니 교회를 위하느니 하는 그네들 중에도 만일 일시의 영욕에 좌우되어 자기의 양심을 속이면서 모든 불합리한 일을 행하는 이가 있다면 스스로 양심을 속이지 말라"[109]는 협박도 받았다. 또한 보수파는 천도교인에게 "신종헌은 최동희 일파가 주창한 것으로 그들은 겉으로는 문명의 간판을 붙이고 있지만 속에는 야심을 갖고 있으니 결국 신앙은 퇴락하고 말 것"[110]이라고 경고했다. 천도교청년회는 1922년 5월 14일 지회의 동요에 대해 자중을 요구하는 공문을 발송했다.[111] 천도교청년회가 혁신파가 아닌 보수파의 편에 서게 된 것도 천도교청년회 주류의 사상 경향과 관련이 있는 듯하다.[112] 가령

106) 「중앙총부휘보」, ≪천도교회월보≫, 5월호(1922), 98~104쪽.

107) 박사직, 「천도교양차분규비화(2)」 참조.

108) 김명호, 「금후 오교인의 행로」, ≪천도교회월보≫, 3월호(1922).

109) 「권두언」, ≪천도교회월보≫, 5월호(1922).

110) 이종린, 「금회 분규의 원인과 결과를 거(擧)하여 제현(諸賢)의 일고(一考)에 공(供)함」, ≪천도교회월보≫, 5월호(1922); 김병준, 「신앙부활책에 대하여」, ≪천도교회월보≫, 5월호(1922); 김명호, 「금일 오인의 신앙이 여하」, ≪천도교회월보≫, 5월호(1922); 한동조, 「어찌할까? 불쌍한 동무들을?」, ≪천도교회월보≫, 5월호(1922).

111) 「천도교청년회 공고」, ≪천도교회월보≫, 5월호(1922).

112) 일제 당국은 정광조가 ≪개벽≫의 재정 곤란을 해결해준 것 때문에 천도교청년회가 정광조와 융화되었다고 파악하고 있었다. 하지만 단순히 재정문제만으로 천도교청년회가 보수파의 편에 서게 되었다고 단정할 수는 없다. 金正明 編, 「天道教の新舊兩派の內訌解決に關する件」, 『朝鮮獨立運動(1)』(1967), 701~706쪽.

김기전의 경우 조선총독부 기관지인 ≪매일신보≫ 기자를 역임했는데 당시 기명(記名) 논설에서 "천황폐하의 일시동인하시는 밑에서 당당한 제국신민이 되었으니 잘살자"[113]고 주장하면서 민족의 장래를 위해서는 신교육과 산업 진흥이 필요하다는 견해를 피력했던 인물이었다.[114] 이처럼 근대 지상주의자로 천도교 문화운동을 주도한 김기전이 반제국·반자본을 추구하는 사회주의 좌파에 거부감을 가졌을 가능성이 크다.

보수파의 총공세에 혁신파는 종의원을 통해 더욱 강경한 내용의 혁신안을 결의하고 지방 천도교인에게 알렸다. 그 골자는 다음과 같다.[115]

> 一. 무두제(無頭制)로 할 것.
> 一. 연원제는 일체 타파할 것.
> 一. 미신식(迷信式)은 일체 타파할 것.
> 一. 집중적 권리를 타파할 것.
> 一. 계급적 조직체를 타파할 것.

이에 따르면, 혁신파는 중앙집권적인 교권체제를 타파하는 완전한 분권화를 추구한 것으로 보인다.

교단의 분규가 파국으로 치닫던 1922년 5월 19일 손병희가 사망했

---

113) ≪매일신보≫, 1917년 7월 3일자.

114) 윤해동, 「한말 일제하 천도교 김기전의 '근대' 수용과 '민족주의'」, 225~228쪽.

115) 『동학사』, 229쪽; 계급이란 '지위와 직제 간의 등급'을 의미한다. 혁신파는 천도교단 조직과 운영에서의 등급·단계를 차별적인 것으로 부각시키기 위해 계급이란 용어를 구사했으나, 당시 계급운동이 유행하는 상황에서 이러한 용어 사용은 혁신파의 성향에 관한 천도교인의 의구심과 오해를 야기할 여지가 다분한 것이었다.

다. 이어 박인호마저 6월 6일 교주직을 사퇴했다.[116] 사태는 새로운 국면으로 접어들었다. 지방 천도교인의 동요는 더욱 확산될 조짐을 보였다. 또한 '손병희의 천도교'가 그의 사후에도 전과 다름없이 유지될 수 있을 것인가에 세인의 이목이 집중되고 있었다.

손병희 사망과 박인호의 사퇴 이후 천도교의 차세대 지도자로 기대를 모은 이는 권동진, 오세창, 최린, 정광조, 이종린 등이었다. 당시 중앙교단 간부로 활동하고 있던 그들이 선택한 위기 타파의 묘책은 '혁신파의 사상적 경향성을 불문에 부치고 지방 천도교인의 동요를 막기 위해 무조건 합동한다'는 것이었다. 그들은 「천도교대헌」 체제로의 복귀는 천도교인의 혁신 여망을 짓밟는 극단적인 조치였음을 인정하고 폐기했다.

1922년 6월 10일 보수파는 임시 교인대회를 개최하여 전격적으로 무교주제를 의결하고 나용환, 정광조, 최린 등 42인의 대표위원을 선출한 뒤 교무 전반을 일임했다.[117] 6월 12일 대표위원회는 먼저 혁신파의 출교를 취소하고 그날로 최린, 정광조, 이인숙, 오세창, 오상준 등 5인이 12개 조항의 협상안을 갖고 종의사후원회 교섭위원인 최안국, 이태윤 등과 협의에 들어가 일괄 타결에 성공했다.[118] 양자 모두 무교주제에

---

116) 「중앙총부휘보」, ≪천도교회월보≫, 7월호(1922), 97쪽; 「경고 제7호(1922. 6.6)」, 『종령집』, 178쪽.

117) 「공함 호외(1922.6.12)」, 『종령집』, 179~180쪽; 보수파가 무교주제를 채택한 것은 장로와 도사들이 혁신파에 가담한 경력을 갖고 있고, 혁신파의 실질적인 영수인 최동희가 최시형의 장자로서 갖고 있는 대내외적인 비중을 의식하지 않을 수 없었기 때문이다. 혁신파와의 합동을 도모하면서도 혁신운동이 '수모(誰某)', '개인'의 차원에서 교권 장악을 위한 공작이라는 점을 누누이 부각시키는 것도 그런 이유에서였다. 이종린, 「금회 분규의 원인과 결과를 거하여 제현의 일고에 공함」; 이종린, 「신기원 벽두 나의 희망」, ≪천도교회월보≫, 9월호(1922).

118) 이종린, 「육월 십이일의 기일(其日)」, ≪천도교회월보≫, 8월호(1922); 박사

찬동하고 있었으므로 협상은 쉽게 타결되었다.[119] 그리고 1922년 8월 17일부터 시작된 교구대표위원회에서는 김봉국, 송헌, 유공삼 등 혁신파가 참여한 가운데 「천도교종헌」을 개정한 「천도교교헌(天道敎敎憲)」이 통과되어 마침내 교주제가 완전 폐지되었고, 종리사에 의한 집단지도체제가 출범했다.[120]

1922년 9월 1일 최린의 주동으로 보수파를 망라한 90여 인의 천도교 지도자들이 '분규로 인한 갈등과 혼돈을 극복하고 일치단결하자'는 명분하에 천도교우친목회를 결성했다. 창립위원으로는 최린, 최석련, 권병덕, 김병준, 이종린, 오상준, 나인협, 정광조, 문철모, 정도준 등이 선출되었다.[121] 보수파가 독자적인 친목단체를 결성한 것은 보수파와 혁신파 간의 갈등의 불씨가 여전히 남아 있었음을 의미했다. 더욱이 9월 9일 종리사 선거에서 공교롭게도 권동진, 최린, 이인숙, 오세창, 오영창, 나용환, 권병덕, 박준승, 나인협 등 보수파가 전원 당선되고 말았다. 이에 고무된 보수파는 '제도개선의 취지를 선전하고 단결을 견고히 하며 교풍(敎風)의 진흥을 더욱 확충한다'며 중앙교단 간부들의 지방순회를 독려했다.[122] 중앙간부들이 서북 지방을 비롯한 각 지역으로 파견되어 「천도교교헌」의 혁신성을 선전하고 민심을 수습했다. 그 과정에서 종의원을 대신해 설치된 종법회의 종법사 선거도 지방별로 순조롭게 진행되었다.

직, 「천도교양차분규비화(3)」, ≪신인간≫, 10월호(1930).

119) 한동조, 「천도교의 통일중심주의」, ≪천도교회월보≫, 8월호(1922).

120) 최린에 의하면, 종리사제는 공인된 이사가 교를 관장하는 기독교를 본 뜬 것이었다. 최린, 「합의제는 시대에 가장 적당함」, ≪신민≫, 9월호(1925).

121) 「천도교교우친목회발기개황별보」, ≪천도교회월보≫, 9월호(1922); 「천도교우친목회발기회회록」, ≪천도교회월보≫, 10월호(1922).

122) 「중앙총부휘보」, ≪천도교회월보≫, 9월호(1922), 79~80쪽.

1922년 12월에 개최된 제1회 종법회에서 김봉국은 8월에 개최되었다가 무산된 교구대표위원회를 다시 개최하지 않고 종법회를 개회하는 것은 불법이라며 이의를 제기해보았지만 대세는 보수파 편이었다.[123] 보수파가 종법회를 계속 진행하면서 이종훈, 홍병기, 정계완 등 혁신파 23명이 보수파에 가담하는 사태가 벌어졌다.[124] 결국 혁신파는 천도교 혁신단(天道教革新團)을 결성하고 '신구분리'를 선언한 뒤 「임시약법(臨時約法)」을 공포했다. 그리고 1922년 12월 말 아래와 같은 「천도교약법(天道教約法)」을 공식 가결하고 별도의 단체인 천도교연합회(天道教聯合會)를 창설해 천도교단을 이탈했다.[125]

一. 인내천주의에 위반되는 교주 전제하의 중앙총부, 교구, 전교실 등 모든 계급은 타파하고 지방중심과 개인본위인 평등적 교회를 두고 직원은 간사제로 함.

一. 연원의 계급(장로, 도사, 도훈, 봉훈 등 독군제[126]와 如한 것)과 피아(彼我) 관내(管內)의 편당적 관념을 타파하고 일체의 기관포교(機關布教)로 함.

一. 우상숭배에 유사한 미신적 의식과 신비적 주의는 해탈하고 자심자배(自心自拜)적 정신(正信)으로 현세천국을 건설함.

---

123) ≪조선일보≫, 1922년 12월 13일자.

124) 박사직, 「천도교양차분규비화(3)」, ≪신인간≫, 10월호(1930); 『동학사』, 233쪽.

125) 혁신파가 천도교단을 이탈할 즈음, 혁신운동의 기수였던 최동희는 또다시 망명길에 올랐다. 최동희는 1924년 ≪개벽≫을 통해 자신의 근황을 알리기도 했다. 소수생, 「해삼위에서」, ≪개벽≫, 2월호(1924), 38쪽.

126) 독군(督軍)이란 역사적 용어로 중국에서 신해혁명 이후 각 성에 설치한 지방관을 의미한다. 독군은 군사장관으로 성장(省長)을 겸비함으로써 문무의 권한을 장악한 절대 권력을 행사했고 결국 군벌을 형성했다. 여기서는 연원제하에서 각 연원의 지도자들이 행사하는 막강한 권력을 독군에 비유한 것으로 보인다.

一. 연성미 전부와 월성미 반액을 중앙총부에 상납하던 집중적 사대주의는 철폐하고 연월성미를 삼분하여 2분은 각 교회의 경비로 1분은 연합교회의 경비로 함.[127)]

이에 따르면, 혁신파는 지방분권적인 교단체제를 지향하면서 연원의 차별적 등급을 폐지하여 절차적 민주주의를 실현하는 동시에 개인 본위의 자력신앙을 강조하면서 동학 초기의 수양도덕운동을 위한 공동체로의 회귀를 지향한 듯 보인다. 그들은 또한 입교문·축문·청수·기도식 등의 의례를 미신이라 하여 일체 폐지했고 기념일도 최제우의 득도일인 4월 5일만 지킬 것을 결의했다. 1923년에 발표한 공약장(公約章)의 내용은 혁신파의 입장을 더욱 분명하게 대변하고 있다.[128)]

一. 미신적 종교식을 타파하고 인본도덕을 창명할 일.
一. 편당적 연원제를 타파하고 대중해방에 노력할 일.
一. 계급적 차별제를 타파하고 평등생활을 영도할 일.

이에 따르면 천도교연합회는 수양을 통한 자력신앙에 힘쓰고 연원 간의 갈등에 힘겨워하는 천도교인을 구제하고 중앙과 지방, 집행기구 내에 존재했던 조직 운영상의 차별성을 철폐한 절대평등·절대자유의 종교를 지향했던 것으로 보인다. 오지영은 혁신파의 이탈을 단순한 당파 싸움이 아니라 주의 싸움의 결과물이라고 주장했다. '당파 간의 싸움은 시비를 불문하고 합하는 것이 옳지만 주의의 싸움은 절대로 구합(苟

127) ≪조선일보≫, 1923년 1월 29일자.

128) 『동학사』, 235~236쪽; 이 공약장은 1923년부터 선전용으로 인쇄되었는데, 문구 중 마지막 구절이 문제되어 인쇄된 공약장 3,000매 모두 경찰 당국에 압수당하는 등 수난을 겪어야 했다. ≪시대일보≫, 1924년 5월 21일, 9월 5일자.

合)할 수 없기에 따로 천도교연합회를 창설했다'는 것이다.[129]

2) 보수 · 혁신 세력의 노선 갈등

보수파와 혁신파는 대내외적인 활동 노선에서 분명한 입장 차이를 보였다. 우선 혁신파와 보수파는 교주제와 연원제 중 어느 것이 더 근본적인 개혁 사안인가를 놓고 견해를 달리했다. 오지영의 경우, 일찍부터 '연원의 정신은 존중하되 연원의 폐해는 혁거해야 한다'며 연원제의 혁파를 주장했다. '연원관계로 말미암아 시시비비를 가리며 인내천의 본위를 저버리고 동귀일체라는 천의를 소멸시킬 뿐이니 우리 교에서 불화하는 것은 모두 연원문제에서 발생'하기 때문이라는 것이었다.[130] 보수파의 이종린은 '교주는 삼세신성(三世神聖)의 내원(來源)으로서 우리 3백만의 총발원(總發源)이므로 교주직제가 그대로 있으면 연원제도 그대로 있지만 교주의 직제가 변동되면 연원제도 따라서 자연히 변동할 문제'라며 연원문제를 교주문제에 부수하는 사안으로 파악하고 있었다. 그러므로 다수파인 보수파가 볼 때, 무교주제를 채택한 이상 혁신운동은 종결된 것이었다.[131]

또한 교단 운영을 둘러싼 조직 노선에서도 양자는 입장이 달랐다. 보수파는 용담연원으로의 일원화에 찬동하여 사실상 연원제를 폐지하고 교주 대신에 종리사 합의제로 교단을 운영하는 등 혁신안을 전폭 수용하기는 했지만, 중앙집권적인 교단운영체제의 틀은 그대로 존속시켰다. 지방분권의 요구는 수용하지 않았던 것이다. 보수파는 '자신들이

---

129) 『동학사』, 231쪽.

130) 원암, 「연원문제」, ≪천도교회월보≫, 2월호(1921).

131) 이종린, 「6월 12일의 기일」, ≪천도교회월보≫, 8월호(1922).

통일제를 추구한다면 혁신파는 지방분권의 연합제를 추구하는 제도적 차이를 갖고 있을 뿐인데 그것을 계급 대 평등이라며 이념적으로 대비하여 비판하는 것은 옳지 않다'고 주장했다. 오히려 '교주와 소사의 봉급을 동일하게 하라'는 다소 극단적인 조치까지 요구하는 '개인본위·지방중심의 연합제가 더 위험하다'며 몇 개 단체의 의무금으로 겨우 영위하고 있는 조선청년회연합회의 영락을 예로 들었다.[132] 중심의 해체는 천도교의 해체로 이어질 수 있다는 것이었다.[133] 이처럼 보수파와 혁신파는 조직노선에서 통일·집중과 연합·분권을 추구해 분명한 차이를 보이고 있었다.

보수파와 혁신파는 민족운동노선에서도 서로 갈등을 빚고 있었다. 양자 간의 사상적·이념적 경향성의 차이를 가장 잘 보여주는 것은 평등론이다. 최동희는 인내천주의를 '부귀, 빈천, 지우(知遇), 존비는 물론 하등 계급도 차별도 없는 절대평등을 추구하는 것'으로 이해하고 있었다.[134] 강인택은 "전제와 계급의 모든 불합리·불철저한 것을 타파하고

132) 「천도교회의 통일제와 연합제에 대하여」, ≪천도교회월보≫, 3월호(1923); 중앙집권적 교권체제를 해체하고 지방분권에 입각한 교회 운영으로 혁신한다고 하는 것은 보수파가 볼 때 식민지 조선의 현실에서 존립 위기를 초래할 수 있는 위험한 발상일 뿐이었다. 이돈화, 「조선청년회연합회의 성립에 취하여」, ≪개벽≫, 1월호(1921), 39쪽.

133) 이광수가 일찍이 "우리에게 시급한 단체는 인원이 많고 일심(一心)하는 단체이고 중앙집권제의 단체여야 하는데 기독교는 인원이 적고 일심이 부족하고 중앙집권제가 아니고 각 교회분권인데 반해 민족의 문화부강을 목적한 중앙집권적 단체는 천도교가 유일하다"라는 견해를 밝혔는데, 이것이 또한 손병희를 비롯한 보수파의 공통된 인식이었다. 노아자(이광수), 「천도교의 사회적 사명」, ≪천도교회월보≫, 7월호(1921).

134) 최동희, 「片山先生前」, 1923년 12월 20일자; 최동희는 1924년경 연해주에서 인내천·인즉천은 공산주의의 본지와 같다고 선전하고 다녔다고 한다. 「在間島總領事 鈴木要太郎이 外務大臣 男爵 松井慶四郎에게 보낸 기밀 제76호(1924.

근절하여 이 세상의 모든 인류로 하여금 그 생을 자유에서 득하고 행복을 평화에서 구하는 것이 현대사상"이고 그것이 곧 인내천주의라고 주장하면서 모든 차별의 철폐를 주장했다.[135] 김봉국은 "인인평등(人人平等)만이 아니라 인천평등(人天平等)이 이루어져야 하는데, 강자와 부자가 인내천을 깨달을 때만 비로소 일체평등이 가능하다"고 강조했다.[136] 이처럼 혁신파는 인내천주의를 절대평등으로 이해하고 추구하면서도 방법론적으로는 계급투쟁보다는 계급화해를 선호하는 경향을 보였다. 여기서 혁신파가 주장하는 절대평등은 평등의 절대적 가치를 강조했던 최시형의 사인여천주의에서 발원한 것이라 볼 수 있다.

보수파의 이돈화가 볼 때 이러한 절대평등의 주장은 "무법한 무차별 평등관념으로 다수를 점한 열악자의 수평선으로 인간을 하향평준화하자"는 것에 불과한 것이었다. 그는 "진정한 평등주의는 인격주의를 그 수평적 표준으로 삼아 고도의 문화에 민중을 인상(引上)하도록 해야 하며 이러한 평등주의에 입각해야 민중의 의표(儀表)가 되는 천재의 존재를 인정할 수 있으며 문화의 자유발전을 인용할 수 있다"고 주장했다.[137] 또한 "진정한 평등은 우자(優者)는 우자의 천부(天賦)를 가지고 열자(劣者)는 열자의 천직(天職)을 가진 하에서 동일한 인성적 평등대우를 받는 데 있을 뿐"이라고 보았다. "원래 사람은 사회상 차이를 갖고 있어 그로부터 받는 보수에 다소의 차별이 생기는 것은 당연한 일이기 때문이다."[138]

박달성 또한 "인류가 다 강이 되면 세계는 균형을 얻을 것이고 세계

3.8)」, 『朝鮮人の部, 鮮人と過激派』.

135) 강인택, 「현대는 즉 인내천의 실현시대」, ≪천도교회월보≫, 9월호(1921).

136) 김봉국, 「萬宗教의 통일적 정신」, ≪천도교회월보≫, 10월호(1920).

137) 백두산인(이돈화), 「문화주의와 인격상 평등」, ≪개벽≫, 12월호(1920), 13쪽.

138) 이돈화, 「사람성의 해방과 사람성의 자연주의」, ≪개벽≫, 4월호(1921), 20쪽.

가 균형을 얻으면 강약우승이 없을 것이니 그것이 바로 평등이요 자유" 라고 주장했다. 강자가 되어야만 진정한 평등과 자유를 실현할 자격을 갖게 된다는 것이다.[139] 그는 "종교적 자유평등을 많이 규호하는데 자유평등은 우리가 원하는 문제 중 가장 중요한 것이지만 외래사상인 자유평등을 그대로 호득할 만큼 실력과 향유할 근기가 없다는 점"을 지적했다. 이처럼 보수파는 우승열패·약육강식을 승인하는 사회진화론적 시각에서 자유도 평등도 실력양성을 통해 현대 문명인으로서의 자격을 갖춘 뒤에나 실현 가능하다는 인식을 갖고 있었다. 또한 절대평등에 대한 부정적인 인식은 절대평등을 곧 사회주의를 표방하는 표어로 인식하고 경계하는 데서 비롯된 것이라 할 수 있다.

보수파는 혁신파의 절대평등론에 대해 "근래 소위 자유평등의 설에 크게 매취한 듯합니다"라고 평가하면서 그들이 "너도 사람 나도 사람 너도 한울 나도 한울하여 노소장유의 구별이 없어지고 너도 한말 나도 한말 너도 한푼 나도 한푼 하여 균형이 아주 극도에 달하여 심지어 제 아비보고 너도 사람 나도 사람하여 언어 행동을 같이하자며 교조까지 신임치 않는 기미까지 보인다"고 주장했다.[140] 절대평등론에 동조하면 패륜을 저지를 수도 있다는 식의 비난에 가까운 발언이다. 당시에는 보수파처럼 '인류사회에는 원래 우열과 차별이 있고 불평등이란 자연스러운 것이기 때문에 인류사회와 사회계급의 절대평등은 결코 실현되지 못할 것'이라며 절대평등주의에 직접적으로 반대 의사를 표시하는 지식인들도 있었다. "계급을 타파하고 우열을 인정하지 않고 차별을 전무하게 하려는 평등을 요구하는 운동은 무도한 행동"이라는 것이다.[141]

---

139) 박달성, 「동서문화사에 現하는 고금의 사상을 일별하고」, ≪개벽≫, 3월호 (1921).

140) 박달성, 「모든 행동을 좀 더 무겁게 가지소서」, ≪개벽≫, 5월호(1922).

141) 대관생, 「평등요구의 운동과 정신」, ≪서광≫, 1월호(1920).

이와 같은 평등에 관한 견해 차이는 사상적·이념적 격변을 야기한 주의·주의자의 동향과 밀접한 관련을 갖고 있었다. 혁신파 대 보수파 간의 제1차 신·구파 분화가 진행되었던 1922년은 본격적인 좌우투쟁이 시작된 '좌우진영의 분립운동기'였다.[142] 보수파의 입장에서 볼 때, 사회주의·좌파의 등장은 민족진영의 영도 세력으로서 천도교의 위상에 대한 중대한 도전일 수 있었다. 그들에게 좌파는 "민중을 현혹하는 먹지도 못하는 첫 3월의 버섯과 같은 존재"로 경계의 대상이었다.[143] 보수파는 좌경화의 흐름이 천도교 내에 미칠 파장을 경계했다. 그들은 절대평등을 추구하는 혁신파의 좌경적 성향을 "급격히 모든 것을 파괴하길 목적하는 것"에 지나지 않는다고 평가했다. 즉, 그들이 "절제 있는 파괴가 아니라 풍조에 피동(被動)하여 오직 파괴 그 자체만을 목적으로 하고 있었으므로 교주제를 폐지하고 연원제를 개혁하는 영단(英斷)의 개혁이 실현되어 쟁론의 여지가 없어지자 이탈했다"고 공박했다.[144]

이처럼 1922년 혁신파의 이탈은 표면상 교단 운영의 방향과 주도권을 놓고 진행되었지만, 그 이면에는 "사회주의의 만개"[145]로 야기된 민족진영 내의 좌우분화와 좌우투쟁이 자리하고 있었다. 그런데 사회주의 근대화 노선의 좌파진영이 민족운동의 주도권을 장악한 반면에, 천

---

142) 배성룡, 「조선사회운동의 사적 고찰(一)」, ≪개벽≫, 3월호(1926).

143) 「민중이여 자중하라」, ≪개벽≫, 5월호(1922).

144) 동양실주인, 「만인주시의 홍미 중에 쌓인 금후의 천도교」, ≪개벽≫, 10월호(1922).

145) 1922년은 사회주의·무산계급·유산계급·신사벌 등의 신조어가 유행했고 조선노동공제회·노동대회·서울청년회 등의 단체가 활발히 활동을 전개했으며 좌파잡지 ≪신생활≫의 필화 사건이 사회문제화되었으며 각종 노동쟁의와 소작쟁의가 치성(熾盛)했던 해였다. 또한 조선청년회연합회에서 서울청년회·양주청년회 등 18개 단체가 사회주의적 깃발을 내세우며 탈퇴한 좌우 간의 최초의 대중적 분리기이기도 했다.

도교 내 '좌경' 세력인 혁신파는 천도교의 본류로부터 사실상 파문당하면서 소수 종파로 전락했다.146)

146) 1922년 분립 이후 천도교연합회는 천도교유신청년회(天道教維新青年會, 회장 강인택)를 통해 대외활동을 전개했다. 천도교연합회는 간사체제로 유지되었는데 간부로는 오지영, 김봉국, 강인택, 김교경, 유공삼, 이동락, 이동구, 송헌 등이 활약했다. 천도교유신청년회는 1930년 천도교혁신청년동맹으로 개칭되었다. ≪조선일보≫, 1930년 4월 11일자.

2장 민족운동 노선을 둘러싼 갈등과 분화

1. 최린계의 교권 장악과 천도교청년당의 출범

손병희 사후 천도교를 이끌 차세대 지도자로 부상한 권동진, 이종린, 최린, 정광조 등 4인방은 모두 연원을 세력 기반으로 중앙에 진출한 인물들이 아니었다. 서울 출신으로 무관을 역임한 권동진은 문명개화파의 일원으로 손병희의 일본 체류 시절 동학에 입도하여 이후 천도교의 정치활동을 주도한 사회명사였다. 충남 서산 출신의 성균관 박사 이종린은 대한제국기부터 ≪제국신문≫, ≪대한협회회보≫, ≪대한민보≫ 등에 관여했고 국망 이후 천도교월보사 간부를 역임한 언론계 중진이었다.[1] 최린은 국망 직후 천도교의 '민족주의적 성향'에 이끌려 스스로 입교한 인물이었다.[2] 함남 함흥 출신의 황실유학생으로 일본으로 건너가 메이지 대학 법학과를 졸업하고 서북학회에서 활동했던 그는 1910

1) 삼천리사, 『조선사상가총관』(삼천리사, 1933), 23쪽; 이동초 편저, 『봉산집』(1982) 참조.

2) 최린, 「자서전」, 『여암문집(상)』, 175~177쪽.

년대 보성중학교 교감과 교장을 지낸 뒤 3·1운동에서 실질적 주모자 역할을 훌륭하게 수행하여 일약 '조선사회의 혹성'이 된 인물이었다.[3] 최린이 천도교 간부로 활동한 것은 1922년 서무과 주임에 임명된 이후부터였다.[4] 충북 음성 출신의 정광조는 손병희의 둘째 사위라는 후광을 업고 1910년대부터 천도교의 운영을 총괄하는 대종사장을 역임한 4인방 중 가장 천도교인다운 지도자였다.[5]

4인방 중 교권에 가장 적극적인 관심을 보인 이는 최린이었다. 서북 출신의 최린은 서북인들이 수적으로는 80% 이상의 지분을 갖고 있는데도 천도교 중앙의 교권을 장악하지 못하고 있는 현실에 주목했다.[6] 더욱이 서북인들은 정치적 주변인으로 늘 소외당하고 있다는 피해의식에 젖어 있었다.

최린은 우선 중앙교단에서 동조 세력을 결집하기 시작했다. 먼저 천도교 내 취약한 세력 기반을 보완하기 위해 서북 출신은 아니지만 교단의 운영을 가장 잘 꿰뚫고 있는 정광조를 포섭했다. 일본 유학파 출신으

---

3) 이정섭, 「최근 정세와 최린씨」, ≪삼천리≫, 10월호(1932); 『조선사상가총관』, 11쪽.

4) 천도교중앙총부, 『직원록』, 84쪽.

5) 정광조는 손병희가 일본 망명 당시 일본으로 데리고 간 유학생 중 하나였다. 당시에는 정창세(鄭昌世)라는 이름을 갖고 있었다. 그는 1910년 와세다 대학 정경학부를 졸업했다. 『조선사상가총관』, 20~21쪽; 당시 유학생 중에는 속히 법률이나 정치, 경제를 배워 귀국 후 활동할 야심을 갖고 있는 이들이 대부분이었다고 한다. 와세다 대학은 특히 메이지유신의 주역인 오쿠마 시게노부(大隈重信)가 총장으로 있어 유학생들의 호감이 가장 높은 학교였다. 이광수, 「천도교대령 정광조 종횡관」, ≪동광≫, 1월호(1931).

6) 서북 지방의 천도교 지도자들이 중앙교단에서 지분만큼의 응분의 대우를 받기 시작한 것은 1917년부터였다. 서북 출신의 나용환, 나인협, 홍기억, 홍기조 등이 원로인 도사 예우를 받았던 것이다. 천도교중앙총부, 『직원록』, 49~50쪽.

로 손병희의 둘째 사위라는 점은 정광조를 끌어들인 더없이 훌륭한 배경이었다. 함남 고원 출신의 천도교 이론가이자 웅변가인 이돈화도 최린의 측근이 되었다. 그의 유창한 언변과 일필휘지의 필력은 최린이 탐낼 만큼 충분히 매력적인 재능이었다.[7] 그리고 최린은 평안남북도의 청년 지도자, 즉 천도교청년회 간부로 활동하면서 ≪개벽≫을 통해 대내외적인 명성을 얻고 있던 김기전, 조기간, 박달성, 박사직 등을 포섭했다.

최린의 부상은 중앙교단 간부인 종리사를 선출하기 위해 1922년 9월 9일에 실시한 선거를 통해서도 여실히 증명되었다. 종리사로는 권동진(66), 최린(65), 이인숙(58), 오세창(54), 나용환(50), 오영창(48), 권병덕(41), 정광조(26), 박준승(26) 등 9명이 당선되었다(괄호 안의 숫자는 득표수).[8] 최린은 권동진에 이어 불과 한 표 차이의 차점자로 당선되면서 급부상했다. 그는 1922년 12월 25일 보수파의 친목단체로 발기한 만화회(萬化會)의 창립총회에서 회장에 선출되어 교권 장악을 향해 한발 더 내딛게 된다.[9]

최린계는 1922년 혁신파와의 파쟁이 수습 국면에 접어들자 직접 서북 지방의 천도교 지도자와 교인을 찾아 나섰다. 우선 1923년 7월에는 지방교역자·유지·지방두목에게 「경계문」을 내려 종교활동에 전념할

7) 이돈화는 원만하고 노련한 성격으로 전국순회강연 도중 법에 저촉된 적이 없고 청중에게 야유 받은 적이 없으며 글보다 말이 특기였다고 한다. 「종교계 인물: 이돈화」, ≪혜성≫, 9월호(1931), 53쪽; 박달성, 「인내천주의학자 이돈화론」, ≪혜성≫, 11월호(1931).

8) 「중앙총부휘보」, ≪천도교회월보≫, 9월호(1922).

9) 만화회는 결성 목적으로 회원 상호 간의 신앙견고·사상통일·지식보급·실업장려 등을 내세웠다. 각 군에 지부도 설치했는데, 함흥·선천·곽산·의주·용천·철산·정주·북청·희천·강계 등 서북 지방에 편중되었다. 「천도교만화회 창립총회 후보」, ≪천도교회월보≫, 1월호(1923).

것을 지시했다. 그리고 1년을 끌었던 교단 분규로 신앙심이 여지없이 타락하여 '환산(渙散)'하고 있는 서북 교인의 단결과 자신들에 대한 지지를 호소하기 위한 강도회(講道會)를 개최했다. 1923년 2월 평북강도회를 시작으로 황해도연합강도회, 평남남부연합강도회, 평남북부연합강도회, 함남남부연합강도회 등이 1924년까지 계속되었다.

서북 교인을 기반으로 하는 최린계의 교권 장악은 빠른 속도로 진행되었다. 1923년 4월 6일 개최된 임시종법회는 「천도교교헌」을 폐지하고 간단한 「교무규정」만을 두는 불문법 체제를 채택했다. 또한 중앙총부를 중앙종리원으로, 지방교구는 지방종리원으로 개칭하고 일체의 교직을 종리사로 호명하도록 해 교단 내 수평적 질서·평등의 원리를 실현시켜 나갔다. 최고의결기구는 종법회에서 13명의 종리사로 구성된 종리사총회로 변경되었다.[10] 이어 곧바로 실시된 종리사 선거에서 최린계는 최린(49), 이돈화(48), 김옥빈(35), 정광조(33), 계연집(30), 홍일창(28), 최단봉(27), 이두성(26) 등 8명이 당선되는 쾌거를 올렸다. 나머지 두 사람은 권동진(49)과 이병춘(24)이었다.[11] 종리사가 각 지역 대표들의 투표에 의해 선출되고 교단이 종리사의 합의에 의해 운영된다는 점을 감안할 때 이러한 투표 결과는 최린계가 천도교의 중앙교단과 지방의 주요 연원을 거의 장악했다는 것을 의미했다. 또한 최린이 비록 권동진과 동점표를 받기는 했지만, 그가 집단지도체제인 종리사회에서 80%의 지분을 갖는 확고부동한 천도교 내 제1인자라는 것은 누구도 부인할 수 없는 기정사실이 되었다.

제1차 신구파 분화를 거치면서 진행된 천도교 민주화의 최대 수혜자는 다름 아닌 최린이었다. 연원 기반과 간부 경력이 일천했음에도 그가

---

10) 「중앙종리원휘보」, 「임시종법사회회록」, ≪천도교회월보≫, 5월호(1923).

11) 「임시종법사회록」, ≪천도교회월보≫, 5월호(1924).

3·1운동에서 얻은 명망과 천도교청년회의 지지를 기반으로 비교적 손쉽게 교권을 장악할 수 있었던 것은, 교주제가 폐지되고 연원제도 용담연원으로 일원화되는 방식으로 사실상 폐지되면서 중앙과 지방에서의 천도교 내 세대교체가 비교적 순조롭게 진행된 덕이었다.

1924년을 거치면서 혁신의 기운은 침잠되고 '보수로의 회귀'라는 역풍이 불기 시작했다. 1922년 혁신운동의 과정에서 용담연원으로 일원화되면서 사실상 해체되었던 연원제는 '속지주의보다는 속인주의가 정신 교화와 포덕 상의 발전을 위해 좋다'는 명분 아래 1924년 1월 300호를 하나의 포로 규정한 포덕제로 부활했다.[12] 최린계는 '연원제는 두목이 있은 후에 기관이 성립했지만, 포덕제는 기관 자체가 우선 성립한 후 선거를 통해 포덕사를 선출하므로 개인 중심이 아닌 기관 중심의 교화기구'라고 해명했다.[13] 그뿐 아니라 교회의 원로를 종법사로 모시는 종법실을 설치하여 '계급제로의 환원'이라는 비판을 받기도 했다. 포덕제 실시와 종법실 설치는 최린계가 이제 무주제하에서 교권을 거머쥔 제1인자가 되었음을 천명하는 조치였고, 자파 교인의 결속력을 강화하려는 시도의 일환이었다.

한편 최린계는 해외포교, 특히 만주와 중국에서의 포교활동에도 힘썼다.[14] 3·1운동의 영향으로 북간도에서 교세가 급신장하면서 1923년 2월에는 7개 교구에 3,000여 호, 1만여 명의 교인이 있었다.[15] 북경에

12) 「중앙휘보」, ≪천도교회월보≫, 11월호(1923); ≪조선일보≫, 1924년 1월 18일자. 30호에 포덕사 1인, 300호에 주간포덕사 1인을 두는 동시에 각 포에 포명을 붙이는데, 포명은 '順·守·正·明·至·永·侍·眞·化·同·興·文·致·宗' 등의 글자 아래 '誠·敬·信·法·知' 다섯 글자 중 한 글자를 삽입하는 방식으로 붙여졌다.

13) 「포덕제의 근본의의」, ≪신인간≫, 1월호(1927).

14) 이종린, 「신제도 신조직 하에 반드시 신사업이 있을 것이다」, ≪천도교회월보≫, 11월호(1922).

는 1922년 2월 북경종리원이 설치되었다.[16] 이러한 해외포교의 실적은 천도교인에게 자긍심을 심어주는 소식이었다.

이와 같은 제도개선과 포교활동은 모두 손병희 사후 세력 만회를 위한 자구책이었으나, 제대로 실효를 거두지는 못했다. 최린계는 천도교가 분규 이후 1~2년 만에 손병희 당시의 교세를 만회했다고 선전했지만,[17] 1년에 30만여 원에 달하던 예산은 10만 원 정도로 감소했고 천도교가 전개했던 문화계몽운동도 ≪개벽≫, ≪천도교회월보≫ 등에 대한 지원 축소와 보성학원의 경영 포기 등에서 알 수 있듯이 위축되어 갔다.[18] 이러한 재정 곤란을 타개하기 위한 방안으로 1925년 4월 4일 종리사 정기총회에는 천도교인에게 입회금 1원으로 회원 자격을 주는 '천도교재단기성회발기안'이 상정되었다.[19] 하지만 곧바로 터진 내분으로 재단 설립은 유야무야되었다.

2. 최린계와 이종린계의 노선 갈등과 분화

천도교의 교권을 장악하는 데 성공한 최린계는 곧바로 대외활동을 모색한다. 우선 최린계는 천도교제일주의에 입각해 천도교인을 기반으

15) 천도교는 북간도를 중심으로 남·북만주에 널리 확산되어 입교하는 동포가 매일 증가했으며 중국인들도 다수 입교했다고 한다. ≪조선일보≫, 1923년 2월 4일자; 이 시기 만주 지역 천도교의 동향은 성주현, 「일제하 만주 지역 천도교인의 민족운동: 3.1운동과 독립운동단체 참여를 중심으로」, ≪동학학보≫, 5(2003) 참조.

16) 일기자, 「천도교 북경전교실 창립축하식기」, ≪천도교회월보≫, 7월호(1922).

17) 「일대 전환기에 선 종교계의 석금(昔今)」, ≪개벽≫, 3월호(1925).

18) 한독소, 「금일 이후의 천도교인의 동맹사업」, ≪천도교회월보≫, 3월호(1923).

19) 김병준, 「천도교재단기성회」, ≪천도교회월보≫, 4월호(1925).

로 정치사회단체를 결성하고 활동한다는 원칙을 마련했다. 그것은 서북 지방 출신이 아직은 민족진영 내에서 비주류인 사정과 서북의 세력 기반에 입각한 천도교만의 독자적 정치세력화가 가능하다는 포부가 빚어낸 최린계 특유의 운동노선이었다. '조선이 장차 조선다운 조선이 되려면 실력양성과 단결을 공고히 해야 하는데 이를 위해서는 교육·산업·종교를 통한 단체훈련이 반드시 필요하며 종교로서는 우리 땅에서 나서 우리의 것을 먹고 자랐으며 우리의 것을 입고 성장한' 토착종교 천도교를 통한 단체 훈련이 최선이라는 것이다.[20)]

1923년 초부터 최린계는 '민족적 중심단체' 결성의 필요성을 제기하면서,[21)] '조선에는 정치적 또는 사회적 중심세력이 없으니 동화주의든지 자치론이든지 독립주의든지 사회주의든지를 불문하고 조선인은 이 중심에 어느 것 하나를 취하여 민족적 의사를 대표할 대단체를 이루어 민족적 중심세력이 되는 자가 조선민족을 대표해야 한다'고 주장하고 나섰다.[22)] 이는 독자적 정치세력화가 가능한 인적·물적 기반을 갖고 있는 천도교만이 민족을 대표하는 중심 세력으로서 자격을 갖추었다는 자신감에서 나온 것이었다. 그들은 조선민족에게는 막연한 대동일치·민족일치보다는 "우리가 바라볼 유일한 표준점을 인정하고 거기에 도달할 유일한 방도를 발견하여 꼭 동일한 신념과 꼭 동일한 조직과 꼭 동일한 각오의 밑에서 절대의 약속을 가지고 새로이 내회(來會)하는 주의적 단결"이 필요하다고 주장했다. 이것만이 조선 민중을 정치적 경제적 쇠패에서 구출하는 유일한 힘이라는 것이다.[23)]

최린계는 1923년 9월 2일 '동학당의 근대적 재생'을 표방하며 천도

---

20) 한동조, 「천도교와 조선」, ≪천도교회월보≫, 10월호(1922).

21) 「조선의 특이한 처지와 이에 대한 특이한 구제책」, ≪개벽≫, 1월호(1923).

22) 「곧 해야 할 민족적 중심세력의 작성」, ≪개벽≫, 4월호(1923).

23) 「민족일치, 대동단결을 운위하는 이에게」, ≪개벽≫, 5월호(1923).

교의 전위조직인 천도교청년당(天道敎靑年黨)을 출범시켰다. 천도교청년당은 "인내천의 원리하에 지상천국을 건설하자는 천도교의 주의 목적을 사회적으로 달성한다"는 취지를 갖고 운동 목표로는 정신개벽·민족개벽·사회개벽을, 강령으로는 "一. 사람성자연에 맞는 새 제도의 실현, 二. 사인여천의 정신에 맞는 새 윤리의 수립" 등을 내세웠다.[24] "당원은 당의 일체 결의에 절대복종한다"는 약속도 제정했다.[25] 조기간은 종전의 천도교청년회가 문화계몽운동단체였던 것과는 달리, 천도교청년당은 "새로운 윤리와 새로운 제도로서 지상천국의 새 세상을 건설하려는 주의적 단체"라는 점을 분명히 했다.[26] 이돈화는 천도교청년당이 "낡은 세력에 맞서 낡은 도덕을 부수고 신도덕을 수립할 책임을 맡아야

24) 여기서 정신개벽은 "선천시대의 역사적 사회적으로 이루어진 현재 인간의 의식을 개벽하여 후천사회 창설의 새 의식으로 전환하자"는 것을, 민족개벽은 "민족문화의 발전향상과 민족지위의 향상 등"을 의미한다. 사회개벽은 "사회기구의 물질문화 및 정신문화의 체제를 인간본위의 표준으로서 건설하는 것"을 가리킨다. ≪당성≫, 1932년 6월 1일자; 그리고 첫 번째 강령에서 사람성자연이라 함은 운변(運變), 전환, 발전, 성장하는 의미에서의 자연으로 오늘 이 시대이 단계에서의 인간성자연을 가리킨다. 두 번째 강령은 삼강오륜을 거부하고 또한 서양인과는 다른 용의와 노력으로 공경하고 위하고 친합(親合)하는 사인여천정신에 입각한 새로운 윤리를 수립하자는 주장이다. 『천도교청년당소사』, 48~50쪽; 이돈화는 "우리가 항상 말하는 자유와 평등은 사람성 평등과 사람성 자유를 그 근거로 삼아야 하며, 이를 실현코자 하면 한울의 법성(法性)인 사인여천의 도에 의하지 않으면 불가능하다"며 최시형의 사인여천주의가 근대적 자유와 평등을 제시한 선구적 이념이자 적극 계승해야 할 실천 윤리라는 점을 새롭게 부각시켰다. 『인내천요의』, 64쪽; ≪당성≫, 1931년 11월 1일자.

25) 김병준, 「지상천국의 건설자 천도교청년당의 출현」, ≪천도교회월보≫, 10월호(1923).

26) 기간, 「천도교청년당의 과거 일년을 회고하면서」, ≪천도교회월보≫, 12월호(1924).

한다"[27]고 독려했다.

천도교청년당은 모든 활동은 결의제에 기반을 둔다는 운영 방침을 마련하고 당본부위원 13명과 상무위원을 선출했다. 이는 당시 무주제에 입각한 천도교의 집단지도체제를 답습한 것으로 보인다. 위원에는 조기간, 김기전, 정도준, 이돈화, 이병헌, 계연집, 박달성, 김옥빈, 김병준, 박래홍, 이두성, 이종린, 홍일창 등이 선출되었다. 상무위원으로는 조기간, 김기전, 정도준, 이돈화, 이병헌, 박래홍, 계연집, 박달성 등 종전의 천도교청년회 간부들이 활약했다.[28] 천도교청년당은 1925년 지방당부 120여 개에 3만 명의 당원을 확보하고 있었다.[29]

이처럼 최린계의 교권 장악과 독자적 정치세력화가 진행되는 동안 권동진과 이종린을 비롯한 기호·호남 출신 천도교의 차세대 주자들은 대외적인 정치사회활동에 더 많은 관심을 보였다. 천도교 내에 5% 정도의 지분을 갖고 있던 그들은 천도교의 정통파 대접을 받기는 했지만, 애초부터 교권에는 별 관심이 없었다.[30] 1922년 12월 최린의 친위부대 격인 만화회가 창립될 때, 이종린은 이사로, 권동진·오세창은 고문으로 각각 참가했다.[31] 하지만 서북 출신과는 달리 그들, 특히 기호 출신은 학연과 지연을 기반으로 민족진영 내에서 일정한 발언권을 갖고 있었다. 그들은 천도교 대외창구 역할을 도맡은 이종린을 중심으로 결집해

27) 이돈화, 「청년당 발기의 최초 동기는」, ≪당성≫, 1933년 9월 1일자.

28) 『천도교청년당소사』, 71쪽.

29) 『천도교청년당소사』, 50~54쪽.

30) 이종린은 주로 천도교회월보사·개벽사 사장 등 천도교 언론을 대표하는 인물로 활동했다. 천도교단 간부로서의 활동은 1924년 종리사 선거에 당선되면서 비로소 시작되었다. 천도교중앙총부, 『직원록』, 95쪽.

31) 만화회의 간부는 다음과 같다. 최린(회장), 주옥경·정광조(부회장), 이종린·차상찬·박래홍(이사), 오세창·권동진·나용환·오영창(고문). 「천도교만화회창립총회 후보」, ≪천도교회월보≫, 1월호(1923).

하나의 계파를 형성해나갔다. 최린계의 시각에서 볼 때 이들 이종린계는 "모든 것을 정치적으로 판단하며 일찍 얻은 지위나 성망(聲望)을 이용하여 행세하고자 하며 자기의 몰락이 곧 조선의 몰락이라고 생각하는"[32] 시대의 낙오자들이었지만, 아직은 그들의 명망과 인맥이 자신들의 취약적 정치 기반을 보완하고 있었으므로 어울려 동거하지 않을 수 없었다.

1922년 보수파로 결집했던 천도교 내 '문화파', 즉 최린계와 이종린계는 똑같이 현대 자본주의 문명의 발달을 추구하는 문명개화론자들로 대한제국기 이래 천도교 문화계몽운동의 적자였다.[33] 가령 물산장려운동에서 최린계와 이종린계 모두 생산력 확충보다는 토산품 애용을 장려하는 노선을 취했다. 이종린은 토산의 장려와 가내공업·소공업의 생산에 기반을 둔 자작자급을 주장했으며[34] 최린계의 김병준은 "소자본 소규모의 미숙련한 기술자를 가진 조선인의 제조업은 오직 조선인의 의무적 소비자가 있어야 생존 가능하다"며 애용 장려를 위한 조선인의 의무 관념을 강조했다.[35]

그런데 양 계파는 민족운동노선을 놓고 점차 균열 양상을 보였다. 최린계와 이종린계의 정치적 갈등의 시발점은 사회주의·좌파와의 관계 정립에 있었다. 최린계에는 "일반민중 대부분이 독립적 희망의 변태심으로 부지불식간에 실망의 여기(餘氣)를 스스로 사회주의적 신사상에 부치게 된 사실", 즉 "사회주의적 기분의 득세"는 인정하지만 좌파를

32) 「화가 유할진저 위선지자(僞先知者)들이여」, ≪개벽≫, 8월호(1923).

33) 「濟世安民之策아 此乎아 彼乎아」, ≪개벽≫, 5월호(1923).

34) 이종린, 「창간사」, ≪산업계≫, 12월호(1923); 이종린, 「본회의 제2회 총회를 경과하고서」, ≪산업계≫, 7월호(1924).

35) 김병준, 「우리는 이러한 소질이 있다」, ≪산업계≫, 12월호(1923); 「조선의 특이한 처지와 이에 대한 특이한 구제책」, ≪개벽≫, 1월호(1923).

경계하고 견제하려는 분위기가 역력했다. 반면에 이종린계에서는 '좌파 진영이 민족운동진영의 주도권을 장악했다는 사실을 인정하고 그들과 협력해야 한다'는 주장이 점차 설득력을 얻고 있었다. 이종린계에는 직접 좌파와 연계하면서 사회운동가로 활동하는 중견급 지도자들이 있었다. 가령 오상준·김완규·이교홍 등은 1923년 7월 조선노동대회 제4회 정기총회에서 집행위원에 선출되는 등 언론노동자로 노동운동에 참가했다.[36)]

최린계와 이종린계의 민족운동노선을 둘러싼 갈등의 또 다른 원인은 일본 제국주의에 대한 태도였다. 최린계는 "조선은 반개(半開)한 나라이고 조선민족은 무산계급이므로 자본주의적 타민족이 무산적 조선민족에 향하여 참혹한 독수를 뻗은 것에 대하여 우리는 그것을 우둔하게 대항하느니보다 냉리하게 견인하여 후일의 모든 기회를 기다리며 나아가 그 기회를 만들어 적의 독수로 하여금 스스로 마비하게 하는 것"이 가장 합리적인 운동노선이라고 강변했다.[37)] 그렇지만 '후일을 도모하면서 준비하자'는 주장은 사실상 독립투쟁을 포기하고 식민체제를 인정하겠다는 성명(聲明)과 같은 것이었다. 최린계는 '조선의 발전과 조선인의 발전'이라는 이분법[38)]을 구사하며 '조선'의 준비 없는 절대독립·자주화보다는 '조선인의 발전·근대화'가 우선이라며 자신들의 독립포기노선을 호도했다.[39)]

36) 김준엽·김창순, 『한국공산주의운동사(2)』(청계연구소, 1986), 74쪽.

37) 「문제의 해결은 자결이냐 타결이냐」, ≪개벽≫, 3월호(1923).

38) 「조선의 발전과 조선인의 발전」, ≪개벽≫, 12월호(1922).

39) 김만규는 자치를 민족해방운동의 1단계로 파악하는 온화파나 자기의 정치욕·사환욕(仕宦慾)을 채울 기회로 삼고자 하는 간웅벌분자(奸雄閥分子)의 그것과는 달리 최린파의 자치운동이 민족해방을 달성하기 위해서는 비타협으로 일관해야 한다는 것을 잘 알면서도 현실적으로 자치운동이 대중에게 당면 이익이 될 수

이처럼 최린계의 민족운동노선은 일단 독립의 희망을 포기하고 일제와의 타협을 통해 실력양성을 추진한다는 타협 노선이라는 사실이 점차 명백해졌다. 일제와의 타협, 그것은 최린과 정광조가 일본 유학파로 일찍이 일제 당국의 회유 대상으로 지목될 때부터 이미 예정된 것이었는지도 모른다.[40] 아직은 중앙 정치 무대에서 기반이 취약한 서북 지방 신흥 세력의 대변자인 최린계가 일제 당국과 제휴한다는 것 역시 예상할 수 있는 전술이었다. 일제 당국은 그들의 바람대로 최린과 정광조가 일제 당국과 협조 관계를 유지하면서 천도교단 장악을 위해 노력하자 자금을 지원하기도 했다. 최린계가 서북 지방을 순회하며 강도회를 개최할 때 재정적 곤란을 겪는 연원과 교구에 자금을 지원할 수 있었던 것은 당시 최린이 서무과장의 직책을 갖고 있어 가능하기도 했지만,[41] 일제가 자금의 상당 부분을 제공했을 가능성도 높다.[42]

1923년 가을 최린계는 '조선인도 문명의 철저한 정치생활을 영위하는 정치가가 되어야 한다'며 타협적 정치노선의 일환으로 자치운동을 모색하기 시작했다.[43] 조선에서는 사회주의 운동도 안 될 말이요 절대 민족주의 운동도 안 될 말이고 오직 타협적 민족주의운동만이 가능하다

있다는 발상에 기인한 것으로 이해했다. 김만규, 「타협과 비타협」, ≪조선지광≫, 2월호(1927).

40) 1921년 11월 조선총독부 기관지 ≪매일신보≫의 사장인 아베 미츠루가(阿部充家)는 사이토 총독에게 보낸 편지에서 최린과 정광조를 일제 당국과 협조할 수 있는 인물로 지목하고 그들을 회유하여 천도교가 또다시 일제에 저항하는 독립운동에 나서는 것을 차단해야 한다고 주장했다. 「阿部充家書翰」(1921년 11월 29일자)」, 『齋藤實文書(10)』.

41) 최시형의 손자이자 최동희의 장남인 최익환(崔益煥) 씨의 증언(1993년 11월 20일).

42) 강동진, 『일제의 한국침략정책사』, 395쪽.

43) 창해거사, 「조선인과 정치생활」, ≪개벽≫, 11월호(1922).

는 것이 최린계의 현실인식이었다. 그들의 연대 세력은 호남에 기반을 둔 김성수(金性洙), 송진우 등의 동아일보계였다.[44] 그것은 서북과 호남의 신흥 정치세력 간의 연대였다. 양자 간의 연대는 서북과 호남의 자산계급 모두 조선시기 정치사의 피해자라는 공통 인식에서 비롯된 것이었다.[45] 이돈화에 따르면 '관서·관북인과 호남인은 이씨조선하에서 모두 정치적 노예생활을 영위했다.'[46]

서양과 일본 유학을 통해 서구적 근대문물의 혜택을 누릴 기회를 가졌던 천도교와 동아일보계 지도자들은 힘의 논리가 지배하는 국제

---

44) 동아일보계도 1923년 하반기부터 '조선민족이 자력으로 생존권을 확보하기 위해서 중심세력이 될 만한 단체를 만들자'(「중심세력 작성의 필요」, ≪동아일보≫, 1923년 11월 2일자)는 주장을 본격적으로 개진하고 있었다. "오늘날 조선민족에게는 정치적 단위가 될 자격이 없는데 그것은 민중을 대표할 만한 정치적 결사가 없는 까닭이다. 그러므로 민족이 총동원되어 정치적으로 조선민족의 정치적 의지를 대표할 만한 단체를 조직해야 한다"(「대난에 처하는 도리」, ≪동아일보≫, 1923년 11월 3일자)는 것이다. 이처럼 ≪동아일보≫가 1923년 후반부터 본격적으로 '정치적 중심세력'의 문제를 거론하기 시작한 것은 물산장려운동과 민립대학설립운동의 침체로 인한 새로운 돌파구 마련이라는 측면도 있었지만, 앞으로 좌우투쟁이 격화될 것이라는 우려와 함께 혁명의 시대는 갔다는 패배적인 정세 인식에 근거한 것이기도 했다. 김정인, 「1920년대 전반기 민족담론의 전개와 좌우투쟁」, ≪역사와 현실≫, 39(2001) 참조.

45) 일제강점기 민족진영 내에서 지연에 따른 이합집산도 주목해야 할 사회현상이다. '왈 관북, 왈 관서, 왈 삼남, 삼남 중에도 영남, 호남, 또 호서, 이렇게 도와 도가 갈리어서 서로서로 반목과 알력을 주고받는 동안 초기의 민족운동은 침체하고 쇠퇴하고 잔멸하였다'는 평가가 등장할 정도로 1920년대 중반 노골적으로 지연에 기반을 둔 단체가 속속 결성되고 있었다. 서북의 오성구락부, 영남의 영남친목회, 호남의 호남동우회 등이 대표적 단체로 지목되어 사회적 질타를 받았다. 「권두언」, ≪현대평론≫, 10월호(1927); 만오생, 「지방열을 배격함」, ≪조선지광≫, 10월호(1927).

46) 백두산인, 「홍경래와 전봉준」, ≪개벽≫, 11월호(1920), 39쪽.

환경 속에서 현실적으로 독립은 불가능하다는 공통된 인식을 갖고 있었다. 그러므로 조선민족이 그나마 최소한의 자주권을 확보하려면 일본 제국주의로부터 자치를 얻어내는 길밖에 없다고 생각했다. 그들은 일본 역시 직접적인 식민 경영에서 한발 후퇴해 조선에 자치를 실시하고 보호통치하는 것이 일본의 국익에 합치하는 합리적 정책이라고 믿었다.[47)]

최린계와 동아일보계는 사회주의 진영이 민족운동의 주도권을 장악한 이상 일단 민족주의 진영만의 단체를 결성하는 것이 시급하다는 데 동의하면서 이종린계 및 신석우(申錫雨), 안재홍(安在鴻) 등의 조선일보계와 접촉했다. 그리고 민족주의 진영을 총망라한 '유력한 민족단체'인 연정회를 결성하기 위한 협의에 들어갔다.[48)] 그런데 연정회 결성을 위한 사전 모임은 자치운동의 불가피성을 간접적으로 제기한 이광수의 「민족적 경륜」이 1924년 신년 벽두에 ≪동아일보≫에 게재되어 사회적 논란을 야기하면서 결국 와해되고 말았다. 이 논설은 사회주의 진영의 맹공을 받았고 동아일보 불매운동으로 비화되었다.[49)]

---

47) 최린계와 동아일보계보다 먼저 자치청원운동을 전개한 정치세력으로는 박영효를 회장으로 하는 유민회(維民會)가 있었다. 이태훈, 「1920년대초 자치청원운동과 유민회의 자치 구상」, ≪역사와 현실≫, 39(2001) 참조; 하지만 유력한 신흥 정치세력으로 부상한 최린계와 동아일보계는 '재야' 기득권 세력의 결집체인 유민회와는 별도로 자신들이 주도하는 자치운동을 구상하고 있었다. 한편 ≪동아일보≫는 창간 직후부터 제1차 세계대전 이후 각국의 식민지배 유형의 변화를 게재하면서 식민지 조선에서의 자치의 가능성에 대해 면밀히 검토해오고 있었다. 강명숙, 「1920년대 초반 동아일보에 나타난 자치에 관한 인식」, ≪역사와 현실≫, 41(2001) 참조.

48) 「民族運動梗槪」, 『齋藤實文書(10)』, 225쪽; 이 모임에는 이들 외에도 변호사 박승빈(朴勝彬), 기독교계의 이승훈, 대구의 서상일(徐相日), 평양의 조만식 등이 참가했다.

49) 「최근 10년간 필화·설화사」, ≪삼천리≫, 4월호(1931).

일제와의 비타협적 정치투쟁을 결코 포기해서는 안 된다는 인식을 갖고 있던 천도교의 이종린계, 조선일보계의 안재홍 등이 최린계와 동아일보계가 구상하는 '민족적 중심단체'가 우파진영의 대동단결보다는 자치운동을 위한 발판을 마련하기 위한 것이라는 사실을 분명히 알게 된 이상, 더 이상의 모임은 불가능했다. 결국 1924년 초 연정회 결성 모임은 해체되었고 이로써 민족주의 진영은 타협적 계열과 비타협적 계열로 분화되었다.

이처럼 민족주의 진영이 독립주의를 버리고 타협적인 문화운동으로 나아갈 경우 이는 필연적으로 민족주의 진영 내 분화를 수반할 수밖에 없었다.50) 예상대로 타협적 진영은 1924년에 들어 자산계급과 더불어 교육을 장려하거나 자유주의자와 연계하여 인권 확장을 꾀하면서 좌파의 사회운동을 견제하는 '반동운동'을 본격적으로 전개하기 시작했다.51)

한편 1923년을 달군 물산장려운동 논쟁을 통해 민족진영 내 사상과 주의의 투쟁이 전개되면서 동시에 상호 연대를 가능하게 하는 공통의 정치노선도 서서히 부각되기 시작했다. 예를 들어 "조선인의 자립문제는 사회주의와 충돌할 조건이 없고 지소작문제의 철저한 해결의 경우는 문화파 민족주의자가 아니라 사회주의를 용인할 민족주의자도 철저한 해결이 있기를 바란다"는 것이다. 또한 "무산계급화하는 조선민족이 일본의 자본계급을 배척하는 데 주의자파와 급진적 민족운동자와 연대가 필요하다"는 것이다.52)

민족주의 진영만의 독자적 정치단체 결성에 실패하자 문화운동자 중 '사회주의를 용인하는 민족주의자'인 비타협적 인사들은 민족운동을

50) 「계해와 갑자」, ≪개벽≫, 1월호(1924).

51) 「점점점 이상해가는 조선의 문화운동」, ≪개벽≫, 2월호(1924).

52) 「계해와 갑자」, ≪개벽≫, 1월호(1924).

지속적으로 전개하기 위해서는 사회주의 세력과의 협동 전선을 모색하는 것이 현실적으로 긴요하다고 판단하고, 민족일치·대동단결을 기치로 사회주의 세력과의 교섭을 시도했다. 이종린은 1924년 4월 조선노농총동맹 창립총회에 참가한 좌파 지도자 강달영(姜達永)에게 '주의고 뭐고 할 것 없이 조선의 현황으로서는 대중의 대동단결만이 가장 필요한 일이니 어떤 방법으로라도 대동단결의 방법이 없겠느냐'며 자신의 협력 구상을 전달했다.[53]

이처럼 비타협적 노선을 견지하던 이종린계는 사회주의자·좌파진영과 조직적 혹은 개인적 유대를 맺고 있었다.[54] 이종린은 좌파 공산주의 그룹의 협의기관인 13인회가 주도하여 1924년 6월 7일에 결성한 언론집회압박탄핵회의 실행위원으로 활동했다.[55] 언론집회압박탄핵회는 언론 및 집회에 대한 당국의 무리한 압박에 대해 적극적으로 항거하기 위한 목적으로 민족진영이 총망라되어 결성된 단체였다.[56] 그런데 언론

53) 김창순·김준엽, 『한국공산주의운동사(2)』, 453~454쪽; 1924년은 그야말로 좌파·사회주의가 주도하는 사회운동의 개화기였다. 특히 1924년 4월 전조선청년총동맹과 전조선노농총동맹의 결성은 '조선의 신기록'으로 민중들에게 강렬한 인상을 남긴 일대 사건이었다. 「갑자년과 조선의 득실 여하」, ≪개벽≫, 12월호(1924).

54) 이종린의 경우 무산자동맹회, 조선청년회연합회, 신생활사, 조선교육협회, 민우회 등 좌우를 망라한 단체가 결집하여 1922년 10월 21일에 결성한 재외조선인노동자상황조사회의 집행위원으로 활약하는 등 이미 좌우 '합작사업'의 경험을 갖고 있었다. ≪동아일보≫, 1922년 10월 23일, 25일자.

55) 13인회는 1924년 3월경 서울청년회파, 까엔당, 신생활파, 꼬르뷰로 내지부계 등 국내 주요 공산주의 그룹에서 파견한 13인의 대표로 구성된 협의기관이었다. 이애숙, 「1922~1924년 국내의 민족통일전선운동」, ≪역사와 현실≫, 28(1998), 117~121쪽.

56) ≪시대일보≫, 1924년 6월 9일자; 「조선고(朝鮮苦)」, ≪개벽≫, 7월호(1924), 24쪽; 13인의 실행위원으로는 서정희·한신교·이봉수 등의 좌파 인사와 이종천·

집회압박탄핵회의 활동이 일제의 탄압으로 유야무야되고 가뭄으로 인한 기근이 사회문제로 대두하자, 이종린이 위원장으로 있던 언론단체 무명회(無名會)는 13인회가 주도하는 합법단체인 조선노농총동맹 및 조선청년총동맹과 협력하여 1924년 9월 27일 조선기근구제회를 결성했다.[57] 이종린은 1924년 10월 5일 이승훈을 대신해 조선기근구제회 위원장으로 선출되었다.[58] 이종린과 함께 조선기근구제회에 참가했던 박래원(朴來源)은 경성인쇄직공조합 결성에 주도적으로 참여했고 1924년 4월에 결성된 조선노농총동맹에서 상임중앙집행위원으로 선출되었던 노동운동가였다.[59]

이처럼 1920년대 중반에 접어들면서 민족주의 세력은 일제의 식민통치하에서 정치적 진출을 모색하는 계열과 일제와의 타협을 거부하고 독립을 위한 정치투쟁을 계속하려는 계열로 분화되었다.[60] 앞에서 살펴보았듯이 민족주의 세력의 주축인 천도교 지도자들은 이러한 민족운동 노선을 둘러싼 분화 과정에서 주도적 역할을 수행했다.

윤홍렬·안재홍·차상찬·김병로·김필수·신명균·김봉국·이종린·이인 등의 우파 인사가 선출되어 활동했다.

57) ≪시대일보≫, 1924년 10월 2일자; 조선기근구제회에는 윤덕병, 서정희, 김종범, 김약수, 김찬, 송봉우, 이영, 신일용 등의 좌파 인사와 이상재, 김병로, 백관수, 최원순 등의 우파 인사가 함께 참여했다.

58) ≪시대일보≫, 1924년 10월 7일자.

59) ≪시대일보≫, 1925년 7월 10일, 11월 2일자; 노동운동가로서의 박래원은 노동자에게는 단결과 노동 지식이 가장 중요하며 이를 위해서는 독자적인 회관과 노동 잡지 발행이 시급하다는 견해를 갖고 있었다. 「신년과 제4계급의 감상」, ≪개벽≫, 1월호(1925), 76~77쪽.

60) ≪개벽≫은 우파의 분화를 '사회주의를 이해하는 민족주의자, 즉 사회주의와 민족주의를 조선 특수의 형편에 의해서 양해 또는 혼합적 활동으로 나아간 민족주의자'와 '문화파 민족주의자'의 분화로 파악하고 있었다. 「계해와 갑자」, ≪개벽≫, 1월호(1924).

1924년 말 ≪조선일보≫가 실시한 '조선인의 금후 진로는 무엇인가'를 묻는 설문에 대한 최린과 이종린의 답변은 양 계파의 민족운동노선의 차이를 극명하게 보여주고 있다. 최린은 "조선사람은 침착하게 우리 스스로의 힘으로 우리 앞길을 열어야 할 것이며 누구나 다 말하는 것과 같이 첫째 교육, 둘째 식산으로 조선사람 스스로의 힘으로 노력하여 나아가야 된다. 특히 식산에 더욱 노력하여야 할 것이다. 우리의 현재 처지는 마치 집 한 모퉁이에서 불이 붙어 오는 것과 같이 위급한 처지인데, 이런 때일수록 흥분된 기분에 좌우되지 말고 더욱 침착하게 우리가 힘씀으로써 우리의 진로를 개척해야 한다"[61]며 문화계몽운동·실력양성운동의 지속적인 추진을 강조했다. 한편 이종린은 "다른 길이 없을 때에는 합쳐야 살 길이 있다. 가던 길을 이리 변경하고 저리 변경하여 보아도 죽고 말 것 같으면 차라리 곧은 길로나 가보겠다는 결심이 생길 것은 사람의 상정이다. 우리의 앞길이 이 모양대로 3, 4년만 더 나간다 하면 살까 하고 사면팔방으로 갈리었던 모든 길이 반드시 외골목길로 합치리라고 단언한다"[62]며 민족통일전선의 결성을 기대하고 있었다. 이와 같은 민족운동노선을 둘러싼 천도교 내 타협과 비타협 계열로의 분화는 1925년 천도교의 신구파 분화로 비화되었다.

3. 1925년 신구파 분화

1925년 천도교는 또다시 내분에 휩싸였다. 빌미는 자파 주도의 일방적인 교단 운영을 도모하던 최린계가 제공했다. 사실상 1924년부터

61) ≪조선일보≫, 1924년 11월 1일자.

62) ≪조선일보≫, 1924년 11월 1일자.

최린계가 중앙교단의 포덕과·서무과·경리과의 주임종리사직을 완전히 장악하고 있었다. 1925년 4월 2일 개최된 제2회 종리사총회는 기념일을 재정비하면서 박인호의 승통기념일(1월 18일)을 공식기념일에서 제외시켰다. 그것은 서북계·최린계가 자신들이 손병희의 적자로서 천도교의 정통성을 계승해나겠다는 의지를 대내외에 천명한 사건이었다.

천도교 내 박인호 지지 세력이 반발하는 것은 당연했다. 박인호의 측근인 원로 지도자 오영창은 그 즉시 종법사를 사임하고 교주제 부활과 지방자치제 실시를 주장하면서 자파를 결집해 동지회를 조직했다.[63] 그는 자신과 측근들이 장악하고 있는 평안도와 황해도 지역의 2,000여 호에 달하는 천도교인의 성미를 경성 적선동에 있는 자신의 집에서 직접 수합했다. 그리고 1925년 8월 14일 지일기념일에는 상경한 지방교인 200여 명과 함께 교인대회를 개최하고 현 교단 간부의 퇴진, 교주제 부활, 지방자치제의 시행 등을 결의했다.[64] 오영창은 교주제 부활은 퇴행적 유물에 불과하다는 비판을 의식한 듯 교주제의 부활에 대해 다음과 같이 입장을 표명했다.

> 우리 천도교의 연혁과 사정을 돌아보지 아니하고 홀연히 남의 흉내를 내보겠다고 하면 마치 중국 사람이 제정을 버리고 공화민국을 만들던 것과 다름이 없으니 (중국이: 인용자) 필경 통일 없는 혼란 상태에 이르러 가련한 사억만 창생을 수습할 수 없이 되지 아니하였는가. 시대풍조에 따

63) 천도교단 내에서 오영창계는 천도교가 순수 종교결사이기를 바라는 교단 내 소수파로 '구시대적 완고파'를 대표하던 계파였다. 하지만 오영창계도 국망이 현실화되던 1909년에 조직적으로 합방반대운동에 나섰던 경험을 갖고 있었다. 「韓日合邦問題에 대한 黃海道 瑞興管內 情況 報告 件」(1909년 12월 13일), 『통감부문서(8)』, 138~139쪽.

64) ≪동아일보≫, 1925년 8월 17일자; ≪조선일보≫, 1925년 8월 17일자.

> 라 의사제를 하는 것은 이론상으로 나도 무리가 아닌 줄 안다. 그러나 우리 교는 자초(自初)로 교내의 주인이 있어 사통상전(師通相傳)을 해왔다. 그 역사를 존중하여 소수의 권리사상이 발달된 사람은 모르거니와 우리 다수 순실한 교인의 신앙심은 모두 선생의 존재에 의하여 계통적으로 발달되어왔다. 아무리 시대가 변천되어도 근본까지 파괴하면 교문이 위태해진다. 우리도 도주의 전제가 아니라 교도의 공론에 의해 처리할 것이다.[65]

즉, 교주제 부활이 전제·독재로의 무조건적인 회귀를 주장하는 것은 아니라는 것이다. 최린계는 오영창계의 반발에 대해 강경하게 대처했다. 그들은 사태 수습을 위해 개최된 8월 18일의 종리사회 임시총회에서 오영창계 종리사들을 출석시켜 의견을 들어보자는 일부 종리사의 제안을 '3개월 이상 성미를 내지 않은 교구의 종리사에게는 출석권을 주지 않는다'는 규정을 내세워 부결시켰고,[66] 종리사 총회조차 무기한 휴회했다.[67] 그리고 최린계 지도자 64명의 명의로 '교주제 부활은 시대착오적인 발상이므로 수용할 수 없으며 현 제도를 그대로 유지한다'는 내용의 성명서를 발표했으며 최린계에 속하는 지방 종리원들이 지지를 표명했다. 진남포(鎭南浦)의 경우 종리사 고주성을 경성에 파견하여 사태를 조사하게 한 후 진남포교인대회를 열고 최린의 입장에 적극 찬동한다는 내용의 성명서를 발표했다.[68] 만주 지역 천도교인들도 전만주교인대회를 열고 '인내천 종지에 적합한 현 제도를 옹호할 것'을 결의했다.[69] 최린도 자파가 지방에서 올려 보내는 성미 헌금을 직접 그의 집에

65) 오영창, 「도주제의 부활을 주장함」, ≪신민≫, 9월호(1925).

66) ≪동아일보≫, 1925년 8월 18일자.

67) ≪동아일보≫, 1925년 8월 20일자.

68) ≪조선일보≫, 1925년 8월 23일자.

69) ≪조선일보≫, 1925년 11월 25일자.

서 받기 시작했다.[70]

이러한 최린계의 조치가 '각립(各立)하자', 즉 분가하자는 선전포고로 이해되면서 오영창계의 대응은 더욱 강경해졌다. 그들은 교단 사무실을 아예 봉쇄하고 박인호를 다시 교주로 추대했다.[71] 그리고 임시로 교단 사무를 전담할 상무위원 2인과 보조위원 17명을 선출했다.[72]

이처럼 오영창계와 최린계의 갈등이 격화되는 양상을 보이자 기호·호남계 지도자들이 분열 극복을 주장하며 1925년 8월 19일 천도교통일기성회를 결성했다(이하 '통일기성회').[73] 통일기성회의 임원과 결의문은 다음과 같다.

<임원>

위원장: 이종린

상무위원: 김경함, 신태순, 김영륜, 정용근, 김재계, 이시우

고문: 권동진, 한현태, 박준승, 이병춘[74]

<결의문>

一. 우리는 각자의 주의를 초월하여 교회의 현상을 통일하기를 노력함.

一. 통일의 실현은 언제든지 이 회에 있음으로 우리는 철저한 통일을 기도함.

一. 본회는 대신사의 동귀일체의 심법을 위반하는 자는 교회의 분열을

70) 천도교 京忠全淵源 편저, 『천도교정신사』(1981), 150쪽.

71) ≪시대일보≫, 1925년 8월 22일자.

72) ≪시대일보≫, 1925년 8월 23일자.

73) ≪동아일보≫, 1925년 8월 21일자.

74) ≪시대일보≫, 1925년 8월 20일, 8월 21일자; ≪동아일보≫, 1925년 8월 23일자.

기도함이라 인정함.

一. 분열을 기도하는 그 이면을 적발하고 천하의 여론을 일으킴.[75]

이종린계가 주도한 합동운동의 명분은 최제우의 동귀일체의 심법(心法)이었다. 결의문 1항을 통해 오영창계와 최린계, 이종린계 간의 갈등에는 '주의'의 차이도 심각한 원인으로 작용하고 있었음을 알 수 있다. 천도교의 정치적 진출을 반대하는 오영창계와 일제와의 타협 속에 자치운동을 추구하는 최린계, 그리고 사회주의 세력과의 합작을 도모하는 이종린계 간의 주의와 노선의 차이가 3자 합동에 중대한 걸림돌이었던 것이다. 이종린은 통일기성회의 취지에 대해 다음과 같이 말했다.

> 양편의 주의주장이 아주 극단이라 어느 편을 보고 양보를 하라고 할 수는 없습니다. 그러나 그 주장이라는 것이 다만 천도교를 위하는 것이라면 필경은 무조건으로 양보를 할 것이 아닙니까. 그러므로 통일기성회에는 조건이 없습니다. 분규가 일어날 조건 때문에 일어난 것인데 만일 기성회에까지 조건이 있다 하면 그것은 모순이지요. 그러니까 우리는 "그네의 그 주장이 천도교를 위한 주장이면 무조건으로 양보하여라"는 전제를 지고 해결을 시킬 터인데 그네들의 주장이 천도교를 위한 주장인 건 사실이니까 기필코 조정시킬 자신이 있습니다.[76]

여기서 이종린이 최린계와 오영창계에 제안한 것은 '주의의 차이를 넘어 천도교를 위한다는 차원에서 조건 없이 통일하라'는 피상적인 원칙이었다. 이종린계가 중재에 나선 것은 어느 쪽 입장에도 전폭적인

75) ≪시대일보≫, 1925년 8월 21일자.

76) ≪동아일보≫, 1925년 8월 23일자.

지지를 보낼 수 없는 처지 때문이었다. 그들은 오영창계가 주장하는 교주제 부활에도 반대하는 입장이었지만, 최린계와는 민족운동노선을 놓고 사실상 이미 갈라선 상태였다. 결국 통일기성회도 분규 와중에 자신들의 세력 기반마저 와해될 것을 우려해 자신들을 지지하는 교인의 성미를 직접 수납하기 시작했다.[77]

통일기성회의 합동운동은 예상대로 최린계와 오영창계 모두로부터 환영받지 못했다. 오영창계는 통일기성회의 합동운동을 "중앙종리원 일파의 간책"이라며 배척했다. 최린계도 "이종린, 권동진, 김경함 등의 과거주장을 볼 때 그들의 행동은 당중당을 만들어 일부 간부들을 배제하고자 하는 음모"라고 비난하며 합동운동 참여를 거부했다.[78]

통일기성회는 타협안으로 오영창계에는 절교 방침을 철회할 것을, 최린계에는 64인 명의의 성명서를 취소할 것을 제안했다. 쌍방이 모두 이 타협안을 응낙한다면 즉시 임시위원을 선거하여 모든 일을 처리한다는 후속 조치도 마련했다.[79] 하지만 8월 21일의 교섭이 결렬되면서 통일기성회 측의 노력은 실패로 돌아갔다.

이종린계의 통일기성회는 기로에 서게 되었다. '도주제를 부활하느냐 현 합의제를 유지하느냐는 교지의 선포에 가장 적합하고 시대의 조류에 착오가 없다면 그 편을 취해야 하는 것이니 쌍방은 우리 교지의 절대권위하에서 주장을 초월하여 무조건 합동하라'고 채근해도 최린계는 성미 체납을 이유로 종리사회를 열려고도 하지 않았다.[80] 더욱이 최린계가 정치적으로 이미 다른 길을 걷고 있던 이종린계와 합동할 리

77) ≪동아일보≫, 1925년 9월 5일자.

78) 朝鮮總督府 警務局, 「最近ノ天道教ト其ノ分裂ヨリ合同ヘノ過程」, 『齋藤實文書(10)』, 460쪽(이하 「분열에서 합동으로」라고 줄임).

79) ≪시대일보≫, 1925년 11월 6일자.

80) 이종린, 「통일을 기성함」, ≪신민≫, 9월호(1925).

〈표 2-1〉 중앙종리원과 중앙위원회의 합동 원칙

구분	중앙종리원(신파)	중앙위원회(구파)
교화	기관교화	정신교화
합동기관	종리사회 부활	양측 대표회 결성
중앙간부	현 간부 유임	대표회에서 선출

자료: ≪시대일보≫, 1925년 12월 26일자.

만무했다. 결국 오영창계와의 합동만이 이종린계가 선택할 수 있었던 유일한 방안이었다. 통일기성회는 박인호를 통해 오영창을 설득하고 교주제 부활 요구를 수용해 1925년 11월 초 천도교중앙위원회(이하 '중앙위원회')라는 이름으로 합동할 수 있었다. 그것은 절대적 우위를 확보하고 있는 최린계에 대항하기 위해 반최린계 계파들이 박인호를 정점으로 결집한 것이기도 했다. 중앙위원회의 결성에 대해 최린계는 '종래 교내 알력 책동의 원인을 만들어내던 이단분자들이 모두 탈퇴하여 중앙위원회를 만들어 분열된 것은 도리어 교의 정화운동이며 예상외의 좋은 결과를 얻었다'[81]며 내심 반겼다.

하지만 자치운동을 도모하는 타협 노선의 최린계가 천도교단을 거의 독식하고 비타협 노선의 이종린계가 박인호·오영창 등과 함께 비주류 연합의 성격을 갖는 별도의 교단을 구성하게 되자 우려의 목소리가 높아졌다.[82] 이러한 비판 여론을 무마하기 위해 최린계의 중앙종리원은 중앙위원회와 합동 교섭을 시작한다. 하지만 1925년 12월 22일과 23일 양일간에 걸친 교섭은 결국 결렬되었다. 양측이 내세운 합동 원칙은 <표 2-1>과 같다.[83]

---

81) 「분열에서 합동으로」, 462쪽.

82) 이때부터 세인들은 교주제 부활을 주장하는 측을 구파로, 거부하는 측을 신파로 불렀다.

83) ≪조선일보≫, 1925년 12월 26일자.

앞의 원칙을 살펴보면, 중앙위원회 측은 연원제의 부활을 통한 정신교화를 강조하면서 합동기관은 양측이 대표회를 결성해서 운영하고 중앙간부는 대표회를 통해 선출하자는 입장을 갖고 있었다. 반면에 중앙종리원 측은 연원제를 사실상 폐지하고 행정기구를 통해 지방교인을 관리 감독하던 기존의 체제와 종전의 집단지도체제인 종리사회를 그대로 존속시키고 또 간부도 유임하는 합동안을 내놓았다. 기득권을 전혀 포기하지 않은 채 합동을 제안한 것이다.

결국 천도교는 최린계(신파)와 이종린계(구파)로 분열하고 말았다.[84] 구파는 임시위원총회를 열어 중앙교단을 위원들의 합의제로 운영하고 연원과 교구의 대표가 함께 참여하는 의회제를 실시할 것을 결의했다. 그리고 세력 기반을 유지하기 위한 목적의 포창제(襃彰制)를 마련했다. 경비 예산은 당분간 수입대로 쓴다는 원칙도 마련했다.[85] 구파는 이듬해인 1926년 1월에 중앙위원회를 최린계의 중앙종리원과 동일한 명칭의 중앙종리원으로 개칭했다.

신파도 1925년 12월 25일 종리사총회를 열고 의회제를 확장해 종리사뿐만 아니라 종법사와 포덕사를 망라한 대의기구인 법회를 조직하고 고문 자격의 종법사에 각 연원의 대표 홍기억, 임예환, 홍기조, 나인협, 이기완, 이정점, 김안실, 이종수, 김양근, 홍성운, 김진팔 등 11인을 선출하여 내부 결속을 다졌다. 또한 100호 이상 300호 미만의 미성포(未成布)를 기성포(旣成布)와 같이 대우한다는 교인 회유책을 마련했다.[86]

---

84) 1925년 신구파 분열은 '조선 반만년 역사는 분열파쟁으로 일관되어 조선민족의 진화와 향상에 다대한 장해와 반동을 가졌다는 패배주의적 역사인식을 확증시키는 계기가 되었다'는 혹독한 비판을 감수해야 했다. 심경학인, 「천도교의 통일과 대세」, ≪삼천리≫, 1월호(1931).

85) ≪조선일보≫, 1925년 12월 26일자; ≪시대일보≫, 1925년 12월 26일자.

86) ≪동아일보≫, 1925년 12월 27일자; ≪시대일보≫, 1925년 12월 28일자.

1925년의 분규로 천도교는 이종린계의 구파 중앙종리원과 최린계의 신파 중앙종리원으로 분화되었다. 1926년 3월 신구파는 재산 귀속과 관련해 다음과 같은 협약을 체결했다.[87]

1. 중앙종리원은 신구가 반분 사용보관권을 갖는다.
2. 기념관(대신사출세백년기념관: 인용자)은 구파가 사용보관권을 갖는다.
3. 채권, 채무, 서류, 도구 기타 일체는 신구 양파가 등분하여 사용보관권을 갖는다.

이와 같이 중앙종리원 사무소는 공동으로 사용하고 기념관은 구파가 사용권을 갖고 나머지 업무도 등분한다는 협약 내용을 통해 다수의 천도교인을 장악하고 있던 신파가 교단 운영을 독식하지 않고, 사실상 구파와 '균분'했음을 알 수 있다. 이것은 신구분화가 신파에 의한 구파 축출이라는 비판을 모면하기 위한 정치적 고려에서 나온 것이기도 했지만, 중앙교단 소속 동산·부동산의 상당 부분이 박인호, 권동진, 오세창 등 구파 지도자들의 소유로 되어 있는 재산 관리상의 열세 때문이기도 했다.[88] 성미 액수로 본다면 신파가 구파에 비해 월등한 실적을 올릴 수 있었지만, 구파로부터 재산소유권의 명의를 강제로 이전할 법적 명분이 신파에게는 전혀 없었다. 이후 신구파는 천도교당 안에 사무소를 따로 두고 시일식은 공동 거행하는 별거 생활에 들어갔다.[89]

87) 「분열에서 합동으로」, 463쪽.

88) 천도교의 재산소유권은 1930년대까지도 박인호 명의로 되어 있는 것이 대부분이었다고 한다. 「삼천리기밀실」, ≪삼천리≫, 11월호(1934).

89) 신구분화 이후 처음 열린 1926년 4월 5일 천일기념일의 기념식은 구파 이종린의 사회에, 신파 이돈화의 설교로 시행될 예정이었다. ≪조선일보≫, 1926년

천도교단의 신구파 분화는 천도교청년당의 분화로도 이어졌다. 천도교청년당의 주류는 최린의 측근인 동시에 종리사로 활약하던 청년 지도자들이었다. 이들은 오영창계가 교인대회를 개최하자 비판 강연회를 실시하고[90] 복구운동방지단을 만들었으며[91] 현 제도를 옹호하는 입장을 밝히는 「천도교 청년에게 격하노라」라는 삐라를 배포했다. 이 삐라에서 천도교청년당 간부들은 현 제도의 변경은 손병희가 선언한 것이라 주장하면서 다음과 같은 결의를 다졌다.[92]

> 一. 천도교는 일개인의 전유물이 아니요 신자 전체의 것임을 확언하노라.
> 一. 우리의 정신적 신앙은 3세 신성의 창명한 인내천 진리에 한함은 두말이 다시 없노라.
> 一. 교회운용기관은 교인전체 의사를 기초로 한 현하 의회제를 그대로 시인하노라.

이에 따르면 천도교청년당은 오영창계의 행동을 일개인의 사리사욕에서 비롯된 것으로 치부하고 그의 독단을 비판하면서 현 제도를 옹호했다. 이러한 천도교청년당 주류의 입장에 반발한 박래홍(朴來弘), 손재기(孫在基), 조정호(曺定昊) 등 일부 간부와 지회들은 구파인 중앙종리원

4월 4일자; 1926년 12월 24일에 개최된 인일기념식 역시 신구 합동으로 진행되어 주목을 끌었다. ≪중외일보≫, 1926년 12월 25일자.

90) ≪시대일보≫, 1925년 8월 17일자.

91) ≪동아일보≫, 1925년 8월 18일자.

92) 이 삐라에 서명한 천도교청년당원은 조기간(회장), 김기전·박달성·이돈화·박사직·이두성·차상찬·민영순·계연집·최단봉·강우·김병준·최안국·방정환·홍일창·최두선·이성삼·오봉빈 등의 핵심 간부였다. ≪조선일보≫, 1925년 8월 29일자; ≪동아일보≫, 1925년 8월 29일자.

의 입장을 지지하면서 천도교청년당을 탈퇴했다. 이들은 1926년 4월 3일 구파의 전위조직인 천도교청년동맹(天道教青年同盟)을 결성했다.[93]

이상에서 살펴본 바와 같이 1925년의 신구파 분화는 최린계가 이종린계·오영창계를 배제한 채, 독자적인 천도교 운영을 도모하려 한 계획의 산물이었다. 천도교만의 독자적 정치세력화에는, 비정치적 순수 종교로의 회귀를 주장하는 오영창계나 민족운동노선을 둘러싸고 갈등을 빚은 이종린계와 같이 '문명화한 야만인'은 장애가 될 뿐이었다.[94] 최린계는 구파가 시대착오적인 교주제 부활을 꿈꾼다고 맹공을 퍼부었다. 분화 이후에도 구파 측에서 교주제 부활을 시도하면 즉시 성토대회를 열어 구파를 압박했다.[95] 그리하여 오영창계는 변함없이 교주제 부활을 시도했지만, 결국 이종린계는 교주제 부활을 포기하고 말았다.[96] 이것은 1927년 오영창계와 이종린계 분화의 화근이 되었다.[97]

1925년 신구파 분화는 사회적으로도 상당한 파문을 야기했다. "60년래 파란이 중첩한 특수한 역사를 가졌으며 현하에도 순조선인의 지(智)와 력(力)과 재(財)로써 구성존립 또 유지되는 사회적 유위(有爲)한 일단체"[98]인 천도교의 신구분화를 또다시 지켜봐야 했기 때문이었다. 일

---

93) 「천도교청년동맹창립총회회록」, ≪천도교회월보≫, 4월호(1926), 39쪽; 「천도교청년동맹집행위원회 제1회 회록」, ≪천도교회월보≫, 4월호(1926), 40쪽.

94) 이돈화, 「문명화한 야만인」, ≪개벽≫, 2월호(1926).

95) ≪중외일보≫, 1926년 12월 24일자.

96) ≪중외일보≫, 1926년 12월 25일자.

97) 구파의 일부를 형성하며 제5대 교주를 꿈꾸던 오영창은 1927년 8월 14일 지일기념일을 전후해 박인호가 일반 교인에게 심법을 전수하면서 사실상 교주제의 폐지를 기정사실화하자, '교에는 주인이 없어서는 안 된다'는 명분에 입각해 '각군의 종리원을 스스로 다스리고 정신통일교화기관으로 육임소(六任所)를 설치한다'는 선언서를 발표하고 평북 영변에 육임소를 설치하면서 분립을 선언했다. ≪중외일보≫, 1927년 11월 5일자; 『정용근전집(중)』, 592쪽.

제 당국도 민족운동가들도 사회운동가들도 민족주의 진영의 주도 세력인 천도교의 분화가 단순히 교권을 둘러싼 갈등 때문에 발생했다고 보지는 않았다. 천도교 지도자 간의 정치적 갈등, 즉 민족운동노선을 둘러싼 갈등이 주원인이라고 보았다. '사회적 원인이 두 파를 분열시켰는데 구파는 민족주의를 고조하고 정치적 행동에 나선 반면 신파는 문화 개진주의의 입장을 취한다'는 것이다.[99] 윤치호의 경우는 시각을 달리하여 '무조건 도주에의 구각(舊殼)을 벗고 현대적 합의제를 취하겠다는 것은 참으로 신사조로 시대의 진운에 순응하려는 견해이지만 만일 교도의 신망을 일신(一身)에 집(執)하여 원만히 통어할 유력한 인물이 있다면 그로서 교주로 추대하여 전제하에서 통리하여가는 것이 도리어 좋다'는 평을 내놓았다. "기반이 확립치 못한 교회로 보든지 항상 의견이 합치하기 어려운 우리네의 정도로 보아서 이것이 오히려 발달을 속히 할 방법이 아닐까 생각한다"[100]는 것이다.

1925년 신구파 분화는 민족주의 진영의 타협과 비타협으로의 분화를 상징하는 대표적 사건이었다. 이처럼 1920년대 전반 교단 내에서의 노선 갈등과 두 차례에 걸친 분규를 통해 천도교는 혁신파, 신파, 구파의 3계파로 분화되었다. 중도 좌파적 성향의 천도교 혁신파, 타협적 우파진영을 대표하는 신파, 비타협적 우파진영을 대표하는 구파로의 분화에 이어 1920년대 후반 '자치정국'과 '통전정국'이 반복되면서 3계파는 자신들의 민족운동노선에 충실한 민족통일전선운동을 전개해 나갔다.[101]

---

98) ≪조선일보≫, 1925년 8월 15일자.

99) 朝鮮總督府警務局, 『天道教概論』, 215쪽.

100) 윤치호, 「염불이냐 잿밥이냐?」, ≪신민≫, 9월호(1925).

101) 3계파 외에 오영창계가 있었지만 좌우 갈등이라는 사상적·정치적 투쟁과는 무관했고, 오영창 자신도 순수 종교인을 자처했으므로 논외로 하고자 한다.

3부 천도교 계파의 노선과 민족통일전선운동

1장
천도교 혁신파와 고려혁명당

1. 혁신파의 계보와 민족자주노선

천도교 혁신파(이하 '혁신파')는 1922년 천도교 내 1차 신구파 분화를 통해 형성된 계파다. 혁신파는 대의적·분권적·평등적 교단운영체제로의 개편을 목표로 천도교의 혁신을 주도했지만, 결국은 보수파의 반발과 저항을 견디지 못하고 천도교연합회를 결성하여 천도교를 이탈한 후 독자 노선을 걸었다.

혁신파 지도자로는 최동희, 오지영, 윤익선, 이상우 등 천도교 내 중진급으로 활동하던 인사들이 있었다. 이종훈과 홍병기 등 원로급 지도자들도 혁신파를 지원했지만, 끝내 보수파에 합류하고 말았다.[1] 최동희는 최시형의 장남이자 손병희의 조카로 와세다 대학 정경학부를 졸업한 일본 유학파였다. 그는 손병희의 준비론과 실력양성론에 반발해 1917

1) 최동희는 홍병기, 오지영과 혼맥으로 연결되어 있었다. 최동희는 홍병기의 누이동생인 홍영과 결혼했으며 오지영의 딸 오순화(吳順嬅)는 최동희의 동생인 최동호(崔東昊)와 결혼했다. 그뿐 아니라 최동희는 시천교 교주인 김연국의 처남이었다.

년 연해주로 망명했다가 3·1운동 이후 원로급 지도자들이 체포되면서 교권에 공백이 생기자 곧바로 귀국해 교단활동을 재개했다.[2)]

전북 고창 출신의 오지영은 1891년 동학에 입도하여 동학농민전쟁 당시 남접의 일원으로 익산군 집강소에서 활약했다. 또한 『동학사』에 따르면 오지영은 양호도찰(兩湖都察)로서 전라, 충청 양도 사이에서 접과 접 그리고 도인 간의 일을 총찰하는 역할을 해 남북접의 융화에 기여했다고 한다.[3)] 그는 1905년 천도교가 창건된 후 익산 대교구장을 거쳐 1909년 천도교중앙총부 이문관 서계원(書計員)을 시작으로 중앙간부로 활동했다.[4)] 또 손병희의 측근인 양한묵과 함께 호남학회에 참가한 경력도 갖고 있었다.[5)]

전북 여산 부농 집안 출신인 이상우는 북접의 일원으로 동학농민전쟁에 참가하고 1904년 민회운동에도 앞장섰던 동학 지도자 출신이었다. 천도교 창건 이후에는 은진 대교구장을 역임했으며 최동희의 재정적 후원자이기도 했다. 최동희와 이상우가 1910년대에 주고받은 서신들은 그들의 돈독한 우의를 나타내준다.[6)] 함북 경성 출신의 윤익선은 보성전문학교 법과 6회 출신으로 1910년대 보성중학교와 보성전문학교 교장을 역임했다. 대한제국기에는 서북학회 이사와 평의원을 지낸 경력이 있었다.[7)]

---

2) 최정간, 『해월 최시형가의 사람들』 참조.

3) 『동학사』, 171쪽.

4) 천도교중앙총부, 『직원록』, 9쪽; 노용필, 『『동학사』와 집강소 연구』(국학자료원, 2001); 김태웅, 「1920·30년대 오지영의 활동과 『동학사』 간행」, ≪역사연구≫, 2(1993).

5) 「회원씨명」, 『호남학보(8)』(1909.1), 60쪽; 박찬승, 「한말 호남학회 연구」, ≪국사관논총≫, 53(1994) 참조.

6) 최정간, 『해월 최시형가의 사람들』, 143~146쪽; 『소수(素水)서간집』.

7) 「서북학회원 명부제출(1909.11.11)」, 『통감부문서(6)』(국사편찬위원회, 1998),

〈표 3-1〉 천도교연합회파의 각 도별 교인 수(1930년 11월 현재)

도명	경기	충북	충남	전북	전남	경북	경남	황해	평남	평북	강원	함남	함북	계
교인 수	31	12	-	-	125	88	-	103	32	-	44	-	-	435

자료: 村山智順(1935), 64쪽.

이처럼 윤익선을 제외한 혁신파 지도자들은 동학 교주의 아들로서 혹은 동학농민전쟁에 남북접의 일원으로 참가했던 경력의 소유자로서 자신들이 동학의 적통이라는 자부심을 갖고 있었다. 오지영은 『동학사』에서 구파 지도자인 권동진을 동학당 토벌의 공으로 고등 군직을 얻은 자라고 소개했다.[8] 권동진을 비롯한 보수파 지도자들이 결코 동학의 적통이 아니라는 점을 강조하기 위한 것인 듯하다. 하지만 동학농민전쟁의 패배로 조직이 거의 궤멸된 만큼 혁신파의 지역적인 세력 기반은 상당히 취약했다. <표 3-1>에서 보듯이 보수파와의 결별 이후 천도교 혁신파는 간신히 명맥을 이어갔다.

한편 강인택, 김봉국, 이동락, 이동구, 송헌 등 혁신파의 소장 그룹은 주로 1910년대 이후 입교하여 초등교육기관 격인 교리강습소를 통해 양성된 지도자들로, 혁신파의 개혁론과 이념에 공감하면서 합류한 부류였다. 그들은 천도교청년당 내에서는 소수파였으며 문화운동보다는 계급운동의 추이에 더 많은 관심을 보이고 있었다.

혁신파 지도자들은 동학의 계승성과 그 현양(顯揚)을 강조하는 실천활동을 통해 천도교단 내에서의 자신들의 취약한 입지를 강화하고자 했다. 혁신파는 동학계 종교단체들이 '모든 사람은 최제우의 연원이므로 동학계 종교가 통합해야 한다'는 명분으로 추진 중이던 동학통합운동에 참가했다. 최동희는 1916년 9월경 손병희에게 시천교와의 통합을

413~414쪽.

8) 『동학사』, 168쪽.

건의하고 통합운동을 전개한 전력을 갖고 있었다.[9] 1918년 1월경 실제로 손병희가 직접 시천교주인 김연국을 찾아가 합동을 권유했으나 김연국이 거부했다고 한다.[10] 1921년 5월 13일에 천도교, 시천교, 제우교, 청림교, 경천교, 제세교 등 동학계 종교집단 대표 26명이 모여 동학구락부를 결성하기 위한 발기 모임을 개최했다.[11] 여기에는 혁신파를 대표해 최동희의 측근인 이상우가 참석했다. 당시 천도교의 혁신운동을 주도하면서 천도교단 내 주도권 장악에 골몰하던 최동희 자신은 동학구락부 참여를 일단 유보했다. 천도교단 측에서는 최동희가 '동학구락부를 암조(暗助)하여 현재의 천도교단을 개혁하려는 음모를 지니고 있다'고 힐난했다.[12] 천도교를 제외한 동학계 종교의 맏형노릇을 하고 있던 시천교 교주 김연국은 최시형의 장남인 최동희를 포섭하여 천도교에 대항하려는 의도에서 꾸준히 그를 회유했다.

한편 혁신파는 서세동점의 위기를 조선적 문명, 즉 오도(吾道)로써 대응하자는 동학의 '동도주의' 계승을 주장해 보수파 문명개화론자들의 '개화'노선과 갈등을 빚게 된다. 가령 혁신파 전위기관인 천도교유신청년회(天道教維新青年會) 회장 강인택은 '서양의 모든 것을 배운다 할지라도 자아충실의 필요상 나부터 지(知)하고 우리의 것부터 수(修)하여야 하므로 동양 스스로를 지(知)하고 신(信)하려면 불가불 동양도덕의 여하를 연구해야 한다'는 취지로 ≪개벽≫에 동양도학의 체계를 상세히 소개하고 있다. 그는 동양도학의 체계를 유가·도가·묵가·양가·절충파·

9) 최정간, 『해월 최시형가의 사람들』, 168~170쪽.

10) 한국학문헌연구소, 『동학사상자료집(1): 천도교회사초고』(아세아문화사, 1979), 529~530쪽.

11) 『소수선생 신유년일기』, 1921년 5월 13일자; 金正明 編, 『朝鮮獨立運動(1)』(原書房, 1967), 607~608쪽.

12) 『소수선생 신유년일기』, 1921년 5월 15일자.

법가 등으로 분류했는데, 특히 주목할 것은 서양적 학문체계를 나름대로 소화하여 그 범위를 우주법설·철학·도덕·윤리·정치 등으로 분류한 점이다.[13] 이처럼 신학을 참작하여 구학을 재해석하려는 시도는 전통·자주·주체에 기반을 둔 '동국의 학·동국의 도'를 추구하던 동학 본류의 정신을 계승하려는 노력의 일환이었다. 그러므로 강인택이 '파괴할 것은 파괴하고 건설할 것은 건설하고 개조할 것은 개조하고 해방할 것은 해방하고 개벽할 것은 개벽하자'며 현대 사조가 요구하는 가정·사회·국가·세계의 활신개조(活新改造)를 주장한다고 해도, 그것은 보수파 문명개화론자들의 주장과는 맥락을 달리하는 것이었다.[14]

혁신파는 동학이 수양도덕운동의 일환으로 강조했던 자성(自省)·자성(自誠)·자심(自心)·자력(自力)을 천도교의 근대적 자력신앙으로 계승·발전시키는 데 일찍부터 남다른 관심을 갖고 있었다. 즉, 그들은 "진지(眞知)하고 지성(至誠)한 신앙"[15]은 자배주의(自拜主義)에서 나온다는 신념을 갖고 있었다. 강인택의 "복은 자성(自誠)으로 매(買)하라"[16]는 주장 역시 이러한 맥락에서 이해할 수 있다.[17] 이처럼 수양·수행을 중시하는 자력

13) 강춘산(강인택), 「동양도학의 체계 여하」, ≪개벽≫, 3월호~9월호(1921).

14) 춘산, 「우리의 자활」, ≪천도교회월보≫, 11월호(1920); 보수파의 이돈화가 지은 교사(敎史)의 제목은 『천도교창건사』이다. 이 책은 신구분화 이후 신파가 그들의 정체성과 정통성을 강조하기 위해 계획한 '천도교문명사' 편찬 계획의 일환으로 저술된 것이었다. 그런데 『천도교창건사』는 남접의 동학농민전쟁 기술에서 오류와 편파로 일관했다는 평가를 받고 있다. 반면에 혁신파의 오지영이 지은 『동학사』는 남북접에 대해 비교적 객관적 시각으로 기술하고 있다고 한다. 거의 같은 시기를 다루면서도 이처럼 교사의 제목이 '천도교창건사'와 '동학사'로 각각 다른 것은 이들이 자신의 계통을 달리 설정하고 있었음을 의미한다. 이이화, 「오지영 『동학사』의 내용 검토」, ≪민족문화≫, 12(1989), 146쪽.

15) 윤익선, 「신구신앙설」, ≪천도교회월보≫, 8월호(1911).

16) 강인택, 「복은 자성으로 매하라」, ≪천도교회월보≫, 8월호(1920).

신앙은 개인의 수양 능력을 중시하기 마련이므로 오지영은 일찍부터 "본연의 도덕성은 수양하지 않고 사소한 시비 경쟁을 일삼는" 연원제의 폐해를 타파해야 할 악현상으로 지목하고 있었다. '문호적 종교를 타파하고 개인적 신앙을 숭배하라'는 것이다.[18] 김봉국은 아예 "자기가 천주이니 자기를 신(信)하고 자기를 배(拜)하라"고 권유했다.[19] 오지영과 김봉국은 1910년대부터 ≪천도교회월보≫의 대중적인 지상 설교를 통해 이러한 자력신앙을 선전하고 강조한 바 있었다.

혁신파는 동학을 계승·발전시켜 천도교리를 개발하기 위한 연구 모임을 결성하는 데도 주도적인 역할을 했다. 1918년 3월 '상식적인 교리·합리적 신앙'을 추구하며 도사실에 포교연구부가 설치되어 윤익선, 이관, 양한묵, 김교경 등이 모여 신구조제의 시각에서 천도교리를 연구했다.[20] 이러한 신구 절충적 자세는 3·1운동 이후 몰아닥친 신사상·신사업·신정신·신지식·신인족·신활동·신종교·신도덕의 열풍과 "구진습성(舊塵習性)을 일체타파하고 시대적 신신앙을 적극적으로 향상 진화하자"[21]는 외침 속에 다소 위축되었다. 혁신파 지도자들은 1919년 9월

17) 이러한 자력신앙의 강조는 1927년 오지영이 서문을 쓴 천도교 혁신파(천도교회연합회)의 교리서 『새사람과 새한울』에서도 엿볼 수 있다. 도는 남에게서 구하는 것보다 내게서 구하는 것이 가장 믿음이 있으니 나의 스승은 나 자신에게서 구하는 것이 가장 옳다는 것이다. 천도교회연합회, 『새사람과 새한울』, 16~20쪽; 『오지영전집(上)』, 340~344쪽.

18) 원암, 「세계는 반드시 도덕으로 개조하리라」, ≪천도교회월보≫, 6월호(1920).

19) 김봉국, 「진화와 인내천」, ≪천도교회월보≫, 7월호(1921).

20) 포교연구부의 전신으로는 용산강연회(龍山講演會)를 꼽을 수 있다. 용산강연회는 1915년경부터 시일을 이용하여 교리를 연구하고 지식을 교환하는 역할을 수행했다. 민영순, 「강연회 제군에 대하여」, ≪천도교회월보≫, 4월호(1917).

21) 김봉국, 「강연부를 위하여」, 「종교의 신사상시대」, ≪천도교회월보≫, 2월호(1920).

서북 출신 청년세대를 중심으로 천도교리의 연구와 계몽을 위한 단체인 천도교교리강연부가 발족하자, '상하노소 없이 피아원근 없이 동서남북 통틀어 오교(吾敎)의 대정신하에서 다 같이 돌아와서 원만하게 융화하여 영원히 동락할 것', 즉 동귀일체를 강조하면서 지역 기반과 세대를 달리하는 교리연구단체의 발족을 경계했다.[22] 그리고 이에 대한 대응으로 오지영, 윤익선, 강인택 등 혁신파 지도자들은 1921년 사상강구회(思想講究會)를 조직하고 변통적·변법적인 입장에서 '고유사상=구사상'과 '서구사상=신사상' 간의 갈등을 극복할 것을 다시 한 번 천명했다.[23]

'동도주의'에 기반을 둔 참구취신적(參舊就新的) 색채의 신구조제론은 동학통합운동과 마찬가지로 통합과 포용의 원동력로서의 동학의 정신을 강조하고 동학을 중심으로 한 종교통일을 주장하는 데까지 나아갔다.[24] 오지영은 동학통합운동을 염두에 두면서 종교합일·종교통일을 주장하고 나섰으며[25] 김봉국은 '모든 종교가 합리적 정신과 인내천의 정신과 천인간(天人間) 직접의 정신을 갖고 있으므로 천도교의 대정신 안에서 통일이 가능하다'고 역설했다.[26] 개조의 신시대를 맞아 신구

---

22) 「교리강연부의 제1례회관(第一例會觀)」, ≪천도교회월보≫, 10월호(1919).

23) ≪동아일보≫, 1921년 5월 10일자; 1921년 7월 29일자.

24) 혁신파가 신구절충·신구조제의 입장에서 종교통일·정신통일을 주장하는 이유 중 하나는 동학농민전쟁으로 계급갈등이 심화되었다고 보기 때문이다. 이를 해결하기 위해서는 포용과 조화의 사상이 절실하다는 것이다. 오지영은 『동학사』에서 동학란 때문에 조선사람의 사상이 두 쪽으로 갈리게 되었다고 쓰고 있다. 한편으로는 관리, 양반, 부자, 유림, 소리(小吏), 사졸(士卒)과 서학군(西學軍)은 모두 정당이 되어 관병과 일병(日兵)에게 한데 섞이어 또는 수성군(守城軍) 혹은 민포군(民包軍)을 조직했으며 나머지 백성들은 동학군 편이었다는 것이다. 『동학사』, 154쪽.

25) 오지영, 「종교합일론」, ≪천도교회월보≫, 1월호(1919); 오지영, 「종교통일론」, ≪천도교회월보≫, 12월호(1920).

절충의 혁신파가 지향했던 '종교=동학·천도교'는 문호적·우상적·계급적·구역적·편협적·인위적 구종교를 탈피한 개방적·자심적(自心的)·평등적·세계적·광박적(廣博的)·천연적·해탈적 신종교였다.[27] 그 신종교의 종지는 온갖 의문과 미신을 파괴하고 왕고래금(往古來今)의 횡설수설한 만종교(萬宗教)·만철학(萬哲學)의 이상을 통일적으로 해석한 '인내천'이었다.[28]

서도·서학에 근거한 문명개화를 추진하던 보수파와 '동학=구사상'에 기초한 '서학=신사상'의 조화·변법을 추구하던 혁신파는 사회주의 수용을 놓고도 차이를 보였다. 1904년 민회운동, 대한협회 활동 등을 통해 입헌군주제와 자본주의 체제에 입각한 국가개혁을 요구했던 보수파는 반제국주의적·반자본주의적 이념으로 무장한 '좌파=사회주의 세력'과 사회주의 사상이 교단 내로 유입·확산되는 것을 경계하고 있었다. 당시 혁신파는 '이남 출신 구동학 세력과 동학 이념을 사회주의적으로 해석하는 신진청년층의 무정부주의적 성향이 결합한 것'으로 또는 '급진적 인텔리겐치아'라는 평가를 받고 있었으므로, 보수파의 입장에서는 바로 이들이 요주의·요시찰 인물들이었다. 더욱이 그들은 사회주의 사조의 영향을 받아 인내천을 절대평등을 지향하는 신앙 원리로 해석하고 있었다.

정치노선으로 볼 때, 혁신파는 사회주의·공산주의에 공명하고 계급타파 및 토지문제 해결에 적극성을 보이는 중도 좌파적인 성향을 갖고 있었다.[29] 인본도덕·대중해방·평등을 내세운 천도교연합회의 강령으

26) 김봉국, 「만종교의 통일적 정신」, ≪천도교회월보≫, 10월호(1920).

27) 오지영, 「천도교지신면목(天道教之新面目)」, ≪천도교회월보≫, 1월호(1922).

28) 김봉국, 「오직 사람 그대로」, ≪천도교회월보≫, 6월호(1921).

29) 지금까지는 혁신파의 중도 좌파적인 성향에 대해 사회주의적인 색채를 띤다고 해도 사회주의 그 자체는 아닌 것으로 평가해왔다. 조규태, 「1920년대 천도교연

로만 본다면 혁신파는 분명 천도교단 내에서 좌파라는 평가를 받을 수 있지만, 실제로 민족진영 내 사회주의 그룹에서 활동한 뚜렷한 경력을 갖고 있는 이는 없었다. 다만 최동희가 1919년 '적국의 괴수' 레닌을 만난 이력을 갖고 있었고,[30] 혁신파의 전위기관격인 천도교유신청년회[31] 대표 강인택이 1923년 2월 서울청년회가 주도한 전조선청년당대회에 준비위원으로 참여한 정도의[32] 경력이 있을 뿐이었다. 1924년 4월 창립한 조선청년총동맹에는 종교청년단체라는 이유로 가입을 거부당하기도 했다.[33] 이처럼 중도 좌파적 성향의 혁신파에 극좌의 혐의를 씌운 것은 바로 일제 당국이었다. 그들은 혁신파를 '좌경적 공산운동의 색채가 현저한' 세력으로 매도했다.[34]

혁신파의 지도자들은 보수파의 준비론·실력양성론에 대해 일찍부터 거부감을 갖고 있었다. 최동희는 동학농민전쟁의 반봉건·반외세의 정신을 충실히 계승하여 민족자주노선을 추구하는 것이 천도교의 사명이자 민족혁명을 달성하는 길이라고 여기고 있었다.[35] 그는 동학농민전쟁의 강령으로 '왕실 전복, 귀족 박멸, 빈부귀천의 계급 타파, 국토 평균

합회의 변혁운동」, ≪한국근현대사연구≫, 4(1996), 238쪽.

30) 최정간, 『해월 최시형가의 사람들』, 223~226쪽.

31) 천도교유신청년회는 천도교연합회가 천도교로부터 이탈하기 직전인 1922년 10월에 천도교청년회를 탈회한 송헌, 김봉국, 이동구, 강인택 등이 주축이 되어 결성되었다.

32) ≪조선일보≫, 1923년 2월 24일자.

33) ≪조선일보≫, 1924년 4월 23일자.

34) 朝鮮總督府 警務局, 『最近に於ける朝鮮治安狀況』(1933), 113쪽.

35) 혁신파의 노선을 농민적 입장에서 민족혁명의 완수라는 이상을 고수하는 흐름으로, 보수파의 노선을 서구 및 일본 문명 수용을 통해 부르주아적 근대화를 이루려는 흐름으로 이해하려는 시각도 있다. 이준식, 「최동희의 민족혁명운동과 코민테른」, ≪역사와 현실≫, 32(1999), 66~67쪽.

분작' 등 반봉건 근대화의 과제를 제시했다. 그리고 1922년 교단 혁신운동을 통해 그 정신을 계승하고자 했다. 또한 그는 '최제우-최시형-전봉준'에서 천도교 민족혁명의 정통성을 찾으며,[36] 1916년 손병희에게 천도교가 항일운동에 나설 것을 건의하고[37] 스스로 해외로 망명해 민족운동에 투신하기도 했다.

이처럼 혁신파는 천도교단 내 사상적 계보에서 이질적인 흐름을 형성하고 있었다. 1910년대까지 동학 정신의 부활을 도모하고 수양을 통한 자력신앙을 강조하던 혁신파 계통 지도자들은 3·1운동 이후의 정세 변화 속에서 사회주의에 대해 호의적인 입장을 취하고 이를 재해석하여 절대평등을 주장함으로써 보수파와는 다른 길을 선택하게 된다. 그들이 보인 민족운동노선에서의 중도적 성향은 문명개화노선이나 사회주의·좌파 노선이 지닌 서도·서학 일변의 교조주의적인 편향성에 쉽게 동조할 수 없었던 동도주의자로서의 정서에서 비롯된 것이라 할 수 있다.

2. 고려혁명당의 결성과 활동

혁신파가 미약한 세력 기반에도 불구하고 천도교 계파의 하나로 인정받게 된 것은 1926년 12월에 발생한 고려혁명당(高麗革命黨) 사건 덕분이었다. 고려혁명당은 1926년 4월 5일 중국 길림에서 양기탁(梁起鐸), 오동진, 고활신, 현정경, 정이형, 최동희, 주진수, 이규풍, 이동락, 김광희 등이 참석한 가운데 만주의 정의부 계열과 국내의 천도교 혁신파·형평사가 연합하여 결성한 민족유일당운동의 선구 격인 통일전선체였다.

36) 최동희, 「편산선생전(1923년 12월 20일자)」(코민테른 문서).

37) 최정간, 『해월 최시형가의 사람들』, 168~169쪽.

고려혁명당이 국내외 조직의 연합·합작을 통해 지향한 것은 만주를 중심으로 무장투쟁을 전개하면서 이를 지원하기 위한 국제 연대를 모색하는 민족유일당이었다. 이러한 성격은 고려혁명당의 강령과 당략을 통해서도 확인할 수 있다.[38]

<강령>

一. 우리들의 인간 실생활의 당면한 적인 모든 계급적 기성 제도 및 현재 조직을 일체 파괴하고 물질계와 정신계를 통해 자유 평등의 이성적 신사회를 건설하자.

一. 제국주의와 자본주의에 대한 근본적인 반항에서 우리와 공명하는 각 피압박 민족을 결합해서 동일전선에서의 일치된 보조를 취하자.

<당략>

一. 대국의 성세에 향응하고 지리의 관계를 이용해서 만주를 최선의 전지(戰地)로 삼는다.

一. 최고 간부는 상해에 두고 동양의 피압박 민족과 연락을 취하고 만주 정책상(戰策上) 필요가 있을 때에는 임시로 적당한 지대로 전치(轉置)한다.

一. 동양 운동의 필요상 제3국제공산당과 합치하는 책략을 취한다.

우선 강령에서는 반제국주의·반자본주의 투쟁을 위한 피압박 민족 간의 공동 전선을 강조한 대목이 눈에 띈다. 당략은 이러한 강령의 구체적인 실천 방안으로서 만주근거지론과 피압박 민족 및 코민테른과의 연대론을 제기하고 있다.

---

38) 朝鮮總督府 警務局 保安課, 『昭和二年十二月 治安狀況』, 78~79쪽.

최동희는 일찍부터 만주를 근거지로 한 무장투쟁론과 외교론을 결합한 민족운동 방략에 주목하고 있었다. 이러한 구상은 1917년 연해주 망명 이후 중국 각지를 돌며 신채호, 유동렬, 김좌진, 황상규 등과 교유하고 상해임시정부에 실망한 후 레닌을 만난 경험 등을 통해 형성된 것이었다.[39)]

1922년 혁신파의 천도교단 이탈을 전후해 다시 망명길에 오른 최동희는 소비에트러시아로 들어가 코민테른을 상대로 외교공작을 전개했다. 먼저 조선 문제를 담당하는 코민테른의 간부인 이동휘(李東輝), 한명세(韓明世), 가타야마(片山潛), 이델슨, 파인베르크 등에게 서신을 보내 지원을 요청했다. 그는 서신에서 '고려혁명'에서 통일전선의 필요성과 통일전선운동에서 천도교의 역할에 대해 강조했다. '1894년 농민전쟁 - 갑진재거(甲辰再擧) - 기미운동'으로 이어지는 혁명전통을 계승해 제4의 혁명을 준비하는 천도교만이 민족혁명운동의 중추 세력으로서 통일전선운동을 추진할 수 있는 주체적 역량을 갖추었다는 점을 부각시켰다. 그리고 천도교를 중심으로 동양혁명에 대한 완전한 기초를 형성하기 위해서는 코민테른의 지원, 특히 군사적 지원이 절실하다는 점을 호소했다.[40)] 코민테른이 천도교의 무장투쟁을 지원해달라는 것이었다.

39) 최동희의 국제 정세에 관한 인식 수준은 그가 남긴 1921년도 일기에 잘 나타나 있다. 그는 국내 정세보다 국제 정세의 동향에 대해 훨씬 자세하게 기술했고 또한 그러한 변화가 식민지 조선에 몰고 올 파장이나 여파를 늘 염두에 두고 있었다. 국제 관계에 대한 그의 안목은 냉철했다. 가령 1921년 개최된 워싱턴회의에 대해 그는 "조선의 정객들은 큰 희망을 갖고 있는 듯하나 조선 문제가 등안(登案)될지라도 한 논조(論調)에 불과할 것이며 오히려 이 회의를 통해 극동에서는 영미가 세력을 확장하고 일본의 지위가 점차 위축되는 결과를 초래할 것"이라고 예측하며 별다른 기대를 갖지 않았다. 『소수선생 신유년일기』, 1921년 11월 11일자.

40) 최동희, 「陳意」(1923년 12월 27일); 「편산선생전」(1923년 12월 20일); 「편산

1924년 12월 17일에는 소비에트러시아 외무성 인민위원부에 고려인민혁명군의 결성과 활동에 관련한 비밀협정을 체결하자는 비밀서한을 보냈다. 여기서도 천도교의 주체적 역량을 강조하면서 소비에트러시아가 천도교에 의해 조직될 고려인민혁명군에 총기, 폭발물, 수송 수단, 탄약 등을 제공하는 것은 물론 고려인민혁명군의 채무 상환을 위해 금광을 제공해줄 것 등을 요청했다.[41)]

그러나 최동희의 이러한 외교공작은 1925년 1월 20일「소일상호관계의 기본원칙에 관한 협약」이 체결되어 소비에트러시아가 조선의 민족혁명에 대한 지원을 철회함으로써 수포로 돌아갔다. 그리고 그 협약에 의거해 최동희도 1925년 2월 소비에트러시아에서 추방당했다. 주진수, 이규풍, 김광희 등과 함께 만주의 길림으로 건너온 최동희는 일단 외교공작을 중지하고 만주근거지론을 실천하기 위한 활동 기반을 마련하는 데 전념했다. 천도교는 주로 국내에 기반을 갖고 있으므로 그는 만주에서 연대할 수 있는 세력을 찾았다.

최동희는 길림에 근거지를 두고 있는 정의부 지도부와 제휴했다. 우선 정의부의 후견인 역할을 하던 양기탁을 만났다. 당시 양기탁은 ≪동우(同友)≫라는 잡지를 발간하는 동우사의 이사 겸 사장으로 활동하고 있었다. 또한 동우사 이사이자 정의부 중앙행정위원으로 활약하던 고활신, 곽종육과도 접촉했다. 정의부 지도자들은 최동희가 만주근거지론을 주장하고 반임정 세력이라는 점에 호감을 가졌다. 이들이 관여하던 잡지인 ≪동우≫는 이미 1924~1925년경부터 '대중의 통일적 행동을 도모하는 정당'의 필요성을 제기하고 있었다.[42)] 최동희는 정의부 지도

선생 청감」(1924년 1월 25일).

41) 박보리스,「재러한인들의 항일운동(1920~1930년대 전반기)」, ≪자유≫, 4월호(1996), 134~135쪽.

42)「정당과 도덕(속)」, ≪동우≫. 신주백,『만주지역 한인의 민족운동사(1920~

자들이 주장하는 당조직론을 수용했다. 최동희는 정의부 지도자들의 알선으로 정의부 내에서 활동하던 다물당 간부들과도 접촉했다. 다물당 중앙집행위원장인 현익철(玄益哲)이 가담한 후 많은 다물당원들이 통일전선체 건설운동에 합류했다. 무장투쟁노선을 추구하는 다물당은 1925년 무렵부터 약소민족과의 '동일전선'을 취하는 국제 연대에 관심을 보이고 있었다.[43] 최동희는 정의부 지도자들과 만주를 근거지로 무장투쟁과 외교공작을 추진할 통일전선체 결성에 합의하자 1925년 8월 천도교 혁신파이자 형평사 간부인 이동구[44]를 장춘(長春)으로 불러 그 계획을 알려주었다.

이로부터 6개월이 지난 1926년 2월부터 통일전선체를 결성하려는 움직임이 본격화되었다. 1926년 2월 15일과 16일 양일에 걸쳐 최동희, 양기탁, 주진수, 이일심, 고활신, 현정경 등 6인이 회합을 갖고 고려혁명당 발기회를 개최했다. 이 자리에서는 조직·선언·강령·규칙의 제정과 국내외로의 특파원 파견, 창립대회 소집 등의 안건이 협의되었다. 3월 초에는 이동구가 경성으로 귀환하여 천도교연합회 간사로 있던 김봉국과 송헌, 천도교연합회 간부이자 형평사 간부인 이동락, 형평사 집행위원인 오성환(吳成煥) 등을 포섭하는 데 성공했다.[45]

---

5)』(아세아문화사, 1999), 119쪽에서 재인용.

43) 신주백, 『만주지역 한인의 민족운동사(1920~45)』, 110~111쪽.

44) 이동구(李而素·李而笑)는 1924년 8월 15일 개최된 형평사의 전국통일대회에서 발족한 형평사중앙총본부의 중앙집행위원으로 활동하고 있었다. ≪동아일보≫, 1924년 8월 19일자.

45) 「고려혁명당사건재판기록」, 『쌍공 정이형 회고록』(국가보훈처, 1996), 124~125쪽; 최동희의 장인인 홍병기도 고려혁명당에 관여한 것으로 되어 있는데, 가능성은 희박하다. 당시 홍병기는 신파에 가담해 활동하고 있었고 그가 고려혁명당 관련 재판을 받을 때도 신파로부터 별도의 변호사가 파견되는 등 각별한 대접을 받았다. 고려혁명당에 가입한 후속 인사로는 천도교인인 유공삼(柳公三)과 이동

고려혁명당에 참여한 혁신파는 최동희가 국내에서 조직한 비밀정치 조직인 고려혁명위원회의 간부들이었다. 고려혁명위원회는 1922년 7월 14일에 결성된 천도교 내 지하 독립운동조직이었다. 고려혁명위원회의 구성원을 살펴보면 다음과 같다.[46)]

고문: 이종훈, 위원장: 홍병기, 부위원장: 최동희, 비서: 송헌, 외교부장: 최동희, 해외조직부장: 이동락, 해외선전부장: 김광희, 해내조직부장: 이동구, 해내선전부장: 김봉국, 재정부장: 박봉윤, 위원: 김치보·강창선·지동섭·김홍종·강도희·김문벽·이동욱·강명혁·김병식·손두성.

이처럼 고려혁명위원회는 혁신파에 가담했던 천도교단의 원로·중진·소장급 지도자 대부분을 포괄하고 있었다. 그러므로 혁신파의 입장에서 보면, 고려혁명당은 고려혁명위원회의 후계 조직이기도 했다. 한편 고려혁명당에 참가한 형평사원들은 민족·사회운동과의 연계를 모색하던 형평사 내 '좌파'인 형평사혁신동맹계에 속한 인물들이었다.[47)]

3월 말 김봉국, 이동구, 이동락이 불참자인 오성환과 송헌의 위임장을 갖고 길림에 도착했다. 곧바로 3월 25일에 정의부 관계자와 이동구, 김봉국, 이동락 등 국내에서 건너간 천도교 혁신파와 형평사 간부 및 김광희, 이규풍 등 연해주에서 활동했던 인사들이 모두 참여한 가운데

욱, 형평사 집행위원인 서광훈(徐光勳) 등이 있다. 전남 고흥의 면서기 출신인 유공삼도 고려혁명당 결성 직후인 1926년 4월 25일 개최된 정기 형평사대회에서 중앙상무집행위원으로 선출되는 등 형평사 간부로 활약했다. 『왜정시대인물사료(一)』, 「유공삼조」.

46) 애국동지원호회, 『한국독립운동사』(1956), 234쪽.

47) 김영대, 『형평』(송산출판사, 1978); 김중섭, 『형평운동연구』(민영사, 1994), 250~256쪽; 고숙화, 「형평운동」, 『한민족독립운동사(9)』(국사편찬위원회, 1991).

선언·강령·당규·당략 등이 논의되었고 이규풍, 이동락, 김광희 등 3인이 당규·당략 제정위원으로 선출되었다. 3월 29일에는 선언·강령·당규·당략 등에 합의하고 조직부·선전부·경리부·검사부 등의 집행기관을 설치했다. 당명은 고려혁명당으로 결정되었다. 천도교의 천일기념일인 1926년 4월 5일 길림성 영남반점에서 고려혁명당이 창당되었다. 그 직후에 정의부원인 오동진, 다물당원이자 정의부원인 정이형이 입당했다. 그리고 일주일에 걸친 회의를 통해 정당원(正黨員)의 승인, 당학교 설립 및 교과서 편찬, 세포의 결성, 경비 부담, 당의 방침에 배반하는 기성의 청년단을 해산하고 각지에 청년단을 결성하는 문제 등에 관해 협의했다. 입당을 심사할 중앙심사위원으로 양기탁, 이동락, 주진수, 이규풍 등을 선출했다. 이 과정에서 중앙당을 길림에서 하얼빈으로 이전할 것을 계획하게 된다. 이러한 협의를 거쳐 성립된 초기 간부진은 다음과 같다.[48)]

위원장: 양기탁

책임비서: 이동구

위원: 정이형(鄭伊衡), 현정경(玄正卿), 고활신(高豁信), 오동진, 이동락, 김봉국, 현익철, 이규풍(李奎豊), 최동희, 주진수(朱鎭壽), 곽종육(郭鍾毓)

1926년 8월까지 11개 세포기관을 구성한 고려혁명당은 무장투쟁에 들어갔다.[49)] 정이형은 정통단(正統團)이라는 무장부대를 조직해 길림에 근거지를 구축하고 무장투쟁을 전개했다. 이 부대는 국내 진입 유격전

48) 고등법원검사국, 「高麗革命黨事件の研究: 天道教·衡平社·正義府 各員の提携」(1928), 11~13쪽.

49) 고려혁명당의 세포는 주로 길림 일대와 액목현, 화전현 일대의 11곳에 있었으며 국내에는 세포가 없었다고 한다. 「高麗革命黨事件の研究」, 14~15쪽.

을 벌이고 만주 내 친일파 척결 및 군자금 모집 활동을 펼쳤다.[50] 최동희는 창당 직후부터 고려혁명당에 대한 국제적 승인과 지원을 받기 위한 외교공작에 경주했다. 일종의 역할 분담인 셈이었다. 당대표 자격으로 북경에서는 소비에트러시아의 북경공사인 카라한을, 상해에서는 코민테른 동양비서부의 대표인 보이친스키를 만나 고려혁명당에 대한 승인과 지원을 요청하는 한편, 중국 국민당 당수 장개석을 만나서는 군사적 지원을 호소했다.

한편 고려혁명당이 결성될 무렵인 1926년 3월과 4월경 혁신파의 만주 이주와 자치촌 건설이 추진되었다.[51] 오지영과 김봉국의 주선으로 전북 익산의 천도교연합회원 230여 명이 길림으로 이주해 남녀노소의 차이와 장정 수를 감안, 균일하게 노동력을 분배하는 방식으로 농장을 경영했다.[52] 물론 이 자치촌은 천도교 혁신파의 활동 기반이면서 고려혁명당의 세포 단체라는 위상을 갖고 있었다.[53] 오지영에게 만주는 늘 '과거 고려국 판도하에 들었던 광활하고도 비옥한 희망의 대지였다'고 한다.[54] 김봉국은 이 자치촌을 '인내천 취지하에 건설된 공산국'이라

50) ≪동아일보≫, 1926년 5월 23일, 8월 1일자.

51) 임시정부에 천도교 대표로 참가했던 신숙도 1924년경부터 남만주에서 포교활동을 전개하면서 만주에서 조선인의 생존을 위한 방안으로 자치촌 결성을 구상하고 있었다. 그에 따르면, 여러 사람이 합자하여 토지를 매수하고 공동경작을 하면서 자치적 생활을 영위하고 교육과 산업도 부락 내에서 해결할 수 있는 자치촌의 건설이 국가 없는 백성이 외국에서 스스로 생명과 재산을 보호하기 위해 취할 수 있는 최선의 방책이었다. ㅅㅅ生, 「남만을 다녀와서」, ≪개벽≫, 7월호(1924).

52) ≪동아일보≫, 1926년 7월 31일, 8월 4일, 9월 9일자.

53) ≪동아일보≫, 1927년 1월 23일자.

54) 오지영, 「만주의 풍토」, ≪야담≫, 1944년 8월호(한국학문헌연구소 편, 『오지영전집(하)』, 1992, 456~458쪽).

선전하며 이주를 권유하는 활동을 계속했다.[55] 그러한 노력의 결실로 김봉국의 출신지이기도 한 평남 성천의 천도교연합회원 27명이 1927년 3월 길림으로 이주했다.[56] 천도교연합회는 1926년 4월 7일 제4회 연합정기총회에서 만주로 이민한 천도교인의 종교활동을 지원하기 위해 책임 간사를 파송할 것을 결의했다.[57]

1926년 12월 28일 고려혁명당 간부인 이동락이 새로운 근거지인 하얼빈으로 가던 도중 장춘의 동아정미소에서 체포되었다. 이동락은 체포 당시 고려혁명당의 선언·강령·당략·맹약 등을 갖고 있어 간부들이 모두 노출되고 말았다. 1927년 2월까지 73명의 고려혁명당원이 체포되었다.[58] 일제 당국은 정의부를 고려혁명당의 핵심 세력으로 지목하고 만주에서 정의부원에 대한 검거활동을 전개했다. 1927년 3월 1일 정이형이 하얼빈에서 검거되었다.

그런데 '정의부가 고려혁명당의 정치이념을 실천하는 행정기관이고 그 군대는 고려혁명당의 당군'이라는 표현 그대로, 시간이 흐를수록 만주에 근거지를 둔 정의부 지도자들의 고려혁명당 내 영향력이 강화되었다.[59] 혁신파의 경우는 일부 천도교연합회원의 만주 이주에도 불구하고, 당시 만주에서 활약하던 사회주의자들이 천도교의 인내천이 공산주

55) 김봉국은 만주로의 이주를 독려하는 활동을 전개하다가 '공산주의를 선전했다'는 혐의로 경찰 당국에 체포되어 재판에 회부되었으나 무죄로 방면되는 곡절을 겪기도 했다. ≪중외일보≫, 1926년 12월 11일자.

56) 「滿洲移住朝鮮人ニ關スル件(1927.3.24)」, 『齋藤實文書(10)』, 411~412쪽; 1922년 혁신파가 천도교단을 이탈할 때 성천의 5,000~6,000명에 달하는 천도교인 대부분이 일단 혁신파에 가담할 정도로 이 지역에서 김봉국의 영향력은 상당한 것이었다. ≪조선일보≫, 1924년 1월 10일자.

57) ≪조선일보≫, 1926년 4월 10일자.

58) 최정간, 『해월 최시형가의 사람들』, 290~291쪽.

59) 김창수, 「고려혁명당의 조직과 활동」, ≪산운사학≫, 4(1990), 164쪽.

의가 주장하는 계급제도의 철폐와 합치되는 사상이라고 선전하며 천도교인의 사회주의 단체 가입을 권유해 기존의 지지 기반마저 위협받는 처지가 되고 말았다.[60] 더욱이 1926년 12월 고려혁명당사건이 터져 혁신파 간부 대부분이 투옥되고 최동희마저 1927년 1월 26일 상해에서 폐병으로 사망해[61] 고려혁명당 내에서 혁신파의 위상은 완전히 무력화되고 말았다. 이후로 고려혁명당은 정의부 간부 일색으로 운영되면서 '정의부 내 여당'이라는 평을 들었다.[62]

1927년 8월 22일 양기탁, 이규풍, 이일심, 주진수, 현정경 등은 아성현(阿城縣) 취원창(聚源昶)으로 자리를 옮겨 민족유일당 출현을 예상하며 결속력을 다지기 위해 고려혁명당세포연합대회를 개최했다. 참석자들은 기존 당규 개정, 청년회 단결, 농민단체 조직, 토지 경영 문제 등을 협의하고 새로운 집행위원 9명과 후보위원 3명을 선출했다.[63] 하지만 고려혁명당은 연합대회 이후 박처종이 경영하는 하얼빈의 농업공사에서 30여 명의 조직원이 또다시 체포되면서 사실상 와해되었다.

고려혁명당에 참가한 혁신파나 형평사 간부들은 사회주의 그룹에 참여해 활동한 경력은 없지만, 천도교단과 형평사에서 민족문제·사회문제에 대한 적극적인 인식과 실천을 추구한 중도 좌파적 성향의 인물들이었다. 최동희의 경우 자신의 이념을 유물론에 대비되는 정신론이라 불렀으며,[64] 계급해방과 평등을 추구하는 사회주의를 인내천주의의 하

60) 「高警第1071號　在滿天道敎徒ノ赤化傾向ト同敎會幹部ノ阻止手段ニ關スル件(1926.2.31)」. 채영국, 『한민족의 만주독립운동과 정의부』(국학자료원, 2000), 269쪽에서 재인용.

61) ≪동아일보≫, 1927년 2월 5일자.

62) 신주백, 『만주지역 한인의 민족운동사(1920~45)』, 121쪽.

63) 朝鮮總督府警務局, 「在滿不逞團並社會主義團體ノ狀況」(1928.3), 고려대 아세아문제연구소 마이크로필름 2003-049, 204~207쪽.

위 개념으로 간주하고 있었다. 또한 그에게 코민테른과 소비에트러시아는 민족혁명의 영도자가 아니라 후원자였다. 김봉국은 재판 과정에서 고려혁명당은 '특권계급이 대중을 압박하는 사회를 타파하기 위해 결성된 것'이라고 주장하며 계급노선에 대한 호감을 표시했다. 이동구 역시 고려혁명당은 '만주를 근거로 하여 안으로는 기본단체의 단결을 더욱 견실히 하고 밖으로는 고려대중과 같이 독립에 신음하는 세계대중을 세계적으로 규합하여 일조에 기를 들고 북을 치며 독립주의를 고취하기 위해 결성된 것이며 이상적 사회는 자유평등과 호상부조를 기초로 하는 사회'라며 고려혁명당의 결성취지를 비교적 정확하게 진술하고 있다.[65] 이처럼 재판 과정에서 좌경적인 성향을 드러낸 두 사람도 직접 사회주의 그룹에서 활동하지는 않았다.

고려혁명당에 참가한 정의부와 다물당 간부들 역시 중도 좌파적 성향을 갖고 있었다. 그들은 우선 고려혁명당이라는 통일전선체를 결성한 주모자이면서도 불구하고 공산주의자들의 입당을 허용하지 않았다. 즉, 고려혁명당은 연해주에서 온 상해파 고려공산당 대표 송한석(宋寒石)과 이르쿠츠크파 고려공산당 대표 이운한(李雲漢)의 입당 요청을 거절했다. 그리고 고려혁명당원으로 활동하던 이우삼(李友三), 장진환(張鎭煥), 김관성(金觀聲) 등은 회덕현에서 공산주의자에게 피살되기까지 했다.[66] 그런데 고려혁명당사건이 발발한 직후인 1927년 4월 16일부터 4일간 만주에서는 민족진영을 망라한 55명의 지도자들이 참가한 가운데 민족유일당 결성을 위한 제1회 각 단체 대표회의가 열렸다. 이 자리에서 조선혁명당을 조직하자는 의견이 제시되었고 고려혁명당원인 고활신이 그 강

64) 『소수선생 신유년일기』, 1921년 3월 22일자.

65) ≪조선일보≫, 1928년 10월 8일자.

66) 애국동지원호회, 『한국독립운동사』, 291, 452쪽.

령의 초안을 작성했다. 오동진, 현정경, 현익철 등과 함께 이 대표회의에 참가했던 고활신은 '一. 제국주의 일본을 파괴할 것, 一. 미래 운동은 사유재산을 폐지하고 토지국유화를 기할 것, 一. 각 약소국 피압박 민족과 악수하고 동일운동전선을 세울 것' 등 다소 좌경적인 강령을 제시했으나 결국 채택되지 않았다고 한다.[67] 이후 이들은 민족유일당 가입 원칙으로 개인 본위를 주장하는 좌파 주도의 전민족유일당촉진회가 아니라 단체 본위를 주장하는 전민족유일당협의회의 집행위원으로 활약했다.[68] 즉, 고려혁명당에 참가한 정의부와 다물당 간부들은 좌경적 노선에 동조하면서도 실천적인 면에서는 좌파 단체나 공산주의자를 경계하는 태도를 취하고 있었다. 이처럼 고려혁명당은 중도 좌파적 성향을 갖고 있는 3파의 통일전선체라는 특징을 갖고 있었다.[69]

중도 좌파·중도파인 혁신파의 시각으로 볼 때, 궁극적으로 좌우합작이 아니라 천도교를 중심으로 민족운동세력이 결집한 '당적' 조직만이 진정한 의미의 통일전선체였다. '상해임시정부·상해파·이르쿠츠크파·국민회의파·창조파·개조파 간의 투쟁에서 절대적으로 불편부당한 입장

67) 애국동지원호회, 『한국독립운동사』, 163쪽

68) 국사편찬위원회, 『한국독립운동사(4)』(1965), 861~862쪽.

69) 고려혁명당의 중도적 성향 때문에 지금까지 고려혁명당의 성격은 논자에 따라 다르게 파악되어왔다. 연구가 진행됨에 따라 '민족주의 이념을 강하게 지니며 민족통합과 조국 광복이라는 목표를 달성키 위해 지나치지 않을 사회주의를 포용했다'며 중도적 성향에 주목하는 평가가 주류를 이루고 있다. 채영국, 『한민족의 만주독립운동과 정의부』, 272쪽; 최동희와 함께 연해주에서 만주로 건너와 '러시아 대표'로 고려혁명당에 참가한 이규풍과 주진수 역시 한말부터 독립군 기지 건설에 참여하고 105인 사건에 연루되었던 50~60대의 원로급 활동가들이며 최동희와 마찬가지로 '사회주의에 호의적인 민족주의자', 즉 중도 좌파적 성향을 갖고 있던 인물들이었다. 국가보훈처, 『독립유공자공훈록(제4권)』(1987), 784~785, 917~918쪽.

에 서 있는 '중도자' 천도교만이 통일전선운동의 주체가 될 수 있다'는 것이다. 그러므로 혁신파는 민족유일당을 결성하기 위한 목적으로 고려혁명당에 참여했지만, 좌파나 우파와의 연합·합작보다는 코민테른·소비에트러시아·중국 국민당과의 연대에 더 적극적인 관심을 보였다.

이처럼 혁신파의 고려혁명당을 통한 통일전선운동은 독자적 세력으로서의 천도교를 통일전선의 주체로 상정하고, 만주를 근거지로 한 무장투쟁 및 이를 지원할 수 있는 국제 연대의 강화를 추구했다. 하지만 혁신파는 천도교 내 소수파였고 이미 교단과 결별한 상황에서 타협적 성향으로 기울고 있는 천도교의 주류를 견인하는 데 적극적이지 않았다. 따라서 1919년 최동희가 레닌을 만난 자리에서 만주에 중립국을 건설할 수 있도록 지원해달라고 요청하자, 레닌이 '조선으로 돌아가 천도교인을 중심으로 공산당을 조직하라'고 응수했듯이,[70] 만주는 결코 천도교를 기반으로 한 민족운동의 중심지가 될 수 없었으며 그렇기 때문에 더욱이 코민테른의 지원을 확보하려는 시도는 불발에 그칠 수밖에 없었다. 하지만 동도주의의 정서와 신구절충론적인 사고에 기반을 둔 천도교 혁신파가 중도 좌파로서 외교론과 무장투쟁론을 결합한 통일전선운동을 추구했던 역사적 궤적을 통해 민족의 자주·전통에 기반을 둔 민족운동노선이 좌도 우도 아닌 중도를 추구하며 그것이 반일연대·통일전선운동의 원동력으로 작동하게 되는 맥락을 파악할 수 있다.

70) 최정간, 『해월 최시형가의 사람들』, 225쪽.

2장
천도교 신파와 조선농민사

1. 신파의 계보와 자치운동노선

천도교 신파(이하 '신파')는 천도교인의 80% 이상을 장악한 천도교 내 실세이자 주류인 계파였다. 하지만 압도적 수치에도 불구하고 정치적·사회적 영향력에서는 구파 지도자들과 달리 신흥세력에 불과했다. 이러한 열세는 신파의 세력 기반은 물론 지도자들의 출신 지역이 전통적인 정치 소외지인 서북 지방이라는 점과 밀접한 연관을 갖고 있었다.

동학 북접 지도부는 동학농민전쟁 패배 이후 동학 조직의 재건지로 서북 지방에 주목하고 본격적인 포교를 전개했다. 1890년대 이래 서북 지방에는 외래종교인 기독교와 토착종교인 동학이 동시에 뿌리를 내리고 있었다. 그런데 계급·계층별로 또는 지역별로 기독교와 동학을 수용하는 양상이 달랐다. 3·1운동 당시 평안남도에서 철도 연변 및 도시의 시위는 기독교인이 주도하고 농촌·산간의 시위는 천도교인이 주도했다[1]는 기록처럼 기독교는 도시의 신흥 상공인층·지식인층을 중심으로,

1) 국사편찬위원회, 『한민족독립운동사(3)』(1988), 301쪽.

동학·천도교는 농촌의 신흥지주·자작농·지식인층을 중심으로 확산되었다.[2)]

서북의 농촌을 중심으로 한 동학의 확산은, 첫째, 외국인 선교사들의 언어상·생활상의 장애로 기독교가 농촌에까지 접근할 수는 없었고, 둘째, 동학은 여전히 비합법조직이므로 정부의 감시와 탄압을 피해야 했고, 셋째, 동학이 주로 농촌의 유지 및 지식인의 주도로 포교가 이루어졌다는 사정에 기인한다.[3)] 당시 평안남도 대접주로 활약하던 나용환은 서북 지방 농촌 지식인인 자신이 동학을 수용하게 된 이유를 다음과 같이 회고하고 있다.

> 내가 동학에 들게 된 동기는 간단히 말하면 '불평'이라고 할 밖에 없지요. 나는 그저 한문자(漢文字)나 읽어 가지고 소위 과거 본다고 서울 출입을 가끔 하였습니다. 그러나 과거는커녕 진사 한 장을 못하였습니다. 아무리 문필이 능한 자라도 하향(下鄕) 더구나 평안도 놈이라면 어림도 없었습니다. 여기서 크게 불평이 생겼습니다. 과거출신은 시세가 틀렸다고 아주 단념을 하고 계사년(1893년)에 아주 하향하고 말았습니다. 과거는 단념하고 불평은 그대로 있고 방향은 정(定)치 못하였으니 나에게 번민고통이 있지 않겠습니까. 사방으로 처세의 도를 구하는 중인데 (중략) 동경대전을 보니까 그중에는 무궁조화의 설이 있고 또한 포덕천하광제창생의 구절이 있습니다. 당장에 "야 이것은 실로 유교보다 크구나!" 하고 일대 홍미를 가지고 동경대전을 연구하였습니다.[4)]

2) 1920년대 평안남도의 경우에도 기독교는 도회지에, 천도교는 산읍과 촌락에 세력 기반을 갖고 있었다고 한다. 「조선문화기본조사: 평남도호(平南道號)」, ≪개벽≫, 9월호(1924), 57쪽.

3) 김형준, 「도시포덕과 지식층포덕」, ≪신인간≫, 11월호(1933), 11쪽.

4) 나용환, 「내가 입도하던 그 때」, ≪신인간≫, 4월호(1929), 24쪽.

〈표 3-2〉 천도교 신파의 각 도별 교인 수(1930년 11월 현재)

구분	경기	충북	충남	전북	전남	경북	경남	황해	평남	평북	강원	함남	함북	계
신파	749	163	-	353	52	35	1,042	1,138	14,407	28,618	381	24,512	1,392	72,842

자료: 村山智順(1935), 64쪽.

나용환의 경우처럼 서북 지방 지식인들은 정치적 차별로 인한 피해의식을 치유·극복하기 위해 반정부투쟁의 전통을 갖고 있는 동학을 선택했다. 동학에서 문명개화를 통한 자기혁신과 정치세력화의 가능성을 발견한 지식인들도 동학으로 집결했다. 또한 외래종교인 기독교를 정서적으로 수용하기 어려웠던 민중 역시 동학으로 몰려들었다.

서북 지방은 1904년 서구적 문명개화를 모델로 국정쇄신을 요구하는 진보회의 민회운동을 거치면서 동학의 확고부동한 인적·물적 기반으로 부상했다. 민회운동에는 평북 12개 군에서 2만 명, 평남 18개 군에서 5만 명, 함남 7개 군에서 1만 명, 황해 13개 군에서 6,000명 등의 동학교도가 참가했는데, 이들은 민회운동 전체 참가인원의 3/4에 달했다.[5] 국망 이후 천도교의 세력 기반은 더욱 서북 지방에 편중되는 양상을 보였다. 천도교인의 80% 이상이 서북 지방에 밀집하는 현상은 일제강점기 내내 지속되었다(<표 3-2> 참조).

신파의 주요 세력 기반이던 서북 지방은 예로부터 빈부 격차와 신분상의 격차가 그리 크지 않은 지역이었다.[6] 그러므로 지주와 소작인 간의 계급갈등이 그다지 심각하지 않았고 자산가나 중소지주, 자작농의 비율이 상대적으로 높은 지역이었다.[7] 그리고 '민족진영의 일부대(一部

5) 「陸海軍往復附一進會」, 『주한일본공사관기록(21)』(국사편찬위원회, 1997), 20쪽.
6) 함남의 경우 계급도 빈부도 반상도 없었으며 북청은 '자래(自來)의 공산국'이라는 별칭으로 불렸다고 한다. 「彼丈夫我丈夫의 咸南均勢」, ≪개벽≫, 11월호 (1924).

隊)'인 기독교와 천도교 등 종교단체의 활동이 사회단체의 활동에 비해 활발하다는 평을 듣고 있었다고 한다.[8] 평안도의 경우는 정치적 평등을 동경하여 국민평등, 자유경쟁을 부르짖는 '광무유신운동(光武維新運動)'이 발발하자 그 운동의 선도자로서 나섰으며 이것이 국권회복운동과 3·1운동으로 계승되었으나, 그 이후에는 관권·금권과 타협하면서 눈앞의 생활문제에만 집착하는 보수적인 지역으로 전락하고 말았다고 한다.[9] 이 지역에서 농민운동을 비롯한 사회운동의 씨가 마르게 된 원인을 기독교에서 찾는 경우도 있었다.[10]

그런데 "반상의 별(別)도 빈부의 차도 없는 만민일치의 평등을 구가하는"[11] 함경도나 "빈부의 정도가 대개 평형하여 지소작문제가 생길 염려가 없는"[12] 평안도의 경우 상대적으로 지역주의가 강고한 편이었다. 구파 지도자인 이종린은 이러한 지역주의를 '지방열'이라고 부르며 그

7) 평북 지방의 경우는 자작농이 반수가 넘고 소작농이 반수가 못 되는 지역으로 [백인옥, 「평북지방의 소작관행」, ≪조선농민≫, 10월호(1926), 9쪽] 토지가 척박하여 다대한 노력을 요하지만 생산이 적으므로 지주의 온정주의가 유행하여 지주를 큰집이라고까지 하며 대체로 도지법(賭地法)이 많고 지조(地租)는 공동부담 혹은 지주가 부담하는 경우가 대부분이었다고 한다. 이성환, 「조선소작제도의 현상」, ≪동광≫, 8월호(1931), 80쪽.

8) 이돈화의 답사기에 따르면 '북선은 천도·야소 양교의 세력이 유교의 수십배 이상 근거하여 어디서나 야소교회의 종성(鐘聲)과 천풍(天風)에 휘달리는 천도교회의 궁을기(弓乙旗)를 듣고 볼 수 있으며 야소교의 찬미가와 천도교의 주문성(呪文聲)이 상화상응하는 지역'이었다. 창해거사, 「근화 삼천리를 답파하고서」, ≪개벽≫, 1월호(1921).

9) 「서선과 남선의 사상상 분야」, ≪개벽≫, 9월호(1924); 「13도의 답사를 마치고서」, ≪개벽≫, 12월호(1925).

10) 「영미계의 학교, 병원, 교회사업 비판」, ≪삼천리≫, 10월호(1931), 50쪽.

11) 「함북사람이 본 함북과 기자가 본 함북」, ≪개벽≫, 1월호(1924).

12) 「듣던 바와 다른 서도의 빈부현격」, ≪개벽≫, 9월호(1924).

폐해를 비판했다. 즉, 그들만의 일사불란한 '대동단결'은 민족의 이해가 아닌 개인의 이해를 위한 단결이라고 비판하면서 이러한 분파주의적인 지방열은 '동일한 국민으로서 동일한 응역(應役)은 다하여도 동일한 권리를 향유치 못한 지방으로부터 시작된 것'으로 보았다.[13] 이는 서북 지방을 염두에 둔 발언임을 알 수 있다.

서북 지방 출신의 신파 지도자 중 1세대라 할 수 있는 나용환, 나인협, 임예환, 홍기조, 홍기억 등은 동학농민전쟁을 전후한 시기에 동학에 입도하여 1900년대 초 평안도 지방에서의 포교를 주도했던 의창대령 출신들이었다.[14] 평남 성천 출신의 나용환과 나인협은 같은 집안 출신으로 양반 태생이었다. 평남 용강 출신의 홍기억은 홍기조의 종형으로 둘 다 잔반 출신이었다. 경제적으로는 홍기조, 나인협, 나용환 모두 지주 출신이었다. 평남 중화 출신의 임예환의 경우는 소농의 기반을 갖고 있었던 것으로 추측된다. 그리고 이들은 주로 한학을 배운 지식인층으로 20~30대의 젊은 나이에 동학에 입도한 공통점을 갖고 있었다.[15] 이들은 1904년 민회운동을 주도하면서 손병희의 문명개화노선에 동참했으며 3·1운동 당시 「독립선언서」에 서명했고 자신의 연원을 동원하여 만세시위를 주도했다. 또한 1921년 출옥한 직후 전도사회를 결성하고 혁신파를 전폭적으로 지원하며 손병희에 반기를 들다가 혁신파의 좌경적 성향을 우려해 보수파로 돌아선 경력을 갖고 있었다.

신파의 2세대 지도자로는 최린과 정광조를 들 수 있다. 최린은 상당한 재력을 가진 함흥의 중인 집안 출신으로 19세(1896) 되던 해에 함경

13) 이종린, 「지방열과 파쟁타파론」, ≪삼천리≫, 2월호(1932).

14) 의창대령이란 1만 명 정도의 연비를 갖춘 대접주들을 지칭하는 이름으로 1903년 2월에 최초로 나인협 등 네 명이 임명되었다. 천도교사편찬위원회, 『천도교 백년약사(상)』(미래출판사, 1981), 334~337쪽.

15) 조규태, 「구한말 평안도 지방의 동학」, ≪동아연구≫, 21(1990), 63~65쪽.

남도 관찰부 집사를 역임하기도 했다.[16] 이후 황실유학생으로 일본으로 건너가 메이지 대학 법학과를 졸업하고 귀국 후 서북학회에서 활동했다.[17] 1910년 천도교에 입교해서는 보성중학교 교감과 교장을 지냈다. 충북 음성 출신으로 일본 와세다 정경학부를 졸업한 정광조는 손병희의 둘째 딸인 손광화와 결혼했으며 보성전문학교 교감을 잠깐 지낸 것 외에는 줄곧 천도교단에서 현기사 서계원을 시작으로 대종사장 대리, 청주 대교구장을 역임하고 1917년 대종사장까지 오른 입지전적 인물이었다.[18] 최린과 정광조는 서로를 형제로 여길 만큼 친했다고 한다.[19] 정광조의 경우 기호흥학회에서 활동한 경력의 기호계 인물이면서도 서북파인 최린과 함께 행동하는 특이한 행적으로 주목을 끌기도 했다.

신파의 3세대 지도자로는 이돈화, 김기전, 박달성, 박사직, 조기간, 방정환 등 천도교청년당 간부를 들 수 있다. 이들은 서북 출신으로 일본 유학을 했거나 천도교가 운영했던 보성중학교·보성전문학교를 졸업한 인물들이었다. 평북 구성 출신인 김기전은 구성군 교구에 설치된 천도교 제53강습소와 보성전문학교 법과 11회 출신으로 개벽사에 입사하기 전에는 조선총독부 기관지인 ≪매일신보≫ 기자로 활동했다.[20] 조기간

---

16) 「자서전」, 『여암문집』(여암문집문집편찬위원회, 1971), 157~159쪽.

17) 최린의 유학기에 대해서는 이용창, 「한말 최린의 일본 유학과 현실인식」, ≪역사와 현실≫, 41(2001) 참조.

18) 백대진, 「인물평론」, ≪반도시론≫, 4월호(1918), 72~73쪽.

19) 정광조뿐 아니라 손병희의 부인인 주옥경(朱鈺卿), 셋째 사위인 방정환을 비롯하여 손병희가(家)가 모두 최린계에 가담했다.

20) 김기전의 아버지인 김정삼(金鼎參)은 평안도 지역에서의 동학 포교에 공이 큰 대접주 출신으로 1,000여 호의 연원 기반을 갖고 있었다. 그는 양반 신분이었지만 경제적으로 부유하지는 않았다고 한다. 천도교청년당 지도자로는 드물게 김기전이 1,200여 호의 연원 기반을 갖고 있었던 것은 김정삼의 연원을 그대로 인계했기 때문인 것으로 보인다. 김석범, 「나의 아버지 소춘 김기전」, ≪신인간≫,

은 평북 맹산 출신으로 니혼 대학 사회학과를 수료한 일본 유학파였다. 평북 태천 출신의 박달성은 보성중학교 4회 출신으로 천도교 강습소 서기와 천도교월보사 기자를 지냈다. 평북 태천 출신인 박사직은 보성중학교를 졸업하고 태천으로 돌아가 태천교구 직원으로 근무하다가 상경하여 천도교청년회 간부로 활동한 인물이었다. 이후 그는 일본으로 건너가 천도교 동경종리원 원장으로 활동하면서 1927년 니혼 대학 종교학과를 졸업했다.[21] 이들의 경제력을 살펴보면 박달성은 1,300원 정도의 재산을 갖고 있었으며,[22] 이돈화의 집안은 몇 마리의 송아지와 평전(平田) 10여 일경(日耕)을 경작하고 있었다고 한다.[23] 방정환은 상인 집안 출신으로 2,000원 정도의 재산을 갖고 있었다고 한다.[24] 그들은 '천도교인이 가장 유식하고 문명하다'는 자부심을 갖고 있는 청년 지도자들이었다.[25]

국망 이후 1910년대까지도 중앙교단은 여전히 동학 시절부터 실권을 쥐고 있던 기호파 지도자들이 장악하고 있었다. 이러한 불일치는 1920년대에 들어와 서북파를 대표하는 최린이 천도교 제1인자로 부상하고 일본 유학과 사범 교육을 통해 양성한 서북 지방 출신 청년 지도자들이 중앙교단에 진출하면서 비로소 극복되었다. 당시 서북파 지도자와 기호파 지도자들 간의 대내외적인 실권을 둘러싼 갈등에 대해 이돈화는

2월호(1996); 윤해동, 「한말 일제하 천도교 김기전의 '근대'수용과 '민족주의」, ≪역사문제연구≫, 창간호(1996) 참조.

21) 조기간, 「故壽菴朴思稷兄이여!」, ≪천도교회월보≫, 4월호(1931).

22) 『왜정시대인물사료(1)』, 223쪽.

23) 이돈화, 「나의 반생」, ≪천도교회월보≫, 9월호(1931), 21쪽.

24) 『왜정시대인물사료(1)』, 197쪽.

25) 기간, 「신인간이 되는 방편」, ≪신인간≫, 7월호(1926); 조규태, 「1920년대 천도교의 문화운동 연구」(서강대 박사학위 논문, 1998), 78~86쪽.

"아직 사회적 지반을 얻지 못한 사람은 일찍이 지반을 쌓은 사람을 과도의 시대가 낳은 일종의 괴류(傀類)라고 비판하고 지반을 일찍이 쌓은 사람은 그렇지 못한 사람을 시대사조의 중독자·시기심의 소유자라고 하여 그의 용훼를 허락하지 않으려 한다"[26]고 묘사했다.

신파는 서북파의 교권 장악을 통한 신구노소 간의 세대교체를 선진과 문명을 향한 발전의 일환이라고 주장했다. 신파의 입장에서 보면 기호파·구파는 '모든 것을 정치적으로 판단하며 오늘의 세상을 잘 모르며 자기의 몰락이 곧 조선의 몰락이라고 생각하는 구태의연한 명사'들이었다.[27] 즉, 그들은 마땅히 퇴출되어야 할 '문명화한 야만인'에 불과했다.[28] 이 같은 신랄한 비판은 근대 서구문화 선도자로서의 서북인의 자긍심에서 비롯된 것이었다. 이돈화는 남북을 두루 답사한 뒤 "북선인은 본래부터 평민적인 생활을 영위했으므로 차별이 별로 없으나 남선인은 아직도 양반들이 음애잔설과 같은 여위(餘威)를 갖고 있다"며 "개화에 앞장서 신교육·신종교·신문명을 구하는 북선과는 달리 남선에서는 양반은 신문명을 반대하고 민중은 미신에 매달리면서 점차 신문명의 낙오자가 되고 있다"고 평했다.[29]

이처럼 서구·일본의 신문명·신개화는 신파의 '지상천국 실현'의 척도였다. 그들은 "신문명이 확립되면 구사상은 필경에 불공자퇴(不攻自退)하고 말 것"[30]이라는 확신에 차 있었다. 특히 이돈화의 구학 배척은 철저했다. 그는 "최제우가 유학을 절대로 배척해서 부친에게 물려받은 유학서적 수만 권을 불태웠다"는 주장까지 서슴지 않았다.[31] 또한 유교

---

26) 「악현상」, ≪개벽≫, 4월호(1922).
27) 「화가 유할진저 위선지자(僞先知者)들이여」, ≪개벽≫, 8월호(1923).
28) 이돈화, 「문명화한 야만인」, ≪개벽≫, 2월호(1926).
29) 창해거사, 「근화삼천리를 답파하고서」, ≪개벽≫, 1월호(1921).
30) 신식, 「문화의 발전 及其 운동과 신문명」, ≪개벽≫, 8월호(1921).

로 인해 "우리 민족성은 숭고사상(崇古思想), 의타사상(依他思想), 숭문배무사상(崇文排武思想), 숭례계급적(崇禮階級的) 사상으로 물들게 되었으며 만사를 선왕의 도로 표준한 유교는 우리 민족을 장래 없는 민족이 되게 하였으며 자력이 없는 민족이 되게 하였다"고 주장했다.[32] 유교의 폐단이 국망의 원인이 되었으니 절연하자는 것이 그의 주장이었다. 김기전 역시 현대인으로서의 정신개조를 위해서는 "유교문화에서 비롯된 명예심·권리심·당쟁심 등을 폐기해야 한다"며 삼강오륜 비판을 통한 반유교론을 개진했다.[33] 그는 장유유서의 말폐를 비판하고 남녀차별의 철폐를 주장했으며 평등한 부자관계에 입각한 신효도론을 제기하기도 했다.[34] 여기서 더 나아가 김기전은 '전제주의 계급질서의 원천인 유교의 파멸'을 강조했다.[35] 또한 이돈화는 "조선사람은 과거의 모든 것을 모조리 부인하고 거의 반항적 태도로 나서야 한다"고 과감히 선언했다.[36] 그리고 "지나의 문화도 먹고 일본의 문화도 먹고 서양의 문화도 되도록 많이 먹고 소화시켜 공허한 집인 조선에 신문명을 수립해야 한다"고 역설했다.[37] '구학·구습을 완전타파하고 신학을 전면 수용하여 서구적 신문명을 건설해야 한다'는 것이 그들의 주장이었던 것이다.

이돈화가 사회 발전의 동력을 외부로부터 구한 것은 조선시대 역사를

31) 이돈화, 「수운대신사 빛나는 일생」, ≪삼천리≫, 11월호(1936).

32) 이돈화, 『신인철학』(일신사, 1963), 156~157쪽.

33) 김기전, 「우리의 사회적 성격의 일부를 고찰하여서 동포형제의 자유처단을 촉함」, ≪개벽≫, 10월호(1921).

34) 김소춘(김기전), 「장유유서의 말폐」, ≪개벽≫, 7월호(1920); 묘향산인(김기전), 「조선여자의 금후행로」, ≪개벽≫, 8월호(1920); 묘향산인, 「종래의 효도를 비판하여서 금후의 부자관계를 聲言함」, ≪개벽≫, 9월호(1920).

35) 기전, 「상하·존비·귀천」, ≪개벽≫, 3월호(1924).

36) ≪조선일보≫, 1924년 11월 1일자.

37) 창해거사, 「외래사상의 흡수와 소화력의 여하」, ≪개벽≫, 11월호(1920).

부정적으로 파악하는 역사인식의 발로였다. 이돈화는 조선시대에 대해 다음과 같이 신랄하게 비판했다.

> 이조 5백년의 정치는 전제의 정치니라. 소극의 정치니라. 문약의 정치니라. 국가는 전제의 사유물이며 벌족의 오락품이며 계급의 쟁투장이었으며 문약의 퇴굴소(退屈所)니라. 직에 귀천이 있으며 관에 반상이 있으며 지에 남북이 있으며 민에 친소가 있으며 위에 우열이 있으며 종교에 차별이 있으며 용인(用人)에 구별이 있으며 그리하여 인(人)이 자유가 없고 해방이 없어왔다.[38]

이처럼 '전제·문약·차별의 시대에 지배층의 전유물'이었던 유교문화를 철저히 배격한다는 점에서 서북과 문명개화에 기반을 둔 천도교의 사상이 동도주의와 만날 수 있는 접점은 거의 없었다. 신파는 동학의 역사마저 문명개화적 관점에서 재구성하기 위해 천도교문명사 집필을 계획하게 된다.[39] 그 산물인 이돈화의 『천도교창건사』의 경우, '갑오동란'의 효과로 개화사상의 타개, 민중운동의 효시, 봉건계급의 타파 등 반봉건 근대화의 역사만을 강조할 뿐 반외세·자주화의 측면에 대해서는 언급조차 하지 않았다.[40]

신파는 천도교 문명개화노선의 적자로 자임하면서 '민족의 생활을 정돈 개조할 수 있는 유일한 수단은 실력양성에 있으며 우리 실력 중 교육과 산업에 결함이 있음을 알았다'며 식산흥업과 교육활동의 중요성

---

38) 백두산인(이돈화), 「홍경래와 전봉준」, ≪개벽≫, 11월호(1920), 39쪽.

39) 박사직, 「천도교문명사의 원고수집을 제창하노라」, ≪천도교회월보≫, 6월호(1925).

40) 이돈화, 『천도교창건사』[이돈화, 「갑오동학과 계급의식」, ≪개벽≫, 4월호(1926), 44~45쪽도 같은 내용임].

을 거듭 계몽하고 있었다.[41] 경제적 실력양성운동과 관련해 대외적으로는 조선물산장려회에 최린, 계연집, 김기전, 이두성, 이군오, 김병준, 최단봉, 강우 등의 신파 지도자가 회원으로 참가했다.[42] 대내적으로는 무궁사를 건립하여 전국적인 천도교 조직을 활용한 독자적인 소비조합운동을 추진했다. 교육운동의 경우, 최린이 민립대학설립운동에 개인 자격으로 참가하는 정도에 그쳤으며 보성학원을 비롯한 여러 학교의 운영권 역시 대부분 포기해야 할 정도로 1910년대에 비해 그 실천의 의지와 역량이 격감하고 말았다.

신파는 1923년에 들어와 종전의 문화운동을 '사본취말(捨本取末)'이라며 스스로를 비판하기 시작했다.[43] 또한 '우리나라 사람 다수는 문화운동, 즉 교육 보급·산업 진흥하여 실력 양성하자는 데 의견 일치를 보고 있지만 문화운동은 너무 원칙적이고 평범하여 문화운동으로 우리는 완전히 구제될 수 없다'는 점을 지적했다.[44] 이것은 본격적인 정치활동, 즉 자치운동을 위한 포석이었다.

신파는 '조선인의 불평은 근본적 불평으로 절대독립을 기원한다'는 점을 익히 알고 있었으므로 자치라는 용어가 가져올 풍파를 충분히 예상할 수 있었다. 그들은 자치라는 용어 대신에 자활·자결이라는 용어를 구사하면서 자치운동노선을 설파해나갔다. 가령 조선과 조선인이 동시에 발전하려면 "우둔하게 무산적 조선민족이 자본주의적 타민족에게 대항하지 말고 냉리하게 기회를 기다리며 우선은 자결하도록 노력해야

41) 이돈화, 「歲在壬戌에 만사형통」, ≪개벽≫, 1월호(1922).

42) 구파 인사로는 이종린과 함께 한현태·오상준·노헌용·김영륜·이교홍·장효근 등이 회원으로 참여했다. 「조선물산장려회회원명부록(一)」, ≪산업계≫, 12월호(1923).

43) 이성환, 「먼저 농민부터 해방하자」, ≪개벽≫, 2월호(1923).

44) 「민족일치, 대동단결을 운위하는 이에게」, ≪개벽≫, 5월호(1923).

한다"는 식의 간접화법으로 자치의 정당성을 주장하곤 했다.45) 조선민족이 무조건 비타협적 태도를 견지할 수 없는 이유는 "조선인에게는 아직 현대 자본주의 문명의 발달을 도모할 경제적 역량은 물론 정치적 실권조차 없기" 때문이었다.46) 자활할 실력도 없으면서 무조건 저항하는 것은 곤란하다는 것이다. 결국 조선인에게 가장 합리적인 방도는 자치라는 것이 그들의 결론이었다.

이러한 자치운동노선을 추구하는 신파에게 민족주의는 인류주의·사해동포주의를 향한 도정의 하나로 이해되었다. 그것을 신파는 '범인간적 민족주의'로 정의했다.47) 이돈화는 "민족개벽은 세계일가주의를 지향하는 것으로 세계평화를 이루는 준비단계로서의 성격을 갖고 있다"며 민족개벽 역시 세계일가주의를 향한 준비단계의 이념으로 파악했다.48) 그런데 인류주의·사해동포주의는 천도교가 세계종교로 도약하기 위해 결코 포기할 수 없는 '천도'였다. 최린은 천도교인들에게 "인내천주의를 신봉하는 우리, 사인여천을 실행하는 우리로서는 정치문제나 이해문제를 떠나서 우주의 원리·우리 교회의 종지에 의하여 통리적(統理的)으로 진정한 인류애를 고조하도록 노력해야 한다"고 당부했다.49) 왜냐하면 신파는 '비폭력·무저항의 방법으로 사랑을 원리로 한 한울나라를 건설하는 인류구제의 대임'을 맡았기 때문이다.50)

하지만 식민지 체제하에서 인류주의는 대개 강자의 논리로 작동되기 때문에 '민족'과 '인류'의 화두는 늘 긴장 관계를 유지할 수밖에 없었다.

45) 「문제의 해결은 자결이냐 타결이냐」, ≪개벽≫, 3월호(1923).

46) 「격변 우 격변하는 최근의 조선인심」, ≪개벽≫, 7월호(1923).

47) 「범인간적 민족주의」, ≪개벽≫, 1월호(1923).

48) 이돈화, 『인내천요의』.

49) 최린, 「인류애와 근로주의」, ≪신인간≫, 1월호(1930).

50) 「선동적 해방으로부터 실행적 해방에」, ≪개벽≫, 2월호(1923).

그러므로 천도교의 정체성을 상징하는 '범인간적 민족주의'는 양자를 화해하고 타협하려는 모색의 산물로 개량적 속성을 내포한 채 불완전하게 출발할 수밖에 없었다. 이처럼 민족이 있어야 인류가 있고 민족구제가 인류구제의 전제 조건이라는 상식을 뛰어넘어 보편·선진·세계를 추구하는 인류주의에 자신을 맡긴 신파에게 자주성을 유린당한 식민지 현실은 숙명이었고 자치는 합리이자 순리였으며 그 귀결점은 친일이었다.

2. 조선농민사의 결성과 국제적색농민동맹 가입 시도

1925~1926년경에는 사회운동이 치열했는데 특히 농민운동이 활발했다. 조선청년총동맹이 농촌위원회를 특설했으며,[51] 조선노농총동맹이 노동운동과 농민운동의 분리를 모색하고 있었다.[52] 사회주의자의 지도 아래 소작쟁의를 주도했던 기존의 소작인조합이 점차 농민문제를 일반을 다루는 농민조합으로 개조되기 시작한 것도 이 무렵부터였다.[53] 기독교계의 농민운동도 1925년경 농촌계몽운동에서 출발해 1928년 국제선교연맹 예루살렘 국제선교대회 이후 더욱 발전해나갔다. 그중에서 사업 규모나 성과 면에서 두각을 나타낸 것은 신흥우(申興雨)를 비롯한 흥업구락부 인사들이 주도한 YMCA 농촌사업과 수양동우회(修養同友會)의 중진 정인과(鄭仁果)와 배민수(裵敏洙)를 비롯한 조만식 직계의 기독교농촌연구회 그룹이 이끌어간 장로회 농촌운동이었다.[54]

51) 김경재, 「시언」, ≪개벽≫, 12월호(1925).

52) ≪시대일보≫, 1925년 11월 21일자.

53) 지수걸, 『일제하 농민조합운동 연구: 1930년대 혁명적 농민조합운동』(역사비평사, 1993) 참조.

이런 추세 속에서 신파는 1925년 4월 4일 개최된 천도교청년당 중앙위원회에서 대중적인 농민계몽운동단체의 결성을 결의했다. 독자적 정치세력화를 도모하던 신파가 민중을 대상으로 하는 대중운동에 뛰어든 것이다. 비로소 신파의 계급적 세력 기반인 농민의 이해에 입각한 실천운동을 시작한 셈이었다. 이러한 대외적 활동을 시작하기에 앞서 천도교청년당은 내부 결속력을 공고히 하기 위해 조직체계를 정비했다. 위원제를 폐지하고 최고지도자인 당두(黨頭)를 두어 중앙집권적 체제를 강화했다. 또한 당원이 천도교청년당 외의 단체에 참가하는 것은 원칙적으로 금지하고 참가를 원할 때는 당본부의 승인을 얻도록 했다.[55]

이러한 사전 정지 작업을 거쳐 1925년 8월 17일 천도교청년당 임시총회에서 농민을 계몽하여 집단생활의식을 훈련한다는 목적으로 농민운동단체를 조직할 것을 결의했다.[56] 9월 말부터는 6회에 걸친 준비모임을 개최했다.[57] 준비 모임에는 이돈화, 김기전, 조기간, 박사직, 이성환, 차상찬, 최두선 등의 천도교청년당 간부들 외에도 선우전(鮮于全), 이창휘(李昌輝), 박찬희(朴瓚熙), 김준연(金俊淵), 유광렬(柳光烈), 김현철(金顯哲), 홍명희(洪命熹), 안재홍, 최원순(崔元淳), 국기열(鞠琦烈), 이봉수(李鳳

54) 한규무, 『일제하 한국기독교 농촌운동 1925~1937』(한국기독교역사연구소, 1997); 장규식, 『일제하 한국 기독교민족주의 연구』(혜안, 2001), 3장 2절 참조.

55) 「중앙휘보」, ≪천도교회월보≫, 4월호(1925).

56) ≪동아일보≫, 1926년 9월 15일자; 『천도교청년당소사』, 40쪽.

57) 조선농민사 창당의 산파는 천도교청년당 당두인 조기간과 개벽사 편집국장인 김기전, 박사직 등이었다. 그들은 '조선은 농본국이고 조선 민중의 80% 이상이 농민이므로 조선구제의 근본책은 농민 각성에 있으니 그 전제로 문맹퇴치, 즉 농민계몽운동이 가장 선결문제인데 그 산파역은 천도교청년당이 서야 하지 않을까'라는 논의를 거듭한 끝에 조선농민사 중앙이사장으로 이성환을 추대하고 조선농민사 창립총회를 개최한 것이라고 한다. 박사직, 「천도교청년당과 조선농민사와의 법적 관계를 결(結)함에 취하여」, ≪신인간≫, 5월호(1930).

洙), 한위건(韓偉健) 등 좌·우·중도 진영을 망라한 인사들이 참여했다.[58] 그리고 1925년 10월 29일 마침내 조선농민사(朝鮮農民社)가 결성되었다.[59] 최린은 천도교청년당과 조선농민사의 결성의 의의가 '합법적 수단에 의한 정치투쟁의 훈련'에 있음을 분명히 밝혔다.

> 민족 백년대계를 위해 민력을 함양하고 실력을 양성하며, 가슴깊이 민족의식을 간직하고 당국의 시정 및 시설의 결점에 대해서는 합법적 수단에 의하여 항쟁함으로써 서서히 정치적 투쟁훈련을 쌓아야 하며, 청년운동·농민운동에 전력을 기울여 장래 이들을 전위로 하여 확고 건실한 발판을 점하면서 궁극의 목적에 도달해야 한다.[60]

조선농민사는 '1. 우리 조선은 농민의 나라이다 2. 모든 힘을 농민에게로 돌리자 3. 오는 세상은 농민의 것이다'라는 주장 아래 월간잡지 ≪조선농민≫을 발간하고 농민계몽운동을 전개했다.[61] ≪조선농민≫의 주간은 이성환(李晟煥), 편집국장은 이돈화, 영업국장은 선우전이었다.[62] 함남 영홍 출신으로 교토잠사전문학교(京都蠶絲專門學校)를 나온 농업이론가 이성환은 ≪조선농민≫에 「현대농민독본」, 「농민과학강좌」, 「위생강좌」 등을 연재하는 등 정력적인 활동으로 농촌계몽운동에 앞장

---

58) 전조선농민사편집실, 「조선농민사의 연혁」, ≪조선농민≫, 6월호(1930).

59) 조선농민사의 독자적인 조직과 활동을 규명한 연구 성과는 다음과 같다. 조동걸, 『일제하한국농민운동사』(한길사, 1979); 지수걸, 「조선농민사의 단체성격에 관한 연구; 천도교청년당과의 관계를 중심으로」, ≪역사학보≫, 106(1985); 박지태, 「조선농민사의 조직과 활동」, ≪한국민족운동사연구≫, 19(1998).

60) 조선총독부 경무국, 「最近ノ天道教ト其ノ分裂ヨリ合同ヘノ過程」, 473~474쪽.

61) 이성환, 「≪조선농민≫의 3대 제창」, ≪조선농민≫, 12월호(1925).

62) 전조선농민사편집실, 「전조선농민사의 연혁」, ≪조선농민≫, 6월호(1930).

섰다. 그는 농촌계몽운동을 통해 "조선농민이 과학적으로 눈뜨고 경제적으로 자각하고 정치적으로 각성하고 사회적으로 새 의식이 서서 생존과 생활에 대한 권리를 주장함과 동시에 농업은 모든 산업의 기초되는 것을 온 세상 사람으로 하여금 알게 해야 한다"고 역설했다.[63] 또한 운동의 목표는 "우리말과 글을 배우고 우리의 자연과 역사와 현대에 대한 실생활과 또 요구를 잘 알며 잘 살피며 잘 교섭하는 일을 하고 이 일을 중심으로 하여 민중의 힘을 집중 통일하는 데 있다"고 밝혔다.[64]

농촌계몽운동을 위한 기관으로 출발한 조선농민사는 창립 1년 만에 사우(社友)가 1만 5,000명, ≪조선농민≫의 독자가 1만 6,000~7,000명에 달해 명실상부한 대중단체로 성장했다. 물론 이러한 급속한 성장에는 신파와 천도교청년당의 역할이 컸다. 사원의 80%가 천도교인이었으며 신파는 조선농민사에 매년 1,000여 원을 보조했다. 조선농민사와 천도교 신파 및 천도교청년당과의 관계는 지사 설치에도 적지 않은 영향을 미쳤다. 농민사는 수백 개가 넘는 지사를 갖고 있었으나, 신파 교인이 적은 경기, 강원, 충청, 전라, 경상 등 중부 이남 지역에는 거의 설립되지 않았다.[65]

천도교청년당의 농민운동으로의 진출은 사회주의 세력이 천도교의 세력 기반인 농민대중을 점차 잠식하고 있다는 위기의식의 반영인 동시에 그러한 위기상황을 국내외 좌파 세력과의 연대를 통해 돌파하겠다는 적극적인 의지의 산물이었다. 특히 신파 지도부 내에는 농촌문제·농업문제에서 지주·자산가가 아니라 중·소농의 정서와 지향을 대변하는 지

63) 「신년과 신흥농민」, ≪조선농민≫, 1월호(1926).

64) 성환, 「농민계몽운동의 목표」, ≪조선농민≫, 11월호(1926).

65) 박사직, 「천도교청년당과 조선농민사와의 법적 관계를 결함에 취하여」.

도자들이 포진해 있었다.[66] 이성환은 일찍부터 '농본주의'적 시각에서 농업·농촌·농민문제를 인식하고 있었다. 그는 일제 당국이 농업장려책으로 권장하는 농사개량과 부업장려는 임시방편에 불과하다며 소작권의 안정과 적당한 소작료 및 소작권의 자유 매매 등 소작제도의 개선을 촉구했다. 그는 농업개량의 핵심이 결국은 '소작농민들에게 토지를 부여함에 있다'고 주장했다. 이를 실천하기 위한 방법으로는 러시아식 제도의 직수입, 곧 국유화에 의한 적극적인 해결 방법과 지주부인론·자작농창출이라는 소극적 해결 방법이 있는데, 조선과 같이 제국주의적이며 자본주의적인 정치 지배 아래에서 전자(前者)는 불가능하니 지주들의 토지 겸병을 막고 이를 소작농들에게 분배하되 20년 또는 30년간의 연부상각(年賦償却)이라는 유상분배의 방법을 구사하자는 구체적인 안을 제시하기도 했다.[67] 더 나아가 농민에게 정치적·경제적 권리를 부여해야 하며 농민은 단결을 도모해야 하고 유산자는 인간의 도리로 보아 용납할 수 없는 죄인들이기 때문에 그 죄과를 씻기 위해 저가연부매각식으로 토지를 불하할 것을 주장하기도 했다.[68]

이처럼 조선의 당면 문제를 농업·농민문제에서 찾았던 이성환은 조선농민사를 설립하면서 "절대다수가 소작농인 현실에서 농민경제의 파탄은 곧 조선경제의 파탄으로 이어질 것"으로 예상하고 "농민문제 해결 없이는 조선 문제 해결이 불가능하며 또한 농민문제 극복을 위해서는 농민의 자각이 필수적"이라는 견해를 피력했다.[69] 그러면서 농민이 경

66) 구파 지도자 이종린은 가장 심각한 농촌문제로 소작문제를 꼽고 그 대책으로 마름제도의 폐지를 주장했다. 또한 '농민운동은 사상보다 실제 이익을 주는 운동이 되어야 하며 이를 위해서는 과학적 지식과 단체적 훈련이 필요하다'는 점을 강조했다. 「농촌문제좌담회」, ≪신민≫, 5월호(1929).

67) 이성환, 「농촌의 쇠퇴를 태연시하는 당국」, ≪개벽≫, 11월호(1922), 17쪽.

68) 이성환, 「조선의 농민이여 단결하라」, ≪개벽≫, 3월호(1923).

제적 몰락만이 아니라 사회적으로도 사농공상의 전통적인 직업의식이 무너지면서 가장 낮은 계층으로 전락했다는 사실을 지적했다.[70] 현실적으로는 농민문제의 근간에 지소작문제가 있으므로 불합리한 소작제도의 개선을 통한 경제적 문제의 해결이 이루어져야 한다는 점을 다시 한 번 강조했다.[71] 그가 1920년대 초부터 주장한 소작제도 개선안은 지주의 대폭적인 양보를 전제로 한 것이므로 사회민주주의적인 것으로 인식되고 있었다.[72] 이성환과 같은 중도적 성향의 청년 지도자들은 소수지만 천도교청년당을 중심으로 포진하여 통일전선체로서의 조선농민사가 결성되는 과정에서 실천적 매개 역할을 수행했다.

천도교인은 아니지만 조선농민사 영업부장으로 영입된 선우전의 경우도 역시 사회정책적 견지에서 농업문제를 타개하기 위해서는 일본인 위주, 지주·대농 중심의 농정책을 조선인 위주, 중·소농 중심의 농정책으로 수정해야 한다는 점을 강조했던 인물이었다. 그는 이를 위해서는 토지겸병억제책 또는 중소농보호육성책이 마련되어야 한다고 주장했다.[73] 실제로 조선농민사가 계몽하고자 한 구체적인 농민계층은 중농이

69) 이성환, 「조선농민의 3대 제창」, ≪조선농민≫, 12월호(1925).

70) 이성환, 「농민독본」, ≪조선농민≫, 1월호(1926).

71) 이성환, 「농촌청년아 살았느냐?」, ≪조선농민≫, 2월호(1926).

72) 「조선 각계의 인물」, ≪혜성≫, 9월호(1931), 38쪽; 조선농민사 설립 이후 이성환의 농업론에 관해서는 노영택, 「일제하 천도교의 농민운동 연구(2): 이성환의 농민운동 인식」, 『용암차문섭교수화갑기념사학논총』(신서원, 1989) 참조.

73) 선우전, 『조선의 토지겸병과 기(其) 대책』(1923); 김용섭, 「일제강점기의 농업문제와 그 타개방안」, 436~442쪽; 김기전의 경우는 1920년대 전반기에는 농업문제의 타개 방안으로 농촌 청년의 역할을 강조하고 농촌 청년회 설립을 권장하는 개량적인 수준에 머물러 있었지만[김기전, 「농촌개선에 관한 도안」, ≪개벽≫, 12월호(1920); 묘향산인, 「농촌청년회의 설립을 촉함」, ≪개벽≫, 1월호(1921)], 조선농민사 운동의 경험을 바탕으로 1930년대에는 토지문제 해결책으로 소농

었다고 한다.[74]

한편 1922년 하반기 혹은 1923년 상반기를 경계로 민중운동의 주류가 사회운동 방면으로 방향 전환하는 조류 속에서[75] 신파 내에서도 차츰 '사회주의·좌파의 득세를 대세로 인정해야지 무조건 배척해서는 사세로 보아 곤란하다'는 인식이 청년 지도자들을 중심으로 확산되고 있었다. 즉, '사회주의적 기분의 득세는 일반민중 대부분이 독립적 희망의 변태심으로 부지불식간에 실망의 여기(餘氣)를 스스로 사회주의적 신사상에 부치게 되면서 초래된 현상'이라는 점을 인정하자는 것이었다.[76] 이러한 문제 제기가 신파의 정치노선에 영향을 줄 정도로 심각했던 것은 아니었다. 다만 공세적인 대응책의 일환으로 사회주의를 알자는 분위기가 일반적이었다. ≪개벽≫ 1923년 10월호부터 좌파를 대표하는 이념서인 사카이 도시히코(堺利彦)의 「사회주의학설대요(社會主義學說大要)」가 연재된 것은 이러한 분위기가 반영된 것이라 할 수 있다.

조선농민사에 관여하거나 참가한 인사 중 좌파로 분류될 수 있는 이는 국기열, 김준연, 이봉수, 한위건 등이 있었다.[77] 국기열과 이봉수

의 안정과 보호를 위해 경자유전의 원칙을 실현해야 한다는 적극적인 입장을 표명했다. 김기전, 「첫째 소작운동」, ≪동광≫, 4월호(1931), 50쪽.

74) 「적색농민인터내셔날 상임위원회 앞 - 천도교 대표 김달농의 보고」, 1927년 1월 13일자(코민테른 문서); 이 편지에서 김달농은 조선농민사가 조선농회와 중농을 서로 견인하게 위해 경쟁 중이라는 사실을 언급했다. 하지만 조선의 농업이 전반적으로 몰락하는 가운데 중농의 입지가 더욱 어려워지면서 실제로 조선농민사에는 중농이라고 보기 어려운 자작겸소작농과 소작농의 비율이 70% 정도를 차지하고 있었다. 「농민사 제3회 사세 조사(2)」, ≪조선농민≫, 1월호(1930), 44~45쪽.

75) 김경일, 「일제하 노동운동에서의 민족주의와 민족문제」, ≪한국학보≫, 64(1991), 93쪽.

76) 「격변 우 격변하는 최근의 조선인심」, ≪개벽≫, 7월호(1923).

는 서울청년회에서 활동했던 인물이다. 함남 홍원 출신의 동향인 이봉수와 한위건은 상해파 고려공산당원이었다. 그리고 국기열과 한위건은 각각 동아일보사의 부장과 기자로 활동하고 있었으며 이봉수도 동아일보사에서 근무한 경력이 있었다.

신파는 좌파의 사상적 경향은 경계했지만, 사회주의 좌파진영 중에서 서울청년회파나 상해파로 분류되는 인사들과는 일찍부터 교유했다. 그 인연은 최린과 상해파 고려공산당 영수인 이동휘가 대한제국기인 1909년 서북학회에서 같이 활동한 동지였다는 것으로 거슬러 올라가 시작된다. 조선농민사 결성 논의가 한창 진행 중이던 1925년 8월 최린은 ≪개벽≫을 통해 이동휘와의 특별한 인연을 소개하고, 1924년 봄에도 이동휘가 자신에게 편지를 보내왔다며 친분을 과시했다.[78] 최린의 아들 최혁(崔爀)은 김철수(金錣洙), 최팔용(崔八鏞), 이봉수 등이 관계한 '사회혁명당(상해파)'의 일원으로 활동한 경력이 있었다.[79]

신파에 우호적인 좌파 인사의 면면은 신파 기관지인 ≪신인간≫ 창간호의 「내가 생각하는 신인간」이라는 특집을 통해서도 알 수 있다.[80]

---

77) 조선농민사 관계자 중 '중도 우파'로 포용할 수 있는 인사로는 이창휘(변호사), 박찬희(≪동아일보≫, 기자), 유광열(≪조선일보≫, 기자), 김현철(≪시대일보≫, 기자) 등을 들 수 있다.

78) 최린, 「늠름장부의 이동휘씨」, ≪개벽≫, 8월호(1925).

79) 김철수의 회고에 의하면 사회혁명당은 1920년 가을에 최팔용, 이봉수, 주종건, 이증림, 도용호, 김종철, 최혁, 홍도, 엄주천, 장덕수, 김철수 등이 최혁이 거주하던 최린 집에 모여서 일본제국주의를 몰아내고 그 다음에 사회주의 국가를 세우자는 목적하에 결성했다고 한다. 한국정신문화연구원 현대사연구소 편, 『지운 김철수』(1999), 8쪽.

80) 신파가 표방한 신인간 자격의 네 가지 표준으로 ① 자기개성의 낡은 것을 가장 먼저 혁명할 일, ② 사회의 정신상 제도상의 모든 결함을 분명히 의식할 일, ③ 사회의 계급적 고통을 자기 몸의 일로 알 일, ④ 사회적 질고를 제 몸의

여기에는 조선농민사에 관여한 김준연, 이봉수, 한위건 등의 의견이 개진되어 있다. 김준연은 교육과 노동을 연결한 인간을, 이봉수는 신생활을 영위하는 사회를 건설하려고 움직이는 사람을, 한위건은 "순진한 양성(良性)의 충동과 공명한 정의의 비판하에서 확연히 세습적 악습을 초탈하고 맹렬히 전통적 누각을 타파하여 그 개허(疥墟)에 신사회를 건설하고 신생활을 창조하는 사람"을 각각 신인간상으로 제시하고 있다. 모두 좌경적 성향이 물씬 풍기는 답변들이다.[81]

이들과의 교유는 1920년대 후반에도 계속되었다. 김준연과 한위건은 천도교청년당에서 개최하는 강연회에 단골 연사로 참여했다.[82] 또한 '금일 판결로 방면되는 고려공산당원(고려공산동맹: 인용자)들에게 공급할 의복대금이라 하고 서울청년회가 청구하여 20원을 주었다'[83]는 신파의 일지 내용으로 볼 때, 신파와 서울청년회와의 관계도 계속 유지되고 있었음을 알 수 있다. 이들 서울청년회파·상해파·서울상해파[84] 등의 좌파가 신파와 제휴한 것은, 천도교청년당과 ≪개벽≫을 가진 조선에서는 신파가 가장 영향력 있는 집단이라는 사실을 더 중시했기 때문이

병 고치듯이 열심히 치료할 일 등이 제시되었다. 기간, 「신인간이 되는 방편」, ≪신인간≫, 7월호(1926); 천도교인으로서의 종교성을 체득할 것을 권고하는 항목이 하나도 없음이 주목된다.

81) 「내가 생각하는 신인간」, ≪신인간≫, 6월호(1926).

82) 「청년당시보」, ≪신인간≫, 5월호(1927), 69~70쪽.

83) 『천도교중앙종리원서무과 일지』, 1928년 2월 13일자.

84) 서울파는 1922년 4월에 형성되었으며 1924년 10월 독자적 전위당을 결성했고 1926년에 신구 양파로 분화되었다. 서울상해파는 1926년 서울청년회 신파, 일월회파, 만주공청파, 북경혁명사가 연합하여 새로운 공산주의 그룹인 엠엘파가 형성되자 이에 대항해서 서울파와 상해파가 연합하여 만든 계파다. 한동민, 「1920년대 후반 서울계 당 건설과 그 의미」, 『한국근현대이행기연구』(신서원, 2000) 참조.

었다.[85)]

좌파 인사의 영입은 "레닌의 경제혁명에서는 구제의 빛을 찾을 수 없다"[86)]던 신파가 자치운동이 좌절되고 민족운동진영에서 좌파의 우위가 확고해지면서 그들과의 전략적 제휴의 필요성을 절감했기에 가능했던 '사건'이었다. 자치가 실현된다면 자신들이 이를 주도할 수 있다는 자신감과 함께 독자적 정치세력화에 주력했던 신파의 방향 전환이었던 것이다.

신파는 당시 조선공산당·화요파를 비롯한 좌파 주류·실세와의 조직적 연대가 아니라 비주류인 서울청년회파·상해파·서울상해파 인사들을 개별적으로 영입했다. 이는 그들이 여전히 독자적 정치세력화를 포기하지 않아 좌파 주류에 대해 경쟁의식을 갖고 있었음을 의미한다.

이처럼 조선농민사는 자치 대 반자치의 자치정국이 민족통일전선을 모색하는 '통전정국'으로 전환되고 농민대중에 대한 좌파진영의 장악력이 강화되어가는 위기상황을 돌파하고자 상층 통일전선의 일환으로 좌파 인사를 영입하고, 하층 통일전선의 일환으로 천도교인이 아닌 일반 농민대중을 견인하기 위해 결성한 신파의 통일전선체였다.[87)]

1925년 4월에 개최된 천도교청년당 중앙위원회는 농민단체의 결성

---

85) 「고려공산동맹사업보고」(1926년 10월 25일자), 157~159쪽.

86) 「쟁투의 세계에서 부조의 세계에」, ≪개벽≫, 2월호(1923).

87) 조선공산당에 참여한 북성회는 부문운동 활성화를 통한 조직의 강화를 추구한 반면, 서울청년회 계열은 농민단체와 노동단체의 일원적 결합을 전제로 조직운동·전위조직에 의한 위로부터의 하향식 조직노선을 갖고 있었다고 한다. 유시현, 「1920년대 전반기 조선의 사회주의 사상 수용과 발전」, 『민족사의 전개와 그 문화(하)』(창작과비평사, 1990), 800쪽; 이러한 차이는 신간회 결성을 즈음한 시기의 민족통일전선운동에서도 분명하게 드러났다. 그러므로 1925년 시점에서 서울청년회 계열의 인사들도 조선농민사에 참여하면서 이를 상층 통일전선운동의 일환으로 받아들였을 가능성이 높다.

을 준비하는 동시에 중국의 국민당·일본농민동맹·모스크바의 국제 조직과 제휴한다는 결정을 내린 바 있었다. 천도교청년당은 1925년 8월경부터 모스크바에 본부를 둔 국제적색농민동맹(Krestintern, 이하 '크레스틴테른')과의 접촉을 시도하고 조선농민사의 크레스틴테른 가입을 신청했다.[88] 이러한 동향은 곧 일제 경찰에 탐지되었고 천도교청년당 간부인 조기간, 박사직, 박달성이 검속되었다.[89] 천도교청년당·조선농민사와 크레스틴테른의 실질적인 중개자 역할을 한 사람은 상해파 고려공산당 출신으로 모스크바에서 활동 중이던 박진순(朴鎭淳)이었다.[90] 박진순은 '조선운동이 통일되지 못한 것은 인텔리겐치아가 신문지상운동(新聞誌上運動)에 그칠 뿐 노농군중화되지 못해서'라는 인식을 갖고 있었으므

88) 오를로프(크레스틴테른), 「서울로의 편지」, 1926년 3월 25일자(코민테른 문서; Письмо в Сеул); 적색국제농민동맹은 노동유일전선이라는 표어하에서 전 세계 농민을 연합시키며 영주국 무산계급과 식민지 노력군중과의 보조 일치를 절규하는 단체로, 1923년 모스크바에서 각국 농민단체 대표들이 회집하여 결성했다고 한다. 점차 각국으로 영향력을 확대하고 있었는데, 여기에 가입한 각국 농민단체들은 자국 내에서 노동단체와 협동하여 정치운동을 전개했다. 당시 국제농민단체로는 크레스틴테른만이 아니라 빈부 간 계급투쟁을 반대하며 농촌 전체의 유일전선을 추구하는 농촌부국의 보수운동단체인 흑색국제농민동맹과, 중농과 빈농이 연합하여 대지주 대유산가 계급과 투쟁하는 녹색국제농민동맹 등이 있었다고 한다. 박춘우(박진순), 「세계농민운동의 과거와 현재」, ≪개벽≫, 11월호(1925).

89) ≪조선일보≫, 1925년 8월 19일자.

90) 박진순의 경우 여러 편의 글이 ≪개벽≫과 ≪신인간≫에 소개되기도 했다. 박춘우, 「세계 농민운동의 과거와 현재」, ≪개벽≫, 11월호(1925); 春宇, 「소위 지식계급의 신운동」, ≪개벽≫, 2월호(1925); 박춘우, 「조선사상운동자들의 계급적 조성을 추구하면서」, ≪개벽≫, 7월호(1926); 박춘우, 「모스크바에 새로 연린 국제농촌학원」, ≪개벽≫, 8월호(1926); 박춘우, 「수운주의의 숙려(1)·(2)」, ≪신인간≫, 7월호·8월호(1929).

로[91] 농민층에 기반을 둔 천도교가 주도하는 조선농민사에 상당한 기대를 걸었던 듯하다.

신파가 소비에트 러시아·코민테른과의 연계에 나설 수 있는 배경에는 워싱턴회의를 끝으로 서방 중심의 외교노선을 포기해야 했던 우파 인사들이 교육과 산업진흥을 통한 실력양성론과 함께 연소(連蘇)·용공(容共)을 또 하나의 향후 민족운동노선으로 고려했던 일련의 흐름이 있었다. "장래에는 미국인과 같은 야심가에게 기대하지 말고 차라리 많은 군비와 무기 공급에 인색하지 않은 러시아 공산당과 결합하는 것이 좋겠다"는 것이다. 실제로 김규식은 1922년 1월 21일 모스크바에서 열린 극동민족대회 한국대표단장으로 참석했다. 그는 "모스크바는 세계 프롤레타리아트 혁명운동의 중심지로 극동 피압박 민족의 대표를 환영"하고 있는데, 워싱턴은 "세계의 자본주의적 착취와 제국주의적 팽창의 중심으로 존재하게 되었다"며 소비에트러시아와 코민테른에 대한 기대감을 표출하기도 했다.[92] 신파 역시 실력양성운동과 연소·용공의 두 가지 길을 모두 가고자 한 셈이다.

크레스틴테른의 서기장 오를로프가 조선농민사에 크레스틴테른 가입을 권유하는 편지를 보내 천도교와 조선농민사에 대해 깊은 관심을 표명하자, 이에 고무된 천도교청년당에서는 1925년 말 크레스틴테른 가입을 희망한다는 서신과 함께 모스크바에 천도교청년당 간부 조기간, 설린(薛麟), 김용인 등 3명을 파견했다.[93] 이들 세 사람은 귀국하는 길에

91) 박춘우, 「조선사상운동자들의 계급적 조성을 추구하면서」, ≪개벽≫, 7월호(1926).

92) 임경석, 「3·1운동 전후 한국 민족주의의 변화」, ≪역사문제연구≫, 4(2000), 86~87쪽.

93) 차기숙, 「관속에 들어가 국경 넘어」, ≪신인간≫, 9월호(1977), 43쪽. 조기간의 경우 1920년 무렵 상해에서 활동하고 있었으므로 상해파 고려공산당원들과도

'공산주의자'라는 혐의를 받고 중국 관헌에게 체포되기도 했다.[94] 이들은 하얼빈의 일본 영사관을 거쳐 서울로 압송되어 종로경찰서에서 취조를 받은 뒤 풀려났다.

그런데 크레스틴테른 가입 승인을 요구하던 신파는 이들 사절단을 통해 '조선의 특수한 정치적 상황'을 고려하여 천도교의 크레스틴테른 가입을 비밀로 하고 천도교가 조선 내 조선공산당이나 어떠한 사회주의 그룹의 산하기구가 아닌 독자적인 위상을 갖는 기구로서 크레스틴테른에 가입하고, 또한 크레스틴테른을 통해 여타의 국제기구와 관계를 수립할 수 있도록 해달라고 요구했다.[95] 이와 같은 요구는 천도교의 독자성을 인정함으로써 좌파, 즉 조선공산당의 지도를 받지 않는 선상에서 크레스틴테른과 천도교와의 관계를 유지하고 지원을 해달라는 요구로, 코민테른의 지도하에 있는 크레스틴테른으로서는 수용하기 곤란한 것이었다. 조선농민사가 농민층을 주축으로 한 농민혁명·민족혁명을 선도해야 한다는 크레스틴테른의 요구 역시 타협적 우파인 신파로서는 쉽게 응낙할 수 없는 처지였다.

1926년에도 천도교청년당은 설린을 모스크바의 농촌학교에 유학 보내는 등 크레스틴테른과의 관계를 계속 유지하면서 가입 승인을 요구했지만 크레스틴테른은 끝내 승인하지 않았다. 신파가 조선공산당의 지지를 받고 있지 못하다는 사실이 조선농민사의 크레스틴테른 가입을 가로

알고 지내던 사이였을 것이다. 그는 여운홍이 교장으로 있던 상해한인학교의 기본금 모집활동을 위해 여운형, 이광수, 선우혁, 한진교 등과 함께 활동했다. ≪신한민보≫, 1920년 11월 4일자.

94) ≪조선일보≫, 1926년 2월 27일자.

95) 오를로프·바즈네센스끼, 「국제농민협회농민협의회와 코민테른 집행위원회의 서신」(코민테른 문서), 국사편찬위원회, 『한국독립운동사: 자료(35)』(1997), 214~215쪽.

막는 걸림돌로 작용한 듯하다. 이처럼 신파는 1925년부터 1927년에 걸쳐 조선농민사를 코민테른의 외곽 단체인 크레스틴테른의 지부로 승인받기 위한 비밀 교섭을 전개했지만 결국 실패하고 말았다.

신파의 크레스틴테른의 가입 시도를 좌절시킨 가장 큰 원인은 신파가 1926년에 추진한 자치운동에 있었다.[96] 신파의 자치운동이 조선공산당에 의해 낱낱이 코민테른에 보고되는 한 조선농민사의 크레스틴테른 가입은 애초 불가능한 일이었다. 1927년 1월 신파는 '천도교 대표 김달농(천도교청년당 농민부 위원 金道賢-필자)'의 명의로 천도교 신파야말로 조선 내에서 혁명적 좌익으로 크레스틴테른에 가입할 충분한 자격을 갖추고 있다는 서신을 보내어 다시 한 번 가입을 요청했다.[97] 그러나 좌파진영의 본산인 코민테른 산하 크레스틴테른에 가입하는 동시에 자치운동을 전개하려던 신파의 무리한 시도는 모두 좌절되고 말았다.

이처럼 신파는 우파의 주도 세력으로서 좌파의 전위기관인 조선공산당이나 각종 좌파 그룹과 조직 차원에서 협동전선·연합전선을 모색하

96) 코민테른은 1928년에 발표한 「조선혁명에 대한 코민테른 집행위원회의 결의」(12월 테제)에서 천도교를 반(半)종교적인 민족혁명 대중단체로 규정하면서 그 안에 침투하여 대중을 획득할 것과 민족개량주의자나 기회주의적 지도자들의 냉담성과 우유부단함을 폭로할 것을 지시했다. 여기서 지칭하는 민족개량주의자의 전형이 바로 자치운동론자이다. 임영태 편, 『식민지시대 한국사회와 운동』(사계절, 1985), 363쪽.

97) 「적색농민인터내셔날 상임위원회 앞 - 천도교 대표 김달농의 보고」, 1927년 1월 13일자(코민테른 문서); 김달농은 이 서신에서 신파를 좌익, 구파를 우익으로 규정하고 일제의 탄압과 조선공산당의 방해, 천도교 구파를 중심으로 한 반대파 블록의 종파적 활동, 자금의 부족 등으로 자신들이 곤경에 처했지만 농민층, 특히 중농을 중심으로 한 역량 규합에 성공하고 있다고 보고했다. 또한 신파는 크레스틴테른에 대한 모든 의무를 성실하게 이행하고 있음에 반해, 크레스틴테른의 신파를 배려하려는 노력이 미미하다는 것을 지적하고 있다.

는 것이 아니라, 좌파 인사들을 개별적으로 영입하여 조선농민사를 결성하고 국제 연대의 일환으로 조선농민사의 크레스틴테른 가입을 시도하는 방식으로 통일전선운동을 전개했다. 이념적 친화성이 없었는데도 좌파 운동진영의 지휘 본부격인 모스크바 국제기구들과 직접적인 연대를 추구한 것은, 중앙집권적인 체제와 탄탄한 재정 기반을 갖고 있는 천도교야말로 조선민족을 대표하는 유일한 정치 세력이고 신파인 자신들이 천도교의 주류라는 자신감에서 비롯된 것이었다.

3. 반신간회노선과 활동

1926년 벽두에 최린은 민족단체 결성의 필요성을 다시 한 번 제기하고 나섰다.

> 일국의 경제는 정치의 력(力)으로 보호조장해야만 그 경제가 안정이 되고 따라서 민족은 안전한 생활을 할 터인데, 우리 조선사람은 아직까지 우리의 손에 정치적 세력이 없는 까닭으로 아무리 현하와 같이 전 민족이 파산을 당하더라도 구제의 도가 없습니다. 이를 극복하기 위해서는 세계적 대평화의 문제가 해결될 때에는 조선의 문제도 해결될 것이라는 확신을 가지고 오직 전 민족이 일치한 정신하에서 완전한 조직적 단결을 하는 것이 무엇보다 급선무라고 생각합니다.[98]

이처럼 최린이 외교독립론에 대한 기대를 저버리지 않으면서 동시에

98) 최린, 「대표될 만한 조직적 기관이 있어야 합니다」, ≪개벽≫, 2월호(1926), 38쪽.

'전 민족이 일치하는 정신하에 완전한 조직적 단결'을 또다시 강조하게 된 이유는 '제2의 자치운동'이 시작되고 있었기 때문이다. 제2의 자치운동은 1925년 말 조선총독부와 일부 일본인들이 먼저 자치론을 제기하면서 시작되었다. 당시 경성일보사 사장이었던 소에지마 미치마사(副島道正)도 「조선통치의 근본의(根本義)」라는 논설을 통해 '조선의 자치는 필연적인 목표'라고 주장하고 나섰다.[99] 이 논설은 사이토 총독 및 동아일보 간부와의 사전 협의를 거쳐 발표된 것이었다. 이러한 자치정국에서 최린이 결성을 촉구한 민족단체는 바로 자치제 실현에 대비한 정치단체를 의미하는 것이었다.

1926년 들어 민족진영 내에 '자치'와 '통전(통일전선)'의 양대 흐름이 공존하는 가운데 신파는 비타협적 우파진영이 서울파 사회주의자들과 함께 통일전선체인 민흥회(民興會)를 결성하려 하자 공개적으로 비판하고 나섰다. '비록 조선의 무산계급 전체가 계급적 의식에 각성되지는 아니하였다 할지라도 이미 사회에 유동하는 중심세력이 사회운동방면으로 기울어져 있는 금일에 일부 유한자들이 민족적 대동단합을 새로 말한다는 데에서는 실로 냉소를 불금(不禁)하는 바이다'라고 노골적으로 비판하면서 결국 민족단일전선을 형성하지 못할 것으로 예견했다.[100]

그러자 반자치 세력의 결집과 좌파와의 연대를 모색하던 천도교 구파 지도자 이종린은 조선농민사도 사실상 자치제에 대비한 농민단체라며 맹렬히 비난했다.

> 농민사의 조직 내용을 보면 다수의 회원을 모집하여 지방에 지부를 두

99) ≪경성일보≫, 1925년 11월 27일자; 박찬승, 『한국근대정치사상사 연구』, 349~350쪽.

100) 「시평: 민흥회란 무엇인가?」, ≪개벽≫, 8월호(1926), 39~42쪽.

고 회를 소집하는 것을 보더라도 단순한 잡지경영의 기관이 아니고 반드시 장래 자치제가 실시되었을 때에 다수의원을 양성하여 두었다가 1개의 정당으로서 의정단상의 세력을 장악하려는 기초 준비이다.[101]

1926년 9월 신파는 동아일보계 및 기독교계인 수양동우회 일부 인사들과 함께 재차 자치운동단체 결성을 시도했다. 하지만 10월 14일 시사간담회라는 명목하에 준비위원회를 개최하려던 계획은 민흥회와 전진회(前進會) 회원들의 대회장 점거로 좌절되었다.[102] 그리고 1927년 2월 좌파진영과 비타협적 우파진영의 통일전선체인 신간회가 결성되었다. 동아일보계와 수양동우회는 신간회 침투공작을 통해 활로를 모색했다.[103]

신파는 이와는 다른 길을 선택했다. 최린은 직접 일본 동경으로 건너가 일본 정계 유력자를 대상으로 한 자치운동을 전개했다. 당시 동경에 있던 아베 미츠이에가 최린에게 머지않아 일본이 조선에서 자치를 실시하고 조선의회도 열리게 될 것이라 알려주자 최린은 '조선독립이 오늘날 불가능하다는 데 대해 확신하고 있으며, 조선의회의 설치가 조선 민심의 안정을 꾀하는 데 있어 가장 긴요하고 나도 민중의 신임만 얻으면 반드시 조선의회의 한 사람이 되기를 사양치 않겠다'며 자신의 의중을 솔직히 털어놓기도 했다.[104] 최린은 1927년 초까지 일본에서 자치

---

101) 김준엽·김창순, 『한국공산주의운동사(2)』, 456쪽.

102) ≪동아일보≫, 1927년 6월 11일자; 신파와 동아일보계의 자치운동이 논란을 일으키자 연희전문학교 교수 백남운(白南雲)은 자치운동을 융화를 목표로 하는 종속적 자치운동과 분리를 목표로 하는 계획적 자치운동으로 구분하면서도 양자 모두 조선 민중에게 실익을 가져다주지 못할 것이라는 전망을 내놓았다. 백남운, 「조선자치운동에 대한 사회학적 고찰」, ≪현대평론≫, 1월호(1927).

103) 박찬승, 『한국근대정치사상사 연구』, 340쪽.

운동에 열중하다가 자치제 논의가 일본 정부가 내지연장주의를 고수하면서 유야무야되자, 이승만·안창호 등의 우파 인사를 만나고 약소 민족 운동의 현황을 살핀다는 명목으로 1927년 6월 구미 여행을 떠났다.[105)]

통일전선운동에 이어 자치운동마저 사실상 실패하고 신간회라는 강력한 경쟁 상대를 만나게 되자, 신파는 대책 마련에 부심하지 않을 수 없었다. 더욱이 구파가 신간회의 주도 세력으로 참여하고 있었다. 신파는 '우리 천도교가 독립을 목적으로 한 단체이니 민족유일당은 우리 천도교를 지칭하는 것이다. 천도교 교세를 두려워하는 조선 내 유지 등이 이번과 같이 민족유일당 결성을 절규하는 것은 우리 교의 세력을 괴멸하려는 음모에 지나지 않는다'며 공공연하게 반신간회 노선을 표방했다.[106)] 신파는 천도교의 독자적 정치세력화라는 기존 노선을 고수하면서 신파 교단은 물론 천도교청년당의 중앙집권화를 강화하는 제도혁신을 단행했다.

1928년 1월 신파는 교회 운영의 3대 방침으로 천도교 재단의 확립과 포덕 방침의 구체화, 인물 양성 등을 내세웠다.[107)] 재단 확립이란 중앙과 지방의 재산을 정리하여 재력을 중앙에 집중하는 방안을 말한다. 포덕 방침의 구체화는 교세 확장책을 마련한다는 의미다. 인물 양성은 천도교청년당 강화를 통해 장래의 천도교 지도자를 양성하려는 방안이

---

104) 「藤實에게 보낸 阿部充家書翰」. 박찬승, 『한국근대정치사상사 연구』, 339쪽에서 재인용.

105) 최린이 일본에 체류하고 구미를 여행하면서 쓴 돈은 3만여 원이라고 한다. 당시 천도교 신파 1년 예산의 약 1/3에 해당되는 액수다. 최린의 외유는 자치당 실현을 위한 견학 정도로 이해되고 있었다. 최린은 1928년 4월 1일에 귀국해서 다시 한 번 현실운동, 당면 이익 획득을 강조했다. 최린, 「천도교제일주의」, ≪신인간≫, 6월호(1928).

106) 「最近ノ天道教ト其ノ分裂ヨリ合同ヘノ過程」, 471~472쪽.

107) 정광조, 「69년도 교회운용의 삼대방침」, ≪신인간≫, 1월호(1928).

다. 이처럼 3대 방침은 재력의 중앙 집중화와 교세 확장 및 인물 양성을 통해 중앙집권적 교권체제를 더욱 강화하려는 의도를 갖고 있었다. 포덕과 관련해서는 이미 1926년부터 포덕선전일(매년 11월 1일)을 제정하고 신포덕에 나서고 있었는데, 1928년에 들어와 비로소 가시적 효과가 나타나면서 주목을 끌기 시작했다.[108] 종전처럼 가족포덕이 아니라 개인포덕인 경우가 대부분인 것이 특징이었다. 여기에 고무된 신파는 최말단기구로 5가(家)를 하나로 묶은 부(部)를 설치했다.[109]

무엇보다도 가장 획기적인 변화는 종리사회의 집단지도체제를 도령 중심의 1인 지도체제로 환원한 것이었다. 신파는 1928년 12월 임시법회를 열어 도령제로 변경할 것을 결의하고 1924년 이래 「교무규정」만으로 운영되던 불문법 시대를 마감하고 성문법전인 「천약(天約)」을 제정했다. 도령제의 실시는 '교회내분이 진정되고 밖으로 무질서한 평등자유를 부르짖는 계급이 넘어가고 어느덧 통일집중을 요구하는 새 사조가 창일된 때이므로 시대민주의 의사에 순응하고 민중의 힘을 집중시킬만한 역량을 갖추기 위함'이라는 것이 신파의 주장이었다.[110] 신파는 부인했지만 도령제는 사실상 교주제의 부활이었다. 도령에는 최린이, 부도령에는 정광조가 선출되었다.[111]

천도교청년당은 6·10만세운동 등으로 좌우합작의 기대가 높아지고

---

108) ≪중외일보≫, 1928년 3월 9일자.

109) 「중앙종리원휘보」, ≪신인간≫, 6월호·7월호(1928).

110) 김병준, 「천도교천약」, ≪신인간≫, 1월호(1929); 김병준, 「인일기념을 앞두고」, ≪신인간≫, 12월호(1928), 9쪽.

111) ≪조선일보≫, 1928년 12월 23일자; 당시 제정된 「천약」에는 도령을 교주가 아니라 최고위 간부직원으로 명기하고 있다. 이것은 교주제의 부활이라는 비판을 모면하기 위한 궁여지책이었을 뿐 최린이 손병희에 이어 명실상부한 '천도교의 지도자'로서 카리스마를 갖고 있다는 것은 부인할 수 없는 현실이었다.

있던 1926년경부터 부문운동기관을 설치하고 지방당부를 늘려갔다. 먼저 1926년 5월 21일 개최된 중앙집행위원회는 직업별로는 농민부, 노동부, 학생부, 연령별로는 청년부, 유년·소년부, 성별로는 여성부 등 총 7개 분야의 부문운동기관을 설치하기로 결의했다.[112] 방정환(유년부·소년부), 김기전·전준성(학생부), 조기간·계연집(청년부), 홍일창·조현우(여성부), 김영환·박달성(농민부), 강우·차상찬(농민부) 등이 각 부문운동 책임자로 선출되었다.[113] 실제로는 이미 활동 중이던 천도교소년회, 천도교내성단, 천도교학생회가 공식적인 부문운동기관으로 공인받아 활동하는 형식을 취했다.

한편 천도교청년당은 1926년경부터 지방당부 설치에 전력을 다했다. 천도교청년당 지방당부는 1926년부터 1928년까지 집중적으로 결성되었는데 1927년 6월 30일 당원 수는 총 8,300여 명이었다.[114] 1928년 한 해 동안만도 1,700여 명이 입당했다고 한다. 이러한 당세 확장으로 1927년 3월 22일 제4회 정기총회에서는 당원총회를 대신하는 최고기관으로 전당대표대회를 설치했다. 전당대표대회는 중앙집행위원 13인과 지방부 또는 당원이 5인 이상 있는 곳에서 1인씩 선출한 지방대표들로 구성되었으며 천도교청년당의 모든 사무를 결의하도록 했다.[115] 이때 선출된 중앙집행위원은 김기전, 김영환, 방정환, 차상찬, 이성환, 강우, 박달성, 홍일창, 조기간, 이돈화, 계연집, 이두성, 오봉빈 등이었다. 당두에는 김기전이, 상무위원에는 조기간과 김영환이 각각 선출되었다.

---

112) 1927년 8월 15~16일에 개최된 전국대표이사대회에서는 7개 부문 중 유년부와 소년부를 합쳐 유소년부로 하고 상민부를 새로 설치했다. 조기간, 『천도교청년당일람』(1928), 6쪽.

113) ≪동아일보≫, 1926년 9월 15일자; 조기간, 『천도교청년당일람』, 4쪽.

114) 「조직되어가는 청년당부 점점 해외로 뻗어간다」, ≪신인간≫, 7월호(1927).

115) 「청년당시보」, ≪신인간≫, 5월호(1927).

그리고 1927년 5월 26일에는 당원 3인 이상 7인 이내로 접을 조직하도록 했다. 접은 천도교청년당의 최소 기본 단위로서 접에 대한 지도와 관리를 통해 당원 개개인을 훈련·통제하고자 하는 목적에서 설치되었다.[116] 1927년 8월 제1차 전당대표대회에서는 9장 43조로 된 「당헌」이 제정되었다.[117]

이처럼 신파는 신간회를 경쟁 상대로 의식하면서 천도교청년당의 조직 전반에 걸친 혁신을 단행했다. 결과적으로 천도교청년당은 휘하에 부문운동기관을 둔 '전적(全的) 운동' 기관이자 전국적으로 지방당부를 갖춘 명실상부한 정당으로 개조되었다. 민중을 향해 신파가 주장하고 싶었던 것은 신간회가 아닌 천도교와 천도교청년당이 조선민족을 대표하는 진정한 민족단체라는 것이었다.

그런데 1928년 12월 23일 개최된 천도교청년당 제2차 확대중앙집행위원회에서는 '천도교라는 관사를 더하거나 또는 아니 하였거나를 불문하고 우리 당으로 볼 때 지금 부문운동으로 인정할 수 있는 관계 단체에 대하여는 적의유효한 법적 관계를 맺을 것'을 결의했다.[118] 이는 전적운동기관인 천도교청년당의 부문운동기관에 대한 지도감독권을 강화하려는 목적을 갖고 있었다. 여기서 문제가 되는 것은 바로 천도교인으로 구성된 부문운동기관이 아니라 대중운동단체의 위상을 갖고 있던 조선농민사였다.

조선농민사는 통일전선체로서의 성격이 약화되면서 각지에 농민사 지부를 설치하고 당면이익획득운동을 전개하는 쪽으로 운동 방향을 선회했다. 1926년 조선농민사는 본부 - 군농민사 - 면농민사 - 동(리)농민

116) 『천도교청년당일람』, 5쪽.

117) 「청년당시보」, ≪신인간≫, 9월호(1927).

118) 박사직, 「천도교청년당과 조선농민사와의 법적 관계를 결함에 취하여」.

사의 조직체계를 갖추고 소비조합격인 알선부를 설치했다.[119] 그리고 1928년 4월에 개최된 제1차 전국대표대회를 통해 농민계몽단체에서 '자작농·자작 겸 소작농·소작농·농업노동자·농업수공업자·농업체력노동자'를 주체로 하는 농민운동단체로의 혁신을 시도했다. 이 과정에서 천도교청년당 간부들이 중앙의 이사직을 장악했다.[120] 그리고 1930년 4월 6일 개최된 제3차 전국대표대회를 통해 조선농민사는 천도교청년당 산하 부문운동기관으로 그 법적 위상이 달라졌다. 이제 조선농민사는 천도교청년당의 지도를 받고 중앙이사장은 천도교청년당 농민부 수석으로 활동해야 하며 조선농민사 대회 및 중앙이사회 결의는 천도교청년당의 동의를 경유하여 실행해야 했다. 여기에 반발한 조선농민사 간부들은 탈퇴하여 전조선농민사(全朝鮮農民社)를 조직했다.[121]

한편 1929년 9월 사이토가 조선총독으로 재부임하면서 조선 자치에 대한 논의가 재개되었다. 신파와 천도교청년당의 조직 강화를 통해 정치활동을 예비하던 천도교로서는 절호의 기회였다. 최린은 1930년 4월 4일 주간포덕사회를 개최하고 지방의 천도교 지도자들을 초청한 자리에서 '천도교의 갱생을 위하여 운동의 목표를 민족독립보다는 일시적으로 민족자치방면으로 변환해야 한다'며 공개적인 자치운동을 제안했다. 하지만 구파의 천도교청년동맹에서 이를 배격하는 성명서를 발표하고 이것이 양측의 폭력 사태로까지 비화되면서 자치운동은 또다시 사회문제화되었고 일단 좌절되고 말았다. 제3의 자치운동에도 수양동우회와

119) 「조선농민사알선부규칙」, ≪조선농민≫, 10월호(1926); 알선부의 경우 출자 단위는 1구좌 20원, 1인 100구좌를 초과하지 못하도록 규제했다. 알선부는 중앙에서 일방적으로 구입과 판매 품목을 결정하는 한계를 갖고 있었다.

120) 전조선농민사편집실, 「조선농민사의 연혁」 참조.

121) 조선농민사 간부 중 이성환, 선우전, 이창휘, 유광렬, 김병제 등이 전조선농민사를 세워 분립했다. ≪조선일보≫, 1930년 4월 15일, 5월 7일자.

기독교신우회(基督教信友會)가 최린과 기맥을 통했다는 정보가 있었다고 한다.[122] 자치론을 둘러싼 신구 공방은 지방으로도 확산되어 철산에서는 양자 간에 폭행 사건까지 발생했다.[123] 최린은 이에 대해 '조선에서 자치운동이 있다면 나는 그들을 반대하지도 찬성하지도 않고 그 진행을 관망하는 수밖에 없다'고 전제하면서도 '우리 조선에는 압박조건이 많은 만큼 한 가지 운동이라도 실제적으로 나아가는 것이 좋다고 생각한다'며 모호한 태도를 취해 위기를 모면하고자 했다.[124] 신파는 천도교의 주류로서 일관되게 자치제 실시를 전제로 독자적 정치세력화를 도모했지만, 그 역량을 마음껏 펼칠 기회가 그들에게 주어지지 않았다.

122) 박찬승, 『한국근대정치사상사 연구』, 346쪽.

123) ≪동아일보≫, 1930년 4월 9일자; 「동맹휘보」, ≪천도교회월보≫, 6월호 (1930).

124) ≪조선일보≫, 1930년 4월 9일자.

3장
천도교 구파와 신간회

1. 구파의 계보와 좌우합작노선

천도교 구파(이하 '구파')는 천도교단 내 지분이 5% 정도로 신파에 비해 절대적인 약세를 면치 못했다. 그러나 구파 지도자들의 경우 대개 기호 출신들로서 조선 말기·대한제국기에 중앙 정계나 언론계에서 활동한 경험을 갖고 있어 정치적·사회적 영향력에서는 신흥 세력인 신파에 비해 우위에 있었다.

구파의 지역 기반인 기호·호남 지역은 조선 후기 이래 일제강점기까지 지주·소작인 간의 계급갈등이 첨예했던 곳이다.[1] 1910년대부터는

1) 충남은 양반의 연수(淵藪), 즉 양반의 근거지인 고로 계급사상이 많고 빈부의 차별이 현격하고[「양반의 연수인 충남지대」, ≪개벽≫, 4월호(1924)], 경기도는 재래 봉건 유풍의 계급 입장에서 반촌과 민촌의 구별이 심하여 그 풍속·관습도 자못 현수(懸殊)하며[「경기도농촌풍습」, ≪농민≫, 7월호(1932)], 전라남북도는 토지가 옥고(沃膏)하고 물산이 풍부한 반면 빈부가 현격하고 지주의 횡포가 심하다[「13도의 답사를 마치고서」, ≪개벽≫, 12월호(1925)]는 각각의 지역 특색을 갖고 있었다.

〈표 3-3〉 천도교 구파의 각 도별 교인 수(1930년 11월 현재)

구분	경기	충북	충남	전북	전남	경북	경남	황해	평남	평북	강원	함남	함북	계
구파	2,308	570	1,024	2,825	2,497	171	121	1,191	54	14,227	134	1,204	-	26,326

주: 구파 천도교인의 지역별 분포를 보면 평북의 비율이 무려 54%에 달한다. 그러나 평북의 경우 신파 교인 수가 이를 훨씬 능가하고 있었기 때문에 평북 출신 구파 지도자의 중앙 교단에서의 영향력은 미약한 편이었다.
자료: 村山智順(1935), 64쪽.

동양척식주식회사를 위시한 일본인 '자벌(資閥)'의 횡행 때문에 빈부차가 더욱 확대되면서 자작인에서 소작인, 소작인에서 파가(破家), 그 다음 머슴으로 전락하고 종국에는 유리하는 것이 남선 민중의 운명이었다고 한다.[2] 호서·호남 지방의 경우 동학농민전쟁과 의병전쟁을 겪었던 곳으로 일제강점기에는 사회주의 운동이 활발했으며 호남의 경우는 소작쟁의도 격렬했던 지역이었다.[3] 이러한 남선을 일제 경찰 당국은 '사상의 제일선(第一線)'이라 불렀다.[4] 1920년대에 '천도교에는 전라도 출신 청년 신자가 없었다'는 자조는 사회주의로 경도되고 있던 이 지역의 사상적 경향을 반영하는 것이라 할 수 있다. 이러한 조류의 영향하에 있던 김재계(金在桂) 등의 호남 출신 지도자들 역시 구파 내에서도 주도권을 장악하지는 못했지만, 철저히 비타협적 태도를 고수하는 양상을 보였다. 1925년 신구파 분화 이후 구파가 결속 강화를 위해 전국적으로 특파위원을 파견했을 때도 기호와 호남이 압도적인 비율을 차지했다.[5]

구파의 1세대 지도자로는 권동진과 오세창이 있었다.[6] 그들은 문명

2) 「서선과 남선의 사상상 분야」, ≪개벽≫, 9월호(1924).

3) 「점차 조직화하는 전남의 농민운동」, ≪개벽≫, 9월호(1925).

4) 「서선과 남선의 사상상 분야」. ≪개벽≫, 9월호(1924).

5) 1926년 6월 현재 경성, 충주, 홍성, 논산, 전주, 정읍, 장성, 해남, 장흥, 금천, 봉산, 안악, 해주, 평양, 영변 등 총 15개 구역에 특파위원이 파견되었다. ≪천도교회월보≫, 6월호(1926).

개화파로서 일본 망명 시절 손병희와 교유하면서 동학에 입교하여 손병희의 측근으로서 교단 운영에 깊숙이 관여하고 3·1운동 당시 「독립선언서」에 서명했던 사회 명사들이었다. 손병희는 대외적인 활동과 관련해서는 오세창과 권동진을 가장 신임했다고 한다.[7]

오세창은 유대치(劉大致), 박규수(朴珪壽)와 함께 개화파의 비조라 일컫는 역관 오경석의 장남으로 태어나 유대치에게 학문을 배우고 16세 되던 1879년 역과에 합격한 뒤 1880년 사역원 등제로 관직을 시작해 개화파와 독립협회의 일원으로 개화운동에 매진했던 인물이었다.[8] 권동진은 무과에 급제한 뒤 무관으로 활동했던 무반 출신이었다.[9] 구파로 활동하지는 않았지만 천도교 교주인 손병희는 충북 청원 출신으로 서리 집안의 서출이었다.[10] 이처럼 손병희, 권동진, 오세창은 기호 출신이지

6) 구파를 때로 박인호계라고 부르는 것은 구파의 명목상 영수가 박인호였기 때문이다. 그런데 박인호의 경우 교주제 부활이 거론될 때마다 주목을 받긴 했지만, 1922년 스스로 교주직에서 물러난 이후 구파를 대표한다는 상징성은 갖고 있으되, 별다른 활동 없이 대내외적으로 교권을 행사하지 못하고 있으므로 여기서는 지도자에 포함시키지 않았다.

7) 손병희는 교단 운영에 관해서는 사리원파의 영수 오영창과 신파의 제1세대인 나용환을 가장 신임했다고 한다. 권동진, 「이백만교도의 통솔자 손병희」, ≪삼천리≫, 6월호(1935).

8) 신용하, 「오경석의 개화사상과 개화활동」, 『한국근대사회사상사연구』(일지사, 1987); 김양수, 「조선후기 사회변동과 전문직 중인의 활동」, 『한국근대이행기중인연구』(신서원, 1999), 190~198쪽; 김경택, 「한말 중인층의 개화활동과 친일개화론」, ≪역사비평≫, 여름호(1993).

9) 「실암권동진씨의 회고담」, ≪천도교회월보≫, 10월호(1932).

10) 의암손병희선생기념사업회, 『의암손병희선생전기』(1967), 12쪽, 16~21쪽; 금장태, 「중인층의 민족종교운동」, ≪한국문화≫, 9(1988), 274쪽; 당시 향촌사회 중인의 동향에 대해서는 김현영, 「조선후기 향촌사회 중인층의 동향」, 『한국근대이행기중인연구』(신서원, 1999) 참조.

만 서리, 무관, 역관으로서 권력의 핵심부에서 소외당한 비특권 신분 출신이라는 공통점을 갖고 있었다.

2세대 지도자로는 이종린, 김완규, 이교홍, 오상준, 유재풍 등 ≪천도교회월보≫와 3·1운동 당시 ≪조선독립신문≫의 발행을 주도했던 천도교 언론계 중진들이 있었다. 이종린은 '조선전도 양반이 십이라면 6, 7명은 충청도 차지'라는 말이 있듯이 전형적인 양반 동네 출신이었지만 정작 자신은 상민 출신이었다고 한다.[11)]

이처럼 구파의 1세대, 2세대는 주로 비특권 신분 출신으로 문명개화운동·문화계몽운동을 통해 성장한 신민(新民)이 주를 이루고 있었다. 지역적으로는 호남 출신의 김재계, 황해도 출신의 홍순의(洪順義) 등도 활동하고 있었지만 역시 주력은 기호파였다. 이들은 대한제국기 이후 문화계몽운동을 주도한 인물로 1920년대에 와서도 식산흥업론과 교육계몽론을 그대로 답습하는 그야말로 구세대였다. 하지만 그들은 자치론을 수용하지 않았다. 그들은 3·1운동으로 분출한 항일·반일의 민족적 정서에 충실하고자 하는 실천가로서의 면모를 갖고 있었다. 남선에서 거세게 불고 있던 '적풍(赤風)'도 비타협을 추동하는 자극제가 되었다. 가령 이종린은 '자작농이 많은 서북과는 달리 기호·삼남 지방 같이 토지겸병이 심한 곳에서는 농민의 이해상 자연히 계급의식이 생겨 모든 운동이 반드시 사상적으로 기울어지는 것은 불가피한 사실'임을 인정하고 있었다.[12)]

한편 박래홍, 박래원, 손재기, 이황, 박완 등 천도교청년동맹원들이 3세대로서 구파의 정치사회운동의 구심점 역할을 하고 있었다. 천도교

---

11) 이종린, 「갑오 이전의 湖俗一班」, ≪개벽≫, 4월호(1924), 149쪽; 이종린, 「창간사」, ≪산업계≫, 12월호(1923).

12) 「농촌문제좌담회」, ≪신민≫, 5월호(1929).

청년동맹은 1925년 신구파 분화 이후 천도교청년당을 이탈한 구파 청년 지도자들이 1926년 4월 3일 결성한 구파의 전위기관이었다. 결성식에서는 대표위원에 박래홍, 상무위원에 이기정(李起貞)이 각각 선출되었다. 그리고 박한규(朴漢珪), 공순용(孔淳鏞), 강세희(姜世熙), 이기설(李基說), 김덕연(金德淵), 조정호, 김재계, 이기정, 최병현(崔炳鉉), 오일철(吳一澈), 손재기, 신태순, 박래홍 등 13명이 집행위원에 선출되었다. 당일 발표된 천도교청년총동맹의 약속은 다음과 같다.

> 一. 우리는 인내천주의하에 육체와 정신을 희생하자.
> 一. 우리는 인내천의 교화로서 인간을 개조하자.
> 一. 우리는 일체 결의에 절대복종하자.[13]

천도교청년당이 사인여천을 실천 윤리로 내세운 것에 비해 천도교청년동맹은 인내천주의를 강조한 점이 주목을 끈다. 신파와 구파가 분화 이후에도 공동으로 시일식과 기념식을 거행했다는 사실은 양자가 교리 해석, 천도교 사상의 이해, 의례에 거의 차별성이 없었다는 것을 의미한다. 그러므로 인내천주의를 내세우는 천도교청년동맹과 사인여천을 내세우는 천도교청년당 간에 뚜렷한 사상적 계선이 있는 것은 아니었다. 실제로 구파는 신파가 제공하는 인내천주의나 수운주의를 그대로 수용·답습할 뿐 스스로 독자적인 교리·논리·사상을 정립하고 종교적 정체성을 확립하는 데는 무관심했다. 혁신파가 동학을 화두로, 신파가 문명을 화두로 천도교 사상의 근대화를 추구하고자 할 때, 구파가 한 역할은 전무하다고 할 것이다.

천도교청년동맹 간부의 경력과 출신 기반은 구파 상층 지도부와는

13) 「천도교청년동맹 창립의 전후」, ≪천도교회월보≫, 4월호(1926), 41쪽.

대동소이했지만, 신파·천도교청년당과는 뚜렷한 대조를 보였다. 우선 구파의 세력 기반이기도 한 충청도와 전라도 출신이 다수를 점했다. 천도교청년동맹이 1928년 명칭을 천도교청년동학당으로 개칭하고자 한 시도도 정통성의 과시라는 정치적 의도와 함께 동학운동과 동학농민전쟁의 발원지 출신이라는 지역 정서가 작용한 것이었다.[14] 물론 당명 개정을 '동학당은 곧 혁명당'이라며 종로경찰서에서 불허했으므로,[15] 결국 차선책으로 천도교청년동맹은 천도교청년총동맹으로 개칭되었다. 그리고 천도교청년동맹에는 1910년대 천도교가 운영한 보성소학교·보성중학교·보성전문학교 출신과 중국 유학을 다녀온 이들이 많았다. 박인호의 양자이자 천도교청년동맹 대표였던 박래홍은 사립보성학교 고등과 5회 졸업생으로 보성전문학교를 중퇴했다.[16] 박완은 박래홍과 사립 보성학교 고등과 동창생이었다. 박인호의 조카인 박래원은 보성소학교 출신이었고 손병희의 조카인 손재기도 보성전문학교 법과 12회 졸업생이었다. 한편 박래홍은 북경대학에서, 이황은 남경의 금릉대학에서, 박완은 상해영어전수학교에서 수학한 경력을 갖고 있었다.

구파의 일원이자 천도교청년동맹원인 청년 지도자들 중에는 조선공산당원으로 활동한 이들도 있었다. 박래원은 조선노농총동맹 집행위원을 역임한 노동운동가로 조선공산당과 고려공산청년회에 입당하여 경성 제5야체이카의 조직원과 언론기관 프락치로 활동했다.[17] 이황은 워싱턴회의에 대응하기 위해 1922년 1월 코민테른 집행위원회가 개최한 극동민족대회에 조선학생대회 대표로 참석한 뒤 중국에서 고려공산당

14) 손재기, 「불원에 열리는 동맹대회」, ≪천도교회월보≫, 3월호(1928).

15) ≪중외일보≫, 1928년 4월 7일자.

16) ≪천도교회월보≫, 10월호(1928).

17) ≪중외일보≫, 1928년 3월 14일자; 「공산당사건예심결정서」, ≪조선지광≫, 10월호(1927).

원으로 활동하다가 1926년 3월에 귀국하여 조선공산당에 가입한 뒤 천도교청년동맹 상무간사로 활동하고 있었다.[18]

이처럼 사회주의 그룹에 직접 참여한 지도자를 갖지 못했던 혁신파·신파와는 달리 좌파의 전위기관인 조선공산당 당원이 구파의 일원으로 활동했다는 것은 구파가 포용할 수 있는 사상적 스펙트럼이 상대적으로 좀 더 광범위했음을 의미한다. 권동진은 일찍이 "인류이면 누구나 천부의 평등자유를 가졌으며 그 천부의 평등자유를 유감없이 향수하는 것이 인류주의이며 오늘날 이후 인류주의의 실행은 실지실행인 물적(物的) 개조에 있는데 이 점은 사회주의가 가장 선견의 명(明)을 가졌다"며 물적 개조, 즉 제도개혁을 추구하는 사회주의에 대해 호감을 표시했다.[19] 박래홍은 데모크라시,[20] 개인주의[21]와 함께 주요한 사조의 하나로 사회주의를 널리 소개하면서 관심을 표명했다. 하지만 박래홍은 이 글에서 공산주의는 자본의 국가소유제로 사유재산을 금지하지만 사회주의는 자본을 공유할지라도 부의 분배에 관해서는 노동의 분량에 비례한 사회라고 구별 짓고 있다. 즉, 그는 공산주의를 사회주의보다 급진적인 것으로 파악하고 있었다.[22] 이종린은 사회주의 사상에 의한 계급운동 자체는 시기상조라는 인식을 갖고 있으면서도 구파에서 활약하는 좌파 성향의 청년세대들을 백안시하지 않고 오히려 그들을 활용하여 좌파그룹과 연합·협동할 수 있는 방법을 모색했다. 구파에 절실한 것은 좌파와의 전략적 제휴였기 때문이다.

---

18) 임경석, 「극동민족대회와 조선대표단」, ≪역사와 현실≫, 32(1999), 46쪽.

19) 권동진, 「인류주의는 나의 가장 찬송하는 이상이외다」, ≪개벽≫, 3월호 (1923), 14~15쪽.

20) 현파(박래홍), 「데모크라시의 약의」, ≪개벽≫, 6월호(1920).

21) 孤蝶(박래홍), 「개인주의의 약의」, ≪개벽≫, 7월호(1920).

22) 고접, 「사회주의의 약의」, ≪개벽≫, 8월호(1920).

구파는 교단 안팎에서 '동귀일체·대동단결'을 강조하고 실천했다. 1925년 오영창계와 신파와의 분규가 해결 기미를 보이지 않을 때, 구파 인사들이 천도교통일기성회를 조직한 명분도 바로 동귀일체·대동단결이었다. 신구파 분화가 기정사실화되었을 때도, 이종린은 일시적 의견 충돌이라며 '동귀일체주의로 동귀일체할 것'을 호소했다.[23] 그것이 '시중(時中)의 도(道)'라는 것이었다.[24] 1926년에 들어와서도 권동진은 '같은 처지 같은 주의를 가지고도 단결하지 못하고 분쟁을 거듭하는 것'에 대해 우려를 표시하면서[25] 합동의 당위를 주장했다.

이종린의 경우는 일찍부터 대동일치·동귀일체가 신념으로 체화된 대동주의자로서의 면모를 여실히 드러내고 있었다. 그는 "종교는 개인의 자유가 아니라 천하의 행복을 위해 필요한 것"이라 주장하고 바로 천도교를 천하의 대동을 위한 종교로 정의했다.[26] 그의 대동주의는 현실문제에 대해 절충과 포용을 강조하는 실천으로 나타났다. 유교 지식인인 그는 신구학의 관계를 설명하면서도 '시의를 모르고 옛것만 좋아하는 것을 고(固)라 하고 장단을 비교하지 않고 새로운 것만 좋아하는 것은 혹(惑)'이라고 지적하면서 '상고지사(上古之事)라도 시의에 합당하면 진적(陳跡)이라 일컫지 말고 참작하여 써야 하고 금일지학(今日之學)이라도 사리에 합당하지 않으면 별건(別件)이라 하지 말고 헤아려 시험하도록 해야 한다'[27]는 신구절충론적 태도를 취했다.

이처럼 혁신파와 구파는 신구절충론을 공유했는데, 이는 양자 간에

---

23) 이종린, 「우리부터 동귀일체주의로 일체동귀」, ≪천도교회월보≫, 12월호(1925).

24) 이종린, 「時中」, ≪천도교회월보≫, 2월호(1926).

25) 「현하조선에 대한 우려점과 희열점」, ≪개벽≫, 2월호(1926), 35쪽.

26) 이종린, 「신교(信敎)의 자유설(自由說)」, ≪천도교회월보≫, 9월호(1911).

27) 이종린 「신구학의 관계」, ≪대한협회회보≫, 7월호(1908), 17쪽.

공통분모가 존재했음을 의미한다. 그것은 바로 중도성이었다. 대동단결, 동귀일체, 대동주의는 중용(中庸)·중화(中和)의 포용적 조화를 강조하는 전통과 맞물려 있다. 다만 혁신파는 절대평등을, 구파는 문명개화·진화론적 평등을 추구하는 차이가 존재한다. 결국 혁신파가 중도 좌파라면, 구파는 중도 우파라고 규정지을 수 있다. 그러므로 구파의 비타협성은 바로 대동주의에서 나오는 것으로 볼 수 있다. 이로 인해 좌우합작·민족단결 차원에서 항일·반일의 민족연대를 지향하는 민족적 정서에 충실한 실천가의 역할을 할 수 있었던 것이다. 대동주의는 이종린, 설태희(薛泰熙)를 비롯해 물산장려운동에서 토산장려와 자급자족을 주장하던 계열을 아우르는 공동 노선이기도 했다.[28]

그런데 구파에게는 천도교 활동도 보편과 인류를 추구하는 종교적 신앙생활이 아니라 종교를 통한 민족운동의 일환이었다고 보아야 할 것이다. 그들은 사회주의, 민주주의, 개인주의를 모색했지만 민족주의를 고려하지는 않았다. 오히려 신파처럼 민족을 고창하고 민족주의를 절규하는 계열이 우리 민족마저 대상화하는 오류를 범하면서 민족을 민족 구제가 아닌 인류 구제의 단위로 강조하는 경우가 흔했다.[29]

그런데 신구파의 분화로 우파진영 내에서 비주류로 전락하기 이전에도 구파 계통의 인사들은 민족진영이 이념과 사상의 차이를 넘어 대동단결하는 문제에 관심을 갖고 있었다. 이종린은 당시 정치세력을 참정권운동자, 중립파, 3·1운동세력, 무산대중의 해방운동자로 분류하고 참정권운동자의 대두를 경계하면서 이러한 '사상계의 혼돈'을 정비하여 "기분적 운동이 아니라 실질적 운동으로 나아갈 것"을 역설했다.[30] 여

28) 윤해동, 「일제하 물산장려운동의 배경과 그 이념」, ≪한국사론≫, 27(1993) 참조.

29) 윤해동, 「일제하 물산장려운동의 배경과 그 이념」, 248쪽.

30) 이종린, 「혼돈한 사상계의 정돈이 급무」, ≪정론≫, 6월호(1926).

기서 '혼돈한 사상계의 정돈'을 주장한 것은 민족진영을 향해 대동단결·합작을 촉구한 것으로 보인다.

1924년 초 우파 연합의 '유력한 민족단체' 결성을 위해 추진되었던 연정회 결성 모임이 와해되어 우파 내 노선 분화가 확연해지면서 좌파와 비타협적인 우파 간의 연대가 실천적으로 모색될 수 있는 가능성은 한층 높아졌다. 좌파진영도 우파의 분화로 견인과 연대의 대상이 분명해지자, '민족운동의 혁명적 조류와 민족통일전선을 결성하고 타협적 조류는 배척한다'는 민족통일전선전술의 기본 원칙을 실천할 수 있는 일대 전환기를 맞게 된다.[31]

그런데 사회주의 진영에서 민족통일전선을 거론할 때, 천도교는 늘 논란의 대상이었다. 1923년 3월에 개최된 전조선청년당대회에서는 천도교를 비롯한 일체의 종교가 타협적인 것으로 간주되면서 배척되었다.[32] 반면에 1923년 가을부터 공산당의 주도하에서 국내 대중과 유기적으로 연관된 민족혁명당을 결성해야 한다고 주장했던 이동휘와 꼬르뷰로 내지부는 천도교가 광범위한 대중적 기반을 갖고 있는 종교단체라는 점과 천도교의 종지가 무산혁명과 유사하다는 점을 들어 제휴 대상에 포함시켰다.[33]

31) 좌파 지도자 이성태는 1925년 초 '앞으로 급진적 민족운동과 사회운동의 합동은 필연적인 것으로 민족운동의 좌경분자는 결국 무산 계급적 기치 하로 뛰어들어올 것이고 그 중간 혹은 우경분자는 자치운동 내지 참정운동으로 타락할 것인데, 지금도 반동적 색채가 농후하거니와 앞으로도 점차 반동적 권력획득운동에 집중하게 될 것'으로 예상하고 있었다. 당시 좌파의 일반적인 정세 인식을 대표하는 견해라 할 수 있다. 동관생(이성태), 「A와 B의 문답」, ≪개벽≫, 3월호(1925), 46쪽.

32) 이애숙, 「1922~1924년 국내의 민족통일전선운동」 참조.

33) 이동휘와 꼬르뷰로 내지부의 이러한 선택도 1925년 신파가 크레스틴테른과의 연대를 모색하는 데 상당한 영향을 미쳤을 것으로 추정된다.

그런데 좌파진영이 1925년 조선공산당 창당 이후 현안으로 부상한 민족통일전선의 결성을 모색하던 중 천도교는 신구파의 분화를 겪게 된다. 1926년 초 화요회, 북풍회, 조선노동당, 무산자동맹의 4개 단체합동회가 신년 간친회 석상에서 비타협적 우파와의 제휴에 관해 논의한 직후,[34] 조선공산당은 2월 26일 제3차 중앙집행위원회에서 '민족운동자와 제휴하기 위해서는 우선 조선에서 그 방면에 가장 세력 있는 천도교를 넣는 것이 급무이며 또 유효하다'는 데 의견 일치를 보고 천도교를 구상 중인 통일전선체인 '국민당'의 기초로 삼을 것을 결의한 뒤 '타협적 자치운동자'로 알려진 최린 등의 신파와 '비타협적 민족주의자'로 알려진 권동진 등 구파의 태도에 대한 조사를 진행했다.[35] 조선공산당의 입장에서 볼 때, 우파의 실세이자 천도교 내 다수파인 신파의 자치론·타협적 조류로의 경사는 민족운동 역량의 커다란 손실이었다.[36] 이와 같은 조선공산당의 고민은 같은 해 3월 10일 권동진의 집에서 개최된 천도교 구파(권동진, 이종린, 오상준), 조선일보계(신석우, 안재홍), 기독교계(유억겸, 박동완) 등 비타협적 우파진영과 조선공산당 책임비서 강달영과의 회합에서도 잘 드러난다. 비타협적인 민족운동단체의 결성을 논의

34) 기자, 「時言」, ≪개벽≫, 3월호(1926), 75쪽.

35) 김준엽·김창순, 『한국공산주의운동사(2)』, 454쪽.

36) 좌파 역시 천도교에 대한 다음 사설과 마찬가지로 상당한 기대를 갖고 있었기 때문이다. "천도교는 종교단체이지만 사회적으로 봉사한바, 희생과 정치적으로 활동한바 역사에 있어서는 우리들이 깊이 음미할 가치가 있다. 천도교는 무단정치에 대한 반항의 기세와 민족적 해방의 운동이 소용돌이치던 기미의 독립운동에 절대의 희생을 제공했다. 그러나 우리는 과거의 역사에만 만족하지 않는다. 장차에 도래할 전민중의 해방운동 선상에도 일대 추진력이 될 만한 불굴의 의지를 가지는데 단체로서 우리 조선에 존재한 참의의가 있을 것이요 최제우의 백년을 기념하는 의의도 일대 혁명아인 최제우의 주의를 완성함에 있을 것이다." 「최수운 백년제」, ≪조선일보≫, 1924년 10월 28일자.

하는 이 자리에서 이종린은 최린의 자치운동계획을 맹렬하게 비판했다.

> 우리 민족주의자들은 동일보조로서 대동단결의 필요가 있는데도, 최린파 등은 자치운동에 찬성하고 있는 것 같으니 참으로 통탄할 일이 아닐 수 없다. 지금 천도교청년당 안에서도 최린과 같은 재식겸비의 인물은 없어 참으로 아껴야 할 인물임에도 그 행동이 이래서는 참으로 한심한 일이고 그는 안창호의 심복인 이광수, 동아일보사 측 및 흥사단장 안창호 등과 제휴연락을 취하여 수양단인가 연정회인가를 조직한 것도 그 출발은 여기에 있는 것이다. (중략) 또 일본에서 온 대의사(代議士) 이노우에 주스케(井上準之助), 경성일보 사장 소에지마(副島道正), 동아일보사 간부 등과의 왕래가 빈번한 점으로 미루어보더라도 아무래도 그들과 제휴하여 자치운동을 추진하고 있는 것은 의심할 여지가 없다.[37]

하지만 강달영은 '최린은 조선독립을 염원하는 인물'이라는 박동완(朴東完)의 반박이 오히려 일리가 있다며 최린의 진의와 신파에 대한 아쉬움을 토로했다.[38]

이날 회합에서 민족운동단체의 위상에 대한 합의에는 도달하지 못했다.[39] 하지만 최린이 이끄는 천도교 신파, 안창호 계통의 수양동우회 세력, 동아일보와 조선물산장려회를 거점으로 하는 김성수·송진우 등이 타협적 개량주의 경향을 갖고 있다는 것에 대해서는 대체적인 의견 일치를 볼 수 있었다.[40] 그들은 협력 대상이 아니라는 것이다. 결국

37) 京城地方法院 檢事局, 1926, 「第二次朝鮮共産黨檢擧ニ關スル報告綴」(고려대 아세아문제연구소, 1979, 『한국공산주의운동사(자료2)』, 206~215쪽).

38) 김준영·김창순, 『한국공산주의운동사(2)』, 455~457쪽.

39) 「조선공산당중앙집행위원회회록(제7회)」(1926.3.11), 『조선사상운동조사자료(1)』(고등법원 검사국사상부, 1932), 8쪽.

조선공산당은 타협적 조류를 배척한다는 원칙론적인 입장에서 신파가 아닌 구파를 민족통일전선의 파트너로 선택하게 된다. 구파 역시 천도교 신파가 자치파의 본영이라고 맹렬히 비난하면서 좌파의 전위기관인 조선공산당과의 통일전선 결성에 적극적인 자세로 임했다.

2. 6·10만세운동 모의와 신간회 참여

1926년의 6·10만세운동은 구파와 조선공산당의 합작품이며 양자 간 통일전선운동의 시험대였다. 1926년 4월 25일 순종이 사망하자, 5월 2일 개최된 조선공산당 중앙집행위원회는 3·1운동과 같은 대규모 항일 시위를 계획하고 6·10투쟁특별위원회를 조직했다.[41] 투쟁지도부는 조선공산당 중앙집행위원이자 고려공산청년회 책임비서인 권오설(權五卨)과 고려공산청년회 간부인 이지탁(李智鐸), 박민영(朴珉榮) 등 3인으로 구성되었다.[42] 6·10투쟁특별위원회는 사회주의·민족주의·종교계·청년계의 혁명분자를 망라한 통일전선체인 대한독립당을 조직하여 대한제국의 '국권' 회복을 위해[43] 6월 10일 전국적인 시위를 전개한다는 계획을 수립했다.[44] 그리고 좌우를 망라한 민족진영 인사들에게 협력을 구

---

40) 임경석, 「강달영, 조선공산당 책임비서」, ≪역사비평≫, 봄호(2002), 263쪽.

41) 「공산당사건의 진상」, ≪신민≫, 10월호(1927); 전석담, 「육·십운동소사」, ≪민주주의≫, 22(1947), 11쪽.

42) 이지탁, 「독립운동과 학생: 6·10만세운동을 회고하며」, ≪조선일보≫, 1960년 6월 11일자; 조두원, 「육십운동과 조선공산당(一)」, ≪청년해방일보≫, 1946년 6월 9일자.

43) 「大韓獨立黨檄告文」, 『齋藤實文書(10)』, 198쪽.

44) 姜德相·梱村秀樹 編, 『現代史資料(29)』, 425쪽; 조선공산당이 주로 우파들이 즐겨 사용하는 '대한'이라는 국호를 차용해 통일전선체의 명칭을 '대한독립당'

했다. 그런데 우파 지도자 대부분은 3·1운동의 참극을 상기하며 협조하기를 거부했다. 좌파인 서울청년회계 역시 사상가답지 않은 발상이라며 일축했다.[45)]

6·10투쟁특별위원회는 3·1운동을 주도한 경험과 조직 동원 능력을 갖춘 구파에게 격문의 인쇄와 배포의 임무를 맡겼다. 구파가 6·10만세운동에서 이처럼 비중 있는 역할을 수행할 수 있게 된 것은 조선공산당원이자 천도교청년동맹원이었던 박래원의 활동 덕분이었다. 인쇄 노동자 출신인 그가 격문의 인쇄와 지방 배포의 임무를 자임하고 나섰던 것이다.[46)]

박래원은 천도교가 3·1운동을 주도했던 경험에 근거해 시위를 모의했다.[47)] 우선 구파 원로인 권동진 및 구파의 행동대인 천도교청년동맹의 간부 박래홍, 손재기에게 승인과 협조를 구했다. 권동진에게는 운동자금을 제공한다는 약속까지 받아냈다.[48)] 박래원은 조선공산당원이자 인쇄노동조합 간부인 민창식(閔昌植), 양재식(楊在植), 이용재(李用宰) 등과 함께 비밀리에 격문을 인쇄했다. 그리고 6월 10일 전국적인 봉기를 위해 구파 계열의 지방교구와 연락을 취하고 호남선·경부선·경원선·경

으로 내세운 것은 이미 망한 대한제국의 '마지막' 황제 순종의 사망이라는 현실적 비애를 상기시키는 동시에 우파를 포용하고 그들과의 상호 제휴를 열망했다는 의지의 표현으로 볼 수 있다.

45) 이지탁, 「독립운동과 학생: 6·10만세운동을 회고하며」; 이지탁의 증언에 따르면, 운동자금은 경성의전 학생인 이중현(李重鉉)이 1,000여 원을, 세브란스 의전 학생인 박의양(朴儀陽)이 소액을 제공했다고 한다. 조선공산당 상해부와의 협의하에 자금을 제공받았다는 재판 기록상의 진술은 이들을 보호하기 위한 일종의 연막이었던 것이다.

46) 장석홍, 「천도교구파의 6·10만세운동」, ≪북악사론≫, 4(1997) 참조.

47) 표영삼, 「6·10만세와 천도교」, ≪신인간≫, 11월호·12월호(1992) 참조.

48) 박래원, 「6·10운동의 회상」, ≪조선일보≫, 1964년 4월 26일자.

의선 방면으로 책임자를 선정해 파견할 것을 계획했다. 또한 ≪개벽≫·≪신민≫·≪신여성≫ 등의 잡지에 격문을 넣어 각 지방의 조선일보지사, 개벽지사, 소비자조합, 천도교구 및 청년단체를 통해 배부하려는 계획도 수립했다.[49)]

하지만 구파의 6·10만세운동 모의는 천도교 혁신파 지도자 이상우의 부인이자 개벽사 제본부 직원이었던 고우섭(高宇燮)이 몇 장의 삐라와 격문을 외부로 반출한 것을 계기로 사전에 일제 경찰 당국에 의해 발각되고 말았다. 6월 6일 천도교당 내 손재기 사무실에서는 대한독립당 명의의 격고문을 비롯하여 각각 '대한독립만세', '산업은 조선인의 본위', '교육은 조선인의 본위', '대한독립운동자는 단결하라'는 주장을 내세운 5종의 격문 5만여 매가 발견되었다. 주모자 박래원은 격문 우송처·명부·격문 원고 등을 인멸하는 데는 성공했지만 곧 검거되고 말았다.[50)]

6·10만세운동은 3·1운동과 같이 전국적인 시위운동으로 확산되지 못했으나, 운동의 성격에서는 한 단계 진전한 모습을 보여주었다. 최남선이 작성한 「기미독립선언서」가 민족독립을 선언하면서도 정의·인도·무저항 등 보편적 개념을 그 정당성의 근거로 제시한 것과는 달리 6·10만세운동의 「격고문」은 제국주의자 일본의 만행을 폭로하고 민족해방운동의 당위성을 역설하면서 "침략국 일본으로부터 정치적·경제적인 모든 권리를 탈환하지 않으면 죽음의 땅에서 탈출하는 것이 불가능하다"고 호소하고 있다. 그러므로 '최후까지 싸워 완전독립을 쟁취하자'는 것이다. 이를 위해 '식민지에서는 민족해방이 곧 계급해방이고 정치

49) 박래원, 「6·10만세운동 회상」, ≪신인간≫, 6월호(1976), 14~16쪽.

50) 지중세 역편, 『조선사상범검거실화집』(신광출판사, 1946), 27~29쪽; 천도교청년회중앙본부, 「천도교청년동맹과 6·10만세운동」, 『천도교청년회팔십년사』(2001) 참조.

적 해방이 곧 경제적 해방'이라는 점을 들어 좌파를 견인하고자 했다. 또한 '조선인 교육은 조선인 본위로', '산업을 조선인 중심으로'라는 제목의 격문을 통해서는 우파를 견인하려는 의지를 엿볼 수 있다. '총독 정치의 지옥으로부터 벗어나고자 하는' 대오에 합류하는 한 그들은 모두 '혁명적 민족운동자'라는 것이다. '대한독립만세!', '대한독립운동자여 단결하자!'는 제목의 격문들 역시 일본의 식민지배체제를 정면으로 거부하는 내용으로 채워져 있었다. 비록 전국적 확산에는 실패했지만, 일본을 일개 침략국이 아닌 제국주의로 인식하면서 일 계급의 주도가 아니라 '혁명적 민족운동자가 합작·연대해서 투쟁해야만 원수 일본을 구축할 수 있다'는 반일연대의 민족운동노선을 분명하게 제시했다는 점에서 6·10만세운동은 3·1운동의 한계를 극복한 민족운동사상의 도약이자 발전으로 평가할 수 있을 것이다.[51]

구파는 6·10만세운동의 사전 발각으로 일제 당국의 감시가 한층 강화되어 곤경에 빠지기는 했지만, 이로 인해 조선공산당과 코민테른을 비롯한 국내외 좌파진영으로부터 민족통일전선운동의 동반자 대우를 받게 된다.[52] '국내에는 타협적인 문화운동자만 존재한다'는 전제하에

51) 「大韓獨立黨檄告文」은 『齋藤實文書(10)』, 198쪽에, 격문은 김준엽·김창순, 『한국공산주의운동사자료집(2)』(1980), 59쪽에 각각 일역본이 실려 있다.

52) 박진순·조훈, 「조선에서의 6월 10일 반제국주의 시위」(코민테른 문서; ТИО-ХУН·ПАК-ДИНШУНЬ, АНТИИМПИРИАЛИСТИЧЕСКАЯ ДЕМОНСТРАЦИЯ 10 VI В КОРЕЕ); 중국공산당 기관지인 ≪향도(嚮導)≫, 1926년 6월 23일자는 3·1운동을 원시적이고 여전히 자본주의 국가로부터의 도움을 받으려는 환상에 젖어 있는 낙후된 자산계급에 의한 구걸운동으로 폄하한 반면에 6·10만세운동을 조선공산당의 지시하에 조직적으로 민족혁명단체와 연합하여 공동 투쟁했으며 군중에 적합한 정치구호를 내세운 준비된 투쟁이었다고 격찬한 조선인 공산당원의 「조선의 대시위운동」이라는 논설을 게재했다. 石源華, 『중국공산당과 한국독립운동 관계기사 연구』(고구려, 1997), 85쪽.

해외 우파 세력만을 협력 대상으로 간주하며 국내에서의 통일전선운동에 주저하던 좌파진영의 우려를 일거에 불식시키고 그들로 하여금 국내에서 비타협적 우파진영과의 본격적인 접촉에 나서게 하는 계기가 되었던 것이다.[53]

1926년 가을 6·10만세운동으로 인한 검거선풍이 가라앉고,[54] 신파를 비롯한 타협적 우파진영에 의해 다시 자치운동이 부상하자 좌파진영과 비타협적 우파진영 간의 통일전선 결성 움직임은 다시 활기를 띠었다. 11월 15일 좌파진영은 비타협적 우파진영과의 적극적인 제휴를 표방한 「정우회선언(正友會宣言)」을 발표했다. 천도교 구파를 비롯한 비타협적 우파진영도 자치운동을 좌절시키기 위해서 '빠른 시일 안에 참다운 민족당을 결성한다'는 데 합의했다.[55] 그리하여 1927년 2월 좌우

53) 6·10만세운동 이후 좌파는 본격적으로 제국주의세력을 타파하기 위해서는 무산계급의 해방운동과 압박 민족의 해방운동이 공동전선을 형성해야 한다는 적극적인 인식을 공유하게 되었다고 한다. 김준연, 「조선의 금일문제」, ≪현대평론≫, 1월호(1927).

54) 6·10만세운동은 발각 당시 천도교청년동맹의 손재기, 박래원, 박래홍 등이 조선노농총동맹과 함께 연계하여 모의한 것으로 알려졌다. 하지만 곧 조선공산당과의 관계가 밝혀짐으로써 '제2차 조선공산당 사건'으로 비화되어 경성 일대에 검거선풍이 몰아쳤다. 천도교 구파의 6·10만세운동 참여로 구파는 물론 신파의 영수 최린도 일시 검거되었으며 전국적으로 평양, 안주, 선천, 사리원, 성천, 춘천, 덕천, 정평에서도 천도교 간부의 가택수택과 검거, 천도교당의 압수수색 등이 계속되었다. ≪시대일보≫, 1926년 6월 8일~12일, 15일, 17일자; 제2차 조선공산당 사건과 6·10만세운동 관련 혐의로 체포된 자는 1926년 7월 25일까지 2,000명이 넘었다.

55) 비타협적 우파진영은 기존의 조선민우회를 적극 활용하여 협동 전선적 단체로 변모시킬 것을 모색하기도 했다. 조선민우회는 1922년 6월 박영효의 주창으로, 장래 조선에 자치가 실시될 때 정당으로 전환하기 위한 조직이라는 위상을 갖고 설립된 단체였다. 그러나 친일파나 타협적 성향의 우파진영보다는 비타협적

합작의 민족통일전선체인 신간회(新幹會)가 결성되었다.

구파는 신간회 결성 과정에서도 비타협적 우파의 구심점 역할을 수행했다. 박래홍, 이종린, 권동진은 구파를 대표하여 신간회 발기인으로 참여했다. 1927년 2월 15일 신간회 창립대회에서는 권동진이 부회장으로, 박래홍[56]과 이종린이 상무간사로 각각 선출되었다.[57] 권동진은 회장인 이상재(李商在)가 작고한 후 회장직을 대행했으며, 1929년 직제가 위원제로 변경되면서부터는 중앙검사위원장으로 활동했다. 그리고 광주학생운동 당시 신간회가 기획했던 민중대회사건으로 투옥되기도 했다.[58]

구파의 신간회 활동은 주로 경성과 기호·호남 지역에서 이루어졌다.[59] 1927년 6월 10일에 창립대회를 개최한 신간회 경성지회의 경우에는 오상준, 최준모, 김영륜, 이병헌, 이황, 박완 등이 설치 당시부터 준비위원으로 활동하면서 지회 활동에 깊숙이 간여하고 있었다.[60] 이들 외에도 신태순, 손재기, 유한일, 박양신 등의 천도교청년동맹 간부들이

우파진영이 대거 참여하면서 조선민우회는 오히려 이들의 활동 기반을 제공하게 되었다. 이후 구파 지도자로 활약하게 되는 이종린과 오상준도 이 단체에 참여했다. 윤해동, 「일제하 물산장려운동의 배경과 그 리념」, 307~310쪽.

56) 박래홍은 1928년 10월 5일 교인인 서을봉에게 자살(刺殺)당했다. 『천도교중앙종리원서무과 일지』, 1928년 10월 4일자; ≪중외일보≫, 1928년 10월 7일자; 그런데 박래홍 사건이 신파 측 소행이라는 악선전이 있어 신파 측에서는 신속하게 해명해야 하는 등의 곤혹을 치러야 했다. 『천도교중앙종리원서무과 일지』, 1928년 11월 3일자.

57) 이균영, 『신간회연구』(역사비평사, 1993), 91~101쪽.

58) 안명호, 「신간운동자들의 동태」, ≪신조선≫, 9월호(1934), 28쪽.

59) 이종린을 비롯한 천도교 구파 지도자들은 천도교인들의 신간회 참여를 독려하기 위해 신간회 결성 직후 빈번히 지방순회강연을 다녔다.

60) ≪중외일보≫, 1927년 6월 3일자.

경성지회의 각 부서에서 활동했다. 특히 손재기와 박완이 경성지회 상무집행위원으로서 전반적인 운영에 관여하며 가장 활발한 활동을 전개했다. 또한 구파의 지방교구 간부들은 경기도연맹·전남도연맹을 비롯하여 강화·광주·수원(경기 지역), 강진·광양·남원·병영·영암·완도·장흥·정읍(전라 지역), 당진·서산·예산·음성·홍성(충청 지역), 구성·선천·용천·철산(평안 지역) 등의 지회에서 간부로 활약했다.

구파는 좌우합작진영의 일원으로 신간회에 참여하면서 우파 주도의 문화계몽운동에도 지속적으로 참여하고 있었다. 특히 이종린의 활약이 컸다. 이종린은 1926년 말 윤치호, 이광수, 송진우, 박희도 등 타협·비타협을 망라한 우파진영이 '조선어문의 연구과 보급'을 위해 결성한 정음회(正音會)에 위원으로 참가해 조선어보급운동에 앞장섰으며,[61] 조선교육협회 이사로도 꾸준히 활동했다.[62] 조선물산장려회에서는 초창기부터 이사로 활동하며 기관지인 ≪산업계≫ 발간에 참여한 경력을 갖고 있었다. 그리고 1920년대 후반 조선물산장려회 재건에 참여하여 1930년에는 이사장에 선출되었다. 그리고 1928년에는 오상준과 함께 구파의 지원을 받아 '우리 생활 개선을 목표로 취미와 실익을 본위로 한 불평 부당한 잡지'인 ≪중성(衆聲)≫을 발행하여 생활계몽운동을 전개하기도 했다.[63] 이종린의 경우, 우파진영의 연합에 대해서도 상당한 관심을 갖고 노력을 기울였다. 이종린이 우파진영이 주도하는 조선민우회, 연정회, 조선사정연구회(朝鮮事情硏究會) 등에 참여하여 자치론자들과 함께 조직 결성을 논의했다는 것은 그가 우파 연합에 대해서도 상당

61) ≪동광≫, 12월호(1926), 58쪽.

62) ≪중외일보≫, 1928년 6월 17일자.

63) ≪조선일보≫, 1928년 12월 1일자; 이종린, 「중성의 동기와 사명」, ≪중성≫, 3월호(1929); 1929년 12월 구파의 제5회 정기총회에서는 중성사에 대해 연 600원을 보조하기로 결의했다. 「중앙휘보」, ≪천도교회월보≫, 1월호(1930).

한 의미를 부여하고 있었음을 입증해준다. 그가 신간회에 참여하면서도 우파진영이 추진하는 문화계몽운동에 이처럼 적극적으로 나선 것도 우파 내 기반 유지를 염두에 둔 실천으로 볼 수 있다. 좌우합작과 우파연합을 동시에 추구하는 이러한 행보 역시 중도·중도 우파로서의 성향과 무관하지 않을 것이다.

그런데 1930년에 들어와 '온건주의적 합법노선'을 추구하는 타협적 우파 인사들이 점차 신간회 본부를 장악해 들어오면서, 급기야 2월 16일에는 신간회 본부가 중앙상무위원회를 열어 최린의 신간회 입회를 권유하는 사태가 벌어졌다. 물론 최린은 거절했고 그 덕분에 그는 다시 한 번 '이미 민족주의를 포기하였거나 자치운동으로 방향 전환했다'는 의혹에 휩싸였다.[64] 구파는 신간회 본부에 대해 가장 강력한 발언권을 행사할 수 있는 경성지회에서의 활동을 강화하여 신간회 본부의 우경화에 저항하고 신파의 신간회 진출을 저지하고자 힘썼다.

1930년 4월 12일 신간회 경성지회는 임시대회를 개최하고 이종린을 집행위원장으로 하는 임시집행부를 구성했다.[65] 경성지회는 재차 부상하고 있는 신파의 자치운동에 대한 조사를 진행하면서 신간회 본부에 대해서는 신파에 대한 분명한 태도를 취할 것을 요구했다. 나아가 김병로(金炳魯), 박문희(朴文熺) 등 타협적 성향의 본부 임원을 개선하라는 압력을 행사했다. 본부 측이 이를 무시하자 임시집행위원회를 통해 본부 간부에 대한 불신임을 결의하는 등 신간회 본부의 우경화에 맞서 투쟁했다.[66] 그런데 구파가 신간회의 체질 개선을 도모하는 동안, 좌파진영은 신간회 해소운동을 전개하기 시작했다. 경성지회는 1930년 12월

64) 이정섭, 「최린코스비판」, ≪삼천리≫, 4월호(1932).

65) ≪조선일보≫, 1930년 4월 14일자.

66) 명원호, 「신간회분규측면관」, ≪신민≫, 3월호(1931); 조규태, 「신간회 경성지회의 조직과 활동」, ≪국사관논총≫, 89(2000) 참조.

30일 신간회 해소에 반대하는 성명을 발표했다.[67] 그러나 경성지회 내 좌파 세력은 1931년 4월 14일 경성지회 임시대회를 통해 해소안을 가결시켰다. 신간회 해소 반대 운동을 전개했던 구파의 입장은 강경했다. 경성지회 해소가 가결된 이후 이종린은 안재홍[68]과 경성지회 임시대회를 불법으로 규정하고 부활을 협의하기 위한 비공식 회합을 개최하기까지 했다.[69] 이와 같은 신간회 경성지회의 좌우 갈등은 양자의 통일전선이 해체 국면에 이르렀음을 의미하는 것이었다.

구파의 신간회에 대한 기대와 집착은 참으로 대단했다. 권동진은 우리 민족이 필요로 하는 구호는 "우리들은 한데 뭉치자"[70]라며 신간회의 존립 자체에 큰 의미를 두었다. 그는 잡지 ≪삼천리≫가 창간을 기념해 실시한 설문조사에서 누가 돈 10만 원을 무조건 제공한다면 어떤 일에 쓰겠냐는 질문에 "신간회본부의 회관 건축도 중요하지만 더 급하고 중요한 신간회 사업자금으로 쓰겠다"고 할 만큼 신간회에 대한 애정과 기대가 각별했다.[71] 그도 물론 신간회는 현재 필요한 존재라며 해소에 반대하고 있었다.[72] 그는 허헌, 김병로, 조만식, 안재홍 등과 함께 비해소파의 거두로 인식되고 있었다. 박완은 "신간회가 비록 민족주의자와 사회주의자 간에 감정이 악화되어 열렬한 의기와 발발한 투쟁

67) ≪조선일보≫, 1931년 1월 5일자.

68) 이종린과 안재홍은 부부라는 평을 들을 만큼 자별한 사이였다. 당시 신파 인사들은 주요한, 이광수 등과 가까이 지낸 반면(『천도교중앙종리원서무과 일지』, 1928년 9월 6일, 12월 15일자) 구파 인사들은 안재홍, 이관용, 홍명희, 박동완, 신석우, 허헌 등과 어울렸다. 『중앙종리원포덕과 일지』, 1928년 10월 28일자; ≪천도교회월보≫, 8월호(1928).

69) 박한식, 「신간최후전선대회기」, ≪혜성≫, 6월호(1931), 43쪽.

70) 「우리의 표어」, ≪삼천리≫, 7월호(1929).

71) 「돈 십만 원이 있다면?」, ≪삼천리≫, 7월호(1929), 2쪽.

72) 「조선운동은 協同乎 對立乎」, ≪삼천리≫, 2월호(1931), 15쪽.

심은 없어지고 내부의 통제와 규율이 해이하여 더욱 침체, 정돈 상태에 빠져 간부는 내적으로 위신이 없고 외적으로 대중의 지지도 박약하여 전혀 고립무원의 처지에 놓이게 되었다"며 그간의 과오를 반성하면서도 사회주의자들의 해소투쟁은 잘못된 것이라고 비판했다.[73)]

마침내 신간회는 1931년 5월 16일 전국대표자대회를 통해 인천·부산·양양·통영·동경·경성 지회의 발기로 제기된 해소안을 통과시켰다. 당시 신간회 본부의 권동진, 허헌, 김병로, 안재홍 등 주요 간부는 해소론에 반대했다. 좌파에서 해소론을 제기한 이유는 '신간회라는 존재가 계급운동의 의식을 말살한다'는 것이었다. 즉, 해소파는 해소 건의안에서 "신간회는 투쟁이 아니라 외교에 의한 조직이며 잡동사니적 조직형태로 운동의 주요 요소인 노동대중의 독자성을 말살시켰다"고 비판했다.[74)] 당시엔 '해소냐 해체냐'라는 논쟁이 전개되기도 했지만, 정작 일제 당국은 신간회의 일체 집회를 금지시켜 실질적인 해체를 조장했다.

하지만 이종린은 "신간회는 형식적으로 해소되었을 뿐 실질로는 해소된 것이 아니며 다른 형태의 민족적 단결이 곧 생길 것으로 기대하고 있었다"고 한다.[75)] 이에 응수하듯 '협동전선에서의 종교단체의 특성을 인정하고 그들이 협동전선의 대부대의 큰 역량과 큰 임무를 담당하게 하자'는 민족협동전선안이 제기되기도 했다.[76)] 반면에 '이제는 중도는

---

73) 박완, 「조선운동의 재음미」, ≪삼천리≫, 1월호(1932).

74) 김기림, 「해소가결 전후의 신간회」, ≪삼천리≫, 6월호(1931); 신간회 해소론은 일본에서 계급운동의 의식 말살을 이유로 1930년 4월 전개된 노농당해소운동의 영향을 받았다는 이유로 공박을 받기도 했다. 황강, 「신간회 해소와 운동선의 전망」, ≪동광≫, 7월호(1931).

75) 「신간회해소와 조선운동의 금후전망」, ≪혜성≫, 6월호(1931).

76) 김치옥, 「신간회 해소후의 민족적 협동전선을 어쩔가」, ≪별건곤≫, 4월호(1931).

없다'며 '좌익민족주의자의 독자적 결성체 출현은 불가능하다'는 견해에 동조하는 분위기도 만만치 않았다.[77]

이처럼 구파의 통일전선운동은 천도교 혁신파, 천도교 신파의 그것과는 달리 전형적인 민족통일전선운동에 근접한 형태로 진행되었다. 하지만 구파는 교단 내에서는 물론 우파진영에서도 비주류·소수파로 우파연합과 좌우합작을 동시에 추구하는 중도 우파로서의 행보를 걸었다. 구파의 입장에서 볼 때 좌파진영의 전위기관이자 실세인 조선공산당과의 제휴·연합이 성사된 것은 자못 성공적인 좌우합작이었다. 6·10만세운동과 신간회 결성에 주도적으로 참여한 구파는 비타협적 노선을 견지하면서도 우파진영 내에서의 입지를 강화할 수 있었을 뿐 아니라 민중의 지지도 획득할 수 있었다. 그러나 신간회 해소논의가 본격화되면서 세력 기반은 물론 재정적 기반에서 신파에 비해 열세를 면치 못했던 구파는 자신의 미래를 결정해야 하는 기로에 서게 된다.

77) 김기림, 「해소가결 전후의 신간회」, ≪삼천리≫, 6월호(1931)

4부 천도교의 친일화와 친일활동

1장
천도교 신파의 민족진영 이탈과 친일논리

1. 1930년대 초반 천도교 신파의 동향

1930년 하반기부터 신간회 해소가 공론화되자, 반신간회 세력을 대표하던 천도교 신파는 대외적으로 구파와 합동하고 자치운동을 재개하는 동시에 이를 위한 민족단체 결성을 촉구하고 나섰다. 우선 최린은 신간회 해소를 둘러싼 좌우갈등이 고조되면서 신간회가 사실상 협동전선체로서의 위상을 점차 상실해가자 구파를 견인해 합동을 이끌어냈다. 신구파는 1930년 10월 16일과 11월 11일의 수뇌부 비공식회합을 거쳐 합동준비위원으로 이인숙·이군오·이돈화(신파), 오상준·이종린·김재계(구파) 등 6인을 선출하여 협상한 뒤[1] 12월 23일 합동대회를 개최했다.[2]

---

1) ≪조선일보≫, 1930년 11월 13일자; 오영창계에도 합동을 종용했으나 응하지 않았다고 한다. 10월 16일의 회합에는 오세창·권동진·최린·정광조·이종린 등이, 11월 11일의 회합에는 오세창·권동진·이돈화·정광조 등이 참석했다.

2) 심경학인, 「대회 이후의 천도교 경론」, ≪삼천리≫, 2월호(1931), 45쪽; 최린의 주장에 따르면 합동 직전인 1930년 중반 신파는 100만 교도에 100만 원의 재산을 갖고 있었다. 구파는 10만 원 정도의 재산을 갖고 있었다. 신파의 최성지

신구파합동에 대해 신파는 자치운동으로 인한 비판을 피하기 위해 임기응변의 정치적 타협을 시도한 것이고, 구파는 재정곤란으로 경제적 타협을 단행한 것이라는 평가가 뒤따랐다.[3)]

그리고 신간회 해소가 기정사실화되자, 1931년 5월 최린은 직접 동경으로 건너가 일본 정계 인사들을 상대로 자치청원운동을 전개했다. 동시에 천도교 신파는 신간회를 비판하면서 '주의적 단결'이 선행하는 민족단체의 결성을 주장하고 나섰다. 천도교 신파는 신간회가 "빙탄불용의 좌우경 분자를 망라한 단체인 만큼 절연(截然)한 지도이론을 가질 수 없을 뿐 아니라 그 강령조차 너무 평범한 좌경다운 우경단체·우경다운 좌경단체였으므로 당연히 해소될 운명을 갖고 있었다"고 비판했다.[4)] 그리고 "민족주의자와 사회주의자가 피차에 주의가 다르고 정책과 전술이 다른 이상에는 무조건 막연하게 합동하여 민족단일당 같은 것을 조직한다는 것은 사실이 될 수 없는 일"[5)]이라고 단언하면서 "조선 현실에서 민족적 구심으로 필요한 단일당은 대중조직을 기반으로 한 단일 전위당이 되어야 하고 이 전위당은 조직된 대중 속에서 정련분자를 뽑아서 결성되어야 하며 운영 원리는 중앙 집중적이어야 한다"고 주장했다.[6)] 이돈화는 "신간회와 같은 반항운동단체가 꾸준히 결합하려면 정확한 주의가 있어야 하고 그 주의가 민족적 특수 환경에 영합되어야

는 평남·함남이고, 경상남북도는 구파 세력이 장악하고 있었다. 「현유세력총조사」, ≪삼천리≫, 10월호(1930).

3) 백남환, 「천도교의 재분열에 대한 검토」, ≪동방평론≫, 5월호(1932).

4) 이정섭, 「민족단일당론」, ≪농민≫, 6월호(1931).

5) 김병준, 「대협동기관조직의 필요와 가능 여하: 각단을 토대로」, ≪혜성≫, 3월호(1931), 11쪽.

6) 김병순, 「피××계급의 운동방략은 어떻게 할 것인가」, ≪농민≫, 8월호(1931), 6~8쪽.

하고 최종적으로는 주의와 생명이 일치되는 의지력이 절대적 권위를 가져야 한다"고 전제한 뒤 "신간회는 그 자체의 목적·회의·조직 및 그 단원된 자의 훈련이 그 목적과 융화되지 못한 미숙한 개성의 집단이었다"[7]고 비판했다. 이와 같은 신간회 비판은 "천도교는 과거 수십 년간의 운동경험에서 대중조직과 전위당을 발견했다"[8]는 자기 합리화로 이어졌다. 천도교만이 민족을 대표하는 진정한 민족운동단체의 자격을 갖추었다는 것이다. 1930년 11월 천도교청년당 동경부가 배포한 격문은 이론과 조직과 역사에서 민족을 대표할 수 있는 민족적 중심 단체의 자격 요건을 다음과 같이 제시하고 있다.[9]

> 一. 그 집단이 가진 이론정책이 우리의 현실에 적합하며 또 직면한 운동을 지도할 수 있는 것이라야 할 것.
> 一. 그 집단의 조직역량이 강대 또 건실하고 그 성원들이 확호불발한 훈련을 받아야 할 것.
> 一. 그 집단은 과거 우리의 현실에서 역사적으로 많은 경험을 쌓았고 또 금후에도 주저 없이 나아갈 희생심 용단력을 가져야 할 것.

이 격문의 결론은 '이러한 집단을 핵심으로 민족적인 강대한 힘을 결성해야만 민족의 목적을 달성할 수 있는데 이런 집단은 조선 현실에서 천도교뿐'이라는 것이었다. 물론 천도교 신파가 자신의 영도하에 결성하고자 한 민족적 중심단체는 자치운동조직을 의미했다. 하지만 천도교 신파의 자치운동과 자치운동단체 결성 계획은 만주사변이 발발

7) 이돈화, 「단체생활과 의지력」, ≪혜성≫, 4월호(1931).
8) 김병순, 「피××계급의 운동방략은 어떻게 할 것인가」, ≪농민≫, 8월호(1931), 6~8쪽.
9) 「자료소개 조선민중의게!!」, ≪한국학보≫, 70(1993), 239~240쪽.

한 뒤 최린이 일단 자중정관할 것을 지시하면서 사실상 중단되고 말았다.

1932년 4월 천도교 신구파는 해묵은 교주제 문제를 빌미로 재분화했다.[10] 천도교 신파는 '신구파 분화는 분열이 아니라 구파 일부의 이탈이자 분리'라고 주장하며 구파를 교회 내부의 악으로 규정했다.[11] 천도교 신구파의 재분화는 자치운동조차 포기한 천도교 신파의 친일화로의 방향 전환을 위한 포석으로 이해되었다. 최린을 비롯한 천도교 신파의 행보는 언론의 집중 표적이 되었다.[12] 토착종교인 동학·천도교의 동학농민전쟁과 3·1운동으로 대표되는 반일의 역사가 천도교인의 절대다수를 장악하고 있는 천도교 신파에 의해 폐절되고 친일세력으로 변절한다는 것은 바로 민족의 변절을 상징하는 것으로 그 파급효과가 상당할

10) 1932년 4월 2일 천도교 제2차 대회에서 박인호가 마치 교주라도 되는 듯 구파 교인들에게 수월집의춘(水月執義春)이라는 법문(法門)과 부인도호(婦人道號)를 별도로 주었다는 것을 천도교 신파가 문제 삼으며 야기된 분쟁은 4월 12일 교단 사무실의 동쪽은 구파가, 서쪽은 신파가 쓰기로 합의함으로써 일단락되었다. 『성도관 일지』, 1932년 4월 2일, 4월 12일자; 「성명서」, ≪천도교회월보≫, 5월호(1932); 이 과정에서 구파 측의 양재학(梁在學)계, 이병춘(李炳春)계와 황해 및 전남의 일부가 신파로 귀의했다. 분화 이후의 구파는 전남의 김재계계와 충청·경기의 박인호계 등이 주축을 이뤘다. 「분규 이후의 천도교 세력 범위」, ≪농민≫, 7월호(1932), 60쪽.

11) 「구파 일부의 분리에 대하여」, ≪당성≫, 1932년 5월 1일자; 「일부의 이탈에 대한 감상」, ≪신인간≫, 5월호(1932).

12) 당시 최린은 '삼남 모지 청년부호 수씨(數氏)' 등의 재정 지원을 받으며 활동하고 있었다. 창랑객, 「배경과 지반 해부(2) 최린씨」, ≪삼천리≫, 12월호(1933); 최린의 사회적 영향력은 각 신문사 사원을 대상으로 기존의 신문사를 모두 합동하여 새 신문인 '대합동일보'을 발간하려 할 때, 그 내각은 어떻게 인선하면 좋겠냐는 여론조사를 실시한 결과, 최린이 여운형, 안창호와 함께 사장에 추천된 것을 통해서도 유추할 수 있다. 최린은 좌파 사상가인 김약수와 함께 주필에도 선정되었다. 「신문전선총동원 대합동일보의 간부공선」, ≪동광≫, 12월호(1931).

것으로 예상되었기 때문이다. 최린이 현실주의를 운위하고 재인식·재출발을 언급할 때마다 의혹의 눈길은 점점 커져갔다.13) 최린은 자신을 '절을 지키는 과수'에 비유하면서 '소용이 된다면 나의 몸을 제물로 바칠 각오를 하고 있다'며 친일로의 방향 전환을 암시하는 듯한 말을 던지곤 했다.14)

한편 1930년대에 들어와 천도교 신파는 대외활동을 강화하는 동시에 전위조직인 천도교청년당의 조직 강화를 추진했다.15) 조직 강화의 목표는 각 계급·계층·성별 부문운동단체를 기반으로 민족전체를 포용하는 전적 운동을 수행할 수 있는 당을 건설하는 데 있었다. 그들이 전적 운동을 강조한 것은 좌파진영의 계급운동은 부문운동에 불과한 것이고 천도교의 민족운동은 계급·계층을 뛰어넘는 거족적 운동이라는 점을 부각시키기 위해서였다. "어떤 부분적 운동자들은 한 국가사회를 노동자나 농민이나 기타 어떠한 계급 독재로서 완전한 사회를 건설하고자 하지만 한 부문만을 그 사회의 주권자로 만든다면 타 부문에 속한 민중들이 불평 반대를 하게 될 것이므로 평화로운 이상적 사회를 형성하기 어려우니 이와 같은 각 부문의 이해와 요구를 수렴 조정할 수 있는 전적운동을 의미하는 당이 필요하다"는 주장이 천도교 신파의 입장을 잘 대변하고 있다.16)

천도교청년당은 명실상부한 전적 운동을 실천하기 위해 천도교소년회, 천도교내성단, 조선농민사, 천도교청년회에 이어 노동운동단체인

---

13) 이정섭, 「최근 정세와 최린씨」, ≪삼천리≫, 10월호(1932).

14) 「은인자중 십년에 중진들의 흉중 여하」, ≪동광≫, 9월호(1932), 53쪽.

15) 1930년 12월 천도교 신구파의 합동과 더불어 천도교청년당과 천도교청년총동맹은 천도교청우당으로 통합되었다. 그리고 1932년 4월 신구파가 재분열하자, 그해 12월 천도교청년당과 천도교청년동맹으로 각각 당명을 복구했다.

16) 김일대, 「기관통제는 어떻게?」, ≪농민≫, 7월호(1932).

조선노동사(위원장 강우)를 결성했다. 조선노동사는 1931년 5월 12일 '노동대중의 현실적 불안에 대한 생활권 확보와 노동대중의 의식적 훈련'을 활동목표로 내세우며 결성되었다.[17] 조선노동사는 노동조합과는 달리 노동문제를 연구하고 노동대중을 계몽하고 노동자들이 단결하도록 지도하며 생존권을 확보하도록 각종 투쟁을 지원해주는 성격을 가진 노동운동단체였다.[18] 당시 생활과 훈련은 천도교청년당 부문운동의 핵심구호였다. 어느 부문운동이든지 '자활적 각성과 실행을 겸행'하기 위한 훈련을 그 주요 활동 목표로 삼고 있었다.[19] 이는 당시 조선총독부가

---

17) ≪조선일보≫, 1931년 5월 15일자.

18) 편집실,「조선노동사」, ≪신인간≫, 2월호(1978).

19) 1930년대 천도교 신파의 부문운동과 전적 운동의 관계는 각 부문운동단체의 일률적인 강령을 통해서도 드러난다. 조기간, 『천도교청년당소사』(1935), 72~76쪽; 편집실,「조선노동사」, ≪신인간≫, 2월호(1978).

<천도교소년회>

一. 소년대중의 사회적 새 인격의 향상을 기함.

一. 소년대중의 수운주의적 교양과 사회생활의 훈련을 기함.

一. 소년대중의 견고한 단결로서 전적운동을 지지함.

<천도교내성단>

一. 천도교를 믿는 여자로 하여금 천도교의 종지에 맞는 새 세상을 만드는 데 있어 한낱 충실한 일꾼이 되게 함.

一. 단결을 군건히 하여 일반여자의 지위를 향상케 함.

<천도교학생회>

一. 학생대중의 수운주의적 교양훈련을 기함.

一. 학생대중의 견고한 단결로서 전적 운동을 지지함.

<조선농민사>

一. 농민대중의 현실적 불안에 대한 생활권확보를 기함.

一. 농민대중의 의식적 훈련을 기함.

一. 농민대중의 견고한 단결로서 전적 운동을 지지함.

<천도교청년회>

一. 청년대중의 사회지위향상을 기함.

국가주의적 교육방침의 일환으로 생활과 훈련을 강조하는 것과 맥을 같이하는 것이었다.

1930년대에 들어와 뒤늦게 조선노동사가 결성된 것은 당시 서북 지방을 중심으로 공업화가 본격적으로 진행되면서 천도교인 중에서도 노동자가 출현하는 객관적인 조건 변화에 조응하기 위해서였다. 또한 농민단체에 이어 노동단체를 보유함으로써 천도교청년당을 명실상부한 전적 운동기관으로 부각시켜 노동자 및 노동문제를 놓고 좌파와 경쟁하겠다는 적극적인 대응 논리에서 나온 것이기도 했다. 그들은 좌파가 주도하는 '적색'노동조합운동에 대해 "대중들의 현실을 무시한 방법론적 이상에 불과한 운동"[20]이라는 공개적 비판을 서슴지 않았다.

천도교청년당의 제도 차원에서의 조직 강화는 1932년 12월 22~23일에 열린 임시전당대회를 통해 이루어졌다. 이 대회에서는 「당세 확장 3개년 계획안」을 마련하고 「당헌」을 수정했다.[21] 당두와 당본부의 권한을 대폭 강화한 수정내용에 따르면 당본부에는 당두를 보좌할 특별위원을 두고 총무부·조직부·훈련부·선전부의 직무는 당 업무의 통일 연락을 충실히 한다는 의미에서 반드시 총무부를 경유해 시행하도록 했다. 또한 당본부의 업무는 중앙집행위원회의 결의를 필요로 하는 경우를 제외하고는 당두가 특별위원과 협의하여 실행하도록 했다. 그리고 지방에 대한 당본부의 지도감독 역할도 대폭 강화되었다.[22] 지방부 대표는

一. 청년대중의 수운주의적 교양과 현실적 훈련을 기함.
一. 청년대중의 견고한 단결로서 전적 운동을 지지함.

<조선노동사>

一. 노동대중의 현실적 불안에 대한 생존권의 확보를 기함.
一. 노동대중의 의식적 훈련을 기함.
一. 노동대중의 공고한 단결로서 전적 운동을 지지함.

20) 이돈화, 「단체생활과 의지력」, ≪혜성≫, 4월호(1931).

21) 『천도교청년당소사』, 90~92쪽.

당본부에서 임명하고 접대표는 지방부 대표가 임명하도록 했으며 당본부를 대신해 일정한 구역을 분담 지도하는 당단(黨團)이 설치되었다.[23]

천도교청년당의 조직 강화와 함께 교단의 중앙집권적 체제 정비도 진행되었다. 1932년 벽두부터 '기성교인을 대정리하자'거나[24] '천도교인만의 자치촌인 궁을촌을 건설하자'[25]는 조직 강화 방안들이 제기되었다. 이러한 의견 수렴을 거쳐 1932년 10월에는 연원제의 일환인 포접제를 한층 강화한 포갱시제(布更始制)를 마련하여 최린을 정점으로 하는 중앙집권적 교권체제를 강화했다.[26] 하지만 당시 천도교세는 점차 위축되어가는 형국으로 1년 예산이 손병희 시대의 30만 원의 1/5 정도인 6~7만 원에 불과한 실정이었다고 한다.[27] 이러한 사정을 반영하듯 천도교 신파 내에서는 조선 민중이 요구하는 경제운동을 전개하여 교세를 만회하자는 요구도 높아갔다.[28] 심지어 "돈 있는 사람을 입교시켜 그 돈을 활용하자"는 제안도 등장했다.[29]

천도교 신파가 대중의 지지를 얻고 안정적으로 재원을 마련하기 위해

---

22) 정용서, 「일제하 천도교청년당의 운동노선과 정치사상」, ≪한국사연구≫, 105(1999), 253쪽.

23) 일기자, 「당헌의 해석운용에 대하여 특히 개정된 요점을 들어」, ≪당성≫, 2월호(1933).

24) 조기간, 「교회발전의 신방안」, ≪천도교회월보≫, 1월호(1932).

25) 백인옥, 「모범적 궁을촌 건설을 제창함」, ≪천도교회월보≫, 3월호(1931).

26) 포갱시조직이란 25호 이상에 종정(宗正), 50호 이상에 선정(宣正), 100호 이상에 신정(信正), 250호 이상에 교정(敎正), 500호 이상에 도정(道正) 등 5단계에 걸쳐 포 관리인을 두는 제도이다. 「중앙휘보」, ≪신인간≫, 10월호(1932).

27) 「교육계·종교계 내보」, ≪삼천리≫, 5월호(1934). 천도교인 개인당 부담액은 1년에 3원 75전 정도였다고 한다.

28) 황덕수, 「사상운동과 경제운동」, ≪농민≫, 10월호(1933), 11쪽.

29) 지암생, 「조선의 현실과 우리의 태도」, ≪동학지광≫, 11월호(1933).

1930년대에 가장 중시했던 부문운동이 바로 조선농민사를 통한 농민운동이었다. 1930년대 초반 농업공황이 발생하면서 농민의 빈부격차는 더욱 현격해지고 자본가에 의한 토지겸병은 확대일로에 있었다.30) 이에 따라 농민들의 자연발생적인 생존권 옹호 투쟁이 격화되면서 좌파진영은 '공장으로 농촌으로'라는 슬로건을 내걸고 적색노동조합운동과 적색농민조합운동을 전개해나갔다. 일제 당국 역시 이러한 분위기를 제어하기 위해 사회정책적인 농업정책을 실시했다. 최린도 '조선의 정치·경제·사회의 3대 문제를 해결하기 위해서는 농촌의 진흥과 농업기술의 발달이 가장 긴절(緊切)하다'며 농촌문제의 해결을 촉구하고 나섰다.31) 천도교 신파는 1930년 4월 조선농민사를 천도교청년당 산하 부문운동 조직으로 끌어들이는 데 성공한 이후 천도교인을 사원으로 하는 조선농민사를 통해 본격적인 농민운동을 전개했다. 천도교 신파는 농민을 '무산계급도 유산계급도 아닌 일종의 미성계급(未成階級)이자 비계급(非階級)'이라 정의하면서 '농민의 계급투쟁을 강조하는 것은 현상을 무시하는 이론에 불과하다'며 좌파진영의 농민운동노선을 비판했다.32) '노동자와 농민의 동원은 계급의식 고취·새로운 관념의 주입·의지적 결합 등 여러 단계적 훈련을 거친 후에야 가능하다'는 것이었다. 조선농민사는 그와 같은 단체훈련을 위한 조직으로서의 위상을 지닌 셈이었다.

1931년 4월 개최된 조선농민사 제4차 대회에서는 1926년에 결성했던 알선부를 농민공생조합으로 확대·재편했다.33) 농민공생조합은 1구좌 1원씩, 1인당 출자 한도를 50구좌로 제한했다. 부서로는 소비부, 생산부, 신용부, 이용부, 위생부를 설치하도록 했으나 주로 소비부와

30) 한장경, 「조선토지겸병의 추세」, ≪삼천리≫, 5월호(1931).

31) 최린, 「삼대문제를 해결하려면」, ≪농민≫, 7월호(1930), 2쪽.

32) 김병순, 「피××계급의 운동방략은 어떻게 할 것인가」, ≪농민≫, 8월호(1931)

33) 김일대, 「창사칠주년기념」, ≪농민≫, 10월호(1932).

생산부 위주로 활동이 전개되었다. 1932년 6월 28일 지방농민공생조합은 181개소에 조합원은 3만 7,962명이었고 조합자금은 23만 5,571원에 달했다.[34] 이러한 성장을 발판으로 1932년 농민공생조합의 연합체인 조선농민공생조합이 결성되었다. 조선농민공생조합은 1933년 8월 15일 지방농민공생조합에 대한 중앙집권적 통제권을 강화하기 위해 농민공생조합중앙회로 확대·개편되었다. 농민공생조합중앙회는 강령으로 '一. 농촌의 조합경제 수립과 농민의 협동생활을 기함, 一. 지방농민공생조합의 편익과 통일적 지도를 기함' 등을 내세웠다.[35] 이와 같은 조선농민사의 농민공생조합을 통한 협동조합운동은 일반적인 협동조합운동이 사회적 약자의 경제적 권리를 확보하려는 사회운동의 일환으로 진행되는 것과는 달리 '농민대중의 단결한 힘에 의하여 경제적 당면이익의 획득을 도모하려는 순연한 경제운동'의 일환으로 진행되는 특징을 갖고 있었다. 그들에게는 빈부의 격차를 없애는 경제균형운동보다 당면한 경제이익획득운동이 더 절실한 농민운동의 과제였다.[36] 이러한 활동에 힘입어 조선농민사는 1933년 9월 150여 개의 군농민사, 3,000여 개의 리농민사와 20만 명의 회원을 거느린 거대한 농민단체로 성장할 수 있었다. 이 시기 조선농민사의 성장은 1932년 조선총독부의 농촌진흥운동이 본격화되면서 관제부락조직인 농촌진흥회가 전국적으로 설치되는 가운데 이룩한 성과였다.[37]

---

34) 한원빈, 「조합운동의 제문제」, ≪농민≫, 7월호(1932).

35) 승관하, 「조합정관 개정의 요의」, ≪농민≫, 9월호(1933); 오미일, 『한국근대자본가연구』(한울, 2002), 502~503쪽.

36) 김일대, 「천도교농민운동의 이론과 실제」, ≪동광≫, 4월호(1931); 백세명, 「조선농민운동의 특질」, ≪농민≫, 11월호(1932).

37) 지수걸, 「1932~1935년간의 조선농촌진흥운동」, ≪한국사연구≫, 46(1984) 참조.

조선농민사의 농민운동은 '인내천적 농본주의'를 표방했다. 인내천적 농본주의란 "모든 사람이 서로 한 몸이라는 관념 아래서 또는 사람이 우주의 주인공이요 만물의 영장인 위대하고 신성한 것이라는 정신 밑에서 농업을 토대로 하여 서로서로 사랑하고 존경하고 도우며 그 생활로 하여금 조화를 얻고 균형을 얻고 그리하여 진보와 향상과 발전이 있게 하자"는 주의였다.[38] 이러한 농민운동론은 계급투쟁적인 관점이 아니라 그야말로 인간중심주의에 입각해 농촌문제와 농민문제를 해결하려는 천도교 신파의 입장이 그대로 반영된 것이라 할 수 있다.

이처럼 '기성의 모든 종교와 이념을 포괄하는 천도교가 사회운동의 주도권을 장악하는 것은 필연'이라는 천도교의 주장과 천도교청년당 및 조선농민사를 통한 활발한 정치사회활동은 사회주의·좌파진영의 반종교투쟁의 표적이 되기에 충분했다. 천도교 신파가 전적 운동을 강조하고 조선농민사의 농민운동이 옳은 노선이라는 점을 강조할수록 그들의 예봉을 피할 수는 없었다. 더욱이 좌파진영은 신간회 해소 이후 '종교집단의 정치적 경험과 객관적 정세가 식민지 종교의 본질을 점차 나타내었으며 종교집단이 민족개량주의의 정치적 도당으로 전환하고 있다'는 판단 아래 본격적인 반종교투쟁에 뛰어들 채비를 하고 있었다.[39]

2. 좌파 언론과의 사상논쟁

1932년 9월 천도교청우당의 당두 조기간은 '천도교가 조선운동의 영도권을 갖고 있다'는 주장을 담은 「조선운동과 영도문제」라는 논설

---

38) 임문호, 「조선의 농민운동」, ≪신인간≫, 8월호(1979), 76쪽.

39) 이갑기, 「종교비판과 반종교운동」, ≪비판≫, 1월호(1931).

을 신파 기관지인 ≪신인간≫에 발표했다. 그는 이 논설에서 천도교의 주의목적, 조직의 긴밀성, 다수의 조직원, 결성된 인원에 대한 훈련, 과거의 역사 등으로 미루어볼 때 조선 제일의 지도자는 천도교라고 주장했다. "미국인, 일본인, 러시아인, 중국인의 힘이 아니고 제 힘으로 운동을 하는 단체는 천도교뿐"이라는 것이다.40)

조기간의 이 과감한 선언은 곧바로 좌파진영의 저항과 반발을 야기했다. 당시 좌파의 주류는 비합법적인 공간에서 공산당재건운동이나 혁명적 농민조합·혁명적 노동조합·반제동맹 결성을 주도하거나 도모하고 있었다. 반면에 1920년대 조선공산당 사건으로 투옥되었던 제1세대 지도자 일부는 언론활동에 종사하고 있었다.41)

신간회 해소와 만주사변 발발 이후 우파진영이 점차 노골적으로 개량화·친일화되어가자, 좌파 언론은 곧바로 그들을 사상투쟁의 주요 타격 대상으로 삼았다. 천도교가 민족진영의 영도권을 쥐고 있다는 조기간의 선언은 그러한 조류에 기름을 붙는 격이 되고 말았다. 좌파 잡지 ≪신계단≫은 1932년 11월호 「종교시평」에서 조기간의 글을 "천도교의 농민 기만적 정체와 정치적 영역에 있어서 개량주의적 동향 등으로 볼 때 이러한 집단이 조선운동의 영도권을 주장하는 것을 배격해야 한다"며 신랄하게 공격했다.42)

좌파 언론과 천도교 간의 본격적인 논전에 앞서 폭력 사태가 발생했다. ≪신계단≫의 비판 내용을 문제 삼아 이응진(李應辰)을 비롯한 천도

40) 조기간, 「조선운동과 영도문제」, ≪신인간≫, 9월호(1932), 6쪽.

41) 제1·2차 공산당사건의 수뇌자부의 경우, 김약수는 ≪대중≫, 유진희는 ≪신계단≫, 송봉우는 ≪비판≫에 관계하고 있었으며 김경재는 저술가로 활동하고 있었다. 「출두거두의 기후」, ≪삼천리≫, 5월호(1934).

42) 이 기사는 남만희(南萬熙)가 쓴 것으로 천도교를 '추악한 매춘부'에 비유한 것이 이후 폭행사건의 빌미가 되었다. ≪신계단≫, 11월호(1932).

교청우당원 5명이 1932년 11월 19일 ≪신계단≫의 편집 겸 발행인인 유진희를 찾아가 항의하는 소동이 일어났는데, 그 과정에서 천도교청우당원들이 유진희를 구타했던 것이다.[43)]

이 사건이 알려지면서 이틀 뒤인 11월 21일에는 좌파 언론인이 주축이 된 천도교정체폭로비판회가 결성되었다(이하 '비판회'). 비판회는 본격적인 반천도교운동을 지휘할 사령부였다. 여기에는 정운영, 정희찬, 유진희, 김약수, 김추성, 이찬, 이기영, 이남철, 방두파, 박동수, 이송규, 백철, 우봉운, 박호진, 정백, 박일형, 서창 등이 참가했다. 비판회는 반개량주의운동의 일환으로 전국적인 차원에서 천도교배격운동을 전개할 것을 결의하고 실행위원으로 정백, 김약수, 유진희, 박일형, 이남철, 이찬, 한설야, 정운영, 정희찬 등 9명을 선출했다. 부서로는 서무부·조사부·선전부를 두었다.[44)] 그리고 「폭력단화한 천도교의 정체를 폭로함」이라는 제목의 성명서를 발표했다. 이 성명서에서 비판회는 "천도교의 교리는 유불선 3교 혼합의 괴체(怪體)에 맑스주의의 면사포를 씌우고 무산계급진영으로부터 탈락한 모든 계급적 파렴치한들을 영입한 민족개량주의의 마전(摩展)이므로 타도해야 하며 천도교가 발행하는 모든 출판물을 매장하고 그 향방이 모호한 최린 등 천도교 수괴의 행동을 대중적으로 감시할 것"을 촉구했다.[45)] 또한 비판회 집행위원회는 11월 24일자로 신파의 거두 최린과 정광조에게 경고문을 발송했다. 전국의 사회운동단체에 통고문을 발송하려던 계획은 일제 당국의 불허로 불발에 그쳤다. 하지만 좌파 언론의 반천도교운동은 지방까지 여파가 미쳐 황해도 해주에서 반종교투쟁연맹이 결성되기도 했다.[46)]

43) ≪중앙일보≫, 1932년 11월 26일자.

44) 「천도교정체폭로비판회창립대회회록」, ≪신계단≫, 1월호(1933).

45) ≪신계단≫, 1월호(1933).

46) ≪중앙일보≫, 1924년 12월 27일자.

천도교 신파는 11월 24일 천도교청우당 경성부 긴급대회를 개최하여 좌파 언론의 '사이비운동을 청산할 것'을 결의하고 실행위원으로 설린(위원장), 이응진, 김형준, 계연집, 김병준, 김옥빈, 김병순, 유한일, 이학중, 정응봉 등을 선출하는 등 좌파의 반천도교운동에 강력하게 응수했다.[47] 다음 날 천도교청우당의 결의문을 신문지상에 발표하기도 했다.[48] 11월 28일에는 천도교청우당 대표 김형준과 백세명(白世明)이 비판회를 직접 방문하여 활동 중지를 요구했다.

하지만 비판회는 신입 회원을 영입하고 거의 매일 집행위원회와 총회를 개최하면서 천도교 공격의 수위를 높여갔다.[49] 급기야 비판회 간부 신갑범(愼甲範)과 원경묵(元敬默)이 12월 24일 천도교 인일기념식 석상에서 성명서를 낭독하고 구호를 외치다 연행되는 사태까지 발생했다. 그날 비판회가 개최하기로 한 천도교비판연설회는 경찰의 금지로 열리지 못했다.[50]

여기서 주목해야 할 것은 천도교 신파가 좌파의 공세에 강경하게 대응했다는 사실이다. 이처럼 논전을 마다하지 않는 강경한 대응은 수운주의로 사회주의 논리에 맞설 수 있다는 자신감에서 나온 것이었다. 수운주의를 정립한 이는 이돈화였다. 그는 1930년에 간행된 『신인철학(新人哲學)』을 통해 종래의 인내천주의를 동학 교주 최제우의 호를 딴 수운주의로 개칭하고 천도교 사상이 마르크스주의와 같은 독자적 사상체계를 갖추게 되었으며 서양의 철학과 종교를 모두 극복했다고 주장했다. 수운주의는 '구래 종교처럼 신본위도 아니요, 유심론처럼 영(靈)본위

47) ≪신인간≫, 1월호(1933), 77쪽.

48) ≪조선일보≫, 1932년 11월 25일자.

49) 일기자, 「천도교청우당의 신계단사습격사건과 천도교정체폭로비판회조직경과」, ≪비판≫, 1월호(1933).

50) ≪중앙일보≫, 1932년 12월 25일자.

도 아니며 개인주의, 사회주의, 자연주의, 지력주의(知力主義)처럼 물(物) 본위의 사상도 아니라는 것이다.'

이돈화는 특히 사회개벽을 설명하면서 수운주의와 사회주의 사상과의 차별성을 부각시키는 데 상당한 지면을 할애했다.[51] 이것은 1924년에 집필한 『인내천요의』와는 달리 수운주의를 정립하고 『신인철학』을 집필하는 과정에서 사회주의를 탐구했음을 의미한다.[52] 즉, 이돈화는 우파진영의 논객으로서 사회주의를 배척하는 것이 아니라 사회주의를 익히고 그것을 천도교의 사상과 교리체계 안으로 끌어들이는 동시에 비판하는 자세를 취했던 것이다. 이것이 천도교 신파의 강경대응을 유도한 사상적 기반이었다.

수운주의의 요체는 정신개벽·민족개벽·사회개벽을 통한 지상천국 건설에 있었다. 이돈화는 구원과 내세주의라는 종교의 기본 속성을 거부하면서 "종교의 본질은 현대의 모든 문화를 혁신하기 위한 일종의 생활혁신운동이며 결과적으로 지상천국을 건설하는 것을 최종 목적으로 두어야 한다"고 강조했다. 여기서 지상천국은 '그 시대 시대마다 각각 보기 좋은 신사회'를 의미하는 것이었다. 그리고 '현재의 급무인 경제문제 해결은 수운주의의 성신쌍전(性身雙全)의 일면인 물질적 활동을 대표한 것'이었다. 이처럼 수운주의는 종교사상이라기보다는 사회사상으로서의 면모가 더욱 강한 특징을 갖고 있었다.

『신인철학』의 발간 이후 천도교 신파의 청년 지도자들을 중심으로 수운주의를 연구하고 사회적으로 선전하려는 흐름이 생겨났다. 특히 이돈화처럼 독학이 아니라 일본 유학을 통해 체계적으로 서양 철학의

---

51) 이돈화, 『신인철학』, 157~161쪽.

52) 이돈화는 1924년에 발표한 『인내천요의』에서는 유물론을 비판했으나, 1926년에 발표한 『수운심법강의』에서는 계급투쟁을 언급했을 뿐, 사회주의 사상 자체를 다루지는 않았다.

정수를 학습했다고 자부하는 천도교 3세대 청년 지도자들은 1920년대 천도교 사상을 대표하는 『신인철학』의 단계를 극복하고 좀 더 현대화·서구화된 수운주의·인내천주의의 정립에 관심을 보이고 있었다. 그리하여 1931년 4월 6일 '수운주의의 이론적 체계를 구명·발전시킨다'는 취지하에 김사용(金司鏞), 임연(林然), 김병제(金秉濟), 조종오(趙鍾浯) 등이 주동하여 수운주의연구회를 창립했다.[53] 수운주의연구회는 그해 7월 중앙과 지방의 천도교 이론가를 총망라한 인내천주의연구회로 확대·개편되었다. 인내천주의연구회는 '인내천주의의 입장에서 종교·철학·예술·정치·경제·사회문화 등에 대한 이론을 구명한다'는 활동목표를 갖고 있었다. 인내천주의연구회에서 학술연구는 임연(종교), 김형준(철학), 백세철(예술), 한정호(정치), 이응진(경제), 설린(사회문화) 등 천도교청우당 이론가들이 담당했다.[54] 이후 이들의 활동으로 수운주의에 관한 강좌가 실시되었고 수운주의에 입각한 문화운동론이 탄생하기도 했다.[55]

수운주의·인내천주의 현대화의 관건은 바로 사회주의 사상의 수용여부였다. 천도교 신파도 사회주의를 무조건 배척해서는 대중을 전취할 수도, 전유할 수도 없다는 사실을 인정하지 않을 수 없었다. 그리하여 인내천주의와 사회주의와의 접점을 찾고자 했다.[56] 신파 영수 최린도 자신을 '사회주의를 가미한 민족주의자'라고 자평하면서,[57] 인류애와

53) ≪조선일보≫, 1931년 4월 9일자.

54) 임연, 「인내천주의연구회창립」, ≪천도교회월보≫, 7월호(1931); 당시 활동했던 천도교청우당원 중 일본 유학파들은 일본의 국체(國體)·국법(國法)을 연구한다는 설립 취지를 바탕으로 개교한 니혼 대학 출신들이 많았다. 천도교청우당 1세대 지도자인 조기간은 니혼 대학 사회학과 출신이었으며 니혼 대학 종교학과 출신으로는 길윤기, 이윤삼, 임천식 등이 있었다. 니혼 대학 윤리 전공과 출신으로는 조종오가 있었다.

55) 「문화운동의 신전망」, ≪신인간≫, 1월호(1933).

56) 소춘, 「맑스주의자가 본 마음과 한울」, ≪신인간≫, 7월호(1928).

근로주의를 내세워 천도교가 사회주의를 포용하면서 자신의 전도를 개척해야 한다는 점을 강조했다.[58] 유물 변증법에 입각해 인내천주의를 설명하는 경우도 등장했다.[59]

더불어 천도교 이론가들은 인내천주의를 서양의 유물·유심은 물론 동양사상까지 회통한 인류의 미래를 밝혀줄 사상이라고 주장하고 나섰다. 일찍부터 인내천을 '인류 사상 진보의 필연의 귀착점'이라고 주장하던[60] 조기간은 인내천주의는 유물도 유심도 아닌 유인간주의(唯人間主義)일 뿐이라며 인본주의를 더욱 강조했다.[61] 임연은 인내천주의는 '유불선으로 대표되는 동양사상과 유물·유심으로 비견되는 서양사상을 모두 포용한 구비통조(具備通調)의 사상'이라고 주장했다.[62]

이러한 사회주의의 수용과 극복을 추구하는 천도교의 사상적 행보는 1932년에 들어와 천도교 신파의 친일로의 방향 전환에 대한 의혹과 맞물리면서 좌파 언론의 반종교운동의 표적이 되었다. 좌파 논객 김명식이 ≪비판≫을 통해 "천도교는 교리가 신학적·철학적 근거도 없이 제종교(諸宗教)를 표절하여 기계적으로 종합한 것에 불과하고 더욱이 유교사상의 도덕론에서 일보도 나가지 못하였기 때문에 결국 파시스트화

57) 「명성의 제씨」, ≪삼천리≫, 6월호(1930), 18쪽.

58) 최린, 「인류애와 근로주의」, ≪신인간≫, 1월호(1930); 물론 사회주의의 수용을 반대하는 천도교 지도자들도 있었다. 구파 지도자인 조정호는 현재의 인내천주의는 인내천주의가 아니라 사회주의라고 힐난하며 사회주의를 배워 인내천주의를 해석하는 일에 반대했다. 조정호, 「인내천의 정체」, ≪천도교회월보≫, 2월호(1930).

59) 김형준, 「사조상으로 본 수운주의의 지위」, ≪천도교회월보≫, 2월호(1931).

60) 조기간, 「인류의 사상진보로 필연의 귀착점은 인내천」, ≪천도교회월보≫, 9월호(1921).

61) 조기간, 「유인간주의면 그뿐」, ≪동학지광≫, 10월호(1930).

62) 임연, 「동서사상과 천도교」, ≪신인간≫, 7월호(1930).

할 것"이라며 공격의 포문을 열었다.[63] 남철수(南哲水)는 천도교를 나로드니키의 자유주의적 활동에 비교하면서 "천도교는 종교집단일 뿐이며 민족해방운동에 기여했다고는 하나 민중의 요구를 다 받아들이지 못했을 뿐만 아니라 반일주의가 아닌 평화주의에 근거한 행동이었다"며 천도교의 민족운동을 평가 절하했다.[64]

이처럼 좌파 언론의 반종교운동의 표적이 기독교도 보천교도 아닌 천도교임이 분명해지자,[65] 천도교 이론가인 김일우(金一宇)는 마르크스주의자의 반종교운동을 이론적으로 비판하는 논설을 발표하여 응수했다. 김일우는 마르크스주의자들이 비판하는 종교는 사실 기독교나 불교와 같은 기성종교이며 그들의 주장처럼 종교는 영원 사멸하는 것이 아니라 '기성 종교의 붕멸(崩滅)을 대신하여 한층 새로운 형태로 발전 전화한 형태의 신흥종교가 다시 등장한다'고 주장했다. 바로 천도교가 기성종교를 대신하여 역사 합법칙적으로 발생한 신흥종교라는 주장이다.[66]

조선운동의 영도권을 천도교가 갖고 있다는 주장을 담은 조기간의 글과 좌파의 반종교운동을 정면으로 비판하는 김일우의 글이 거의 동시에 발표되면서 천도교와 좌파 언론 간의 공방은 본격적인 사상논쟁으로 비화되었다. 좌파 언론의 천도교에 대한 비판은 천도교의 교리·역사·위상 등 전 방위에 걸친 것이었다.

---

63) 김명식, 「조선종교론」, ≪비판≫, 4월호(1932).

64) 남철수, 「조선운동과 영도권문제의 비판: 천도교는 과연 조선의 지도자인가」, ≪비판≫, 11월호(1932).

65) 반천도교운동을 전개했던 비판회 간부들은 이미 1920년대 중반 보천교박멸운동과 함께 반기독교운동을 통해 반종교투쟁을 주도했던 경력을 갖고 있었다. 이준식, 「일제침략기 기독교지식인의 대외인식과 반기독교운동」, ≪역사와 현실≫, 10(1993) 참조.

66) 김일우, 「맑스주의의 반종교이론비판」, ≪신인간≫, 8월호(1932); 「맑스주의자의 반종교투쟁비판」, ≪신인간≫, 9월호(1932).

우선 인내천주의는 외래적 요소를 혼합한 무체계적인 사상이라는 비판을 받았다. 서강백(徐康百)은 천도교가 외래종교 및 사상을 표절하여 기계적으로 종합한 점에서는 천재적이라며 그 증거로 도교·기독교·무정부주의 관련 철학조류들을 제시했다. 그리고 이러한 절충주의 때문에 천도교는 항상 무정견하고 부동적(附同的)일 수밖에 없으므로 결국 파쇼운동에 빠지게 될 것이라 예견했다.[67] 임화(林和)도 인내천주의는 신헤겔주의자 리벨트, 이탈리아 파쇼철학자 첸레 등의 파시즘 철학과 유사하다고 주장했다.[68] 남철수는 인내천주의에서 18세기 유럽의 계몽주의 사상가인 로크가, 박명줄(朴明茁)은 케케묵은 헤겔의 유심론이 연상된다고 주장했다.[69]

이에 대한 천도교의 반론도 서구철학의 담론을 차용하면서 진행되었다. 김동준(金東俊)은 유물론과 유심론을 지양 또는 통일하려는 서구적 철학의 제조류를 자세히 소개하면서 "요사이 철학의 신경향은 유심론·유물론의 2대 체계설을 극복하고 새로운 통일된 일원적 체계를 수립하려는 데 있으며 천도교는 전통적 사상체계를 아주 부정하며 양대 체계를 일원적인 견지에서 지양·통일하고자 애쓰고 있다"고 주장했다. 나아가 "계급투쟁을 현실로서 인정하되 지배층의 유심론에 대립되는 피지배층의 사상은 유심·유물 양극단을 한 체계 안에서 지양시킬 수 있는

67) 서강백, 「민족파쇼의 표면적 도량」, ≪신계단≫, 1월호(1933); 논전에 참여한 것은 아니지만, 좌파진영의 저술가인 김경재도 인내천주의를 동서양의 철학의 회통이 아닌 절충으로 이해하고 있었다. "유불선 삼교의 종합물이자 다윈의 진화론을 수용하고 러셀·바쿠닌·맑스의 경제이론을 첨부하여 성립한", 즉 유심론과 유물론을 포용한 절충주의적 체계에 입각한 주의라는 것이다. 김경재, 「천도교청년도중에게 여함」, ≪삼천리≫, 8월호(1934).

68) 임화, 「수운주의문화철학비판」, ≪신계단≫, 3월호(1933).

69) 남철수, 「조선운동과 영도권문제의 비판: 천도교는 과연 조선의 지도자인가」; 박명줄, 「반맑스주의이론과 천도교의 철학적 근거」, ≪비판≫, 6월호(1933).

새로운 체계여야 하는데 천도교가 그것을 모색하고 있다"고 주장했다.[70] 또한 그는 조선의 특수성으로 공식주의자들이 일을 그대로 발전시키지 못하고 거듭 실패한다면서[71] 마르크스-레닌주의를 그대로 조선의 현실에 적용하려는 교조주의적·공식주의적 경향을 비판했다.

천도교 역사에 대한 좌파 언론의 비판은 주로 동학농민전쟁과 3·1운동에서 천도교의 역할을 두고 진행되었다. 비판회의 간부인 박일형(朴日馨)은 동학당의 후신인 천도교가 현재 좌파가 경시하지 못할 대적(對敵) 중 하나라는 점을 상기시키면서 "최제우는 태평천국의 난을 일으킨 홍수전과 천주교의 영향을 받았으며 동학농민전쟁에는 동학의 일부가 가담한 것이며 전봉준의 행동은 결코 동학의 정신에 의한 것이 아니었다"고 주장했다.[72] 한설야(韓雪野)는 "동학은 동학란에 투기적으로 투합했으며 천도교는 기미운동에 부분적으로 투합했을 뿐"이라며 그 역사적 역할을 폄하했다.[73] 좌파진영이 천도교의 역사에 대한 비판에 나선 것은 '사이비개량주의자'[74]에 불과한 천도교를 "그 과거의 역사와 업적만을 보고 맹종하여 기만을 당하는 자가 적지 않다"고 보았기 때문이었다.[75]

천도교의 위상에 대해서는 "현실적 고난을 근거로 가난하고 병약한 민중을 성미를 통해 일상적으로 착취하는 일개의 착취기관"이자 "자본

70) 김동준, 「맑스주의기초이론의 비판」, ≪신인간≫, 1월호(1933).

71) 김동준, 「혼란기에 있는 조선의 비판계」, ≪신인간≫, 11월호(1932).

72) 박일형, 「동학당과 동학란: 천도교의 역사적 고찰 제1부」, ≪신계단≫, 1월호(1933); 동학란이 전봉준이 정통파인 최시형·손병희의 반대를 무릅쓰고 관철한 농민봉기라는 견해는 당시 좌파진영의 공통된 인식이었다. 서강백, 「민족파쇼의 표면적 도량」, ≪신계단≫, 1월호(1933)

73) 한설야, 「천도교의 정치적 의의」, ≪신계단≫, 1월호(1933).

74) 서강백, 「민족파쇼의 표면적 도량」, ≪신계단≫, 1월호(1933)

75) 한장경, 「「암시」「이어」의 천도교의 정치운동 이면」, ≪신계단≫, 1월호(1933).

의 종교적 용병으로 기독교나 다른 종교보다 훨씬 노골적이고 비굴하게 민족문제를 이용한다"는 비판[76]이 개진되었다. "천도교 자신은 스스로 종교적 외모를 의장하고 있으나 사실은 보다 큰 목적을 가지고 있는 단체라고 자기변호를 하지만 그저 종교단체에 불과하다"는 주장[77]도 제기되었다. 나아가 보천교와 다름없는 사이비종교라는 비판도 제기되었다.[78] 천도교청년당은 소부르주아적 파쇼 정당으로 비판받았다.[79]

천도교 신파의 행적에 관해서는 대개 최린이 천도교인의 헌금으로 구미만유를 떠난 일과, 일본을 왕래하며 자치운동을 벌였던 사실을 부각시켰다. "최린의 자치운동은 유포되기도 전에 좌우협격에 봉착하여 차질의 비운에 부닥쳐 결정적 파국에 이르게 되었다"는 것이다.[80] 특히 자치운동과 관련된 최린의 행보가 집중 부각되었다.[81] 또한 "그 말로는 신구 양파로 분립하여 알력과 갈등을 계속함으로써 파쇼적 반동세력의 그늘 밑으로 들어가는 것"뿐이라고 힐난했다.[82] 신파가 점유한 천도교는 어디로 가나 오직 한 길, 타협의 길·친일의 길밖에 없다는 것이다.[83]

좌파 언론의 이러한 비판에 대해 천도교 이론가들은 우선 좌파 언론을 "그 자신 아무런 대중 집단의 배경도 없이 그저 책상물림의 룸펜

76) 조선지광사 편집부, 「천도교 폭행사건의 전말과 우리의 성명」, ≪신계단≫, 1월호(1933).

77) 한설야, 「천도교의 정치적 의의」, ≪신계단≫, 1월호(1933).

78) 안병주, 「천도교가 농민에게 무슨 이익을 준단 말인가」, ≪신계단≫, 7월호(1933).

79) 소인, 「천도교청년당의 허구」, ≪신계단≫, 3월호(1933).

80) 서강백, 「민족파쇼의 표면적 도량」, ≪신계단≫, 1월호(1933)

81) 한장경, 「「암시」「이어」의 천도교의 정치운동 이면」, ≪신계단≫, 1월호(1933).

82) 박명줄, 「반맑스주의이론과 천도교의 철학적 근거」, ≪비판≫, 6월호(1933).

83) 남철, 「문제 중에 있는 천도교의 해부의 전망: 그 출현과 생장」, ≪동광≫, 5월호(1932).

인텔리들로서 좌익적 언사로 분식한 대중의 적이요 대중운동을 교란시키려는 불량배"라고 힐난하며 좌파 언론의 정체성을 문제 삼았다.[84] 천도교청년당도 '부동분자(浮動分子)와 사이비운동을 청산해야 한다'고 목소리를 높였다.[85]

천도교청년당 간부 이척(李拓)은 천도교가 조선운동의 영도권을 갖게 된 것은 조선농민사를 통해 전체 농민의 약 10%에 해당하는 20만 호를 장악하고 있으며 천도교청년당을 통해 3만 2,000명의 당원을 확보하고 100만 명의 천도교인에 기반을 두어 각층의 민중을 조직·훈련시키고 있기 때문이라며 그 구체적 수치를 제시했다(<표 4-1> 참조).[86] 천도교청년당 역시 "이제 계급 간의 대립과 국가 간의 경쟁이 격화되면서 민족주의 운동은 몇 개의 적은 집단이 겨우 명맥을 유지할 뿐이고 사회주의운동 역시 사회주의 운동을 할 입장에 서 있지 않은 소재산가층·지식층의 탈퇴로 인하여 몇몇 지방의 자연발생적 동맹파업 이외에는 하등의 진전이 없었으니 이제 조선에서의 역량은 천도교밖에 없다"며 영도권에 대한 주장을 굽히지 않았다.[87]

그런데 좌파 언론의 반천도교운동이 좌파진영 전체의 운동으로 확산되지는 않았다. 언론계에서 활동하는 좌파조차 일치된 태도를 취하지 않았다. 좌파 단체인 사회실정소(社會實情所)의 기관지인 ≪이러타≫의 경우 실제로 반천도교투쟁에 미온적인 태도를 보여 ≪신계단≫의 편집진을 비롯한 비판회의 불만을 샀다.[88] 김동민은 비판회가 광범한 대중

84) 김일우, 「사이비적 반종교투쟁의 비판」, ≪신인간≫, 1월호(1933), 16쪽.

85) ≪당성≫, 1933년 1월 1일자.

86) 이척, 「사이비운동이론의 비판」, ≪신인간≫, 1월호(1933).

87) 정경부, 「새해를 맞으면서 조선현실의 회고와 전망」, ≪당성≫, 1933년 1월 1일자.

88) 김동민, 「이러타의 표명문을 비판함: 천도교에 대한 투쟁을 그들은 어떻게

〈표 4-1〉 천도교청우당 산하 부문운동조직의 현황(1932년 4월 현재)

구분	지부수(군부/면부)	호수	인구
농민	175/954	223,718	1,098,577
노동	51/105	4,567	22,738
학생회	37/	-	2,917
청년회	78/351	-	7,591
소년회	117/265	-	21,957
여성	125/	-	25,792
합계	583/1,675	228,285	1,179,577

자료: 李拓(1933), 6쪽.

적 기초 위에 확립하지 못했다고 자성하면서 그 원인으로 '일제의 탄압, 비판회 동지들의 전투력의 불철저, 전체 조직의 미약' 등을 들었다.[89)]

이처럼 1932~1933년에 걸쳐 진행된 천도교 신파와 좌파 언론간의 사상논쟁은 천도교의 친일로의 방향 전환에 대해 좌파진영이 반종교운동을 명분으로 제동을 걸면서 발단한 것이었다. 결과적으로 천도교 신파는 스스로 민족진영에서의 이탈을 선언하기에 앞서 좌파 언론과의 사상논쟁을 통해 좌파에 의해 민족진영으로부터 축출되는 시련을 겪은 셈이었다. 또한 사상논쟁에서 드러난 천도교 신파의 적극적인 대응은 천도교가 '조선운동의 영도자'로서 사회주의 이념을 수용·극복하면서도 자본주의 문명건설의 근대화 노선을 추구할 수 있다는 자신감에서 비롯된 것이었다. 식민지 조선에서의 자본주의 문명건설운동의 주도세력으로의 비상을 추구하는 그들에게 일제의 지배와 그로 인한 종속은 그저 감수해야 하는 현실적 조건이었을 뿐 타파해야 할 모순이나 질곡이 아니었다. 오히려 그들의 공격과 비판의 화살을 받은 것은 일본 제국

거부했나」, ≪신계단≫, 2월호(1933).

89) 김동민, 「사조(社調)는 어디로 가나: 다시 그들의 표명문에 대하여」, ≪신계단≫, 3월호(1933).

주의가 아니라 사회주의 근대화를 추구하는 좌파진영이었다.

3. 시중회의 결성

1933년 무렵 공황에 따른 체제 위기를 경제통제와 사상통제를 통해 극복하려는 움직임이 더욱 강화되자 천도교 신파는 정치활동을 포기하고 수양제일주의를 강조하기 시작했다. '때에 따라서 수도에 더 치중하거나 혹은 시사문제에 더 주력할 때가 있는데 지금은 수도에 치중해야 한다'는 것이었다.[90] 시간이 흐를수록 수양·수도는 더욱 강조되었다. "사회는 인간이 지배하고 인간은 정신이 지배하는 까닭에 현대의 사회적 대질병을 치료하기 위해 정신운동에서 출발해야 한다"[91]는 식의 선전이 점점 공공연해졌다.[92]

천도교 신파는 1934년 4월 17일 최린이 중추원(中樞院) 참의(參議)로 취임하면서 친일로의 방향 전환을 공식화했다.[93] 최린은 자신의 선택이 '친일적 입장에서 일본이 조선에서 벌이고 있는 행위들을 비판함으로써 우리 민족을 위해 최대의 이익을 얻기 위함'이라고 변명했다.[94] 그러나 최린의 이러한 선택은 곧 변절이라는 혹독한 비판을 받았고 최린에게는

90) 김병준, 「삼세신성의 수도행적」, ≪신인간≫, 10월호(1933).

91) 조기간, 「신앙의 갱생과 제도의 재건」, ≪신인간≫, 1월호(1936).

92) 이 무렵 신파가 장악하고 있던 연원과 그 분포 지역은 <표 4-2>와 같다. <표 4-2>를 통해 신파의 지역 기반이 서북 지방에 편중되어 있음을 알 수 있다.

93) ≪조선중앙일보≫, 1934년 4월 26일자; 최린은 참의에 임명될 당시 연봉 1,800원이라는 최고 대우를 받았다. 그 액수는 해마다 인상되어 1936년에는 한상룡(韓相龍), 장헌식(張憲植) 등과 함께 2,800원을 받았다. 「삼천리기밀실」, ≪삼천리≫, 7월호(1934); 「삼천리기밀실」, ≪삼천리≫, 8월호(1936).

94) 김상태 편역, 『윤치호 일기』(역사비평사, 2001), 334쪽.

〈표 4-2〉 천도교 신파의 연원과 그 분포 지역(1934년 현재)

연원명	인원	주요 출신 읍·군	주요 출신 도
開	345	단천, 성진	함남, 함북
敬	446	선천, 철산, 곽산, 용천, 의주, 안동현, 쿠바	평북
大	485	성천, 순천, 평양, 상원, 수안, 곡산, 종성, 온성, 도문, 화룡현	평남, 황해, 함북, 만주
度	364	강서, 용강, 진남포	평남
明	458	고원, 문천, 영흥, 원산, 신흥, 평강	함남
法	663	순천, 은산, 성천, 자산, 평원, 신계, 이천, 가산, 정주, 박천	평남, 평북
普	508	정주, 곽산, 신의주	평북
善	527	함흥, 신흥, 장진	함남
誠	1,119	의주, 용천, 강계, 자성, 신의주, 영변, 공주	평북
信	633	정평, 철원, 회령, 영흥, 함흥, 신흥	함남, 강원
正	444	구성, 홍천, 인제	평북, 강원
濟	359	강계, 강동, 삼등, 성천, 양덕	평남, 평북
知	882	이원, 북청, 홍원, 풍산, 갑산, 삼수, 장백현	함남
通	519	삭주, 창성, 환인현	평북
玄	435	안주, 가천, 평원, 평양, 박천, 정주	평남, 평북
花	184	영변, 운산, 태천	평북

자료: 李敦化(1934).

'민족을 배반한 변절자'라는 오명이 따라다녔다.[95] 이러한 시비논란을 예상했던 최린은 1934년 신년벽두에 천도교인을 향해 물의(勿疑)할 것을 강조한 바 있었다.[96] 이돈화는 교인들에게 '한쪽으로는 경제력을 충실하는 동시에 한쪽으로 민족적 신문화를 건설하면서 수인사대천명할 것'을 독려했다.[97]

95) 좌우를 망라한 국내외 민족운동가들에게도 최린은 윤치호, 이광수와 함께 변절한 패배주의자로, 일본 제국주의의 앞잡이 노릇을 하는 대표적인 '매국운동가'로 낙인찍혔다. 石源華, 『중국공산당과 한국독립운동 관계기사연구』, 231쪽.

96) 「신년을 맞는 소감과 희망」, ≪신인간≫, 1월호(1934).

1934년 무렵 신파만이 아니라 대부분의 우파진영이 운동력을 상실하고 친일로의 방향 전환을 선언하고 나섰다. 1930년대 초부터 활발하던 우파진영의 당면이익획득운동, 문화운동을 비롯한 농민운동이 이 무렵 거의 와해되어가고 있었다. 또한 좌파의 혁명적 농민조합운동의 역량도 와해되어 1935년 이후에는 더 이상 대규모 조직사건이 등장하지 않았다.[98] 결국 '치안이 호전되었다'고 판단한 일제 당국은 준전시 체제하인 조선에서의 지배체제 강화를 목표로 좌파는 물론 우파를 철저히 탄압하고 동시에 포용하는 양면정책을 구사했다. 그러므로 이 시기 방향 전환에는 그 자체의 논리변화와 함께 일제의 정책도 상당한 규정력을 발휘하고 있었다고 보아야 할 것이다.

이러한 취지에서 일제 당국은 천도교 신파의 친일로의 방향 전환을 압박하기 위해 1934년 8월부터 9월까지 천도교청년당 핵심 간부들을 검거하는 소위 '오심당(吾心黨)사건'을 일으켰다. 일제 당국의 발표에 따르면, 오심당은 천도교청년당 내 핵심 간부들로 구성된 비밀조직이었다.[99] 오심당은 1923년경 천도교청년당의 전신인 천도교청년회 간부 몇 명이 모여 조선민족의 절대적 독립을 목적으로 조직한 것인데, 당시에는 불불당(不不黨)이라 했다고 한다. 1929년 말에 오심당이라 개칭하고 당의 쇄신을 도모하여 경기·황해·평남·평북·함남 등에서 다수 당원을 확보했으나 만주사변 이후 사상적 전환으로 활동이 침체되었다고 한다.[100]

일제 당국은 사흘에 걸쳐 각지에서 천도교청년당원 230여 명을 검거했다. 서울을 비롯하여 신파의 근거지인 평안도 일대에 대대적인 검거

97) 이돈화, 「조선민족성의 신건설」, ≪개벽≫, 11월호(1934).
98) 지수걸, 『일제하 농민조합운동 연구: 1930년대 혁명적 농민조합운동』, 131쪽.
99) ≪조선중앙일보≫, 1934년 12월 21일자.
100) ≪조선일보≫, 1934년 12월 21일자.

선풍이 일었다. 결국 경찰은 주요 인물 71명을 평양으로 압송한 뒤 취조를 실시했다. 당시 취조를 받은 천도교청년당 지도자는 김기전, 조기간, 김도현, 김병준, 정응봉, 박사직, 김이국, 백세명, 최안국, 유경운, 백중빈 등이었다. 일제 당국은 3개월간에 걸쳐 취조를 마친 뒤 그해 12월 20일 전원을 불구속 처리했다.[101)]

일제 당국이 사실상 활동이 거의 없는 유명무실한 오심당을 대대적인 검거선풍을 일으키며 사건화한 것에 대해 당시 ≪조선일보≫는 "종래 천도교는 총독부정치에 대하여 등지고 있다가 신파의 최린 씨가 중추원에 들어가고 뒤를 이어 다수 간부가 종래의 태도를 고치고 있어서 금후의 그들 태도가 주목되고 있는 이때에 이와 같은 사건이 있었던 것이 주목된다"며 일제가 천도교 신파 내 친일로의 방향 전환을 둘러싼 내부 갈등을 수습하고 전면적인 친일을 강제하려는 의도에서 이 같은 사건을 야기했다는 의구심을 표출했다.[102)]

마침내 최린은 1934년 11월 5일 천도교 신파 지도자 및 박영철(朴榮喆)·장직상(張稷相)·김사연(金思演)·김대우(金大羽)·박석윤(朴錫胤) 등 거물급 친일파, 그리고 과거의 우파진영 인사로 천도교 신파와 막연했던 선우전·박희도·이정섭·장도빈 등과 함께 '우리는 일본민족과 혼연일체가 되어 어느 방면으로나 잘 일치합작하여 나아감으로서만 우리의 자립적 실력을 확충할 수 있다'는 취지하에 시중회(時中會)를 결성했다.[103)]

---

101) 「비밀조직 오심당사건」, ≪신인간≫, 12월호(1977).

102) ≪조선일보≫, 1934년 12월 21일자.

103) ≪조선일보≫, 1934년 11월 8일자; 시중회는 1934년 8월 30일 최린 집에서 발기회를 개최하면서 본격적으로 가동된 단체였다. 그날 박영철, 하준석, 장직상, 정광조, 이정섭, 박희도, 조기간 등 수십 명의 유지가 참가했다고 한다. ≪당성≫, 1934년 9월 9일자; 「조선현실운동의 봉화 시중회 제일차대회」, ≪당성≫, 1934년 12월 1일자; 「삼천리기밀실」, ≪삼천리≫, 9월호(1935).

'신생활의 건설·신인생관의 확립·내선일가(內鮮一家)의 결성·근로신성(勤勞神聖)의 체행(體行)·성경신(誠敬信)의 실행' 등을 표방[104]한 시중회는 개별적 친일파를 주축으로 한 기존의 친일단체와는 달리 천도교 신파 지도자들이 조직적으로 참여했다는 점에서 커다란 파문을 일으켰다.[105] 시중회에 참가한 천도교 지도자는 최린, 정광조, 최석련, 이군오, 최단봉, 조기간, 정응봉, 김병준, 이돈화, 오상준, 김병제, 김도현, 계연집, 김달현 등으로 천도교 신파와 천도교청년당의 간부를 총망라하고 있었다. 시중회는 1935년 1월 현재 회원 수 250여 명으로 회원의 출신은 평남, 경남, 경북, 충북, 전북, 함남, 함북, 황해 순이었다. 그리고 회원의 1/2은 도의회·군평의회·부면협의회 등에서 활동하는 지방의원들이었다고 한다.[106]

천도교 신파는 시중회가 '대세에 합류하면서 실질적 향상을 도모하려는 세력'[107]으로 '신흥조선의 건설을 목표로 조선 민중의 신생활 신문화의 건설을 위한 모든 사업을 시작할 것'[108]이라는 기대를 표명했다. 천도교청년당은 1934년 12월 임시전당대회에서 '대동방주의의 실천이라는 측면에서 시중회를 절대 지지한다'[109]며 '용감하게 시중회를 지지하는 태도를 취했지만'[110] 일반인들의 눈총은 따가웠다. 시중회는 곧

104) 수양단체를 표방한 시중회는 실행 요항으로 심적 방면의 정덕(正德)과 물적 방면의 이용후생을 제시했다. ≪당성≫, 1934년 12월 1일자.

105) 시중회 결성 이후 천도교 신파는 1934년 12월 임시대회에서 최린을 대신해 정광조가 대도정에 취임했다. 최린은 선생의 호칭을 받으며 일선에서 물러났다. 「천도교의 금후진로관」, ≪삼천리≫, 2월호(1935).

106) 「삼천리기밀실」, ≪삼천리≫, 1월호(1935).

107) 이응진, 「조선정세일년간」, ≪신인간≫, 12월호(1934), 38쪽.

108) ≪신인간≫, 11월호(1934), 12쪽.

109) 「만목주시중 '시중회'의 고고제일성 금후 전개 중대시」, ≪당성≫, 9월호(1934), 2쪽.

일진회의 재판이라는 것이다.111) 이를 입증이라도 하듯 일본에서 발간되는 주요 일간지 ≪오사카마이니치신문(大阪每日新聞)≫은 사설을 통해 "최린이 민족주의를 청산하고 민족의식을 초월하여 일본을 주맹(主盟)으로 하는 동방주의로 전향했다"고 평가하고 조선사상계에서 용기 있는 일이라며 환영했다.112) 시중회는 상당기간 천도교 신파의 대외적인 친일활동기구 역할을 대행했다. 그리고 신파 간부들의 시중회 강연이나 성명서 작성과 발송 등에 관한 실질 업무를 담당했다.113) 시중회는 1938년 국민정신총동원조선연맹의 발기단체로 참여한 뒤 곧 해산했다.

한편 천도교청년당은 천도교의 대외기구격인 시중회의 결성으로 천도교 전위조직으로서의 위상을 상실하고 말았다. 그리하여 1934년 12월 23일 임시전당대회를 통해 수양운동기관으로 거듭나기 위한 조직개편을 단행했다. 1936년 4월 4일 10차 전당대회에서는 구체적으로 20세에서 40세까지의 청년 천도교인이 의무적으로 입당하여 교양훈련을 받는 기관으로 전환할 것을 결의했다.114) 부문운동도 위축되지 않을 수 없었다. 조선농민사의 경우, 1936년 4월 농민운동단체에서 자본금 3만 원의 농촌사업단체로 전환되었다.115) 1937년 4월 4일 개최예정이던 조선농민사대회가 인원 부족으로 유회될 만큼 조선농민사의 존립

110) 승관하, 「건당십삼주년기념에 제하여」, ≪신인간≫, 10월호(1936), 39쪽.

111) 천도교 신파 지도자들이 시중회 결성에 참여하고 천도교청년당이 시중회에 대한 지지를 표명한 명백한 사실에도 불구하고 최린은 해방 후 반민특위 재판에서 자신은 시중회 결성에 관여한 일이 없다고 주장했다. 여암선생문집편찬위원회, 『여암문집(하)』, 306~308쪽.

112) ≪조선중앙일보≫, 1934년 7월 4일자.

113) 『도령실 일지』, 1937년 5월 4일, 1937년 8월 2일, 1938년 4월 18일자.

114) 승관하, 「우리 당의 금후 운동방침」, ≪신인간≫, 6월호(1936).

115) 임문호, 「조선농민사의 금후 주식회사로 변경하면서」, ≪신인간≫, 11월호(1936).

기반도 점차 와해되어갔다.[116)]

천도교 신파는 이러한 방향 전환을 시운시변(時運時變)[117)]에 따른 순리일 뿐이라고 강변했다. 최린은 시운시변의 공리와 원칙을 강조하면서,[118)] "시세의 추이와 세상의 동향을 전혀 무시하거나 그 인식이 부족해서는 생존을 보전하고 번영을 획득할 수 없다"[119)]고 역설했다. 3·1운동을 주도한 천도교의 친일로의 방향 전환은 "대도운전(大道運轉)에 있어서 용시용활(用時用活)의 대묘범(大妙範)을 시용(施用)"[120)]했던 동학·천도교의 전통에 입각한 자연스러운 처세일 뿐이라는 것이다.

최린은 시운시변의 순리에 입각해 전개된 교정쌍전의 역사로 '갑오동학운동·갑진운동·기미운동'을 주목하고 나름의 해석을 제시했다. 우선 그는 '갑오동학운동'을 당시의 피폐한 정부·탐학한 토호배를 대수(對手)로 하여 발발한 사건으로 평가하며 그 민족주의적 성격을 은폐했다. '갑진운동'의 경우는 손병희가 러시아를 상대로 한 일본의 출병을 정의의 전(戰)이라 하여 군자금 1만 원을 일본 정부에 헌납한 사실과 동학당을 중심으로 조직한 일진회원을 경의선 부설공사와 일본 북진대(北進隊)의 물품 수송에 동원했던 사실, 즉 친일 전력을 부각시켰다. '기미운동', 즉 3·1운동에 대해서는 "우리도 일본 내지인과 같이 잘살아보자는 것이지 결단코 일본을 배척한 뜻에서 일으킨 것은 아니었다"고 해명했다.[121)] 즉, 천도교 신파의 친일로의 방향 전환은 이처럼 동학농민전쟁의 민족적 성격을 은폐하고 갑진개화운동의 친일전력을 강조하며 3·1운동

116) 『도령실 일지』, 1937년 4월 4일자.

117) 『용담유사』의 「권학가」에 등장하는 표현이다.

118) 일연(조기간), 「신앙의 갱생과 제도의 재건」, ≪신인간≫, 1월호(1936), 24쪽.

119) 최린, 「신생활의 확립에 대하야」, ≪신인간≫, 1월호(1935), 2쪽.

120) 김병제, 「대도의 운전과 용시용활」, ≪신인간≫, 2월호(1935), 14쪽.

121) 여암, 「시국인식을 철저히 하자」, ≪신인간≫, 9월호(1937), 15쪽.

을 민족 간 정치적 차별대우 철폐운동으로 왜소화시키면서 친일화를 합리화하는 역사인식에 기반을 둔 것이었다.

그렇다면 천도교 신파의 친일화를 야기한 시운(時運)은 과연 무엇이었을까. 최린은 기존의 민족운동세력이 "소위 지조란 것을 간판으로 그저 태만과 안일 한가운데서 현실도피를 꾀하고 있는데 그들은 세계대전의 도래를 말하며 조선의 장래를 말하고 있으나 그것은 현실도피의 한 방편일 뿐"[122]이라고 비난하면서 친일화는 "현하 조선정세에 있어 절대의 필요에서 나온 것"임을 강조했다. 그것은 만주국 건설을 비롯하여 승승장구하며 세력팽창을 도모하는 일본 제국주의는 더 이상 타도의 대상이 될 수 없으니 그 위력적 실체를 인정함은 물론 좀 더 적극적으로는 '제국신민'으로서의 삶을 모색하면서 진정한 내선일체의 실현을 추구하는 것이 시의적절한 노선이라는 인식을 바탕에 둔 것이었다. 이처럼 내선일체를 세계의 대세이자 필연의 순리로 받아들여야 한다는 주장은 당시 일제 당국과 일본인들이 내세운 내선일체론의 주장을 그대로 옮겨온 것이기도 했다.[123]

이러한 내선일체의 논리 속에서 최린은 시중회를 조직하자마자 '조선인에게도 징병제도를 실시해야 한다'는 견해를 피력했다.[124] 즉, 그는 "우리 조선사람도 이제는 병역의 의무까지 다하여 바친 뒤 일본 내지인과 같이 의무교육도 시켜주는 권리를 달라 할 것이요 참정권도 어서 달라고 할 것이며 내선 차별철폐 등 온갖 문화상 정치상의 권리와 은혜를 찾자는 목적에서 우리 바칠 것 다 바치고 나서 찾아 가질 것을

122) 여암, 「천도교의 금후진로에 대하야」, ≪신인간≫, 5월호(1935), 6쪽.

123) 최유리, 『일제 말기 식민지 지배정책연구』(국학자료원, 1997), 27~34쪽.

124) 일제 당국은 만주사변 이후 조선에서의 병역의무 부과를 고려하면서 1934년 말부터 고등보통학교에서 교련 교육을 실시했다. 『宇垣一成日記』, 1934년 12월 10일자; 이러한 사실을 통해 최린은 징병제 실시를 확신하고 있었던 듯하다.

갖자"고 역설했다.[125] 즉, '차별로부터 탈출'하기 위해 적극적으로 친일해야 한다는 것이다.[126] 최린을 정점으로 한 천도교의 친일로의 방향 전환은 이처럼 자치운동조차 포기하고 '조선민족이 전쟁에 인적·물적 성력을 다한 뒤 내지연장주의에 입각하여 일본인과 동등한 국민으로서의 자격을 요구하는 참정권운동이 필요하다'는 참정권운동으로의 방향 전환이기도 했다.[127]

4. 대동방주의와 신앙보국주의

천도교 신파의 친일로의 방향 전환은 그들 스스로가 인정했듯이 민족주의의 방기요, 청산이었다.[128] 1933년 12월 최린이 대동방주의를 선언하고 1934년 4월 교단 차원에서 '일본민족과 조선민족이 대치·투쟁하던 것을 해소하고 양 민족이 협동·일치단결하여 황인(黃人)과 동토(東土)를 옹호보존하자는 쪽으로의 방향 전환'을 공식화해 천도교 신파는 민족진영을 완전히 이탈하고 말았다.[129]

125) 「우익진영, 좌익진영(一): 조선인징병 등을 말하는 시중회수령 최린씨」, ≪삼천리≫, 12월호(1936).

126) 宮田節子, 「內鮮一體の構造」, 『朝鮮民衆と皇民化政策』(未來社, 1985) 참조.

127) 실제로 1938년 지원병제도가 실시되고 1944년 징병제 도입이 예고되면서 일제 당국도 중의원과 귀족원 모두에 조선인 의원을 보내는 참정의 실시를 고려하고 있었다. 조선에 대한 참정권 부여가 법률로 실현된 것은 1945년 1월 일본의회를 통과한 법률 제34호 「衆議院選擧法中改正法律案」과 칙령 제193호 「貴族院令中改正案」에 의해서였다. 山本有造, 「日本における植民地統治思想の展開(2)」, ≪アジア經濟≫, 32-2(1991) 참조.

128) 일연, 「신앙의 갱생과 제도의 재건」, ≪신인간≫, 1월호(1936), 25쪽.

129) 일연, 「신앙의 갱생과 제도의 재건」, 25~26쪽.

대동방주의는 한마디로 동양인의 손으로 동양의 평화를 유지하며 동양적 낙원을 건설하여 동양영원의 복리를 창조하자는 주의다.[130] 이는 서세동점으로 동양이 멸망의 위기에 처했다는 백화론적(白禍論的) 역사 인식을 전제한 것이었다.[131] 대동방주의에 입각한다면, 서양은 경계와 적대 나아가 타도의 대상이었다. 그러므로 대동방주의는 러일전쟁을 황백 인종 간의 전쟁으로 이해하여 일본의 패망을 곧 동양 전체의 황인종의 파멸이라고 생각한 동양평화론의 연장선상에 있는 것이었다. '동양의 제민족은 인종상 동류이고 서양의 침략에 대항하는 동류이므로 동양의 모든 민족은 일본을 맹주로 단결해야 한다'는 동양평화론의 부활인 것이다.[132]

동양평화론과 대동방주의 사이의 징검다리 역할을 한 것은 탈민족주의 논리인 인류주의였다. 이돈화는 1920년대부터 '기존의 민족주의를 합시대적으로 개조하여 인류주의와 영합할 포용성을 기르고 각 민족은 점차 민족 간 차별을 융화시켜 세계일가주의로 나아가야 한다'며 인류주의·사해동포주의를 강조했다.[133] 최린은 "최근의 모든 문제가 민족적 이해문제를 중심으로 일진일퇴하지만 인내천주의를 신봉하는 우리, 사인여천을 실행하는 우리로서는 인류애를 고조하고 특히 여행(勵行)해야 한다"고 주장했다. 최제우의 창도의 목적이 바로 인류애에 있기 때문이라는 것이다.[134] 민족문제 해결조차 세계 일가를 이루기 위한 과정으로만 인식하고 민족적 이해를 뛰어넘는 인류애를 강조하는 이와 같은

130) 이돈화, 「시국의 정해(正解)」, ≪신인간≫, 9월호(1937), 19쪽.

131) 백중빈, 「천도교와 동방」, ≪신인간≫, 9월호(1937), 27쪽.

132) 김경택, 「한말 중인층의 개화활동과 친일개화론: 오세창의 활동을 중심으로」, ≪역사비평≫, 여름호(1993).

133) 이돈화, 『신인철학』, 154쪽.

134) 최린, 「인류애와 근로주의」, ≪신인간≫, 1월호(1930).

개량주의적인 인식이 대동방주의로의 전환을 용이하게 했던 것이다. 천도교 신파 자신도 대동방주의를 가리켜 천도교 사상이 개인주의에서 출발해 민족주의를 거쳐 인류주의에 도착한 징표라고 선전했다.[135] 그러므로 '이제 우리는 동방민족의 공존공영을 위하여 노력해야 한다'는 것이었다.[136]

대동방주의의 천도교리적 근거로 『동경대전』「필법」편의 '생어동 수어동 고이위선동방(生於東 受於東 故以爲先東方)'이라는 대목이 제시되면서 최제우는 대동방주의를 창시한 선구적 인물로 부상했다. 그리고 최제우가 서세동점을 우려하면서 서학에 대치하여 도명(道名)을 동학이라는 명명한 것도 바로 철두철미한 동방주의를 강조한 것이라는 해석이 덧붙여졌다.[137] 즉, 최제우가 동방과 동학을 되뇐 것은 사해일가의 단계상 먼저 동양인은 동양인으로의 일가일체가 되어야 되겠다는 절규로서[138] 서양의 군국주의·물질편중주의·개인주의를 배척하고자 함이었다는 것이다.[139]

그런데 최제우가 언급한 동 혹은 동방은 동양이 아니라 동국(東國), 즉 오국(吾國)·아국(我國)을 의미한다. 최제우가 체포되어 심문받을 당시 동학이 무엇을 뜻하는지를 묻자, 그는 '동학이라고 하는 것은 동국에서 취했다는 뜻이다'라고 대답했다. 동국은 원래 중국인들의 조선에 대한 이칭(異稱)으로 중국의 동쪽에 있는 나라라는 뜻인데, 우리 스스로도 동

---

135) 일연, 「신앙의 갱생과 제도의 재건」, ≪신인간≫, 1월호(1936).

136) 이인숙, 「내외 양방면의 관철에」, ≪신인간≫, 1월호(1936).

137) 여암, 「시국인식을 철저히 하자」, ≪신인간≫, 9월호(1937), 15쪽.

138) 백중빈, 「천도교와 동방」, ≪신인간≫, 9월호(1937), 27쪽.

139) 태평양전쟁 발발 이후 동방주의에 입각한 교사인 『천도교사전』을 발간할 때도 최제우가 서양적 유물사상을 혐척(嫌斥)하면서 동양의 정신적 도덕문화를 찬양했다는 점을 더욱 강조했다. 천도교총부, 『天道教史傳』(1942), 24~26쪽.

국이라고 불렀던 것은 주지의 사실이다.[140] 한편 대동방주의의 근거로 인용되었던 『동경대전』의 「필법」 편에는 '생어사 수어사 고이위선동방(生於斯 受於斯 故以爲先東方)'이라고 하여 '동(東)'자가 없다. 이것을 '사(斯)'자의 '東'자로의 단순한 오식으로만 볼 수는 없다. 이처럼 '斯'자의 '東'자로의 변질에는 최린, 이돈화를 비롯한 천도교 신파의 이데올로그 대부분이 참여하거나 동조했다. 이와 같은 자의적인 교리 해석은 일진회의 설립을 주도하며 러일전쟁 당시 친일에 앞장섰던 손병희의 활약이 최제우가 창시한 동방주의가 시운에 따라 다시 발현된 것으로 평가하는 역사 해석으로까지 이어졌다.[141]

이처럼 동학의 '동'이 비록 서양에 대비되는 동양은 아니지만, 일제의 대아시아주의와 결합할 여지는 있었다.[142] 당시 일제는 백화론에 기반한 미영축귀(米英畜鬼)를 고창했는데, 기독교는 서양 종교이므로 미영축귀를 받아들이는 데 심리적 갈등을 수반할 수 있지만, 천도교는 그러한 갈등이 상대적으로 약했다. 그러므로 러일전쟁은 국가 대 국가 간의 한반도 각축전이 아니라 동양 대 서양의 인종 싸움이었다고 그 의의를 역설하는 데 아무런 주저함이 없었다.[143] 1941년 태평양전쟁이 발발하자 최린은 미국을 독선주의에 찬 국가로 비난했다.[144] 이돈화는

140) 김정인, 「동학의 천하관」, ≪역사비평≫, 겨울호(2000).

141) 백중빈, 「천도교와 동방」, ≪신인간≫, 9월호(1937).

142) 대동방주의는 대아시아주의의 변용이기도 하다. 1931년 만주사변을 전후한 시기에 크게 유행했던 대아시아주의란 열강이 한반도를 제압할 경우, 동해·서해 및 대한해협의 제해권 상실로 일본이 위기에 봉착하게 되므로 결국 일본과 조선은 하나의 일가일 수밖에 없으며 더 나아가 한반도는 만주와도 운명 공동체라는 논리, 즉 일본과 조선과 만주를 하나로 묶었던 일·선·만 안보연계론이 몽골과 동남아까지 확대된 것을 일컫는다.

143) 이종린, 「삼십년전회상」, ≪삼천리≫, 11월호(1941).

144) 「일·미·영의 태평양전쟁!!」, ≪삼천리≫, 12월호(1941).

"황국(皇國)의 팔굉일우의 정의 관념과 미영의 부패한 죄악사는 원래 세불양립(勢不兩立)이므로 황국 대 미영전은 보통의 전쟁과 절걸(絶傑)한 구별이 있고 승전은 이미 정해진 것"이라고 호언장담했다.145)

그렇다면 서구열강에 맞서 대동방주의를 실천할 추진력은 누가 갖고 있는가. '자기 살림을 자력으로 유지할 수 있을 만한 현대적 국가 노릇을 하지 못해 망한 조선'이나 '하층민중은 자기 있는 줄은 알아도 국가 있는 줄은 모르고 위로는 군웅이 할거하여 상호쟁탈을 일삼고 거기에다가 구미백인들이 항상 엿보고 침을 흘리고 있는 중국'에게 대동방주의의 실현을 기대할 수는 없는 노릇이었다. 결국 '동양의 홍폐를 책임질 수 있는 이는 일본제국뿐이므로 동양을 동양인의 동양으로 만들자는 이상은 일본 제국이 책임지고 어떠한 희생을 치르더라도 실현해야 한다'146)는 것이 천도교 신파의 현실인식이었다. 그러므로 대동방주의 실현에 애쓰는 일본에 대해 '보은'147)하려는 마음자세로 적극 협력하는 것은 문명인다운 처신이었다.

대동방주의를 실천하기 위한 방안으로는 완전한 내선일체의 실현이 제시되었다. 이돈화는 대동방주의가 '내선일체 → 선만일여(鮮滿一如) → 일지제휴(日支提携)' 순으로 실현되어야 하므로 "내선일체야말로 동양평화 확립의 근본적 결뉴가 된다"148)고 주장했다. 그런데 이돈화가 제시한 대동방주의의 실천 단계는 일본 우익인 다루이 도키치가 제안하고 일진회는 추종했으나 손병희는 거부했던 대동합방론에서 제시한 것과 동일하다.149) 결국 대동방주의는 1937년 중일전쟁이 발발하자 "동

145) 「一怒而安天下」, ≪삼천리≫, 1월호(1942).

146) 여암, 「시국인식을 철저히 하자」, ≪신인간≫, 9월호(1937).

147) 최린, 「보은」, ≪신인간≫, 3월호(1936), 3쪽.

148) 이돈화, 「시국의 정해」, 19쪽.

149) 旗田巍, 「大東合邦論과 樽井藤吉」; 한명근, 「일진회의 대일인식과 '政合邦'論」.

양은 동양인의 동양이라는 의식하에 금차(今次) 황군의 성전은 대동양의 평화적 낙원을 건설하는 것에 있는 것을 회득하고 이를 기원하며 그를 위해 비타산적으로 내선일체의 정신을 발휘하고 거국일치의 백력(魄力)을 고양하자"[150]는 구호로 구체화되었다.

그런데 제도적 내선일체와 병행해야 할 정신적 내선일체의 실현은 "순전히 조선인의 몫이므로 우리의 도덕적 정신과 신앙심이 내지인(일본인: 인용자)과 동일수준에 오를 때"[151] 가능한 것으로 인식하고 있었다는 점이 주목된다.[152] 내선일체가 일본의 일방적인 시혜에 의해서만 실현될 수 있는 것이 아니라 조선인의 정신적 실력양성이 수반되어야 한다는 사고방식에는 '일본=문명', '조선=미개'라는 문명개화적 시각이 여전히 관철되고 있었다.

한편 천도교 신파는 천도교인에게 교정쌍전·교정일치의 전통을 계승해 일본제국의 국민으로서 보국정신(報國精神)을 철저히 함은 물론 그 보국정신을 신앙화할 것을 요구했다. 일제 당국이 제시한 보국정신의 천도교리적 근거는 바로 '보국안민(輔國安民)'[153]이었다. 보국안민은 국민의 의무인 동시에 천도교의 신조이므로 보국(報國)의 정신을 신앙적으로 파지하는 동시에 신앙적으로 실천해야 한다는 것이다.[154] 신앙보국주의의 실천 요항으로는 '1. 수도를 철저히 하자, 2. 성전완수의 기도를

150) 「시국인식을 갱신하자」, ≪신인간≫, 9월호(1937).

151) 김병제, 「내선일체에 대한 관견」, ≪신인간≫, 1월호(1940), 14쪽.

152) 윤치호 역시 "정치적·경제적·법률적 내선일체가 아니라 한 걸음 더 나아가 정신적으로 일체가 되어 황국신민서사(皇國臣民誓詞)의 제2조 '我等皇國臣民ハ互ニ信愛協力シ團テ結固クセン'을 실행 실현하기에 매진해야 한다"며 정신적 내선일체의 중요성을 강조했다. 윤치호, 「내선일체에 대한 이념」, ≪조광≫, 3월호(1940), 48~49쪽.

153) 「포덕문」, 『동경대전』.

154) 「기관교무에 대한 오대요항: 여암선생 훈화」, ≪신인간≫, 2월호(1938), 3쪽.

행하자, 3. 황도정신을 선양하자, 4. 무엇보다 당국을 신뢰하자, 5. 고도 국방의 역량을 고도로 발휘하자' 등이 제시되었다.[155]

그런데 신앙보국주의는 점차 수도나 신앙보다는 보국에 초점이 맞추어지면서 국가주의와 전체주의를 선전·옹호하기 위한 논리로 변질되어 갔다. 천도교는 포덕천하하여 광제창생한다는 궁극적 목적을 갖고 있으나 국가의 기본은 국민이므로 천도교는 우선 전 국민으로 하여금 한울님을 믿어 진실정직한 정신을 가지게 하며 노고근면을 위주로 하는 건전한 육체를 가지게 하여 충량건실한 황민(皇民) 연성(錬成)에 적극 노력하여 보국안민을 꾀할 책임이 있다는 것이다.[156]

그리고 국가적 전체주의에 의존할 때만 신앙보국을 강화할 수 있다는 점이 강조되었다. 신앙보국주의·보국안민주의의 철저한 신봉을 통해 국가 의존의 종교 신앙을 더욱 독실하게 해야 비로소 서양에서 발생한 이기적 개인주의나 방랑적 자유주의를 배격할 수 있기 때문이다.[157] 민주주의 사상 역시 일체주의나 천도교의 동귀일체에 배치되는 개인적·이기적·자유적 분산주의에 기반을 두고 있으므로 배격해야 마땅한 것이었다.[158] 공산주의 역시 적화 방지를 위해 노력하는 일본 제국의 신민으로서 배척해야 하는 사상이었다. 일찍부터 방공사상(防共思想)을 강조했던 최린은 천도교인을 향해 '공산주의는 인간적 기초상의 윤리도덕 기타 일체 문화를 근본적으로 파멸하자는 운동으로 인간의 공적인 세균이나 아편 혹은 매독과 같은 것이라며 이를 방어·배격·박멸하는 데 철저를 기할 것'을 요구했다.[159]

155) 단정, 「전시신앙보국」, ≪신인간≫, 9월호(1941).

156) 天谷正(조기간), 「현하교회의 중대요청」, ≪신인간≫, 1월호(1943).

157) 남증석, 「신체제에 적응한 조선적 이념」, ≪신인간≫, 12월호(1940), 22쪽.

158) 조기간, 「삼백만 동덕에게 읍소」, ≪신인간≫, 11월호(1941).

159) 여암선생 담, 「선수약(善守約)하라」, ≪신인간≫, 9월호(1939), 5쪽; 『일지』,

이러한 국가주의와 전체주의의 강조는 권리 주장을 청산하고 의무로 살자는 논리로 이어졌다. 최린은 '종래의 자유주의와 개인주의가 권리 주장을 의미했다면 국가주의와 전체주의는 의무 주장을 의미하는 것이니 지금은 권리 관념을 포기하고 의무 이행으로 생활을 재편성하여 국가에 충성을 다해야 한다'고 주장했다.[160] 그는 국민으로서의 의무 중에서도 병역 의무가 최우선이라며 조선인이 진정한 국민이 되려면 조선에 징병제가 실시되어야 한다고 주장했다.[161]

이처럼 '국민이 있은 뒤에 국가가 있다는 것은 금일에는 도저히 용인할 수 없는 고담(古談)으로 오늘날은 국가가 있은 뒤에야 국민이 있게 되었다'는 국가지상주의·국가제일주의가 점차 강조되면서 종교가에게는 민중의 정신적 식량을 생산하고 공급하는 자이자 외래의 모략사상을 격퇴하는 토벌가로서 적성국가(敵性國家)인 미·영의 수도자를 이기는 결전적 수도가 요구되었다.[162] 결국 종전이 가까울수록 천도교 지도자들은 더욱 소리 높여 신앙보국주의를 제창했지만 천도교인들로서는 신앙인으로서의 정체성은 물론 민족적 정체성의 혼돈과 위기를 느끼지 않을 수 없었다.

1939년 8월 14일자.

160) 「임전대책협의회 의사록」, ≪삼천리≫, 11월호(1941); 「臨戰報國團首腦部は語る」, ≪대동아≫, 5월호(1942).

161) 최린, 「병역의무와 진정한 국민」, ≪삼천리≫, 7월호(1940), 40쪽.

162) 추강(김병제), 「결전과 수도」, ≪신인간≫, 8월호(1943), 1쪽; 조기간은 이미 1939년에 결성된 배영동지회(排英同志會)의 이사로 활동하고 있었다. 『일지』, 1939년 7월 12일자.

2장
천도교의 통합과 친일협력활동

1. 신구합동과 천도교연맹의 성립

1) 교권체제의 강화와 신구합동

1934년 이후 공개적으로 친일을 표명한 천도교 신파는 교인들의 동요를 막고 효율적인 친일협력체제를 마련하기 위해 '위기에 처한 교회를 재건갱신(再建更新)하자'[1]는 구호 아래 전제적 교권체제를 한층 강화해나갔다.

우선 최린이 전면에 나서서 직접 친일활동을 독려했다. 중일전쟁 발발 직후인 1937년 7월 11일 조선신궁을 참배하고 국기선양식에 참가[2]하면서 시작된 천도교 신파의 전시협력활동을 진두지휘한 최린은 거의 매일 중앙교단에 출근해서 각종 훈화와 지시를 통해 친일·부일의 정신

1) 김동준, 「교회위기에 직면하여」, ≪신인간≫, 5월호(1936); 김병순, 「재건갱신의 계제에 당면하여」, ≪신인간≫, 10월호(1936).

2) 『성도관 일지』, 1937년 7월 11일자.

과 방법을 지시하고 관장했다. 최린은 '지금까지 우리가 시국에 대하여 한 일로 보더라도 정신이 통일되고 기화가 일치한 우리 교회인 까닭에 어느 단체보다도 나아간 것'이라고 만족해하면서 '앞으로도 특히 정신 통일과 기화일치에 각자 노력하여 교회의 대정방침(大定方針, 일종의 방향 전환: 인용자)에 통일·매진할 것'을 독려하는 한편, 사상적으로 통제의 시대를 맞아 이에 순응하지 않는 경우에는 출교할 것임을 경고했다.[3] 1938년에도 최린의 집안 단속은 철저히 진행되었다.[4] 기관지인 ≪신인간≫을 활용해 신앙보국주의를 통신교화하도록 지시했으며,[5] 천도교인의 동요를 최소화하기 위해 「교화요령(敎化要領)」을 만들어 배부하기도 했다.[6] 천도교중앙종리원은 천도교본부로 개칭되었다. 1939년에는 지방 천도교인의 동요와 이탈을 방지하기 위해 지방순회교화를 강조하면서[7] 육군자순회교사(六君子巡廻敎師)를 선발해 지방에 파견했다.[8]

또한 천도교 신파는 친일협력체제의 인적 기반이라 할 수 있는 연원제를 재정비했다. 연원제는 1937년 12월 포제를 폐기하고 다시 부활시킨 정신교화기구였다. 연원두목을 지도하는 교도인으로 최린이 추대되었다.[9] 연원제 부활의 명목상 이유는 '기관적(機關的) 법규인 인위적 약속에 의한 교단결합을 심법적·정신적·천명적 자연결합으로 전환한다'

3) 『시국대처부 일지』, 1937년 8월 5일자; 『도령실 일지』, 1937년 10월 7일자.
4) 최린이 1938년 4월 15일 중추원 참의를 사임하고 연봉 1만 엔을 받고 조선총독부 기관지인 ≪매일신보≫ 사장으로 취임한 후에도 천도교의 친일활동에 대한 총괄 지휘는 계속되었다.
5) 『도령실 일지』, 1938년 1월 4일자.
6) 『성도관 일지』, 1938년 3월 17일자.
7) 『일지』, 1939년 3월 31일자.
8) 『일지』, 1939년 5월 17일자.
9) 『경도관 일지』, 1937년 12월 25일자.

는 것이었다.[10] 그때부터 지방교인들이 모여 연원 대표를 공선하는 것이 아니라 중앙교단에서 임명했다.[11] 물적 기반을 공고히 하기 위해서는 '공적인 항산을 수립한다'는 명목으로 재단 결성이 모색되었다.[12] 즉, 재단법인을 구성하여 지방교구에서 거둔 성미헌금을 반은 해당 교구에서, 반은 중앙에서 지출하던 기존의 관행을 모두 중앙에서 통합·관리하는 방식으로 '혁신'하겠다는 것이다.[13] 하지만 재단 결성은 지지부진했고 1937년에도 중앙교단의 재정 상태는 여전히 호전되지 않아 천도교청년당에만 간신히 230원을 보조할 뿐[14] 그 외 기관에 대한 보조는 아예 폐지해야 했다.[15] 1937년 7월 성미를 3개월간 불납한 교구만도 서천·정읍·옥구·영산·통영·곽산·정평·영흥·고원·창성·문천·홍원·서천·신흥·삼도구 등 15곳에 달했다.[16] 3개월 후인 1937년 10월에는 성미를 체납한 종리원이 26개소로 늘어났다.[17]

한편 천도교 신파는 천도교 구파·천도교연합회파·오영창계의 육임파 등 교단 내 소수·비주류와 합동해 친일로의 방향 전환과 중앙집권체

10) 「연원조직에 대한 각서」, ≪신인간≫, 4·5월 합병호(1937).

11) 『성도관 일지』, 1938년 3월 3일자.

12) 정응봉, 「십년 후의 교회문제」, ≪신인간≫, 5월호(1936).

13) 일련, 「신앙의 갱생과 제도의 재건」, ≪신인간≫, 1월호(1936), 56쪽; 이러한 시도는 이전에도 여러 번 있었다. 1925년에는 경제적 기초를 공고히 하기 위해 천도교인에게 입회금으로 1원을 받는 천도교재단기성회의 발기회가 개최되었다. 김병준, 「천도교재단기성회」, ≪천도교회월보≫, 4월호(1925); 신구파 분화 이후 재정 압박을 받게 된 1927년에도 천도교 재단을 기성하고 재력을 중앙에 집중하고 경향의 현 재산을 정리하려는 조치가 있었으나 실효를 거두지 못한 듯하다. 정광조, 「69년도 교회운용의 3대방침」, ≪신인간≫, 1월호(1928), 4~5쪽.

14) 『도령실 일지』, 1937년 10월 11일자.

15) 『경도관 일지』, 1937년 5월 13일자.

16) 『도령실 일지』, 1937년 7월 6일자.

17) 『성도관 일지』, 1937년 10월 13일자.

제 강화의 효과를 극대화한다는 방침을 마련하고 추진해나갔다. 1931년 최린의 도일 이후 천도교 신파의 정치노선에 의구심을 품게 된 구파[18]는 1932년 박인호의 교주 승인 문제가 신구파 간의 파쟁으로 비화되어 신파로부터 결별을 강요받자 이에 순순히 응했다.[19] 권동진은 이제 완전히 갈라섰음을 선언했다.[20] 구파는 1932년 4월 신구파 재분열 이후 1932년 8월 14일 천도교임시대회를 개최하고 손병희의 유훈을 빌미로 교주제를 부활하고 박인호를 교주로 추대했다.[21] 1936년에는 「천도교대헌」마저 복구시켰다.[22] 제도상으로 보면 1922년 무두제(無頭制) 이전의 과거로 회귀한 셈이었다. 이러한 조치는 육임파와의 합동을 전제한 포석이라는 것이 당시 중론이었다.[23] 또한 구파는 상당한 재정

18) ≪조선일보≫, 1931년 4월 6일자.

19) 구파는 신파가 최린의 공금 유용과 자치운동 시비의 국면을 전화하기 위해 재분열을 유도했다고 주장했다. 미림생, 「교조문제가 큰 문제인가 천도교신구파재분열의 진상」, ≪동광≫, 6월호(1932).

20) 「교도에게 보내는 양파의 선언」, ≪신동아≫, 6월호(1932).

21) 이종린, 「교주제부활」, ≪천도교회월보≫, 9월호(1932); 「천도교임시대회회록」, ≪천도교회월보≫, 9월호(1932); 「중앙휘보」, ≪천도교회월보≫, 11월호(1936).

22) 「중앙휘보」, ≪천도교회월보≫, 11월호(1936).

23) 육임파는 1925년 천도교 신구파 분화 이후 구파와 동거하다가 결국은 1927년 9월 오영창을 필두로 평북 영변에 따로 육임소를 설치하면서 구파와도 결별했던 계파다. 구파와 육임파 간의 합동설은 이후에도 간간이 이어졌다. 1933년 8월부터 구파와 육임파가 합동한다는 소문이 돌고 9월과 10월에는 합동 교섭까지 있었으나 오영창이 구파로부터 교주승통 여부를 확답 받지 못하자 유야무야되고 말았다[「중앙휘보」, ≪천도교회월보≫, 1월호(1934)]. 1935년 초에도 구파와 육임파의 합동설이 대두되었는데[≪조선중앙일보≫, 1935년 2월 18일자; 「커가는 천도교구파세력」, ≪삼천리≫, 3월호(1935)]. 육임파에서 구파와 합동은 하겠으나 자신들의 본거지를 유지하겠다는 조건을 내세움으로써 결렬된 듯하다(≪조선중앙일보≫, 1935년 3월 27일자).

압박 속에서도 의연히 비타협적 자세를 견지하면서 문화계몽운동에 참여하고 있었다. 이종린은 조선물산장려회 이사장으로,[24] 여자고학생상조회후원회 간부로,[25] 발명학회와 과학지식보급회의 임원으로[26] 여자의전창립재단준비위원회의 교섭위원으로[27] 활약했다. 점차 영락하기는 했지만 꾸준히 추진되었던 우파진영의 문화계몽운동에서 천도교 구파의 인적 기반은 적지 않은 역할을 했다.

1934년 천도교 신파의 시중회 결성에 대해 구파 지도자 권동진은 '천도교는 그 존립의 기초가 조선민족에 있으므로 민족의 의사에 등진 운동이라면 천도교의 교지에 어그러집니다'라며 비판했다.[28] 당시 그는 여운형이 사장으로 있는 조선중앙일보사 고문으로 활동하고 있었다.[29] 1934년 시중회 결성을 둘러싼 신구파 간의 시비는 곧 공동의식을 파기하는 사태로 비화되었다. 구파의 손재기와 신파의 정광조가 시중회의 위상을 놓고 벌인 쟁론[30]이 천도교 구파가 신파에게 시일성화회는 물론 기념일에 함께 거행하던 공동의식을 거절한다고 통보하는 사태로까지 확대되었던 것이다.[31] 8월 14일 지일 기념식장에서 구파 지도자 박완이 최린을 향해 이단이라며 퇴장을 요구한 사건 역시 이러한 결별에 일조했다.[32] 이러한 구파의 소신은 '고절(苦節)'로 받아들여지고 있

---

24) ≪중앙일보≫, 1932년 1월 29일, 2월 13일자; ≪조선중앙일보≫, 1933년 4월 28일자.

25) ≪중앙일보≫, 1932년 12월 12일자.

26) ≪조선중앙일보≫, 1934년 2월 24일자; 1935년 4월 23일자.

27) ≪조선중앙일보≫, 1934년 12월 21일자.

28) X·Y·生, 「천도교가 걸어온 길」, ≪신동아≫, 6월호(1934), 63쪽.

29) ≪조선중앙일보≫, 1934년 6월 29일자.

30) ≪조선중앙일보≫, 1934년 9월 3일자.

31) ≪조선중앙일보≫, 1934년 9월 21일자; ≪조선중앙일보≫, 1935년 4월 6일자; 유종석, 「갑술년을 보내면서」, ≪천도교회월보≫, 12월호(1934).

었다.[33]

하지만 결국 천도교 구파도 1937년 7월 중일전쟁 발발 직후 천도교 신파 주도하에 개최된 각 종교단체연합 시국대연설회에 참석하여 이종린이 '금일 아등의 임무'라는 제목으로 연설하고 조선총독부 학무국이 주관한 전선순회 시국강연반의 일원으로 참여하는 등 친일의 대열에 참여하지 않을 수 없었다.[34] 전시총동원체제하에서는 어느 단체라도 친일을 표방하고 선전하지 않으면 존립할 수 없었기 때문이다.

그런데 중일전쟁 이후 여타의 종교단체들이 합동이라는 명목으로 과거의 분열을 청산하고 신앙보국에 매진하고 있었던 데 반해 의외로 천도교 신구파의 합동 움직임은 답보 상태에서 시간만 끌고 있었다. 최린이 중일전쟁 발발 직후부터 구파에 합동을 제의했으나, 별 진전이 없었다.[35] 오영창계의 육임파에도 일단 제의를 했으나 노력해보겠다는 모호한 답변에 그칠 뿐이었다.[36]

이번에는 천도교 구파가 일제 당국의 철퇴를 맞았다. 일제 경찰 당국은 1938년 '독립사상을 선동'한 혐의로 구파의 핵심 간부인 김재계, 최준모, 한순회, 김경함, 홍순의 등 5명을 치안유지법과 대정8년제령

---

32) 「時中會の結成と其の活動に就て」, ≪高等警察報≫, 4(1934), 32쪽.

33) 「커가는 천도교구파세력」, ≪삼천리≫, 3월호(1935).

34) 『시국대처부 일지』, 1937년 7월 21일자; 천도교 구파의 친일협력은 이종린에 의해 주도되었다. 그는 '영국 미국 일본 프랑스 모두 국가정신을 갖고 있는데 우리는 무정신'임을 걱정했던 애국자였지만 '원과 한뿐인 우리의 과거는 우리 스스로 자망했기 때문에 죽었다'는 대단히 패배주의적인 역사인식을 갖고 있어 개량화뿐만 아니라 나아가 변절할 수 있는 내적 논리를 이미 갖추고 있었다. 이종린, 「국정신(國精神)」, ≪대한협회회보≫, 9월호(1908); 이종린, 「우리의 과거와 장래」, ≪산업계≫, 1월호(1924).

35) 『도령실 일지』, 1937년 7월 30일, 8월 31일자, 9월 5일자.

36) 『도령실 일지』, 1937년 9월 7일자.

제7호 위반으로 구속했다가 70여 일 만에 석방했다.[37] 소위 '천도교구파불온계획음모사건'이 그것이다.[38]

일제 당국의 발표에 따르면 김재계, 최준모, 한순회 등은 1933년 9월 '조선에서 일본의 정권을 구축하고 독립하기를 기원한다'는 내용의 기도문을 작성하여 천도교인들로 하여금 매일 식후에 읽도록 할 것을 결의하고 실행에 옮겼다고 한다. 또한 중일전쟁 발발 직후인 1937년 8월에는 국권회복의 호기에 대비하기 위해 최준모, 김경함, 한순회 등이 특별희사금이라는 명목으로 구파의 독실한 교인들로부터 324원을 모금했다고 한다. 그리고 1938년에 시행한 특별기도의 기도문이 표면적으로는 동양 평화의 기초가 하루바삐 확립되기를 기원한다는 문구로 위장했지만 사실은 조선의 독립, 즉 멸왜를 기원하는 내용을 담고 있었다는 것이다.[39] 구파 교인들이 심고(心告)했다는 문제의 구절은 다름 아닌 『용담유사』「안심가」의 '개 같은 왜적 놈을 한울님께 조화받아 일야간에 소멸한다'는 부분이었다.[40]

신구파합동에 관한 실질적인 협의는 '천도교구파불온계획음모사건'

---

37) 1938년 3월 4일에는 최준모·김재계·한순회가, 3월 16일에는 정계완·김경함·김승주 등이 체포되었다. 『성도관 일지』, 1938년 3월 4일자; 『도령실 일지』, 1938년 1월 4일자; 『도령실 일지』, 1938년 3월 16일자.

38) 천도교 신파가 관련된 오심당사건과 구파가 관련된 천도교구파불온계획음모사건은 기독교의 서북계가 관련된 동우회사건(1937년 6월)과 기호계가 관련된 홍업구락부사건(1938년 5월)에 비견될 수 있다. 이들 사건 모두 구체적인 혐의보다는 기독교와 천도교를 친일진영으로 견인하기 위한 탄압책이라는 성격이 더 강하다고 할 수 있다.

39) ≪동아일보≫, 1938년 5월 1일자.

40) 「좌담, 멸왜기도사건」, ≪신인간≫, 11월호(1977); 김기삼, 「무인년왜멸기도와 심고사건의 진상」, 『김재계의 독립운동 연구』(조선대학교 출판국, 1994), 611~628쪽.

이 해결된 1940년 초에 가서야 본격화되었다. 천도교 신파는 '미력이나마 분산에서 집합으로 힘을 모아 비상시 국가에 봉사해야겠다는 새로운 인식과 각오'에서 합동을 도모하게 되었다고 한다.41) 마침내 1940년 2월 3일 이돈화는 구파 대표 이종린을 만나 신구합동을 제안하고 동의를 얻어냈다. 한편 천도교연합회 지도자로서 평남 중화를 근거지로 활약하던 오지영도 최린을 비롯한 천도교 신파 간부와의 접촉을 시도하고 있었다.42)

1940년 3월에 들어 천도교 신파와 천도교 구파의 합동교섭이 본격화되었다. 교섭위원으로는 신파 측에서 정광조·이돈화, 구파 측에서 이종린·손재기가 각각 나섰다. 3월 17일부터 시작된 교섭은 3일 후인 3월 20일 제2차 회담에서 합동 시기, 합동 범위, 규제, 의절 등에 대한 합의에 도달하는 등 신속히 진행되었다.43) 이 협의 과정에서 합동 범위는 신구 양파를 비롯하여 육임파까지 포괄하는 것으로 합의되었다. 육임파와의 합동교섭위원으로 신파 측 이돈화와 구파 측 오상준이 파견되었다.44) 하지만 오영창은 합동 제안을 거부했다.45) 반면에 적극적인 합동

41) 김병제, 「합동경과개략」, ≪신인간≫, 5월호(1940).

42) 『본부 일지』, 1940년 1월 22일, 27일자; 천도교연합회 측과의 관계는 만주로 건너갔다가 1935년 11월 경성으로 귀환한 오지영이 도항 문제로 신파 측에 협조를 구하고(『도령실 일지』, 1938년 6월 20일자), 윤익선이 1939년 6월 2일에 천도교 신파가 개최한 해월신사 순도 제41회 기도식에 참가하는 등 서서히 회복되어가고 있었다(『일지』, 1939년 6월 2일자). 고려혁명당사건으로 옥고를 치른 천도교 혁신파이자 형평사원이었던 이동락과 유공삼은 1936년 9월 20일 창립한 사회주의 진영의 전향을 대표한 단체로, 대국가주의를 표방한 대동민우회의 임원으로 활동하고 있었다[「시세와 제단체의 진용」, ≪삼천리≫, 10월호(1937)]. 대동민우회에 대해서는 지승준, 「1930년대 사회주의 진영의 '전향'과 대동민우회」, ≪사학연구≫, 55·56합집(1998) 참조.

43) ≪조선일보≫, 1940년 3월 27일자.

의사를 갖고 있던 천도교연합회의 오지영은 합동교섭 과정에서 소외당했는데도 기꺼이 합동에 동의했다.[46] 결국 신구파의 합동은 3월 30일 교섭위원 4명 및 최린과 권동진의 회합으로 사실상 마무리되었다.

4월 1일에는 정광조·이돈화·이종린·오지영 4인 공동 명의로 합동성명서 초안이 기초되었다. 그리고 4월 2일 신파 측의 제3회 법회와 4월 4일 구파 측의 제3회 대회를 통해 「천도교각파합동안」이 각각 만장일치로 통과되어 합동의 법적 절차가 완료되었다. 4월 4일 오후에 개최된 합동대회에서는 교령에 이종린(구파), 부교령에 최안국(신파)이 선출되었으며 합동대회가 끝난 후에는 조선신궁에서 합동봉고제(合同奉告制)를 거행했다.[47] 이날 합동성명서와 함께 발표된 3대 강령은 다음과 같다.[48]

1. 아등은 팔굉일우의 신념으로서 동아신질서건설의 성업을 익찬함.
2. 아등은 신앙통일·규모일치 하에서 영육쌍전(靈肉雙全)의 생활확립을 기함.

---

44) 『본부 일지』, 1940년 3월 17일, 20일, 22일자.

45) 영변을 중심으로 운산·초산·강계 지역에서 육임파의 일원으로 활동하던 300여 천도교인들은 오영창이 신구파와의 합동을 거부하자 이에 반발했다. 결국 1941년 8월 장택룡, 이보영, 장동순 등 반오영창계 대표 7인이 상경해 신구파와 합동식을 거행함으로써 1920년대 2차례의 분규로 파생된 4계파의 합동이 불완전하나마 비로소 실현될 수 있었다. 『시국대처부 일지』, 1941년 8월 13일, 14일자.

46) 『본부 일지』, 1940년 3월 27일자.

47) 신구합동을 통해 선출된 주요 간부진은 다음과 같다(「교발」, 1940년 4월).
- 신파: 정광조(상주선도사), 이돈화(상주선도사), 이인숙(고문), 최안국(부교령), 백중빈(감사), 조기간(교화관장), 이단(사서)
- 구파: 이종린(교령), 최준모(상주선도사), 박완(관장), 오상준(고문), 손재기(감사원장), 정환석(감사)

48) 「총부휘보」, ≪신인간≫, 5월호(1940); ≪조선일보≫, 1940년 4월 5일자.

3. 아등은 교화에 주력하여 포덕천하의 이상실현을 기함.

신구파의 합동선언은 천도교의 친일협력의 조직적 기반이 한층 강화되었음을 대내외적으로 천명한 것이었다. 신구파의 합동을 통해 천도교는 이제 '보국정신을 강화하고 흥아성업(興亞聖業)을 협익하여 내선일체의 완수를 촉진하고 국민정신총동원적 통일 밑에서 우리의 신앙을 통일하고 규모를 일치하는 길로 매진할 수 있게 되었다.'[49] 조기간은 신구합동의 의의를 '국책순응'[50]이라는 한마디로 정리했다. 신구파의 합동으로 새로 임명된 천도교 중앙간부와 남선·서선·북선을 대표한 중진교역자 8명은 마치 세를 과시하듯이 이세신궁, 메이지신궁 등을 순례 참배하는 신궁참배단을 구성해 11월 15일 일본으로 출발했다.[51]

신구파합동 이후에는 합동에 따른 재정비가 추진되었다. 목표는 효율적인 총동원체제를 구축하기 위해 연원과 지방교구 재정을 완벽하게 장악하는 데 있었다. 우선 각 연원별로 1940년 4월 성미 호수를 보고하도록 했다. 1940년 6월까지는 각 교구가 소유한 토지와 가옥의 소유자 씨명·지번·평수·시가도 보고하도록 했다.[52] 그런데 일제 당국이 인적·물적 수탈을 강화할수록 인적 결속력이 높은 연원을 통한 관리·감독이 더욱 강화되는 양상을 보였다. 소위 '애국성금'의 경우도 1943년부터는 교구가 아닌 연원별 헌납으로 모금 방식이 변경되었다.

---

49) 「합동에 대한 소감과 금후의 요망」, ≪신인간≫, 5월호(1940), 7~8쪽.

50) 조기간, 「천도교합동의 의의와 금후의 진로에 대하여」, ≪삼천리≫, 5월호(1940) 참조.

51) 「신궁참배단일행출발」, ≪신인간≫, 12월호(1940), 16쪽.

52) 교회 재산 조사 직전인 1940년 3월 천도교의 추정 재산은 300만 원 정도였다고 한다. 『본부 일지』, 1940년 1월 7일자.

2) 시국대처부와 천도교연맹

중일전쟁으로 일제가 '우리 편이 아니면 적'이라는 편 가르기를 강요하면서 더 이상 애매한 태도는 용납되지 않았다. 이제 식민지 조선의 모든 결사는 일제에 대한 철저한 충성을 약속해야만 그 존립 기반을 유지할 수 있었다. 천도교 신파는 중일전쟁이 발발하자, 곧바로 교인들에게 중일전쟁에 대한 전폭적 지지를 표명한 도발(道發, 일종의 공문) 호외를 발송하여 아래와 같은 사항을 준수할 것을 지시했다. 이 호외는 천도교 신파가 전면적인 친일의 대열에 나서겠다는 일종의 대내외용 성명서였다.[53]

一. 목하의 시국이 여하히 중대함을 정당히 인식할 것.

二. 제국(帝國)의 동양에서의 지위가 어떠한 것을 이해하여 그 사명과 천직을 각오할 것.

三. 유언비어에 현혹되지 말고 국민의 본분을 엄수하여 자중안업할 일.

천도교 신파는 중앙교단 내에 시국 및 총후군사후원(銃後軍事後援)에 대한 업무를 전담하는 시국대처부(時局對處部)를 설치했다. 시국대처부는 '시국에 관한 일체 사무와 활동', 즉 친일협력체제를 천도교중앙종리원 단일 명의로 일관되고 효율적으로 운영하기 위해 설치된 기구였다. 시국대처부장에는 조기간, 총무에는 임문호, 간사에는 이우영·이단이 선출되었다.[54] 시국대처부는 '동양흥폐재차일전(東洋興廢在次一戰)!', '시

53) 『시국대처부 일지』, 1937년 7월 14일자.

54) 『시국대처부 일지』, 1937년 7월 19일자; 『도령실 일지』, 1937년 7월 19일자; 「중앙휘보」, ≪신인간≫, 8월호(1937).

국인식에서 시국담당에로!', '승리는 확실하다!'라는 표어가 걸린 사무실에서 매일 역원회의를 개최하고 벽신문을 발행하면서 친일협력활동을 총괄 지휘했다.

시국대처부를 정점으로 한 천도교 신파의 친일협력활동은 대사회적 선전과 실천 활동에 집중되었다. 이를 위해 시국대처부는 조선총독부·조선군사후원연맹·정보위원회·도당국·부당국·조선군사령부·헌병대·종로경찰서 등과의 협력체제를 강화했다.[55] 협력체제 구축을 주도한 핵심 인물은 일찍부터 천도교 신파의 당국 교섭의 실무자로 활약했던 시국대처부장 조기간이었다. 중일전쟁 발발 직후 결성되어 정력적으로 활동하던 시국대처부는 1938년에 들어와 잠시 소강상태를 보이다가 하반기부터 다시 본격적인 활동을 전개했다.[56] 시국대처부를 주축으로 한 천도교 신파의 친일협력활동은 총력 동원이 가능한 전국적인 교단 조직을 활용할 수 있었으므로 그 선전 효과에서 타의 추종을 불허했다.

1938년 7월 1일 국민정신총동원조선연맹(이하 '조선연맹')이 결성되었다. 조선인으로는 최린을 비롯하여 윤치호, 한상룡, 조병상(曺秉相), 박영철 등이 발기인으로 참여했고 천도교 신파와 구파는 발기단체로 참가했다.[57] 신파의 가입 대표는 도령(道領) 신용구(申鏞九)였고 실무는 조기간이 담당했다.[58] '현대전쟁은 곧 병력이 아니라 국민의 총력의 강약여부에 따라 승패가 나므로 전 국민을 총동원하기 위해 결성되었다'[59]는 조선연맹은 조선총독부에서 반(班)에 이르기까지 전국적 행정 조직을 총동원한 관제단체였다. 시국대처부를 축으로 친일협력체제를

55) 『시국대처부 일지』, 1937년 8월 3일자.

56) 『도령실 일지』, 1938년 7월 2일자.

57) 국민총력조선연맹, 『朝鮮に御ける國民總力運動史』(1945), 24쪽.

58) 『성도관 일지』, 1938년 6월 27일자; 1938년 6월 30일자.

59) 「도발 제6호(1939년 1월)」, ≪신인간≫, 2월호(1939).

운영하던 천도교 신파는 조선연맹이 결성되자, 이에 상응하는 전국적인 친일협력체제 구축을 도모했다. 천도교 역시 전국을 포괄하는 중앙집권 체제를 구축하고 있었으므로 독자적으로 상시적인 총동원체제를 마련하는 것이 가능했기 때문이었다.[60]

그리하여 최린과 조기간의 주도하에 조선연맹과의 긴밀한 협의와 승인을 거쳐[61] 6월 11일 국민정신총동원천도교연맹(이하 '천도교연맹')이 결성되었다. 천도교연맹의 취의서와 선언의 내용은 다음과 같다.[62]

> <취의서>
>
> 현하 시국의 정세에 감(鑑)하여 국민정신총동원운동을 일층 철저 강화시켜 존엄한 국체에 즉하여 익익 진충보국의 정신을 앙양하고 차(此)를 아등 일상생활의 실천에 구체화 항상화하여 소기의 목적을 관철함은 차(此) 실로 전국민의 의지인 동시에 의무이다. 아등은 자(玆)에 국민정신총동원천도교연맹을 결성하고 전교회에 긍(亘)하여 동일한 지도정신하에 운동을 통제강화하여 진정한 내선일체의 국책에 순응하고 총후의 수호를 견고히 하여 시간(時艱)의 극복을 기함.
>
> <선언>
>
> 동아신질서를 확립하고 팔굉일우의 조국정신(肇國精神)을 세계에 앙양함은 제국부동(帝國不動)의 국시이다. 아등은 자(玆)에 일치단결 국민정

60) 조선연맹 창립 직후 최린은 조선연맹에서 지시한 국민정신총동원 실행 요령 외 별도의 천도교 자체 실행안을 마련하여 실천하고 조선연맹에 그 안을 제출하라고 지시했다. 『도령실 일지』, 1938년 7월 5일자; 「도발 호외(제7)」(1938.7.16), 『대발존안』.

61) 『일지』, 1939년 6월 6일, 7일, 8일, 9일, 10일자.

62) 「본부휘보」, ≪신인간≫, 7월호(1939).

> 신을 총동원하여 내선일체 전능력을 발휘하여 국책의 수행에 협력하여 성전(聖戰) 궁극의 목적을 관철하기를 기함.

천도교연맹은 기존의 천도교 조직을 그대로 활용해 경성에는 연맹본부를, 지방에는 원연맹(院聯盟)·전교실연맹(傳教室聯盟)을 각각 설치했다. 연맹본부와 지방본부 이사장을 비롯한 간부에도 중앙교단과 지방교단의 간부들이 그대로 임명되었다. 각 지역 천도교연맹의 창립식은 '1. 개식, 2. 심고, 3. 궁성요배, 4. 국가봉창, 5. 식사, 6. 취의서 및 선언 낭독, 7. 순국영령에 대한 1분간 묵도, 8. 황국신민서사 낭송, 9. 천황폐하 만세 삼창, 10. 심고, 11. 폐식' 순으로 일괄 진행되었다.[63)]

그런데 천도교만의 독자적인 총동원조직인 천도교연맹의 결성으로 천도교인들은 조선연맹의 군·면·동리연맹 및 애국반 연맹원으로서의 의무와 함께 천도교연맹원으로서의 의무를 동시에 수행해야 하는 이중 부담을 떠안게 되었다.[64)] 천도교연맹이 구체적 실천 사항으로 「국민정신총동원천도교연맹규약」에 적시한 국기게양의 여행(勵行), 매일 아침 궁성요배, 황국신민서사 낭독, 응소군인(應召軍人)의 환송영(歡送迎), 상이장병의 위문, 애국저금의 실행 등은 조선연맹원에게 요구되는 실천 사항과 대동소이한 것들이었다. 사실 조선연맹이 존립하는 한 천도교연맹이 독자적으로 활동할 수 있는 영역은 극히 제한되어 있었다. 그리고 천도교연맹은 비록 민간 차원의 전국적 총동원조직이라는 상징성을 갖고는 있었지만, 실제로는 조선연맹의 지도를 받는 산하기구로서 조선연맹의 활동을 보좌하는 역할을 담당했다.

---

63) 「도발 제3호」(1939.5.18), 『대발존안』.

64) 천도교연맹은 천도교인들에게 '군면동리연맹 및 애국반원의 일원이 됨은 물론 교회연맹의 일원이 됨에 따라 이중 혹 삼중으로 자격을 가질 것을 미리 각오하고 착실히 여행(勵行)'할 것을 지시했다. 「도발 호외」(1939.6.11), 『대발존안』.

천도교연맹이 결성되는 과정에서 천도교 신파의 전위기관으로 활동하던 천도교청년당이 1939년 4월 3일 개최된 제13차 전당대회를 통해 당의 공식 해체를 선언했다.[65] 천도교청년당은 그 해체 이유를 "국민정신총동원연맹이 결성되었는데 이 시국하에 있어서의 우리의 활동은 연맹의 그것과 전연 일치되므로 이에 있어서 우리는 구태여 별개단체로서 활동하는 것보다 당을 해체하고 연맹에 합류하여 당원 각각이 연맹의 일회원으로 활동하기 위한 것"이라고 밝혔다.[66]

1940년 10월 국민정신총동원조선연맹이 기구와 조직을 강화하면서 '고도국방국가체제확립'을 추구하는 국민총력조선연맹으로 확대·개편되자, 천도교연맹 역시 1940년 11월 국민총력천도교연맹으로의 재편을 단행했다. 신구합동으로 더 많은 지방교구와 천도교인을 포괄하면서 재출발하게 된 천도교연맹이었지만 여전히 조선연맹의 산하기구로서의 위상을 벗어나지는 못했다. 전시총동원체제가 강화될수록 종교활동 자체가 곤란해지고 친일협력체제가 더욱 강화되면서 천도교의 친일활동은 교단보다는 천도교연맹을 주축으로 전개되어갔다. 1941년 태평양전쟁 발발 직후 개최된 인일기념식 행사부터는 각 지방교구장들이 교구장의 명의가 아니라 국민총력천도교각군교구연맹 이사장의 자격으로 참석해야 했다.

65) 정치 결사적 성격을 갖고 있던 천도교 신파의 천도교청년당과 천도교 구파의 천도교청년회는 거의 같은 시기에 해체되었지만, 천도교의 부문운동단체 중 여성단체인 내성단[신구파합동 이후에는 '내수회(內修會)'로 개칭]은 가정보국을 명목으로 명맥을 유지할 수 있었다. 총동원체제가 강화되고 가정보국이 강조될수록 내수회의 역할도 더욱 증대되었는데, 내수회의 총지도역인 교도사는 교단이 임명했다. 『본부 일지』, 1940년 5월 23일자.

66) ≪신인간≫, 4월호(1939), 13쪽; 『일지』, 1939년 4월 4일자.

2. 친일협력활동과 그 반향

1) 일상적 친일협력활동

천도교 의례에 따르면, 천도교인은 매일 아침에는 성미를 모으고 저녁 9시에는 기도하고 매주 일요일마다 천도교회에서 거행하는 시일식과 각종 천도교 관련 기념일 행사에 참석할 의무를 갖고 있었다. 중일전쟁 이후 이러한 천도교인의 종교적인 일상의례에도 친일적인 색채가 가미되었다.

아침밥을 짓기 전에 식구 수대로 한 사람에 한 숟가락씩 생쌀을 떠서 성미그릇에 넣는 의식은 국방성금 모금에 활용되었다. 1939년 11월에는 한 달 동안 각 가정에서 조석으로 국위선양, 황군 무운장구를 기원하면서 성미 외에 한 숟가락의 쌀을 더 거두는 행사를 통해 총 2,470원 47전이 모금되었다. 태평양전쟁 발발 직후부터는 매일 저녁 9시에 거행되는 가족기도에 황군의 무운장구와 성전필승을 기원하는 심고가 포함되었다.[67]

일요일 시일성화회에는 궁성요배 → 묵도 → 황국신민서사 낭독 순으로 진행되는 국민의례가 포함되었다. 그리고 통상적으로 일요일 오전 11시이던 시일성화회 시간은 '총력전 신체제하에서 호흡하는 1인이 1시간 노동을 더하면 그만큼 국력이 부해진다'는 명목하에 1941년 6월부터 오전 7시(4월~9월)와 오전 9시(10월~3월)로 변경되었다.[68]

천도교의 대표적인 기념일인 천일(최제우의 득도일, 4월 5일), 지일(최시형의 승통일, 8월 24일), 인일(손병희의 승통일, 12월 24일)에는 경향 각지의

---

67) 천도교 교령, 「급고」, ≪신인간≫, 1월호(1942).

68) 『시국대처부 일지』, 1941년 6월 10일자.

천도교인들이 상경하여 기념식과 함께 교인대회나 교인총회 등을 개최했는데 이때에도 국민의례가 식순에 반드시 포함되었다. 가령 1941년 4월 3일 개최된 천도교 제1회 총회에서는 궁성요배→묵도→황국신민서사 낭독 순으로 국민의례가 진행되었으며 '천황폐하만세' 삼창이 이어졌다.[69] 그리고 참석자들은 일장기와 천도교기를 들고 조선신궁까지 행진하여 무운장구, 국위선양, 동양평화 확보를 기원하는 기원제를 지냈다.[70]

천도교인들은 천도교 의례를 준행하지 않는 평상시에도 국민으로서의 도리를 다하기 위해 매일 궁성요배를 하고, 애국일인 매월 1일 신사참배를 시행하며, 기회가 닿는 대로 황국신민서사를 낭송할 것을 요구받았다.[71] 1937년 10월 30일자로 하달된[72] 황국신민서사는 천도교 관련 기관마다 액자로 내걸렸고, 천도교 간부들은 각각 몸에 휴대하고 다녔음은 물론 조직적으로 나서서 일반인에게 보급하는 데도 앞장섰다고 한다.[73] 일본의 4대 기념일인 사방배(四方拜, 1월 1일), 기원절(紀元節, 2월 11일), 천장절(天長節, 4월 29일), 명치절(明治節, 11월 3일)에는 휴무하고 별도의 봉축식을 거행한 다음 조선신궁에 참배했다.[74]

이처럼 종교 의례와 행사에 친일적 요소가 첨가되면서 천도교는 신앙보국을 실천하는 호국종교로서의 면모를 갖추어나갔다. 천도교인들이 '애국심'을 발휘할 수 있는 가장 일상적인 행사는 국방헌금의 모금이었다. 국방헌금은 중일전쟁 발발 직후인 1937년 7월 19일 중앙교단이

69) 「총부휘보」, ≪신인간≫, 4월호(1941).

70) 「중앙휘보」, ≪신인간≫, 9월호(1937).

71) 남중석, 「신앙보국화」, ≪신인간≫, 5월호(1939).

72) 『성도관 일지』, 1937년 10월 30일자.

73) 『시국대처부 일지』, 1937년 10월 16일자.

74) 「도발호외 제5호(1938년 4월 15일)」, ≪신인간≫, 5·6월 합병호(1938).

조선군사령부 애국부에 1,000원을 헌납[75]한 이래 지방종리원별로 상시적으로 모금되었다. 그 내역은 기관지인 ≪신인간≫을 통해 매월 공개되었는데, 그 액수는 해가 갈수록 증가했다. 1938년 하반기부터는 현금 외에 유기·부정(釜鼎)·발모(髮毛)·구피(狗皮)는 물론 고철까지 헌납했다. 조선헌병대 본부에 보고한 바에 따르면, 1938년 천도교 신파가 헌납한 국방헌금은 782원 17전, 위문금은 548원 56전, 유기는 1,251점이었다.[76] 헌납을 독려하기 위해 짚신을 삼거나 절연·단연·단식 등을 통해 국방헌금을 내는 '총후미담'[77]도 널리 선전되었다. 1941년 12월 23일부터 1942년 6월 26일까지 6개월 정도 걷은 성금은 8만 4,454원 90전에 달했다.[78] 1943년부터는 국방헌금을 위해 시일마다 1인당 1전씩을 헌금하는 시일헌성이 전국적으로 실시되었다.[79]

한편 천도교에서는 매일의 기도와 시일기도 외에 교단과 교인의 결속력을 제고하기 위한 특별기도회를 거의 매년 개최했다. 사안을 달리하며 짧게는 일주일, 길게는 49일 동안 계속되는 특별기도회 행사는 1937년 이후 신앙보국을 위한 기도회, 즉 친일적 내용을 담은 기도회로 변질되었다. 1937년 8월 7일부터 13일까지 처음으로 시도된 시국기도의 심고는 '제국의 무운창성·국위선양과 동양평화를 위해 천우신호(天佑神護)를 기원'하는 것을 내용으로 하고 있었다. 기도 기간에는 가가호호

---

75) 『도령실 일지』, 1937년 7월 19일자.

76) 『성도관 일지』, 1939년 1월 19일자; 『일지』, 1939년 1월 19일자.

77) 「총후미담」, ≪신인간≫, 5·6월 합병호(1938); 『총부 일지』, 1941년 12월 27일자.

78) 「교발 제3호」(1942년 6월 27일); 1940년 국방헌금으로 신도는 2만 3,448원 90전, 내지불교는 3만 7,906원 53전, 조선불교는 3만 6,784원 49전, 기독교는 5만 3,701원 96전을 각각 헌납했다. 임혜봉, 『친일불교론(상)』(민족사, 1993), 276쪽.

79) 『총부일지』, 1943년 1월 20일자.

일장기를 내걸도록 했다.[80] 1941년에는 9월 7일부터 27일까지 매일 오전 5시에 '대동아공영권 확립·세계신질서 건설이라는 성전(聖戰)의 목적을 하루바삐 완수케 해달라'는 내용의 심고를 하는 특별기도가 실시되었다. 1942년에는 8월 16일부터 10월 3일까지 49일기도가 진행되었는데, 심고의 내용은 '대동아성전필승·대동아공영권확립·세계신질서건설·포덕천하 광제창생의 발원' 등으로 역시 친일보국적인 색채 일색이었다. 1943년에는 4월 7일부터 일주일간 성전완수기원기도회가 개최되었는데, 기원문이 '저희들은 황국신민의 품격과 도의를 완성하기 위하여 영적 기도와 심신연성을 결행하옵나이다'로 시작되었다. 같은 해 11월 1일부터 12월 19일까지는 49일간의 성전결승기도가 봉행되었다.[81]

이러한 일상적 친일활동이 단지 공문을 통해 지시한다고 해서 제대로 시행될 수 있는 것은 물론 아니었다. 중앙교단의 친일화가 천도교인의 동의를 얻어내고 총동원체제하에서의 인적·물적 수탈에 대한 적극적인 협력을 유도하기 위해서는 '시운시변(時運時變)은 한울님의 뜻'[82]이라며 교인들을 설득해야만 했다. 중앙교단은 매년 개최하던 지방순회강연을 강화하여 중앙교단 간부들이 지방교인들을 만나 설득하는 작업을 펼쳤다. 1939년에는 최린의 지시[83]에 의해 본부와 지방에서 아예 순회교사를 선발하여 개별적인 호별 방문을 실시하고 신앙보국과 시국인식을 철저히 하자는 요지의 설득작업을 진행하기도 했다.[84]

이와 같이 천도교인의 종교인으로서의 일상적인 삶에 친일적 규율을

80) 『시국대처부 일지』, 1937년 7월 30일자.

81) 「교발 제10호(1943년 10월 18일)」, ≪신인간≫, 10월호(1943).

82) 『본부 일지』, 1939년 12월 24일자.

83) 『일지』, 1939년 3월 31일자.

84) 김병제, 「회고일년」, ≪신인간≫, 12월호(1939), 3쪽.

강제한다고 해서 '충량한 일본국민 되기=친일'이 쉽게 내면화될 수는 없었다. 천도교의 일상적 친일협력활동은 일제 당국의 비호 없이는 애초부터 불가능한 것이었다. 천도교가 주최하는 시국강연회나 순회강연의 경우, 순사들이 호별 방문하여 참가를 강요하는 등 각 지역 헌병대·경찰서·수비대를 비롯하여 군청·면사무소 등의 절대적인 보호와 지원이 요구되었다.[85]

2) 대외적 친일협력활동

천도교 신파가 대외적으로 친일화를 선언한 것은 1934년 무렵의 일이었지만, 실천 차원에서 친일활동을 본격화한 것은 1937년 중일전쟁 직후부터였다. 시국대처부를 주축으로 한 대외적 친일활동은 전국을 포괄하면서 신속하고도 효율적으로 진행되었다.

첫째, 중일전쟁에 대한 선전활동에 중앙과 지방 간부가 총동원되었다. 우선 중일전쟁 발발 직후 '시국의 중대성을 인식하자'는 제하의 삐라 수만 매를 인쇄하여 전국적으로 배포하는 선전활동을 전개했다.[86] 경성의 경우, 1937년 7월 24일 지역별로 조직된 선전대가 호별 방문을 통해 삐라를 배포했다. 시국대처부원을 비롯한 교단 간부들이 선전대의

85) 백중빈, 「시국강연순례」, ≪신인간≫, 11월호(1937), 23쪽; 백중빈, 「시국강연순례(속)」, ≪신인간≫, 12월호(1937).

86) 삐라의 작성자는 이돈화였다. 『시국대처부 일지』, 1937년 7월 18일자; 그는 이 삐라에서 '조선인은 금번 사변에 대하여 제일로 시국의 중대성을 철저히 인식하여야 하고 나아가 제국의 동양에 대한 지도적 지위와 지나의 현실성을 잘 이해하여 동양영원의 복지를 창조하는 일분자로서의 책임을 가져야 한다'며 친일협력체제에 적극 협조할 것을 호소했다. 그것이 조선인의 행복이요 또한 동양인의 행복이라는 것이다. 「중앙휘보」, ≪신인간≫, 8월호(1937).

일원으로 활약했는데, 이들에게는 각각 50원씩의 활동비가 지급되었다.[87] 지방에서는 지방교구 및 전교실을 통해 일반인들에게 전달되었다.

둘째, 각 종교단체를 친일협력체제로 포섭하는 데도 앞장섰다. 시국대처부 부장 조기간은 천도교 구파의 이종린과 함께 유교·불교·기독교 대표자들을 만나 시국연설회에 참가할 것을 독려했다. 1937년 7월 26일 중앙기독청년회관에서 개최된 각 종교단체연합 시국대연설회에서는 윤치호의 사회로 천도교계의 이돈화·이종린을 비롯하여 기독교계의 양주삼(梁柱三)·전필순(全弼淳), 불교계의 권상로(權相老), 유림계의 안인식(安寅植)이 각각 연사로 나서 종교계의 적극적 친일협력을 다짐했다.[88] 천도교 신파는 종로경찰서에 시국연설회 개최 신청서와 연사의 연설 요지를 제출하고 각 신문사에서 시국연설회 개최 예고 기사를 게재해줄 것을 부탁하고 광고문을 종로통에 게시하는 등 시국연설회 전반에 걸친 모든 준비를 도맡았다.[89]

셋째, 항시 가동할 수 있는 총후지원체제(銃後支援體制)도 마련했다. 교단 간부는 물론 천도교청년당, 천도교내성단, 천도교소년회 등을 총동원하여 출정병사환송대를 조직하고 매일같이 경성역에서 출정 병사를 환송하도록 했다. 이를 위해 출정장사환송축기가 제작되었으며 경성군사후원연맹에서 보내온 군대수송열차시각표가 각 직원들에게 분급되었다.[90] 1937년 8월 13일에는 조선군사후원연맹에 정식 가입하여 전몰장사영령 합동고별식에 참가하거나 상이장병을 위문하는 등의 활동을 조직적으로 전개했다.[91]

87) 『시국대처부 일지』, 1937년 7월 23일, 24일자.

88) 『시국대처부 일지』, 1937년 7월 21일자.

89) 『시국대처부 일지』, 1937년 7월 24일자.

90) 「군사후원에 대한 중앙활동일람」, ≪신인간≫, 8월호(1937); 『일지』, 1939년 4월 18일자.

1940년 천도교의 신구파합동으로 천도교의 대내외적인 친일 역량은 더욱 강화되었다. 천도교가 합동한 해인 1940년 12월 24일 합동세력은 임시교인대표대회를 개최하고 천도교신체제(天道敎新體制)에 대한 선서식을 결행했다. 선서문의 내용은 다음과 같다.[92]

一. 아등은 아 신국(神國) 대일본의 만세일계의 신통적(神統的) 국체의 봉대를 무상의 광영으로 하여 차를 신의(神意)에 체(體)하여 절대 신조로 함.

一. 아등은 현인신이신 천황폐하께 충의를 갈(竭)하는 차(此)야말로 진(眞)의 국가적 복지임을 신앙함.

一. 아등은 대정익찬(大政翼贊)의 정신을 체(體)하여 신도실천(臣道實踐)으로써 보국안민의 신조를 현현케 함.

一. 아등은 팔굉일우의 황도정신에 기(基)하여 세계신질서건설로써 포덕천하 동귀일체 이상도달을 확신함.

같은 날 개최된 천도교연맹 전선이사장대회에서는 1941년 1월부터 6월까지 교인 전체의 근로 배가 및 잉여 노력으로 소득을 올려 1941년 7월 7일 지나사변기념일에 국방금으로 헌납할 것을 결의했다. 이후 6개월 동안 200여 개의 각 군교구연맹으로부터 수합한 국방헌금은 총 5,287원 45전에 달했다. 이 국방헌금은 1941년 7월 10일 천도교연맹 이사장인 이종린이 직접 조선군사령부에 헌납했다.[93]

1940년대 천도교의 친일활동은 천도교연맹을 주축으로 전개되었다.

---

91) 『본부 일지』, 1940년 2월 24일자.

92) 「총부휘보」, ≪신인간≫, 3월호(1941), 43~44쪽.

93) 『시국대처부 일지』, 1941년 7월 10일자.

천도교연맹은 주로 인적·물적 수탈에 천도교인을 총동원하는 데 주력했다. 전력 증강을 명목으로 가보·기념품·청수기·제기 등을 수집해 헌납하기도 했으며,[94] 1942년에는 육군기 용담호 1대를 조선군사령부에 헌납했다.[95] 그리고 천도교연맹근로보국대와 천도교연맹근로운동단을 편성해 부족한 농촌 노동력을 충당하기 위한 노력동원에 참여했다.[96] 1941년 10월 11일에는 23명의 근로운동단이 의정부 방면으로 가서 벼 베기 작업을 벌였다.[97] 1944년 4월에는 일본 농촌의 부족한 일손을 충당한다는 취지에서 내지농촌천도교사봉단을 결성하고 일본에서의 봉사활동을 계획했으나,[98] 일제 당국의 제지로 결국 유야무야되었다.

조선총독부가 친일대오의 이탈을 막고 단결을 공고히 하기 위해 1941년 소위 '내선일체의 발상지'라는 부여에 신궁 건설을 계획하자, 천도교연맹은 천도교 소유 임야의 헌납을 시도하고[99] 교령인 瑞原鍾麟(이종린)을 비롯하여 白山一熊(이돈화), 平川君五(이군오), 木山根燮(이근섭), 鶴川浣(박완) 등 21인[100]으로 부여신궁어조영근로봉사단(夫餘神宮御

94) 「국천연발 제9호(1943년 10월)」, ≪신인간≫, 10월호(1943).

95) 『총부 일지』, 1942년 4월 30일자.

96) 1938년 7월 시작된 근로보국운동은 처음에는 만 12세부터 40세까지의 남녀 모두를 참가시키는 것을 본지(本旨)로 하여 부락에서 청년단, 갱생공려부락, 갱생지도부락 등 소지가 있는 것부터 점차 근로보국대를 결성하는 방식으로 시작되었지만 점차 전 조선인을 대상으로 하는 개로운동(皆勞運動)으로 변질되었다. 주로 집단노동이 필요한 황무지 개간, 식림·식수, 도로·하천의 개수 등에 동원되었다. 최유리, 『일제 말기 식민지 지배정책연구』, 111~112쪽.

97) 『총부 일지』, 1941년 10월 11일자.

98) 「국민개로운동에 각단체의 동원령!!」, ≪삼천리≫, 11월호(1941).

99) 『시국대처부 일지』, 1941년 5월 17일자; 해당 토지가 신궁 영역 내로 편입되지 않자 천도교 측은 부여군과 경찰 당국의 알선으로 이를 매각하여 1941년 7월 24일 조선총독부 부여신궁봉찬회본부에 1,000원을 헌납했다. ≪신인간≫, 8월호(1941), 27쪽.

造營勤勞奉仕團)을 조직하여 신궁 공사에 참여하는 등[101] 적극적인 협조를 아끼지 않았다.

한편 천도교연맹은 조선에서의 지원병제와 징병제의 실시를 촉구하고 나섰다. 중일전쟁 발발 직후부터 조선인지원병제도의 실시를 촉구하는 운동을 전개했으며,[102] 지원병제도[103]가 실시되자 천도교인의 지원을 독려하고 지원할 경우에는 교단 차원에서 환송하고 후원했다.[104] 1942년 5월 8일 조선에서 징병제를 실시한다는 일제 당국의 발표가 있자, 천도교단은 즉각 조선신궁에서 징병제도실시감사제를 거행한 뒤[105] '감읍·감사·감심·감격'[106]의 뜻으로 징병제 실시에 대한 감사장

---

100) 『시국대처부 일지』, 1941년 6월 2일자에 실린 21명의 명단은 모두 창씨명으로 기재되어 있다. 창씨개명에는 1940년 9월 천도교인의 약 70%가 참여했다고 한다. 보암, 「강담수제(講談數題)」, ≪신인간≫, 9월호(1940), 15~16쪽; 천도교의 창씨개명은 연원별로 차이를 보였을 뿐 아니라 이남 지역보다는 상대적으로 양반 신분의 비율이 낮았던 이북 지역에서의 비율이 월등했다. 물론 중앙간부의 경우에는 대부분이 창씨개명을 했다. 조기간처럼 天谷正으로 씨명 모두를 바꾼 경우도 있었지만, 대개는 佳山麟(최린)이나 川上廣朝(정광조) 등의 경우처럼 창씨에 그치는 경우가 많았다.

101) 金岡秉濟, 「부여신궁어조영근로봉사의 1일」, ≪신인간≫, 7월호(1941); 『시국대처부 일지』, 1941년 6월 2일, 4일자; 1944년 8월에도 부여신궁성지근로보국단 25명이 부여신궁 공사에 파견되었다. 『교령실 일지』, 1944년 9월 2일, 3일, 8일, 10일자.

102) 『시국대처부 일지』, 1937년 8월 13일자.

103) 지원병제도는 1938년 2월 22일 공포된 칙령 제95호 「육군특별지원병령」에 기초하여 호적법의 적용을 받지 않는 연령 17세 이상의 '제국신민'인 조선인에 대해 육군의 병역에 복무하는 것을 지원할 수 있도록 한 것이었다. 지원병제도의 실시 현황에 대해서는 최유리, 『일제 말기 식민지 지배정책연구』, 제5장 참조.

104) 『본부 일지』, 1940년 3월 1일자.

105) 『총부 일지』, 1942년 5월 13일자; 『교령실 일지』, 1943년 8월 14일자.

을 일본 내각에 전달하는 한편,[107] 징병제 실시의 최대 장애물인 언어 문제를 해결하기 위해 일본어, 즉 '국어' 보급에 앞장섰다. 당시 일제 당국도 전국 평균 13.89%밖에 안 되는 낮은 일본어 보급률을 높이기 위해 징병제 실시가 발표되기 직전인 1942년 5월 1일 국민총력조선연맹의 주창으로 일본어 보급과 상용을 위한 국민운동에 나서고 있었다.[108] 우선 중앙간부들이 솔선수범해서 일본어 습득에 나섰다.[109] 동학 경전은 이돈화와 이종린에 의해 이미 일본어 번역이 끝난 상태였다.[110] 그리고 1943년 8월 1일자로 징병제가 실시되자 천도교단은 감사의 표시로 500원을 조선연맹에 기탁했다.[111]

천도교는 1940년대에 들어와서도 친일을 표방하는 종교세력의 선도자 역할을 마다하지 않았다. 1943년 11월에는 장로교, 감리교, 구세군, 천도교, 불교, 천주교가 참여한 조선종교단체전시보국회의 임시사무소가 천도교당 내에 설치되었다.[112] 1944년 6월에 개최된 미영격멸 경기도종교단체총궐기대회의 경우, 천도교는 교령 이하 중앙교단 간부 전원

106) 이종린, 「홍은감읍(鴻恩感泣)」, ≪대동아≫, 7월호(1942).

107) 『총부 일지』, 1942년 5월 16일자.

108) 宮田節子, 『朝鮮民衆と皇民化政策』, 117쪽.

109) 『총부 일지』, 1942년 5월 1일자.

110) 「정보실」, ≪삼천리≫, 9월호(1941).

111) 『교령실 일지』, 1943년 8월 9일자; 당시 친일·부일배 간에는 징병제 실시에 대한 감사의 마음을 경쟁적으로 표출하는 분위기가 조성되어 있었다. ≪조선일보≫의 자매지인 월간잡지 ≪조광≫, 1943년 8월호에는 '징병제실시에 감사합시다'라는 제하의 권두언을 비롯하여 유광렬의 「징병제감사주간과 그 의의」 등의 논설이 게재되었다

112) 『교령실 일지』, 1943년 11월 6일자; 『교령실 일지』, 1944년 8월 31일자; 이 단체는 1944년 전력 증강을 위한 종교단체연합의 상설기구 설치를 의논하기 위해 마련된 간담회를 계기로 1944년 12월 8일 조선전시종교보국회에 흡수·통합되었다. 『교화관 일지』, 1944년 12월 8일자.

과 300여 명 교인이 준비위원 혹은 청중으로 참석했다.[113] 한편 천도교의 명의로 전개된 친일활동 외에도 최린, 이종린, 정광조, 조기간 등이 천도교를 대표해서 임전대책협의회, 조선임전보국단 등의 친일단체에 참여하거나 각종 국민대회에 연사로 참가해 활동했다.

3) 일제의 종교정책과 천도교

1934년 천도교 신파가 친일화를 선언할 무렵, 일제 당국이 불교·기독교·신도만을 종교로 인정하던 기존 방침을 변경하여 천도교를 포함한 4대 종교를 공인하고 나머지 종교단체는 합동 또는 해소시키려고 한다는 소문이 공공연하게 돌고 있었다.[114] 이에 고무된 천도교 신파는 공인종교로 승인할 것을 요구하는 건의안을 당국에 제출했다.

그런데 이 시기 일제의 종교정책은 1935년에 입안된 심전개발정책에 근거해 통제를 강화하는 방향으로 진행되고 있었다. 심전개발의 목표는 '국체관념(國體觀念)을 명징(明徵)하는 것, 경신숭조(敬神崇祖)의 사상 및 신앙심을 함양하는 것, 보은·감사·자립의 정신을 양성하는 것'에 있었으며, 구체적으로는 종교와 교육 방면의 정신교화 방안이 마련되어 시행되고 있었다.[115] 종교의 경우는 "천황은 국가의 지배자·통솔자이며 국민전체의 종가존장(宗家尊長)이며 신격화된 신이다"[116]라는 천황제 이데올로기에 입각해 신도를 다른 모든 종교의 상위 체계에 놓는다는 것을 전제로 종교의 자유를 인정한다는 방침이 마련되었다. 신도에

113) 『교령실 일지』, 1944년 6월 19일, 20일, 23일, 26일자.

114) ≪신인간≫, 3월호(1935), 11쪽.

115) 한긍희, 「1935~37년 일제의 '심전개발'정책과 그 성격」, ≪한국사론≫, 35(1996), 참조.

116) 조선총독부 학무국, 『心田の開發』(1936), 7쪽.

대한 신앙을 국민적 의무로 규정하고 다른 종교를 갖는다 하더라도 신도 신앙을 배제해서는 안 된다는 것이다. 그리고 1936년 8월 「개정신사규칙」을 공포하고 1면 1신사주의에 입각해 신사를 건립했다.[117)]

이러한 심전개발정책에 맞추어 일제 당국은 1935년부터 '불교의 부흥을 중심으로 한 종교통제'를 계획했다. 그리고 '종교부흥운동의 중심적 종교로 불교, 기독교, 신도, 천도교 등의 4대 종교를 인정하고 그 외의 종교 유사 단체는 근사한 것으로부터 합동시키는 한편 보천교 및 기타 민심의 미혹을 끼치는 단체는 엄중히 취체한다'[118)]는 원칙을 수립했다. 1936년부터는 공인종교의 통제를 강화하는 동시에 본격적인 '유사 종교'에 대한 탄압이 단행되어 보천교·무극교·강증산교·동화교 등이 강제해산 당했다.[119)]

1937년 중일전쟁 이후에는 공인종교의 경우도 전시체제하에서 일제의 시책에 대한 적극적인 협력, 즉 친일화되지 않으면 존립조차 어려웠다. 특히 종교는 정신교화의 측면에서 전쟁동원을 위한 정신무장에 솔선수범해야 하는 임무를 강요받고 있었다. 그리하여 일제의 압력에 의해 종교별로 친일을 표방하는 통합기구가 속속 결성되었다. 조선불교31본산주지회(1937),[120)] 조선유림연합회(1937), 조선기독교연합회(1938), 조선유도연합회(1939),[121)] 천도교총부(1940) 등이 그것이다.

---

117) 박경식, 『日本帝國主義の朝鮮支配』(青木書店, 1973), 64쪽.

118) ≪조선일보≫, 1935년 2월 10일자.

119) ≪조선일보≫, 1936년 6월 10일, 14일자.

120) 불교계의 경우 1937년 2월부터 주지회가 아니라 명실상부한 총본산 설립에 착수하여 1938년 10월 태고사(太古寺)를 준공하고 1940년 조선불교 총본산설립위원회를 설치했다. 1941년 4월 23일자로 「사찰령 시행규칙」이 일부 개정되면서 조선불교 조계종 총본사 태고사가 정식 인가를 받았다. 임혜봉, 『친일불교론(상)』, 309~320쪽.

121) 조선유도연합회의 전신은 1937년 일제 당국이 유교의 황도화(皇都化)를 명목

1938년 국민정신총동원조선연맹이 창립될 당시 25개의 조선인 단체가 참여했는데, 그중 9개가 종교단체였다. 천도교중앙교구(신파), 천도교중앙종리원(구파), 조선불교중앙교무원, 조선장로회총회, 조선기독교연합회, 조선감리교총리원, 천주교경성교구, 성공회, 구세군조선본부 등이 그것이다.[122] 이후 국민정신총동원조선연맹 산하에는 국민정신총동원천도교연맹, 국민정신총동원천주교경성교구연맹, 국민정신총동원조선예수교장로회연맹, 국민정신총동원조선감리교연맹 등 종교단체별 연맹들이 속속 결성되었다.[123] 불교계의 경우는 뒤늦게 1941년 국민총력조선연맹이 결성될 당시에 각 지역 혹은 본사별로 국민총력연맹산하단체를 결성했다. 국민총력전북조선불교연맹, 국민총력봉은본말사연맹, 국민총력금화포교당연맹 등이 대표적 사례라 할 수 있다.[124] 이처럼 조선총독부의 일률적인 통제하에서 전개된 종교단체들의 친일 행적은 앞서 언급한 천도교의 그것과 대동소이했다.

한편 1939년 1월 「종교단체법」이 제국의회에 상정되면서 종교결사가 종교단체로 승격할 수 있는 길이 열리자 천도교 측에서는 천도교의

으로 결성한 조선유림연합회이다. 조선유도연합회는 경성에 중앙본부를 두고 지방의 군 단위까지 조직을 갖추었는데, 결성의 기본 취지는 황도정신에 기초하여 유도의 진흥을 도모하는 데 있었다. 구체적인 실천 강령으로는 '국민정신총동원의 취지에 따라 황국신민으로서의 단결을 굳게 하고 대동아공영권의 새 질서건설이라는 국시에 즉(卽)하여 일본·만주·중국의 영구 평화를 위해 적극적으로 연계하자'는 것이었다. 1939년 10월 16일 개최된 조선유림대회에서는 국민정신총동원령에 적극 협력할 것을 결의하기도 했다. 최영성, 『한국유학사상사V: 근·현대편』, 232~233쪽.

122) ≪총동원≫, 6월호(1939), 57쪽.

123) 윤선자, 『일제의 종교정책과 천주교회』(경인문화사, 2001), 291~293쪽; 김승태, 『한국 기독교의 역사적 반성』(다산글방, 1994), 157~166쪽.

124) 임혜봉, 『친일불교론(상)』, 241~248쪽, 305~309쪽.

종교 승인을 다시 한 번 기대하게 된다.[125] 하지만 4월 8일 제국의회를 통과한 「종교단체법」은 종교단체와 선교활동에 대한 정부의 감독을 엄중히 하고자 한 목적에서 제정된 일종의 종교 통제 도구일 뿐이었다.[126] 이후 일본에서도 신도, 불교, 기독교 삼교일치를 표방하는 종교보국대회가 개최되는 등 교권(教權)의 정권(政權)에로의 일방적인 종속이 더욱 강화되는 양상을 보였다.[127]

일제 당국은 천도교를 끝내 종교로 승인해주지 않았을 뿐만 아니라, 천도교의 친일협력활동에 대해서도 상시적으로 감시하고 간섭하고 때로는 탄압했다.[128] 천도교의 모든 행사는 그것이 친일활동이라 할지라도 사전 승인과 사후 보고가 따랐다. 시국강연은 물론 지방순회강연의 경우 사전에 내용과 일정을 조선총독부 경무국 및 종로경찰서 고등계 등에 제출하여 허가를 받아야 함은 물론,[129] 사후에도 상세한 상황 보고를 해야 했다.[130] 조선총독부 학무국이 주최하고 여비를 제공하는 최린

125) 조기간, 「종교단체법안에 대하야」, ≪신인간≫, 3월호(1939).

126) 「종교단체법」의 모델은 1915년 조선에서 공포된 「포교규칙」이었다. 그런데 이 「포교규칙」은 종교의 법적 지위를 명확히 하고 종교 행정을 일관되게 처리하기 위한 취지로 1899년 귀족원에 제출되었다가 부결된 바 있는 법령을 조선에서 먼저 시행한 것이었다. 1926년 다시 법제화를 시도했으나 헌법상의 신교(信教)의 자유에 저촉된다는 위헌 시비로 인해 부결되었으며 1929년에도 재차 부결되었던 역사를 갖고 있다. 박승길, 「일제 무단 통치 시대의 종교 정책과 그 영향」, 『현대 한국의 종교와 사회』(문학과지성사, 1992); 김승태, 『한국 기독교의 역사적 반성』, 119~121쪽; 김승태 편역, 『일제강점기 종교정책사 자료집』(한국기독교역사연구소, 1996), 307~314쪽 참조.

127) 比屋根安定, 『日本宗教全史(5)』(教文館, 1942), 344~355쪽.

128) 1940년대에 들어와 일본 내에서 유사 종교의 폐해를 지적하는 목소리가 높아지고 사교박멸운동이 일어난 것도 천도교의 공인종교화를 가로막는 원인으로 작용했을 것이다. 岡邦俊, 『現代日本宗教史』(三笠書房, 1941), 73~76쪽.

129) 『본부 일지』, 1940년 5월 20일, 23일자.

의 시국강연 원고도 사전 검열에서 예외일 수 없었다.[131] 천도교연맹이 사장회의도 조선총독부 경무국과의 사전 협의가 있어야 개최 가능했다.[132] 그뿐만 아니라 천도교에서 발행하는 공문·기도문 등의 문건 및 ≪신인간≫ 등의 출판물은 반드시 사전 검열을 거쳐 배포되었다. 그야말로 검열의 일상화였다. 일제 당국은 천도교단의 현황과 운영 전반에 대해서도 일상적으로 감시하고 간섭했다. 종로경찰서 고등계는 수시로 형사를 파견해 사찰함은 물론[133] 교단 간부들의 신분조사서나 교황(敎況) 전반에 대한 조사보고서 등을 요구했다.[134] 게다가 천도교당과 대신사출세백년기념관을 징발해 종로구청 호적과와 군피복공장으로 사용하기도 했다.[135]

이처럼 천도교는 전 교단을 총동원하여 친일협력체제를 구축하고 일제 당국의 시책에 적극 호응했지만 전시체제하의 식민지민이라는 현실적 제약 때문에 일제의 감시와 탄압에서 결코 자유로울 수 없었다. 천도교청년당 간부로 치안유지법 위반의 경력을 갖고 있는 이근섭, 조기간, 김명희, 백중빈, 길윤기 등은 보호관찰대상으로 분류되어 경성보호관찰소에서 주최하는 행사에 의무적으로 참여해야 했다.[136] 1938년 7월

---

130) 『시국대처부 일지』, 1937년 10월 12일자.

131) 『성도관 일지』, 1937년 8월 3일자; 『경도관 일지』, 1937년 8월 3일자; 『시국대처부 일지』, 1937년 8월 13일, 14일자.

132) 『총부 일지』, 1941년 12월 20일자.

133) 『총부 일지』, 1941년 7월 31일자.

134) 『총부 일지』, 1943년 2월 25일, 3월 4일자.

135) 「해방에서 6·25까지」, ≪신인간≫, 8월호(1975), 65쪽.

136) 『성도관 일지』, 1937년 11월 2일자; 『도령실 일지』, 1938년 1월 9일자; 『일지』, 1939년 8월 22일자; 사상범보호관찰제도는 '치안유지법 위반의 사상범인을 보호하고 재범을 방지하기 위한다'는 명목으로 1936년 12월 21일부터 시행된 제도다. 이종모, 「실시된 사상보호관찰령」, ≪조광≫, 6월호(1937); 定村光鉉,

24일에는 보호관찰대상을 더욱 철저히 감시하기 위한 기구로 시국대응전선사상보국연맹이 결성되었는데, 이들은 물론 전원 결성식에 참석했으며 조기간은 간부로 활약했다.[137)]

하지만 일제 당국이 천도교에 대해 강경책만을 구사한 것은 아니었다. 중앙집권적 체제를 갖춘 천도교단의 조직적 친일의 대외적 선전효과를 극대화하기 위해 천도교연맹을 승인하는 유화책도 구사할 필요가 있었다. 또한 친일방침에 거부감을 갖는 교인이나 민중의 반발과 저항을 무력화시키고자 하는 천도교 지도부를 비호하고 방조했다. 이런 측면에서 일제 당국과 천도교 지도부는 불완전하나마 공생관계를 맺고 있었다고 볼 수 있다.

4) 천도교 내 반발과 저항

일반 천도교인의 정서가 친일노선 추구를 통해 기득권을 유지하고자 하는 천도교 지도부의 그것과 전적으로 일치하는 것은 물론 아니었다. 지방교구의 단합과 친일협력체제의 가동을 위해 중앙에서 교구장을 직접 특파하거나,[138)] 1944년에 개최된 미영격멸 경기도종교단체총궐기대회에 할당된 동원 청중 300명을 채우기 위해 천도교 간부들이 경성교구 내 교인들의 집을 직접 방문해 일일이 설득해야 할 정도로[139)] 친일이 전면화되고 노골화될수록 교단 지도부와 일반 교인 간의 정서적·심리

「조선사상범예방구금령해설」, ≪조광≫, 4월호(1941), 90쪽; 보호관찰소는 전국 7개소(경성, 평양, 대구, 신의주, 청진, 함흥, 광주)에 설치되었다. 지승준, 「1930년대 일제의 '사상범' 대책과 사회주의자들의 전향논리」, 276쪽.

137) 『성도관 일지』, 1938년 7월 24일자.

138) 『본부 일지』, 1940년 7월 8일자.

139) 『교령실 일지』, 1944년 6월 20일자.

적 괴리감은 심화되는 양상을 보였다. 그러므로 시국강연은 물론 일본어 보급이나 시일헌성과 같은 일상적 친일활동에서조차 일제 당국의 지원과 보호가 절실해졌다.[140]

일상적인 의무 불이행을 통해 천도교 지도부의 친일에 소극적으로 저항하는 경우도 있었고, 일본과 친일파에 대한 전면적인 투쟁을 전개하기 위해 민족운동에 투신하는 경우도 있었다. 최린이 시중회를 중심으로 적극적인 친일을 선도하고 있을 무렵인 1936년경, 장백현과 함남의 일부 천도교인들은 민족통일전선체인 조국광복회에 투신하여 활동했다. 조국광복회가 천도교에 주목한 것은 천도교가 3·1운동 당시 독립운동에 적극 참여한 바가 있었기 때문이었다. 천도교와의 연합을 실현하기 위한 노력은 1936년 9월경 천도교 풍산청년당원 이창선(李昌善)이 동북항일연군 제2군 6사에 가입하면서 본격화되었다. 천도교 공작은 제2군 6사 7단 정치위원 김재범(金在範)이 주로 담당했는데, 장백현 및 갑산, 무산, 풍산 지역의 천도교 도정 박인진(朴寅鎭), 천도교청년당 풍산군 대표 이경운(李景云)과 제휴하여 조국광복회 하부 조직을 결성했다고 한다. 1936년 12월 김재범은 박인진과 이전화(李銓化)를 통해 최린과 접촉해 천도교와의 상층통일전선을 시도했으나 거절당하고 말았다.[141]

한편 이종린의 주도하에 천도교 구파가 1940년 신구합동에 응하자 이를 반대하던 구파 측 호남 일부 세력이 연월성미를 천도교총부에 상납하지 않고 임실을 중심으로 자치제를 실시했다는 기록이 있다.[142]

---

140) 『교령실 일지』, 1943년 1월 25일자.

141) 성주현, 「1930년대 천도교의 반일민족통일전선운동에 관한 연구」, ≪한국민족운동사연구≫, 25(2000); 姜德相 編, 『現代史資料(30)』(みすず書房, 1976), 294~297쪽; 백동현, 「한인조국광복회운동에 관한연구」, ≪백산학보≫, 49(1997), 236~237쪽; 신주백, 「1930년대 반일민족통일전선운동의 전개과정」, ≪역사와 현실≫, 2(1989), 242쪽 참조

1937년부터 모색되던 신구파합동이 구파 지도자인 박인호와 김재계가 사망한 바로 그 달인 1940년 4월을 전후한 시기에 성사된 점으로 미루어볼 때, '천도교구파불온계획음모사건'의 주역인 두 사람이 친일노선에 반대했을 가능성도 높다. 이종린과 함께 친일대오에 참여한 구파 지도자들 중에도 친일이 전면화되어 갈수록 점차 거부감을 느끼는 이들이 있었다. 가령 1943년 8월 「천도교교약」의 개정 문제가 대두되었을 때, 개정을 하면 이제는 '천도교회는 황국의 도에 즉하고 입교(立敎)의 본의(本義)에 기(基)해서 민중을 교화하여서 황운(皇運)을 부익(扶翼)함'이라는 조항을 삽입해야 한다는 말을 전해들은 구파 지도자 최준모, 한순회, 정환석 등은 그것이 '천도교 정신에 위배된다'면서 반대했다고 한다.[143)]

천도교 지도자 중에도 은둔이나 회피를 통해 천도교단의 친일에 동참하지 않는 이들이 있었다. 구파 지도자 중 조선공산당 출신의 노동운동가였던 박래원은 1937년 4월까지도 천도교청년회[144)] 중앙위원으로 활동했으나, 신구파합동 이후 활동은 전혀 알 수 없다.[145)] 신파의 경우, '오심당사건'으로 곤혹을 치른 김기전은 1941년 이후 수행에 관한 글을 종종 ≪신인간≫에 발표했지만, 친일활동에는 참여하지 않은 것으로 보인다. '신념이 굳은' 그는 신병을 핑계로 천도교 수련원인 우이동 봉황각에서 교회의 상담역을 했다고 한다.[146)] 하지만 그는 해방 후 곧바로 활동을 재개한다. 1945년 10월 천도교청우당 부활 전당대회에서

142) 천도교경충전연원, 『천도교정신사』(1963), 166~167쪽.

143) 천도교경충전연원, 『천도교정신사』, 183~184쪽.

144) 구파 측 천도교청년동맹은 1936년 12월 23일 전체대회에서 천도교청년동맹을 천도교청년회로 개칭했다.

145) 천도교청년회중앙본부, 『천도교청년회팔십년사』, 655쪽.

146) 「해방에서 6·25까지」, 74쪽.

위원장으로 취임하고 발행 겸 편집인의 자격으로 ≪개벽≫을 복간했다.[147] 친일 행적이 뚜렷하지 않았으므로 활동 재개에 별다른 제약을 받지 않았던 것 같다. 한편 육임파의 오영창이 일부 지도자가 이탈하는 사태에도 불구하고 끝내 합동을 거부한 것도 신구파의 친일노선에 대한 거부로 해석할 수 있을 것이다. 권동진, 오세창의 경우도 해방 이후 곧바로 활동을 재개하면서 친일 행적으로 궁지에 몰린 최린에게 은퇴를 강권했던 것으로 보아 소극적 친일로 일관한 듯하다. 이러한 친일의 대세 속에 저항의 기류가 잔존하는 형세는 곧 맞게 될 해방 정국에서 분열과 갈등의 불씨가 되고 말았다.

---

147) ≪개벽≫, 12월호(1945); ≪자유신문≫, 1945년 10월 31일자.

결론

지금까지 일제강점기 천도교의 민족운동과 친일로의 방향 전환을 창건과 분화 과정, 지도부의 정치노선과 활동, 교리체계·사상 등에 초점을 맞추어 살펴보았다. 이를 통해 문명화·근대화를 추종하던 동학 북접 지도부로부터 발원한 천도교 신파가 독점적으로 교단을 장악하고 자주독립을 모색하던 소수파인 천도교 혁신파와 천도교 구파를 때로는 배제하고 때로는 견인하면서 자치와 친일노선을 추구했으며, 그 과정에서 토착종교로서의 천도교의 정체성이 치명적인 손상을 입게 되었음을 확인했다.

동학은 18세기 이래 '조선적 문화'의 발달을 기반으로 향반인 최제우가 종교적 계몽운동의 일환으로 창도한 도학이었다. 또한 동학은 민심동요와 서세동점의 대내외적 위기를 우리의 도, 우리의 학으로 극복하려는 '동도주의'에 기반을 둔 자주적 근대화 운동이었다. 동학농민전쟁 이후 동학은 영학당, 활빈당 등을 통해 반외세 민족운동노선을 고수하는 남접과 서북에서의 조직 재건과 문명개화론의 수용을 통해 근대화·문명화에 매진하는 북접으로 분화되었다. 북접 지도자 손병희는 문명개화파와 연계해 동학의 합법화·국교화를 도모하기 위한 정치투쟁의 일환으로 상소운동, 진보회·일진회를 통한 민회운동 등을 전개했으나 실패하고 말았다. 1905년 12월 천도교를 창건한 손병희는 교정일치의 일본 헌정체제와 신도 및 민중종교를 전범으로 삼아 중앙집권적 교권체제를 구축했다. 그리고 인내천을 종지로 내세우며 교리서 발간, 교리강습소 설치, ≪만세보≫와 ≪천도교회월보≫ 발간을 통한 종교계몽운동을 전개했다. 정치적으로는 합방론을 추구하는 일진회파를 출교시키고 정당임을 자부하는 대한협회에 참여해 보호국 체제하에서의 정권 획득을 도모했다.

1910년대 토착종교인 천도교의 교권체제에서 망실한 국체의 대안을 발견한 민중이 몰려들면서, 천도교는 일제의 탄압에도 불구하고 신도 '100만'의 최대 종교 조직으로 성장할 수 있었다. 1910년대 천도교의 실권을 장악한 문명파는 일관되게 준비론적 입장에서 문화계몽운동에 주력했다. 천도교 지도부는 문명개화노선의 연장선상에서 체제 내적인 정치혁신을 요구하기 위해 3·1운동을 모의하고 주도했다. 반면에 천도교인들은 절대독립을 쟁취하기 위해 연원이나 교구별 조직을 총동원해 헌신적으로 시위운동에 참여했다. 3·1운동을 거치면서 천도교는 기독교, 불교와 함께 '민족의 3대 종교'로 부상할 수 있었다.

1920년대 전반 천도교는 두 번의 분화를 겪었다. 1922년 혁신파의 이탈로 종결된 제1차 신구파 분화의 발단은 전제적 교권체제의 공화제로의 개혁이었다. 손병희 사후 무교주제와 집단지도체제가 채택되면서 혁신은 계속 추진되었지만, 혁신파의 좌경적 성향을 우려한 보수파의 배척으로 결국 혁신파는 천도교연합회를 결성하여 교단을 이탈했다. 보수파의 혁신파 축출은 1920년대 초반 근대화 노선을 둘러싼 좌우투쟁에서 좌파가 우세를 점하면서 나타난 수세적 대응 방식이었다. 혁신파와 보수파 간에는 절대평등론과 진화론적 평등론으로 대표되는 사상과 노선의 좌우갈등이 존재했다.

1925년 제2차 신구파 분화의 발단은 교주제의 부활 여부였다. 손병희 사후 교권을 장악한 최린계는 기존의 집단지도체제를 고수하자는 입장을 취했고, 오영창계는 교주제 부활을 요구했다. 이종린계는 양자 간의 통일을 위한 절충에 나섰다. 결국은 최린계(신파) 대 이종린·오영창계(구파)의 분화로 종결된 제2차 신구파 분화는 최린계와 이종린계의 민족운동노선 갈등의 산물이기도 했다. 서북의 농촌에 세력 기반을 둔 최린계는 천도교를 기반으로 '주의적 단결'에 입각한 독자적 정치세력화를 추구했다. 그 전위기관은 천도교청년당으로 타협적 우파진영의 일원으로 자치운동을 전개했다. 기호·호남의 농촌에 세력 기반을 둔 이종린계는 일제와의 타협을 거부하고 좌파와의 연대를 도모하는 비타협적 우파였다. 최린계과 이종린계 모두 천도교 문명개화파의 적자로서 계몽주의자들이었고 실력양성론자들이었다. 그러나 3·1운동 이후 최린계는 탈민족적인 논리로 인류주의를 추종하고 계몽주의적 신념을 고수했지만, 이종린계는 반일·항일의 민족 정서에 기반을 두고 민족운동에 매진하게 되면서 양 계파는 점차 서로 다른 길을 걸어갔다.

한편 최린계는 독자적인 정치세력화와 함께 천도교청년당 지도자를 중심으로 문화계몽운동과 실력양성운동을 전개했다. 천도교 문화계몽운동의 이념은 인내천주의였다. 인내천주의는 이돈화가 구학의 철저한 배격과 일본을 통한 신학 수용에 기반을 두고 정립한 종교사상이자 사회사상이었다. 천도교 문화계몽운동은 언론을 통한 계몽선전활동에 가장 큰 비중을 두었다. ≪개벽≫, ≪부인≫, ≪어린이≫, ≪조선농민≫, ≪학생≫ 등의 잡지 발간을 통해 일반 대중, 여성, 농민, 학생을 계몽하고자 노력했다. 이러한 계몽선전활동은 천도교청년당이 전적(全的) 운동을 추구하면서 부문운동기관으로 천도교내수단, 천도교소년회, 천도교학생회, 천도교청년회, 조선농민사, 조선노동사 등을 결성할 때 밑거름이 되었다. 경제적 실력양성운동으로는 무궁사, 조선농민사 알선부, 농민공생조합 등을 통해 천도교만의 독자적인 소비조합운동을 전개했다.

일제강점기에는 반일공동전선의 형성이 가장 일차적인 민족적 과제였다. 천도교 각 계파 역시 나름의 계보와 민족운동노선에 입각해 민족통일전선의 모색과 결성에 적극적으로 임했다. 호남을 세력 기반으로 동학의 적통임을 자부하면서 민족 자주의 동도주의를 고수하고 신구조제(新舊調製)의 자세로 교단 민주화를 추구했던 천도교 혁신파는 대체로 사회주의·공산주의에 호의적이고 계급타파 및 토지문제 해결에 적극성을 보이는 중도 좌파적인 성향을 갖고 있었다. 혁신파는 1926년 만주의 정의부 계열과 국내 형평사와 연합하여 통일전선체인 고려혁명당을 결성했다. 혁신파의 궁극적인 통일전선전략은 천도교인이 주체가 되어 만주를 근거지로 무장투쟁을 전개하고 이를 국제적으로 지원할 수 있는 연대세력으로 소비에트러시아와 코민테른, 중국 국민당 정부를 끌어들인다는 것이었다.

서북을 세력 기반으로 '조선 문화'의 전통을 부정하고 서구 지향적인 신문화 건설을 추구했던 신파는 인류주의를 지향하는 신흥 정치세력으로서 일제와 타협하고 자치운동노선을 추구했다. 그럼에도 불구하고 신파는 조선농민사 결성 과정에서 '상층 통일전선'의 일환으로 서울파·상해파 계열의 좌파 인사를 영입하고, '하층 통일전선'의 일환으로 천도교인이 아닌 일반 농민대중을 견인하는 신파 나름의 통일전선운동을 전개했다. 또한 천도교 신파는 친소용공(親蘇容共)의 국제 연대를 추진하기 위해 조선농민사의 크레스틴테른 가입을 시도했으나, 1926년 추진한 자치운동이 빌미가 되어 실패하고 말았다. 신파는 신간회가 결성되자 천도교단과 천도교청년당의 집단지도체제를 폐기하고 도령제와 당두제를 신설해 사실상 1인 지배체제를 부활시키고 지방교구에는 5가(家) 단위의 부(部)를, 지방당부에는 3~7인 단위의 접을 설치하여 상명하달의 일원적인 명령체계를 완성했다. 이는 반신간회노선의 실천 전략의 일환으로 천도교의 독자적 정치세력화의 기반을 강화하기 위한 시도였다.

기호·호남에 세력 기반을 둔 구파는 무관·역관·상민 출신으로 대한제국에서 하급관료를 지낸 지도자들에 의해 주도되고 있었다. 이들은 근대화 과정에서 신분제의 속박을 벗어날 수 있었던 신민(新民)이기도 했다. 이들은 3·1운동 이후 분출된 반일·항일의 민족 정서에 충실하고자 했다. 그러므로 일제에 대해서는 비타협적 태도를 견지했고 '동귀일체·대동단결'의 기치하에 민족운동·사회운동에 적극 참여하면서 좌파와 연대했다. 구파는 6·10만세운동 모의 과정과 신간회의 결성 및 활동 과정에서 비타협적 우파 세력으로서의 역할을 비교적 충실히 수행했다. 구파는 좌우합작은 물론 우파연합의 추진에도 참여하는 중도 우파적 성향을 갖고 있었다.

1930년대 초 신구파는 합동과 분열을 재현했다. 표면적으로는 또다시 교주제가 빌미가 되었지만, 그 이면에는 신파의 자치운동과 친일로의 방향 전환을 둘러싼 갈등이 잠복되어 있었다. 신간회가 해소될 무렵 신파는 천도교만이 조선민족을 영도할 자격이 있다고 주장하면서 천도교청년당의 조직력을 한층 강화하고 조선농민사를 통해 본격적인 농민운동에 나섰다. 그리고 이돈화를 비롯한 천도교 이론가들은 사회주의의 수용과 극복을 추구하면서 수운주의를 정립하고 좌파와의 사상투쟁에 나섰다. 신파의 정치사회활동의 절정기는 바로 1930년대 초였다. 그러나 좌파가 반종교투쟁의 일환으로 반천도교운동을 전개하여 천도교 이론가들과 사상논쟁을 벌이는 과정을 거쳐 일본의 만주 침략으로 준전시체제하로 들어가면서 '방향 전환'에 대한 일제의 압력이 더욱 거세지는 가운데, 결국 1934년 최린의 중추원의 참의 임명을 시작으로 신파는 친일화를 사실상 공식화했다. 이후 친일단체인 시중회를 결성하고 친일의 논리로 대동방주의와 신앙보국주의를 주장하고 중일전쟁이 발발하자 친일협력기구인 시국대처부를 설치하는 등 신파는 친일협력 대오의 전면에 나섰다. 신파의 변절을 비판하면서 비타협적인 자세를 견지하던 구파도 1940년 신구합동을 통해 친일 대열에 합류했다. 이렇게 군국주의의 대오에 동참하면서 천도교 지도부는 교주제와 연원제를 부활시켜 교단을 파시즘체제로 재편했다. 일제는 '오심당사건'과 '천도교구파불온계획음모사건'을 통해 천도교단을 압박하는 동시에 천도교의 공인종교화 가능성을 언질하면서 회유했다. 천도교 친일의 총본산은 국민정신총동원천도교연맹(1939년 6월)과 국민총력천도교연맹(1940년 11월)이었다. 이러한 천도교의 친일은 변절의 표상이 되었고 천도교 일부 간부와 천도교인들의 반발과 저항을 초래했다.

해방 후 서로 다른 길, 즉 자본주의적 근대화와 사회주의적 근대화를 추구하는 남북분단체제하에서 천도교 역시 재편되었다. 북한에서 천도교는 주요 민족주의 세력으로 평가되어 통일전선의 대상으로 대접받았다. 그러나 사회주의혁명의 진전과 함께 청산의 대상이 되었고 몰락의 길을 걸었다. 남한에서도 이승만 정권의 친미반공체제하에서 점차 몰락의 과정을 겪었다.

천도교의 좌절이 외적 요인에서 비롯된 것만은 아니었다. 일제강점기 천도교단은 동학의 동도주의, 즉 민족주의를 포기하고 정신 문명의 서구화·근대화를 도모하는 민족개량주의적 노선을 추구했다. 이러한 노선이 일제강점기 내내 교단의 주류를 형성했고 혁명과 민족을 고민하던 소수파들은 이탈하거나 배제되었다. 천도교의 주류가 인류주의와 사해동포주의를 제창할 때, 그 속에는 이미 탈민족의 대동방주의를 추구하는 친일의 논리가 잠복해 있었다. 천도교의 친일은 토착종교로서 민족의 현실을 외면하지 않고 3·1운동을 주도했던 천도교의 과거를 기억하는 사람들에게 변절로 받아들여졌다. 그 변절의 과오를 제대로 청산하지 못하고 해방 이후 분단 모순에 압도당하면서 천도교는 부득이하게 영락의 길을 걸을 수밖에 없었다.

천도교는 손병희 시절부터 동학/진보회·일진회, 천도교/일진회, 천도교/대한협회, 천도교/천도교청년당의 교정쌍전을 추구했다. 천도교의 교정일치 혹은 교정분리를 추동했던 원인은 늘 정치 상황의 변동에 있었다. 그러므로 '교(敎)', 즉 종교적 측면에 대한 배려가 상대적으로 소홀할 수밖에 없었다. 천도교리의 이론화·체계화의 궁극적 목표 또한 인내천주의·수운주의를 종교사상을 넘어서서 사회사상으로 정립하는 데 있었다. 그 이론화의 방향은 동서양 사상의 회통이었다. 천도교 이론가들은 인내천주의·수운주의가 유불선과 유심·유물을 아우르는 '천도교만의 독자적인 사상'이라고 주장했지만, 혼합주의에 불과하다는 비판 속에 공감을 얻지는 못했다. 이처럼 천도교는 종교로서의 정체성을 확보하고 독자적인 사상체계를 마련하는 데 사실상 실패해 해방 후 정치력 약화와 함께 종교단체로 재편되는 과정에 상당한 혼돈이 수반되었으며 그로 인한 교세 약화를 감수해야 했다.

이처럼 천도교는 손병희의 동학 시절부터 민족문제에 가까운 자주화보다는 근대화, 그것도 서구적 근대화를 최대 강령으로 추구하는 문명개화노선에 충실했고, 시의(時宜)에 따라 '교'와 '정'의 일치와 분리를 번복하는 절충주의적인 궤적을 밟다가 끝내 일제에 투항하고 말았다. 그럼에도 불구하고 일제강점기 천도교는 근대사회의 주도층이라 할 수 있는 자산계급이 취약했고 그로 인해 제국주의에 적극적으로 저항하지 못하는 상황에서도 3·1운동을 주도하고 민족통일전선운동에 참여하는 등 그들이 수행해야 할 역사적 소임을 비교적 충실히 대행했다. 즉, 우리 근대사의 특질 중 하나는 일제의 강력한 물리력과 포섭력 아래에서 우파를 대표하는 독자적 정치세력이 형성되지 못한 채 토착종교인 천도교가 외래종교인 기독교와 함께 우파진영의 일원으로 민족운동을 주도했다는 데 있다.

참고문헌

1. 자료

1) 신문 · 잡지

≪京城新聞≫, ≪共立新報≫, ≪大韓每日申報≫, ≪獨立新聞≫, ≪東亞日報≫, ≪每日申報≫, ≪時代日報≫, ≪新韓民報≫, ≪自由新聞≫, ≪朝鮮日報≫, ≪朝鮮中央日報≫, ≪中央日報≫, ≪中外日報≫, ≪青年解放日報≫, ≪皇城新聞≫.

≪開闢≫, ≪農民≫, ≪黨聲≫, ≪大東亞≫, ≪大韓協會會報≫, ≪東光≫, ≪東方評論≫, ≪同友≫, ≪東學之光≫, ≪萬歲報≫, ≪民主主義≫, ≪半島時論≫, ≪別乾坤≫, ≪批判≫, ≪產業界≫, ≪三千里≫, ≪侍天教月報≫, ≪侍天教會宗報≫, ≪新階段≫, ≪新東亞≫, ≪新民≫, ≪新女性≫, ≪新人間≫, ≪新朝鮮≫, ≪野談≫, ≪自由≫, ≪正論≫, ≪第一線≫, ≪朝光≫, ≪朝鮮農民≫, ≪朝鮮之光≫, ≪衆聲≫, ≪天道教青年會會報≫, ≪天道教會月報≫, ≪現代評論≫, ≪彗星≫, ≪湖南學報≫.

2) 자료집

姜德相 編. 『現代史資料(29)』.

姜德相·梶村秀樹 編. 1966~1976. 『現代史資料: 朝鮮』. みすず書房.

高麗大 亞細亞問題硏究所. 1979. 『韓國共產主義運動史(資料)』.

高麗書林 影印. 1990. 『齋藤實文書』.

國家報勳處. 1986~2008. 『獨立有功者功勳錄』.

國史編纂委員會. 1959. 『東學亂記錄(상·하)』.

1970~. 『韓國獨立運動史: 資料』.

_____. 1960. 『日帝侵略下韓國三十六年史』.

_____. 1986~2000. 『駐韓日本公使館記錄』.

______. 1986~2008.『韓民族獨立運動史資料集』.
______. 2000.『統監府文書』.
김승태 편역. 1996.『일제강점기 종교정책사 자료집』. 한국기독교역사연구소
金正明 編. 1967.『朝鮮獨立運動』.
동학농민전쟁백주년기념사업추진위원회 편. 1996.『東學農民戰爭史料叢書』. 史芸研究所.
宋炳基 編. 1972.『統監府法令資料集』. 大韓民國國會圖書館.
市川正明 編. 1984.『三一獨立運動』.
崔起榮·朴孟洙 編. 1997.『韓末 天道教 資料集(1·2)』.
한국역사연구회·역사문제연구소 엮음. 1992.『日帝下社會運動史資料叢書』.
한국학문헌연구소 편. 1979.『東學思想資料集』. 亞細亞文化社.

3) 관변 자료

경상북도경찰부. 1934.『高等警察要史』.
京城憲兵分隊 編纂. 1910.『一進會略史』.
高等法院檢事局. 1928.「高麗革命黨事件の研究: 天道教·衡平社·正義府各員の提携」.
高等法院檢事局思想部. 1932.『朝鮮思想運動調査資料』.
吉川文太郎. 1921.『朝鮮の宗教』.
渡邊彰. 1919.『天道教と侍天教』.
岩井敬太郎. 1909.『顧問警察小誌』.
朝鮮總督府 警務局. 1928.『昭和二年十二月 治安狀況』.
______. 1930.『天道教概論』.
______. 1933.『最近における朝鮮治安狀況』.
朝鮮總督府 學務局. 1936『心田の開發』.
村山智順. 1935.『朝鮮の類似宗教』.
『朝鮮人の部, 鮮人と過激派』.
≪舊韓國官報≫, ≪朝鮮總督府官報≫, ≪朝鮮總督府施政年報≫, ≪高等警察報≫.

4) 천도교단 자료

『東經大全』,『용담유사』.

『道領室日誌』, 『日誌』, 『誠道觀日誌』, 『時局對處部日誌』, 『敬道觀日誌』, 『本部日誌』, 『總部日誌』, 『教領室日誌』, 『玄機觀日誌』, 『義菴聖師病床日誌』. 『中央宗理院 布德課 日誌』, 『天道教中央宗理院庶務課日誌』.
『大發存案』.
『職員錄』.
宋相燾. 1974. 『騎驢隨筆』. 國史編纂委員會.
如菴先生文集編纂委員會. 1971. 『如菴文集』.
吳知泳. 1938. 『東學史』.
李敦化. 1924. 『人乃天要義』.
_____. 1926. 『水雲心法講義』.
_____. 1930. 『新人哲學』.
_____. 1933. 『天道教創建史』.
_____. 1934. 『天道教創建錄』.
李炳憲. 1959. 『三一運動秘史』.
趙基栞. 1928. 『天道教青年黨一覽』.
_____. 1935. 『天道教青年黨小史』.
趙基周. 1983. 『天道教宗令集』.
天道教京忠全淵源 編著. 1981. 『天道教精神史』.
天道教中央總部. 1911. 『天道教講習所規程』.
天道教中央總部教史編纂委員會. 1981. 『天道教百年略史(상)』.
천도교청년회중앙본부. 2001. 『天道教青年會八十年史』.
天道教總部. 1942. 『天道教史傳』.

5) 전기 · 문집 · 회고록
『高宗實錄』.
『福利全書』. 奎12496.
『소수(素水)서간집』.
『倭政時代人物史料』.
國家報勳處. 1996. 『雙公 鄭伊衡 回顧錄』.
金九. 1984. 『白凡逸志』. 汎友社.
金淇森. 1994. 『金在桂의 獨立運動 研究』. 조선대학교 출판국.
김상태 편역. 2001. 『윤치호 일기』. 역사비평사.

東學宗團協議會中央總部. 1978. 『海月先生法說註解』.
普成80年史編纂委員會. 1986. 『普成80年史』.
三千里社. 1933. 『朝鮮思想家總觀』.
細井肇. 1910. 『現代漢城風雲名士』.
宋相燾. 1955. 『騎驢隨筆』. 國史編纂委員會.
申肅. 1956. 『나의 一生』.
吳在植 編述. 1959. 『民族代表三十三人傳』.
義菴孫秉熙先生紀念事業會. 1967. 『義菴孫秉熙先生傳記』.
李光洙. 1976. 『李光洙全集』. 삼중당.
李東初. 1982. 『凰山集(卷一)』.
李承晩. 1904. 『獨立精神』.
李完用. 1927. 『一堂紀事』.
趙海山 編. 1991. 『逸菴集』.
池中世 譯編. 1946. 『朝鮮思想犯檢擧實話集』.
崔東曦. 1921. 『素水先生 辛酉年日記』.
최정간. 1994. 『해월 최시형가의 사람들』. 웅진출판.
한국정신문화연구원 현대사연구소편. 1999. 『遲耘 金錣洙』.
韓國學文獻硏究所 編. 1990. 『鄭瑢根全集』. 亞細亞文化社.
_____. 1992. 『吳知泳全集』. 亞細亞文化社.

大東國男. 1960. 『李容九の生涯』.
西尾陽太郎. 1978. 『李容九小傳』.

6) 코민테른 문서

鄭愚堂. 「片山先生 淸鑑」(1924년 6월 15일).
崔東曦. 「陳意」(1923년 12월 27일).
_____. 「片山先生前」(1923년 12월 20일).
_____. 「片山先生 淸鑑」(1924년 1월 25일).
오를로프(크레스틴테른). 「서울로의 편지(Письмо в Сеул)」(1926년 3월 25일자)
「高麗共産同盟事業報告」(1926년 10월 25일)
박진순·조훈(ТИО-ХУН·ПАК-ДИНШУНЬ). 「조선에서의 6월 10일 반제

국주의 시위(“АНТИИМПИРИАЛИСТИЧЕСКАЯ ДЕМОНСТРАЦИЯ 10 VI В КОРЕЕ”)」.
오를로프·바즈네쉔스끼. 「국제농민협회농민협의회와 코민테른 집행위원회의 서신」.

2. 저서 및 논문

1) 저서

B. 웜스. 1955. 『東學百年史』. 서문당.
姜東鎭. 1980. 『日帝의 韓國侵略政策史』. 한길사.
강석화. 2000. 『조선후기 함경도와 북방영토의식』. 경세원.
姜渭祚. 1977. 『日帝統治下 韓國의 宗教와 政治』. 大韓基督教書會.
강창일. 2002. 『근대 일본의 조선침략과 대아시아주의』. 역사비평사.
국사편찬위원회. 1965. 『한국독립운동사』.
_____. 1987~1994. 『한민족독립운동사』.
旗田巍. 1983. 『日本人의 韓國觀』. 一潮閣.
金度亨. 1994. 『大韓帝國期의 政治思想研究』. 지식산업사.
김삼웅 엮음. 1997. 『33인의 약속: 처음 밝히는 33인의 재판기록과 그후 이야기』. 산하.
김승태. 1994. 『한국 기독교의 역사적 반성』. 다산글방.
金永大. 1978. 『衡平』. 松山出版社.
金容燮. 1993. 『韓國近現代農業史研究』. 일조각.
金正義. 1992. 『韓國少年運動史』. 민족출판사.
金俊燁·金昌順. 1986. 『韓國共産主義運動史(2)』.
김중섭. 1994. 『형평운동연구』. 민영사.
노대환. 2005. 『동도서기론형성과정연구』. 일지사.
盧鏞弼. 2001. 『『東學史』와 執綱所 研究』. 國學資料院.
朴慶植. 1973. 『日本帝國主義の朝鮮支配』. 青木書店.
朴銀植. 1920. 『韓國獨立運動之血史』.
박찬승. 1992 『한국근대정치사상사연구』. 역사비평사.
石源華. 1997. 『中國共産黨과 韓國獨立運動 關係紀事研究』. 高句麗.

시마조노 스스무(島薗進). 1997.『현대일본종교문화의 이해』. 박규태 옮김. 청년사.

愼鏞廈. 1987.『韓國近代社會思想史硏究』. 一志社.

신주백. 1999.『만주지역 한인의 민족운동사(1920~45)』. 아세아문화사.

愛國同志援護會. 1956.『韓國獨立運動史』.

延世大學校 國學硏究院. 1999.『韓國近代移行期中人硏究』. 신서원.

오미일. 2002.『한국근대자본가연구』. 한울.

유봉학. 1998.『조선후기 학계와 지식인』. 신구문화사.

柳永烈. 1997.『大韓帝國期의 民族運動』. 一潮閣.

劉準基. 1994.『한국근대유교개혁운동사』. 도서출판 三文.

_____. 1999.『한국근대유교개혁운동사』. 아세아문화사.

윤선자. 2001.『일제의 종교정책과 천주교회』. 景仁文化社.

이균영. 1993.『신간회연구』. 역사비평사.

이영호. 2004.『동학과 농민전쟁』. 혜안.

이이화. 1994.『발굴 동학농민전쟁인물열전』. 한겨레신문사.

이지원. 2007.『한국근대문화사상사 연구』. 혜안.

이태진. 2000.『고종시대의 재조명』. 태학사.

임영태 편. 1985.『植民地時代 韓國社會와 運動』. 사계절.

임형택. 2000.『실사구시의 한국학』. 창작과비평사.

임혜봉. 1993.『친일불교론(상)』. 민족사.

장규식. 2001.『일제하 한국 기독교 민족주의 연구』. 혜안.

趙東杰. 1979.『日帝下韓國農民運動史』. 한길사.

조규태. 2006a.『천도교의 문화운동론과 문화운동』. 국학자료원.

_____. 2006b.『천도교의 민족운동 연구』. 도서출판 선인.

지수걸. 1993.『일제하 농민조합운동 연구: 1930년대 혁명적 농민조합운동』. 역사비평사.

채영국. 2000.『한민족의 만주독립운동과 정의부』. 국학자료원.

崔起榮. 1997.『韓國近代啓蒙運動硏究』. 一潮閣.

崔英成. 1997.『韓國儒學思想史Ⅴ: 近·現代篇』. 아세아문화사.

崔由利. 1997.『日帝 末期 植民地 支配政策硏究』. 국학자료원.

한국역사연구회·역사문제연구소. 1989.『3·1민족해방운동연구』. 청년사.

한규무. 1997.『일제하 한국기독교 농촌운동 1925~1937』. 한국기독교역사연구소.
한명근. 2002. 『한말 한일합방론연구』. 국학자료원.
한석희. 1990. 『일제의 종교침략사』. 기독교문사.
한영우. 1994. 『韓國民族主義歷史學』. 一潮閣.
황선희. 1996. 『한국근대사상과 민족운동 I : 동학·천도교 편』. 혜안.

岡邦俊. 1941. 『現代日本宗教史』. 三笠書房.
宮田節子. 1985. 『朝鮮民衆と皇民化政策』.
大谷渡. 1996. 『天理教の史的研究』.
比屋根安定. 1942. 『日本宗教全史(5)』. 教文館.
釋尾春芿. 1926. 『朝鮮併合史』.
李寅燮. 1911. 『元韓國一進會歷史』.
樽井藤吉. 1893. 『大東合邦論』.
豊田 武. 1938. 『日本宗教制度史の研究』.

2) 논문

강명숙. 2001. 「1920년대 초반 동아일보에 나타난 자치에 관한 인식」. ≪역사와 현실≫, 41.
고숙화. 1991. 「형평운동」. ≪한민족독립운동사≫, 9.
고정휴. 1998. 「3·1운동과 天道教團의 臨時政府 수립 구상」. ≪韓國史學報≫, 3·4.
권태억. 1994. 「1904~1910년 일제의 한국침략구상과 '시정개선'」. ≪韓國史論≫, 31.
_____. 2001. 「자강운동기 문명개화론의 일본 인식」. ≪韓國文化≫, 28.
금장태. 1988. 「중인층의 민족종교운동」. ≪한국문화≫, 9.
김경일. 1991. 「일제하 노동운동에서의 민족주의와 민족문제」. ≪한국학보≫, 64.
김경택. 1990. 「韓末 東學教門의 政治改革思想研究」. 연세대 석사학위 논문.
_____. 1993. 「한말 중인층의 개화활동과 친일개화론: 오세창의 활동을 중심으로」. ≪역사비평≫, 여름호.
김도형. 1992. 「日帝侵略初期(1905~1919) 親日勢力의 政治論 研究」. ≪啓明史學≫, 3.

_____. 1998.「1920년대 천도교계의 민족운동연구」. ≪역사와 현실≫, 30.
_____. 2000.「張志淵의 變法論과 그 변화」. ≪韓國史研究≫, 109.
김정인. 1994.「1910~25년간 天道教勢力의 동향과 民族運動」. ≪韓國史論≫, 22.
_____. 1997.「일제강점기 천도교사 관련 자료 연구」. ≪國史館論叢≫, 77.
_____. 1999.「천도교의 3·1운동 전사」. ≪한국민족운동사연구≫, 22.
_____. 2000.「동학의 천하관」. ≪역사비평≫, 겨울호.
_____. 2001a.「1920년대 전반기 민족담론의 전개와 좌우투쟁」. ≪역사와 현실≫, 39.
_____. 2001b.「1920년대 중후반 천도교 세력의 민족통일전선운동」. ≪韓國史學報≫, 11.
_____. 2001c.「일제 강점 후반기(1931~1945) 천도교 세력의 친일문제」. ≪동학연구≫, 9·10.
_____. 2001d.「1920년대 전반기 보천교의 부침과 민족운동」. ≪한국민족운동사연구≫, 29.
_____. 2002a.「1910년대 ≪천도교회월보≫를 통해서 본 민중의 삶」. ≪한국문화≫, 30.
_____. 2002b.「동학 동학농민전쟁과 여성」. ≪동학연구≫, 11.
_____. 2003a.「만세보를 통해서 본 천도교의 정치개혁론」. ≪동학연구≫, 13.
_____. 2003b.「대한제국·일제강점기 시천교의 존재양태와 활동」. ≪국사관논총≫, 103.
_____. 2005.「≪개벽≫을 낳은 현실, ≪개벽≫에 담긴 희망」. ≪역사와 현실≫, 57.
金鍾俊. 2002.「진보회·일진회 지회의 활동과 향촌사회의 동향」. ≪한국사론≫, 48.
金昌洙. 1990.「高麗革命黨의 組織과 活動」. ≪汕耘史學≫, 4.
김태웅. 1993.「1920·30년대 吳知泳의 활동과『東學史』간행」. ≪역사연구≫, 창간호.
노관범. 2000.「1875~1904년 朴殷植의 朱子學 이해와 教育自强論」. ≪韓國史論≫, 43.
_____. 2001.「19세기 후반 淸道 지역 南人學者의 학문과『小學』의 대중

화: 進溪 朴在馨의 『海東續小學』을 중심으로」. ≪韓國學報≫, 104.

박맹수. 1993.「동학의 교단조직과 지도체제의 변천」.『1894년 농민전쟁연구』, 3. 역사비평사.

박승길. 1992.「일제 무단 통치 시대의 종교 정책과 그 영향」.『현대 한국의 종교와 사회』. 문학과지성사.

박종린. 2000.「'김윤식사회장' 찬반논의와 사회주의세력의 재편」. ≪역사와 현실≫, 38.

박지태. 1998.「朝鮮農民社의 組織과 活動」. ≪한국민족운동사연구≫, 19.

박찬승. 1993.「1920년대 중반~1930년대 초 民族主義 左派의 新幹會運動論」. ≪韓國史硏究≫, 80.

_____. 1994.「한말 호남학회 연구」. ≪國史館論叢≫, 53.

_____. 1997.「일제하 국내 우파진영의 민족주의」.『한국근대사와 민족주의』. 집문당.

朴賢緖. 1969.「3.·1運動과 天道敎界」.『3·1運動50周年紀念論集』. 東亞日報社.

방기중. 2002.「1930년대 물산장려운동과 민족·자본주의 경제사상」. ≪동방학지≫, 115.

백동현. 1997.「한인조국광복회운동에 관한연구」. ≪白山學報≫, 49.

성주현. 2000a.「1930년대 천도교의 반일민족통일전선운동에 관한 연구」. ≪한국민족운동사연구≫, 25.

_____. 2000b.「1920년대 경기지역의 천도교와 청년동맹 활동」. ≪경기사학≫, 4.

성주현. 2001.「수원지역의 3·1운동과 제암리 학살사건에 대한 재조명」. ≪水原文化史硏究≫, 4.

_____. 2003.「일제하 만주 지역 천도교인의 민족운동」. ≪동학학보≫, 5.

_____. 2005a.「동학혁명 참여자의 혁명 이후 활동」. ≪문명연지≫, 14.

_____. 2005b.「1920년대 상해지역 천도교인의 활동과 민족운동」. ≪문명연지≫, 16.

_____. 2006.「일제강점기 천도교청년단체의 창립과 그 배경」. ≪문명연지≫, 17.

신주백. 1989.「1930년대 반일민족통일전선운동의 전개과정」. ≪역사와 현실≫, 2.
유시현. 1990.「1920년대 전반기 조선의 사회주의 사상 수용과 발전」.『민족사의 전개와 그 문화(하)』. 창작과비평사.
劉準基. 2001.「1910년대 전후 일제의 유림 친일화정책과 유림계의 대응」. ≪韓國史硏究≫, 114.
尹石重. 1974.「天道敎少年運動과 그 影響」. ≪韓國思想≫, 12.
윤해동. 1993.「日帝下 物産奬勵運動의 배경과 그 이념」. ≪韓國史論≫, 27.
_____. 1996.「한말 일제하 천도교 김기전의 '근대'수용과 '민족주의」. ≪역사문제연구≫, 창간호.
이기훈. 2002.「1920년대 '어린이'의 형성과 동화」. ≪역사문제연구≫, 8.
이애숙. 1998.「1922~1924년 국내의 민족통일전선운동」. ≪역사와 현실≫, 38.
이영호. 1990.「갑오농민전쟁이후 동학농민운동의 동향과 민족운동」. ≪역사와 현실≫, 3.
이용창. 2001a.「1920년대 천도교의 분규와 민족주의운동」.『한국근현대이행기연구』. 신서원.
_____. 2001b.「한말 최린의 일본유학과 현실인식」. ≪역사와 현실≫, 34.
이은희. 1990.「東學敎團의 '甲辰開化運動'(1904~1906)에 대한 연구」. 연세대 석사학위 논문.
이이화. 1989.「오지영『동학사』의 내용 검토」. ≪민족문화≫, 12.
이준식. 1993.「일제침략기 기독교지식인의 대외인식과 반기독교운동」. ≪역사와 현실≫, 10.
_____. 1999.「최동희의 민족혁명운동과 코민테른」. ≪역사와 현실≫, 32.
이진구. 1991.「天道敎 교단조직의 변천과정에 관한 연구」. ≪宗敎學硏究≫, 10.
이태훈. 2000.「韓末 大韓協會 主導層의 國家認識과 資本主義 近代化論」. ≪學林≫, 21.
_____. 2001.「1920년대초 자치청원운동과 유민회의 자치 구상」. ≪역사와 현실≫, 39.
임경석. 1999.「극동민족대회와 조선대표단」. ≪역사와 현실≫, 32.
_____. 2000.「3·1운동 전후 한국 민족주의의 변화」. ≪역사문제연구≫, 4.

_____. 2002. 「강달영, 조선공산당 책임비서」. ≪역사비평≫, 봄호.

임운길. 1999. 「동학 · 천도교의 의례와 수행」. ≪동학연구≫, 4.

張錫興. 1997. 「天道教舊派의 6·10萬歲運動」. ≪北岳史論≫, 4.

정광현. 1976. 「일제의 종교정책과 식민지 불교」. 『한국근대 민중불교의 이념과 전개』. 한길사.

정병준. 2001. 「1919년 李承晩의 臨政 대통령 자임과 '漢城政府' 법통론」. ≪한국독립운동사연구≫, 16.

정용서. 1999. 「日帝下 天道教青年黨의 運動路線과 政治思想」. ≪韓國史研究≫, 105.

_____. 2002. 「1930년대 천도교세력의 농업문제 인식과 농업개혁론」. ≪동방학지≫, 117.

_____. 2004. 「북조선천도교청우당의 정치노선과 활동(1945~1948)」. ≪한국사연구≫, 125.

曺圭泰. 1990. 「舊韓末 平安道地方의 東學」. ≪東亞研究≫, 21.

_____. 1996. 「1920년대 천도교연합회의 변혁운동」. ≪한국근현대사연구≫, 4.

_____. 1997a. 「천도교구파와 신간회」. ≪한국근현대사연구≫, 7.

_____. 1997b. 「천도교청년동맹의 조직과 활동」. ≪忠北史學≫, 9.

_____. 1998 「1920年代 天道教의 文化運動 研究」. 서강대 박사논문.

_____. 1999. 「天道教團과 大韓民國臨時政府」. ≪한국민족운동사연구≫, 23.

_____. 2000. 「신간회 경성지회의 조직과 활동」. ≪국사관논총≫, 89.

_____. 2003. 「일제의 한국강점과 동학계열의 변화」. ≪한국사연구≫, 114.

趙大鉉. 1999. 「東學과 風流道의 關係」. ≪동학연구≫, 4.

조병한. 1981. 「태평천국의 역사적 의미」. 『태평천국과 중국의 농민운동』. 인간사.

池秀傑. 1984. 「1932~1935年間의 朝鮮農村振興運動」. ≪韓國史研究≫, 46.

_____. 1985. 「朝鮮農民社의 團體性格에 관한 研究; 天道教青年黨과의 관계를 中心으로」. ≪歷史學報≫, 106.

池昇峻. 1998. 「1930년대 日帝의 '思想犯' 대책과 사회주의자들의 전향논리」. ≪中央史論≫, 10·11합집.
崔起榮. 1988. 「舊韓末 ≪萬歲報≫에 관한 一考察」. ≪韓國史硏究≫, 61·62.
_____. 1994. 「한말 동학의 천도교로의 개편에 관한 검토」. ≪한국학보≫, 76.
_____. 1995. 「韓末 天道敎와 梁漢默」. ≪歷史學報≫, 147.
崔東熙. 1975. 「天道敎의 近代思想受容」. ≪韓國思想≫, 13.
崔炳憲. 2001. 「일제의 침략과 불교: 일본 曹洞宗의 武田範之와 圓宗」. ≪韓國史硏究≫, 114.
최정간. 1992. 「비운의 혁명가로 살다간 동학교주의 아들」. ≪사회평론≫, 3월호.
표영삼. 1999. 「접포조직과 남북접」. ≪동학연구≫, 4.
韓亘熙. 1996. 「1935~37年 日帝의 '心田開發'정책과 그 성격」. ≪韓國史論≫, 35.
한동민. 2000. 「1920년대 후반 서울계 당 건설과 그 의미」. 『한국근현대이행기연구』. 신서원.
韓明根. 1996. 「개화기 中樞院의 정치적 기능(1894~1904)」. ≪崇實史學≫, 9.
_____. 2001. 「一進會의 對日認識과 '政合邦'論」. ≪崇實史學≫, 14.
한우근. 1970. 「동학의 리더쉽」. ≪백산학보≫, 8.
허 수. 2002. 「1920년 전후 이돈화의 현실인식과 근대철학 수용」. ≪역사문제연구≫, 9.
_____. 2004. 「1920년대 전반 이돈화의 개조사상 수용과 사람性주의」. ≪동방학지≫, 125.
_____. 2005. 「일제하 이돈화의 사회사상과 천도교: '종교적 계몽'을 중심으로」. 서울대 박사학위 논문.
홍영기. 1995. 「지강 양한묵의 생애와 활동」. ≪한국근현대사논총: 오세창교수화갑기념논총≫.
황문수. 1974. 「야뢰에 있어서의 인내천사상의 전개」. ≪한국사상≫, 12.
_____. 1984. 「이돈화의 신인철학사상」. 『박길진박사고희기념 한국근대종교사상사』. 원광대학교출판부.

康成銀. 1987. 「20世紀初頭における天道教上層部の活動の性格」. ≪朝

鮮史研究會論文集≫, 24.
山本有造. 1991.「日本における植民地統治思想の展開(2)」. ≪アジア經濟≫, 32-2.
安丸良夫. 1976.「天皇制下の民衆と宗教」. ≪岩波講座 日本歷史≫, 16.
原口淸. 1976.「明治憲法體制の成立」.『岩波講座 日本歷史』15.
月脚達彦. 1989.「愛國啓蒙運動の文明觀·日本觀」. ≪朝鮮史研究會論文集≫, 26.
池川英勝. 1985.「大垣丈夫について」. ≪朝鮮學報≫, 117.

찾아보기

[인명]

[단체명]

[출판물]

[기타 용어]

지은이 | 김정인

서울대학교 사범대학 역사교육과를 졸업하고, 동 대학 인문대학 국사학과 대학원에서 석사와 박사학위를 마쳤다. 현재 춘천교육대학교 사회과교육과 교수로 재직하고 있다. 천도교 민족운동을 비롯해 근대 민족운동사를 연구해왔으며, 최근에는 근대 초등 교육과 현대 대학 교육 등 교육사 관련 분야와 한·중·일 간의 역사 대화, 그리고 동아시아사에 관심을 갖고 있다.

대표 논저로는 「일제 강점기 천도교단의 민족운동 연구」, 「민족해방투쟁을 가늠하는 두 잣대: 독립운동사와 민족해방운동사」, 「동아시아 공동 역사 교재 개발, 그 경험의 공유와 도약을 위한 모색」, 『우리 민족의 걸어온 길』, 『개벽에 비친 식민지 조선의 얼굴』(공저), 『동아시아에서 역사인식의 국경 넘기』(공저), 『우리 학문 속의 미국』(공저), 『사회를 보는 새로운 눈』(공저) 등이 있다.

한울아카데미 1089

천도교 근대 민족운동 연구

지은이 | 김정인
펴낸이 | 김종수
펴낸곳 | 도서출판 한울

편집책임 | 이교혜
편집 | 양은주

초판 1쇄 인쇄 | 2009년 1월 8일
초판 1쇄 발행 | 2009년 1월 23일

주소 | 413-832 파주시 교하읍 문발리 507-2(본사)
121-801 서울시 마포구 공덕동 105-90 서울빌딩 3층(서울 사무소)
전화 | 영업 02-326-0095, 편집 02-336-6183
팩스 | 02-333-7543
홈페이지 | www.hanulbooks.co.kr
등록 | 1980년 3월 13일, 제406-2003-051호

Printed in Korea.
ISBN 978-89-460-5089-1 93910

* 가격은 겉표지에 있습니다.